LE COMMERCE INTERNATIONAL

Une approche nord-américaine

2e édition

LE COMMERCE INTERNATIONAL

Une approche nord-américaine

2e édition

Bernard Landry
Antoine Panet-Raymond
Denis Robichaud

Le commerce international
Une approche nord-américaine, 2e édition

Bernard Landry, Antoine Panet-Raymond et Denis Robichaud

© 2008, 2005 Les Éditions de la Chenelière inc.

Édition : Mélanie Bergeron
Coordination : Ludovic Glorieux
Révision linguistique : Danielle Patenaude
Correction d'épreuves : Catherine Baron
Conception graphique : Josée Bégin
Infographie : Annie Lafontaine (Transcontinental Transmédia)
Conception de la couverture : Josée Bégin
Impression : Imprimeries Transcontinental

**Catalogage avant publication
de Bibliothèque et Archives nationales du Québec
et Bibliothèque et Archives Canada**

Landry, Bernard, 1937-

Le commerce international : une approche nord-américaine

2e éd.

Éd. originale : Le commerce international/Antoine Panet-Raymond,
Denis Robichaud. 2004.

Comprend des réf. bibliogr. et un index.

ISBN 978-2-7650-1840-7

1. Commerce international. 2. Marchés d'exportation. 3. Commerce
extérieur – Promotion. 4. Exportations. I. Panet-Raymond, Antoine J.
II. Robichaud, Denis. III. Panet-Raymond, Antoine J. Commerce
international. IV. Titre.

HF1379.P36 2008   382   C2008-940833-0

7001, boul. Saint-Laurent
Montréal (Québec) Canada H2S 3E3
Téléphone : 514 273-1066
Télécopieur : 450 461-3834 / 1 888 460-3834
info@cheneliere.ca

ISBN 978-2-7650-1840-7

Dépôt légal : 2e trimestre 2008
Bibliothèque et Archives nationales du Québec
Bibliothèque et Archives Canada

Imprimé au Canada

2 3 4 5 6 ITG 15 14 13 12 11

Nous reconnaissons l'aide financière du gouvernement du Canada par
l'entremise du Programme d'aide au développement de l'industrie de l'édition
(PADIÉ) pour nos activités d'édition.

Gouvernement du Québec – Programme de crédit d'impôt pour l'édition de
livres – Gestion SODEC.

Sources iconographiques

Couverture : pmphoto/Shutterstock ; Chen Ping Hung/
Shutterstock ; Kristian Cabanis/maXximages. **Ouvertures
de parties, ouvertures de chapitres et bandeaux :**
Sapsiwai/Shutterstock.

Dans cet ouvrage, le masculin est utilisé comme
représentant des deux sexes, sans discrimination à
l'égard des hommes et des femmes, et dans le seul
but d'alléger le texte.

DANGER

LE
PHOTOCOPILLAGE
TUE LE LIVRE

À tous mes étudiants de HEC Montréal auxquels j'ai voulu communiquer ma passion pour tout ce qui touche le commerce international.

Antoine Panet-Raymond

À Antoine Panet-Raymond, l'instigateur de la publication de ce livre, qui a su partager sa vaste expérience et qui possède les qualités d'un grand maître capable de faire cheminer ses étudiants et de les rendre conscients du sens réel du commerce international.

Denis Robichaud

Le commerce international: Une approche nord-américaine n'aurait pu voir le jour sans les conseils et l'aide de nombreuses personnes. Il est donc opportun de témoigner ici notre reconnaissance. Nous tenons à remercier Mariette Lessard, spécialiste en sciences de l'éducation à la Télé-université, qui a patiemment lu, scruté et corrigé l'ensemble des textes du présent ouvrage. Son apport a été indispensable pour la présentation pédagogique du contenu de ce manuel. Nous souhaitons également remercier toutes les entreprises que nous avons rencontrées au fil des années, ainsi que les étudiants qui ont suivi nos cours. Le contenu de ce livre à été grandement influencé par la contribution des personnes suivantes que nous tenons aussi à remercier :

- Élaine Lamontagne, chargée de cours de HEC Montréal,

- Belgacem Rahnmani, chargé de cours de HEC Montréal,

- Jean-Paul David, de Mercadex international.

Enfin, nous exprimons notre gratitude à Sylvain Ménard, Mélanie Bergeron et Ludovic Glorieux, de Chenelière Éducation, pour leur confiance et leur soutien tout au long de la rédaction et de la publication de cet ouvrage.

TABLE DES MATIÈRES

PARTIE I	Le commerce international	7

PARTIE IV | **La stratégie d'entrée sur les marchés étrangers** 223

PARTIE V	**L'administration et les techniques d'exportation**	**271**

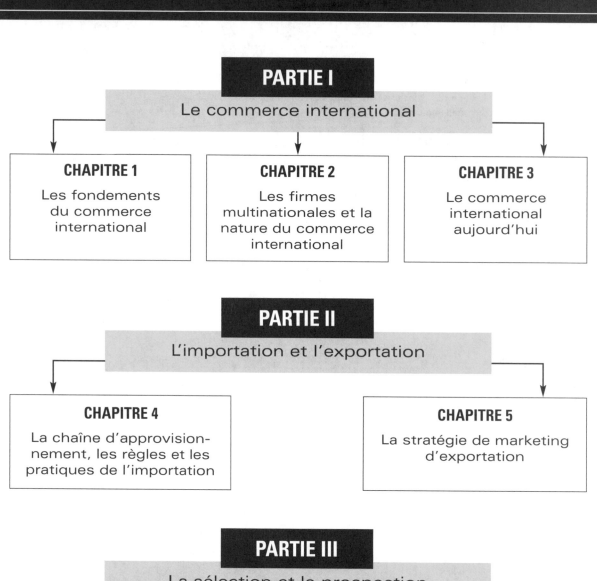

PARTIE I
Le commerce international

CHAPITRE 1
Les fondements du commerce international

CHAPITRE 2
Les firmes multinationales et la nature du commerce international

CHAPITRE 3
Le commerce international aujourd'hui

PARTIE II
L'importation et l'exportation

CHAPITRE 4
La chaîne d'approvisionnement, les règles et les pratiques de l'importation

CHAPITRE 5
La stratégie de marketing d'exportation

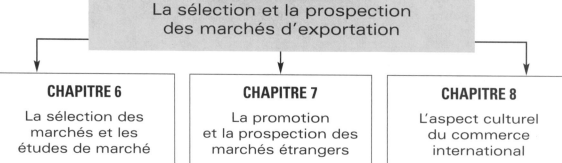

PARTIE III
La sélection et la prospection des marchés d'exportation

CHAPITRE 6
La sélection des marchés et les études de marché

CHAPITRE 7
La promotion et la prospection des marchés étrangers

CHAPITRE 8
L'aspect culturel du commerce international

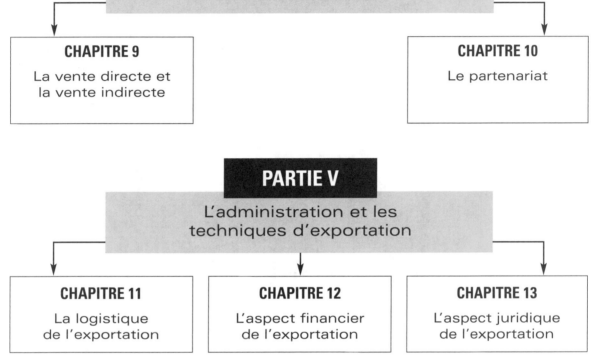

PARTIE IV

La stratégie d'entrée sur les marchés étrangers

CHAPITRE 9

La vente directe et la vente indirecte

CHAPITRE 10

Le partenariat

PARTIE V

L'administration et les techniques d'exportation

CHAPITRE 11

La logistique de l'exportation

CHAPITRE 12

L'aspect financier de l'exportation

CHAPITRE 13

L'aspect juridique de l'exportation

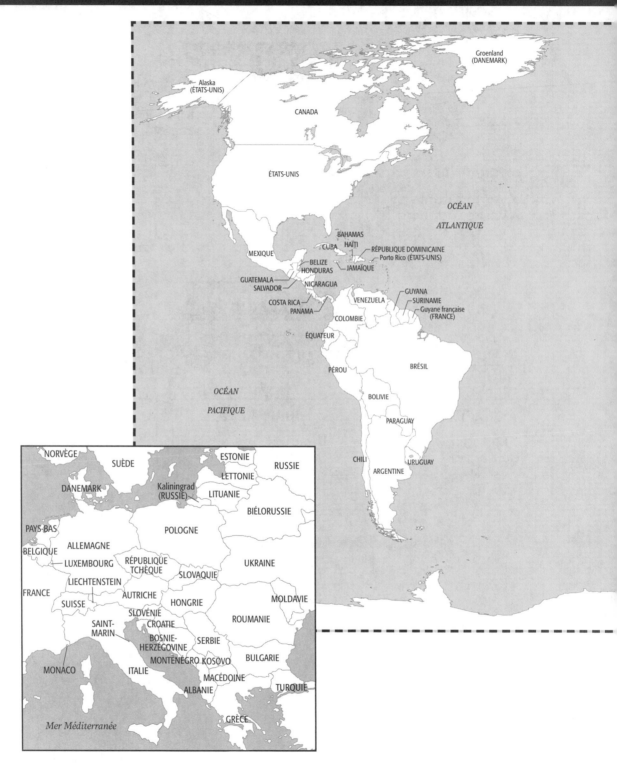

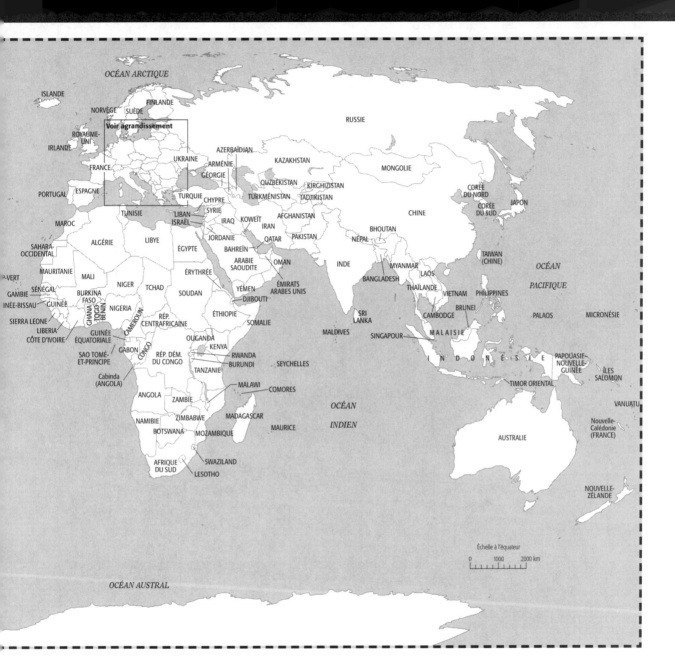

OCÉAN ARCTIQUE

ISLANDE

NORVÈGE SUÈDE
FINLANDE
ROYAUME-UNI
IRLANDE

RUSSIE

Voir agrandissement

FRANCE

AZERBAÏDJAN
UKRAINE
ARMÉNIE
GÉORGIE

KAZAKHSTAN

MONGOLIE

PORTUGAL ESPAGNE

TURQUIE

OUZBÉKISTAN

CHYPRE

KIRGHIZISTAN

CORÉE DU NORD

JAPON

TUNISIE

TURKMÉNISTAN

TADJIKISTAN

CORÉE DU SUD

LIBAN
ISRAËL
SYRIE
IRAQ
KOWEÏT

MAROC

AFGHANISTAN

CHINE

JORDANIE

IRAN

PAKISTAN

BHOUTAN

OCÉAN

ALGÉRIE

LIBYE

ÉGYPTE

QATAR

NÉPAL

PACIFIQUE

SAHARA-OCCIDENTAL

BAHREÏN
ARABIE
SAOUDITE
OMAN

INDE

TAIWAN
(CHINE)

-VERT

MAURITANIE

MALI

NIGER

ÉRYTHRÉE

MYANMAR

GAMBIE
SÉNÉGAL
BURKINA
FASO

TCHAD

SOUDAN

YÉMEN

ÉMIRATS
ARABES UNIS

BANGLADESH

LAOS

THAÏLANDE

VIETNAM

PHILIPPINES

INÉE-BISSAU
GUINÉE

NIGERIA

DJIBOUTI

BRUNEI

CAMBODGE

PALAOS

MICRONÉSIE

SIERRA LEONE
LIBERIA
CÔTE D'IVOIRE

GHANA
TOGO
BÉNIN

RÉP.
CENTRAFRICAINE

ÉTHIOPIE

SOMALIE

SRI
LANKA

MALAISIE

GUINÉE
ÉQUATORIALE

CAMEROUN

OUGANDA

MALDIVES

SINGAPOUR

SAO TOMÉ-
ET-PRINCIPE

GABON

CONGO

KENYA

INDONÉSIE

RÉP. DÉM.
DU CONGO

RWANDA
BURUNDI

SEYCHELLES

PAPOUASIE-
NOUVELLE-
GUINÉE

ÎLES
SALOMON

Cabinda
(ANGOLA)

TANZANIE

TIMOR ORIENTAL

ANGOLA

MALAWI

COMORES

OCÉAN

VANUATU

ZAMBIE

Nouvelle-
Calédonie
(FRANCE)

NAMIBIE

ZIMBABWE

MADAGASCAR

INDIEN

BOTSWANA

MOZAMBIQUE

MAURICE

AUSTRALIE

AFRIQUE
DU SUD

SWAZILAND

LESOTHO

NOUVELLE-
ZÉLANDE

Échelle à l'équateur

0   1000   2000 km

OCÉAN AUSTRAL

INTRODUCTION

Depuis la parution de la première édition du présent manuel, le commerce international a continuellement subi des changements dans ses fondements et ses modes d'opération. Le commerce international est intimement lié à la mondialisation qui est aujourd'hui synonyme d'interdépendance des nations, reléguant au second rang les notions de frontière et de territorialité, depuis longtemps au cœur de la souveraineté et de l'identité des peuples. Les progrès réalisés en communication ont permis l'élargissement des réseaux, laissant croire à l'abolition des frontières entre pays, rendant ainsi l'espace planétaire de plus en plus restreint. En effet, ce qui coûtait une fortune en frais d'interurbains et de voyage il y a à peine une quinzaine d'années est maintenant accessible pour quelques dollars par mois à toute heure du jour ou de la nuit au moyen d'un clavier informatique et d'une connexion à Internet. Nous pouvons maintenant entretenir des liens informels dans un espace virtuel avec des interlocuteurs de partout dans le monde. La planète entière est inondée de renseignements plus ou moins fiables, exigeant la mise en place de nouvelles grilles de lecture. Avec un large flux d'information maintenant accessible à l'ensemble de la population et publié par n'importe qui, la prudence s'impose dans l'interprétation des données que nous consultons. Bref, la pratique du commerce international est en mutation et se complexifie de jour en jour, impliquant de nouveaux acteurs et des réseaux qui partagent des valeurs universelles.

Toutefois, derrière le discours libre-échangiste se cachent toujours des mesures de protection des identités locales, régionales et nationales. En effet, malgré la libéralisation du commerce, les États et les individus ne sont pas encore prêts à renoncer à leur identité nationale et au contrôle économique au profit d'un ordre mondial sans frontières. La question est de savoir jusqu'où et jusqu'à quand certaines nations pourront résister à la nature même de la mondialisation basée sur la mobilité des biens, des services et des personnes. Par exemple, la Chine permet au moteur de recherche Google d'infiltrer son marché intérieur moyennant la censure de certains sites Web. Le gouvernement chinois ne parviendra pas éternellement à enfermer la population chinoise derrière des murs. Les progrès technologiques donneront tôt ou tard aux individus l'accès à de l'information dans un espace d'échanges virtuels à l'abri de la censure.

Par ailleurs, une grande partie du tiers-monde, en particulier l'Afrique subsaharienne, échappe à la libéralisation du commerce, ce qui laisse transparaître des inégalités importantes aux plans social, politique et économique avec les pays riches profitant de la mondialisation. Le phénomène de la mondialisation qui s'applique même au secteur des communications, permet toutefois de faire connaître la situation des pays pauvres et de la faire partager par l'ensemble de la communauté internationale.

C'est dans ce nouveau contexte géopolitique que s'inscrit le commerce international du XXIe siècle. Les exportateurs présents et futurs doivent envisager le monde avec un regard différent de celui d'autrefois. L'entrée sur le nouvel échiquier mondial de l'Union européenne, de la Chine, de l'Inde, du Brésil et des

anciennes républiques soviétiques ainsi que le développement des technologies de l'information offrent de nouvelles opportunités qui méritent d'être saisies par les entreprises québécoises. Les gestionnaires et les étudiants en administration ne peuvent pas ignorer les changements qui se produisent à l'échelle planétaire. Nous tenterons donc, dans la seconde édition de ce manuel, de rendre accessible ce nouvel ordre mondial.

Bien que le concept de mondialisation soit assez récent, le commerce qui en est l'objet est probablement une activité aussi vieille que le troc. La littérature dépeint les Grecs, les Phéniciens et les Égyptiens comme des peuples marchands et inventifs qui échangeaient notamment de la soie, des grains et de la verrerie. Les récits historiques nous révèlent les activités d'anciens marchands ou aventuriers comme Marco Polo et Christophe Colomb, qui ont risqué leur vie et leurs possessions afin de tracer des routes commerciales vers l'Orient. Les Britanniques, les Espagnols, les Français, les Hollandais et les Portugais ont également dominé, chacun à leur façon, les océans et le commerce international pendant plusieurs siècles.

L'un des événements marquants ayant influencé le commerce international moderne est l'avènement d'une économie libre et ouverte. À la suite de la mondialisation des marchés et de l'entrée en vigueur d'accords internationaux comme l'Accord général sur les tarifs douaniers et le commerce (GATT) et l'Accord de libre-échange nord-américain (ALENA), le commerce international est devenu une option stratégique majeure dans le développement d'un grand nombre d'entreprises québécoises. Les différentes régions du monde sont de plus en plus en interaction, et leurs gouvernements coopèrent davantage.

L'environnement mondial se transforme en effet constamment sur les plans technologique, politique, économique et juridique. Par exemple, l'introduction de l'euro par l'Union européenne a engendré des modifications dans le commerce, la réglementation, la législation et la gestion du risque de change relié aux devises étrangères. Les déplacements et les communications se sont considérablement améliorés, les uns devenant plus rapides et les autres plus sophistiquées. Tous ces changements provoquent de profondes mutations dans la position concurrentielle des pays et des entreprises, c'est-à-dire dans la production, l'emploi et les échanges internationaux. Le marché mondial, qui n'est plus restreint par la technique, est maintenant ouvert jour et nuit, car la distance n'a plus d'importance, de même que le pays d'origine des produits ou des services. En outre, le nombre de pays maîtrisant les nouvelles technologies et cherchant à s'intégrer dans l'économie mondiale est en constante progression. Les entreprises québécoises doivent de plus en plus affronter de nouveaux concurrents ayant accès à une main-d'œuvre peu coûteuse, qui menacent leurs acquis sur le marché intérieur et réduisent leurs possibilités de se faire une place sur les marchés étrangers.

En 1996, on constatait que seulement 20 % des petites et moyennes entreprises (PME) exportaient et qu'une faible proportion d'entre elles étaient structurées adéquatement. En 2004, la situation s'est améliorée sensiblement, alors qu'une

PME sur trois (environ 33 %) exploite le marché extérieur. On constate cependant des disparités dans les expériences qu'ont connues les entreprises en matière d'exportation. Certaines ont depuis longtemps une place sur les marchés étrangers, alors que d'autres, plus hésitantes, cherchent à s'en tailler une depuis seulement un an ou deux. D'autres encore en sont à leurs débuts dans le domaine de l'exportation.

En 2007, on note à nouveau une légère progression dans les exportations et les importations. Dans son rapport sur le commerce publié en 2007, la Fédération canadienne de l'entreprise indépendante note que 51 % des PME canadiennes ont des activités se rapportant au commerce international soit directement par les importations et les exportations (36 %), soit indirectement à titre de maillon d'une chaîne d'approvisionnement qui aide d'autres entreprises internationales du Canada (15 %). On constate que la taille de l'entreprise est un facteur favorisant les activités internationales : plus l'entreprise est grande, plus les activités internationales sont intenses, tant en matière de valeur que de fréquence. Les PME actives à l'international sont aussi plus actives sur le plan interprovincial que les autres petites entreprises. Par ailleurs, les secteurs où l'on observe la plus grande activité internationale sont le secteur manufacturier, le commerce de gros, l'agriculture, le secteur primaire, le transport et les communications.

Les travaux effectués en 1996 par le Groupe de recherche en économie et gestion des PME (GREPME) de l'Université du Québec à Trois-Rivières ont permis d'observer que la dimension des entreprises, leur structure, leur sous-capitalisation et le manque de main-d'œuvre qualifiée sont les raisons les plus souvent invoquées pour justifier leur absence dans le domaine de l'exportation. L'encadré qui suit fournit la liste des principaux facteurs qui expliquent la faiblesse des exportations dans le chiffre d'affaires des PME.

ENCADRÉ

Facteurs inhibiteurs de l'exportation

- Absence d'information sur les possibilités qu'offrent les marchés étrangers.
- Insuffisance de moyens financiers.
- Incapacité — faute de temps ou de personnel — de tirer profit des programmes d'aide gouvernementale.
- Complexité des mesures touchant les tarifs étrangers.
- Fluctuation périodique de la valeur du dollar.
- Problèmes de transport et d'assurances.
- Particularité de la mise en marché qui doit tenir compte des différentes habitudes de vie.
- Réglementations particulières (par exemple, le pourcentage de fibres recyclées dans le papier journal).

Source : A. Joyal (1996), *Des PME et le défi de l'exportation*, Québec, Presses Inter Universitaires, p. 8.

Dans l'enquête effectuée en 2007, on constate que les dirigeants d'entreprises avancent les mêmes raisons pour expliquer la faiblesse de leurs exportations. Ainsi, dans le rapport de la Fédération de l'entreprise indépendante, la moitié des entreprises non internationales ont indiqué le manque d'information, de contacts ou de savoir-faire comme raisons pour ne pas chercher à percer les marchés étrangers. Des facteurs liés au marché (produits et services «non exportables», marchés actuels trop modestes) sont évoqués également. S'ajoutent à cela des problèmes reliés à la réglementation, aux barrières non tarifaires (31 %), aux infrastructures frontalières (27 %), à la logistique (23 %) et aux assurances (22 %).

Les entreprises ont besoin d'outils spécifiques, incluant des conseils et des exemples issus des expériences faites par leurs pairs pour réussir à développer leur expertise en commerce international. Il leur revient de tirer profit des mutations profondes et complexes de l'environnement économique mondial, et de s'adapter aux exigences qu'elles comportent. Malgré ses promesses de succès et d'abondance, l'exportation demeure une activité exigeante et hasardeuse pour les entreprises qui s'y engagent sans connaissances préalables. Le maintien d'une position concurrentielle sur les marchés étrangers demande des efforts constants ainsi que des ressources humaines et financières substantielles. Même pour les entreprises aguerries, la recherche de lieux d'exportation, la négociation d'accords d'investissement et de transfert de technologie, la promotion des ventes ou la mise sur pied de coentreprises avec des investisseurs étrangers demeurent des activités complexes. À cela s'ajoutent les difficultés reliées aux aspects culturels et linguistiques. À cet égard, plusieurs formes d'assistance provenant des divers paliers de gouvernement ou de réseaux d'information permettent aux entreprises d'établir des collaborations profitables et de trouver des débouchés pour leurs produits et leurs services à travers le monde.

Bien que le commerce électronique représente un moyen efficace de faire du commerce international, nous ne ferons qu'effleurer ce domaine dans ce manuel. Ce thème est si vaste qu'une abondante littérature lui est déjà consacrée, et ce, malgré son apparition récente. De plus, nous constatons que cette activité nécessite des connaissances et des compétences particulières qui ne sont pas liées directement à la pratique du commerce international «traditionnel». En effet, les affaires électroniques présentent des particularités organisationnelles et institutionnelles dont il faut tenir compte dans l'élaboration d'un projet d'entreprise. Le commerce électronique est stimulé par des innovations technologiques très rapides qui nécessitent une vitesse d'adaptation plus grande de la part des gestionnaires qui y travaillent. En conséquence, avant de se lancer dans cette forme de commerce, il est prioritaire de mesurer le degré de préparation de l'entreprise aux affaires électroniques.

En outre, même si Internet est un phénomène encore récent, la réglementation qui en entoure l'usage est déjà fort développée, voire touffue, au Canada tout comme aux États-Unis et dans les principaux pays de l'OCDE. Nous ne pouvons donc pas, dans le cadre de ce manuel, couvrir à fond toutes les modalités qui s'appliquent et qui, d'ailleurs, continuent à évoluer.

Le but du présent ouvrage vise à contribuer à la diffusion des connaissances actuelles en matière de commerce international afin de favoriser la réussite des entreprises dans leurs activités d'exportation et d'importation. Il sera notamment utilisé comme manuel dans certains cours offerts à la Télé-université, à HEC Montréal et à l'UQAM. Il a été conçu dans le but de mieux faire comprendre les réalités du commerce international, d'évaluer le potentiel d'exportation d'une entreprise, de préparer et d'élaborer un plan de marketing pour l'exportation, de rechercher et de choisir un marché cible, de déterminer les meilleures méthodes pour atteindre les marchés étrangers de manière rentable et de comprendre les aspects juridiques des opérations internationales. Le lecteur y trouvera également des sources d'information utiles ainsi qu'un glossaire de la gestion internationale.

Le présent ouvrage contient cinq parties. La première partie présente le commerce international et comporte trois chapitres. Le premier chapitre s'intéresse aux fondements du commerce international et aux principaux accords internationaux où le Canada joue un rôle actif. Le deuxième chapitre traite des firmes multinationales et de la nature du commerce international. Le troisième chapitre aborde pour sa part le commerce international moderne en plaçant la mondialisation au premier plan et en examinant plusieurs des nombreux impacts positifs et négatifs de ce phénomène.

La deuxième partie ne comporte que deux chapitres qui abordent autant l'importation que l'exportation. Le chapitre 4 traite de la chaîne d'approvisionnement des entreprises et des règles et des pratiques de l'importation. L'importation constitue un élément essentiel du commerce international comme de l'économie québécoise et canadienne. Dans un contexte de mondialisation, l'entreprise québécoise, pour demeurer compétitive, se doit d'agir autant au niveau de l'importation que de l'exportation. Le chapitre 5, quant à lui, porte sur les petites et moyennes entreprises (PME) et l'exportation.

La troisième partie, qui regroupe les chapitres 6, 7 et 8, s'intéresse à la promotion, à la prospection et à la sélection des marchés étrangers. La PME exportatrice doit choisir son marché cible en fonction de certains critères précis. Une excellente connaissance de ce marché cible et l'examen de la culture de ses habitants sont les principaux éléments du processus de sélection et de prospection du marché étranger ciblé. De plus, cette partie présente l'approche promotionnelle que la PME doit adopter dans ses efforts d'exportation.

Le chapitre 6 présente les différentes étapes à respecter pour procéder à la sélection d'un marché cible, alors que le chapitre 7 vise à faire comprendre le processus de prospection des marchés étrangers. Finalement, le chapitre 8 aborde l'aspect culturel du commerce international.

La quatrième partie, constituée des chapitres 9 et 10, présente la stratégie d'entrée sur les marchés étrangers. Alors que le chapitre 9 aborde les subtilités de la vente directe et indirecte, le chapitre 10 expose celles liées au partenariat.

La cinquième partie, qui comprend les chapitres 11, 12 et 13, porte sur les aspects pratiques de l'exportation. Elle aborde l'administration et les techniques d'exportation et vise à donner au lecteur tous les outils nécessaires pour mener à bien une transaction à l'étranger. Le chapitre 11 présente les moyens d'expédier les marchandises à l'étranger, le chapitre 12 explique les modalités de paiement en usage dans les transactions internationales et le chapitre 13 traite des approches pour négocier les contrats ainsi que leurs clauses. Ces divers outils permettent de mieux gérer les activités du commerce international.

En conclusion, nous discutons de ce que réserve l'avenir en matière de commerce international. Nous passons en revue les principaux facteurs pouvant influencer l'environnement commercial mondial. Ce tour d'horizon se termine en présentant les opportunités qui s'offrent au Québec en matière de commerce international.

À la fin de chaque chapitre, le lecteur qui désire approfondir certains sujets trouvera des références bibliographiques et des adresses de sites Web. La recherche d'information sur le commerce international est une activité dont aucune entreprise ne devrait se priver. La recherche dans Internet peut parfois s'avérer laborieuse. Aux personnes qui auraient peu d'expérience dans ce domaine, nous recommandons fortement d'acquérir des connaissances de base sur les outils et les moteurs de recherche disponibles. Toutefois, comme Internet est en constante évolution, préparez-vous à affronter un univers en changement perpétuel. En effet, chaque jour des sites Web apparaissent, disparaissent ou sont transformés. Ainsi, il est possible que certaines des adresses fournies dans ce manuel soient modifiées au moment où vous tenterez de les consulter.

PARTIE I

Le commerce
international

CHAPITRE 1

Les fondements du commerce international

PLAN

- Les fondements théoriques du commerce international
- Le contexte actuel du commerce international

OBJECTIFS

- Décrire l'évolution des théories relatives au commerce international.
- Expliquer en quoi consistent les accords internationaux.

De tout temps, les êtres humains ont cherché à améliorer leurs conditions d'existence en se déplaçant à l'étranger pour se procurer des produits qu'ils ne pouvaient pas trouver chez eux. Le commerce extérieur existe donc depuis l'aube de la civilisation. Toutefois, c'est seulement à partir du XVIIᵉ siècle, dans la foulée de la révolution industrielle, que des philosophes et des économistes ont réfléchi à ce phénomène et ont tenté d'en comprendre les principes. Certaines théories dont nous ferons le survol dans la première section de ce chapitre sont nées de ces réflexions. Nous examinerons également dans cette section une théorie récente, celle de l'avantage concurrentiel des nations, proposée par Michael Porter, professeur à l'Université Harvard.

Dans la deuxième section, nous verrons qu'un nombre croissant de pays ont accepté de réduire leurs barrières au commerce international, d'abord dans le cadre de l'Accord général sur les tarifs douaniers et le commerce — mieux connu sous son acronyme anglais GATT (*General Agreement on Tariffs and Trade*) — et, plus récemment, dans celui de l'Organisation mondiale du commerce (OMC). Nous verrons également que le Canada, comme plusieurs autres pays, a adhéré à une alliance commerciale régionale, l'Accord de libre-échange nord-américain (ALENA). Les entreprises, et en particulier les firmes multinationales (FMN), ont profité de cet allègement des contraintes pour augmenter considérablement le volume de leurs transactions avec l'étranger. Enfin, nous passerons en revue les autres accords internationaux dont le Canada est signataire.

Les fondements théoriques du commerce international

La révolution industrielle s'amorce au Royaume-Uni au XVIIᵉ siècle, puis s'étend en Europe et en Amérique du Nord. Ce vaste mouvement d'industrialisation modifie en profondeur la nature des échanges internationaux. Au fil des années, différents théoriciens tentent de rendre compte de la réalité changeante du commerce international. À la théorie du mercantilisme succèdent la théorie classique et, plus récemment, la théorie de l'avantage concurrentiel des nations, comme nous le verrons plus loin. Ces théories ne sont pas de simples vues de l'esprit dont la diffusion se limiterait aux cercles universitaires. Lorsque les dirigeants des gouvernements et des entreprises les accueillent favorablement, elles inspirent leurs décisions et contribuent à modifier les règles et les pratiques du commerce international. C'est pourquoi nous les présentons ici.

Du mercantilisme à la théorie classique

La révolution industrielle, phénomène majeur du XIXᵉ siècle, favorise l'expansion des transactions entre pays et la modification de la composition des marchandises échangées, les produits manufacturés s'ajoutant aux produits agricoles et aux minéraux. À cette époque, la théorie économique dominante est celle du **mercantilisme.**

Selon cette théorie, un pays doit, pour assurer sa richesse et sa puissance, accumuler des réserves d'or. Pour ce faire, l'État est appelé à intervenir dans l'économie en encourageant les industries nationales à exporter leur produc-

Mercantilisme
Politique commerciale qui préconise l'exportation des produits nationaux et limite les importations de produits étrangers dans le but d'accumuler des réserves d'or.

tion et en restreignant l'importation de produits étrangers, sauf celle de produits introuvables dans le pays. L'application de cette théorie mène à une politique protectionniste, selon laquelle on taxe les produits importés.

C'est dans ce contexte qu'émerge l'école classique, dont deux des principaux penseurs sont Adam Smith et David Ricardo. Le premier a posé le principe de l'avantage absolu et le second, celui de l'avantage comparatif. À la différence des auteurs mercantilistes, les théoriciens de l'école classique appuient l'économie de marché et le libre-échange. Selon eux, l'État doit intervenir le moins possible dans l'économie et le commerce, et laisser jouer librement les forces du marché.

Le principe de l'avantage absolu

En 1776, Adam Smith publie son célèbre ouvrage *Recherches sur la nature et les causes de la richesse des nations*. Selon Smith, la division du travail permet d'augmenter la productivité des individus et des entreprises. Les uns et les autres étant plus productifs dans leur domaine respectif, la quantité de biens produits s'accroît, et leur coût diminue. Pour être viable, cette spécialisation suppose toutefois qu'il y ait des échanges entre les producteurs ; autrement, chacun d'eux devrait produire ce qui est nécessaire à sa propre subsistance.

Le même principe s'applique à l'échelle des nations. La spécialisation des pays dans la production de biens dans laquelle ils excellent serait une source de richesse, comme le souligne le titre de l'ouvrage de Smith. Ce dernier précise qu'un pays doit se spécialiser dans la production d'un bien pour lequel il possède un avantage absolu, c'est-à-dire un bien qu'il peut produire à un coût moindre que celui demandé par d'autres pays.

Le tableau 1.1 (voir la page 12) présente un exemple fictif qui illustre le principe de l'avantage absolu avec un seul facteur de production, soit la main-d'œuvre. Ce tableau montre que, pour chaque heure de travail, le Canada peut produire 12 quintaux de blé et 2 mètres de tissu, alors que les États-Unis peuvent produire 2 quintaux de blé et 4 mètres de tissu.

De ce fait, le Canada dispose d'un avantage absolu par rapport aux États-Unis dans la production de blé. Inversement, les États-Unis disposent d'un avantage absolu par rapport au Canada dans la fabrication du tissu, puisque chaque heure de travail qui y est allouée est deux fois plus productive qu'au Canada.

Si le Canada se spécialisait dans la production de blé et les États-Unis, dans la production de tissu, la production globale de blé et de tissu des deux pays serait plus importante que s'ils maintenaient chacun leur production dans les deux domaines. En effet, si le Canada déplaçait l'homme/heure affecté à la production de tissu vers la production de blé, la production horaire canadienne de blé atteindrait 24 quintaux. Si, de leur côté, les États-Unis déplaçaient l'homme/heure affecté à la production de blé vers la production de tissu, la production horaire américaine de tissu passerait de 4 à 8 mètres.

En toute logique, l'application du principe de l'avantage absolu conduit les producteurs canadiens à se spécialiser dans le blé et leurs homologues américains, à faire de même dans le tissu. En conséquence, le Canada exportera du blé

TABLEAU 1.1

Le principe de l'avantage absolu			
	Canada	États-Unis	Total
Blé (quintaux/homme/heure)	12	2	14 quintaux
Tissu (mètres/homme/heure)	2	4	6 mètres

Source : Brigitte Lévy (1989), *Les affaires internationales : l'économie confrontée aux faits,* Boucherville, Gaëtan Morin Éditeur.

aux États-Unis, et les États-Unis exporteront du tissu au Canada. Le principe de l'avantage absolu fournit une première explication au fait que des pays exportent certains biens et en importent d'autres. Quarante ans après Adam Smith, David Ricardo formule une explication plus étoffée de ce phénomène.

Le principe de l'avantage comparatif

En 1817, dans *Les principes de l'économie politique et de l'impôt,* David Ricardo pousse plus loin la réflexion amorcée par Adam Smith en proposant le principe de l'avantage comparatif. Selon ce principe, un pays a intérêt à échanger un bien avec un autre pays, même s'il ne dispose pas d'un avantage absolu par rapport à ce pays. Le tableau 1.2 illustre ce principe à l'aide des données du tableau 1.1, à l'exception du nombre de mètres de tissu produit à l'heure au Canada, qui passe de 2 à 8 mètres.

S'il n'y avait pas d'échanges entre les deux pays, leur production totale serait de 14 quintaux de blé et de 12 mètres de tissu. Comme on le constate, le Canada dispose d'un avantage absolu par rapport aux États-Unis autant pour le blé que pour le tissu. Selon le principe de l'avantage absolu, le Canada ne devrait donc pas négocier avec son voisin du Sud.

Or, selon Ricardo, il est néanmoins avantageux pour le Canada d'exporter du blé aux États-Unis et d'en importer du tissu parce que le Canada dispose d'un plus grand avantage comparatif dans la production de blé que dans la fabrication du tissu. Le ratio de la production canadienne de blé à l'heure sur la production américaine de blé à l'heure est en effet de 6 (12/2), alors qu'il est de 2 (8/4) dans le cas du tissu.

Par conséquent, même s'il faut moins d'heures de travail au Canada qu'aux États-Unis pour produire du tissu, il est plus avantageux pour le Canada d'employer le temps de travail des ouvriers canadiens à produire du blé et à échanger ce blé contre du tissu fabriqué aux États-Unis que de fabriquer du

TABLEAU 1.2

Le principe de l'avantage comparatif			
	Canada	États-Unis	Total
Blé (quintaux/homme/heure)	12	2	14 quintaux
Tissu (mètres/homme/heure)	8	4	12 mètres

Source : Brigitte Lévy (1989), *Les affaires internationales : l'économie confrontée aux faits,* Boucherville, Gaëtan Morin Éditeur.

tissu en diminuant sa capacité de produire du blé. Inversement, les États-Unis ont avantage à se spécialiser dans la production du bien pour lequel ils subissent le plus faible désavantage comparatif.

Bref, selon Ricardo, un pays a intérêt à se spécialiser dans la production d'un bien pour lequel il détient le plus grand avantage comparatif ou, inversement, d'un bien pour lequel son désavantage comparatif est le plus faible.

Dans la première moitié du xxe siècle, deux économistes suédois, Eli Heckscher et Bertil Ohlin, ont développé la théorie de Ricardo. Selon eux, l'avantage comparatif d'un pays repose sur l'abondance de facteurs de production tels que les ressources naturelles, la main-d'œuvre et les capitaux. Heckscher et Ohlin ont proposé un théorème[1] pour résumer leur position. Selon ce théorème, dans le contexte du libre-échange, « chaque pays a une production orientée vers la marchandise qui utilise de manière intensive le facteur dont il est bien doté et il tend à l'exporter[2] ».

Supposons que le Japon soit nanti en capital et l'Inde, en main-d'œuvre, et que la production d'appareils électroniques requière un fort investissement en capital et celle de vêtements, un fort investissement en main-d'œuvre. Dans un tel contexte, le Japon devrait tendre à se spécialiser dans la production d'appareils électroniques et l'Inde, dans celle de vêtements.

Par ailleurs, les fondements du commerce international ont évolué depuis les premiers écrits d'Adam Smith, et les avantages comparatifs sont devenus très mobiles. Ce qui était un avantage comparatif il n'y a pas si longtemps pour le Québec et le Canada en est maintenant devenu un pour des pays comme la Chine et l'Inde. Par exemple, les coûts et la qualité des produits du secteur manufacturier québécois sont largement concurrencés par les pays en émergence. En d'autres termes, on observe une fluidité de certains facteurs de production.

Dans le cas des ressources naturelles, un gisement de fer ou des ressources hydrauliques comme celles que possède le Québec demeureront toujours un avantage tant qu'il y aura une demande mondiale. Par contre, les ressources intellectuelles génèrent des avantages comparatifs que l'on peut qualifier de *mobiles*. Même les droits de propriété intellectuelle, culturelle ou scientifique ne jouissent plus de la protection dont ils bénéficiaient auparavant. Il est maintenant possible d'imiter et de vendre des produits, et d'avoir accès à certains domaines de connaissance sans être subordonné à une quelconque indemnisation. Des pays, considérés autrefois comme sous-développés économiquement et intellectuellement, ont rattrapé ou rattraperont les pays industrialisés grâce à cette nouvelle réalité.

---

1. Un théorème est une « proposition démontrable qui résulte d'autres propositions déjà posées » (*Le Petit Robert*). Le théorème d'Heckscher-Ohlin s'appuie sur les propositions de Ricardo.
2. M. Rainelli (1998), *Le commerce international*, 6e édition, Paris, La Découverte, p. 46.

Plusieurs des grands succès asiatiques en sont un exemple. Les produits faits au Québec avec beaucoup d'habileté dans les domaines du textile, du vêtement, de la chaussure et du meuble ont procuré un avantage comparatif pour couvrir les marchés intérieurs et les marchés américains à la suite de l'Accord de libre-échange. Ces produits ont été imités et fabriqués avec succès par la Chine et d'autres pays en émergence. Aujourd'hui, les Chinois sont tout à fait compétitifs sur ce plan. Leur avantage ne se situe pas uniquement au niveau des coûts de la main-d'œuvre, mais aussi au niveau de la technologie. En somme, il ne faut jamais considérer un avantage comparatif comme un avantage permanent.

En effet, on peut penser que l'avantage, relié aux bas salaires de la Chine, de l'Inde ainsi que d'autres pays tels la Corée du Sud et certains pays du Sud-Est asiatique, va reculer si leurs populations atteignent un niveau de vie comparable à celui de l'Occident. Ces populations représenteront un marché important pour les produits de consommation courante, le tourisme, les activités culturelles et de loisir, etc.

Ainsi, avec le temps, plusieurs cas sont venus contredire le principe de l'avantage comparatif. Par exemple, un pays comme la Corée du Sud, pourtant dépourvu de capitaux, a réussi à exporter des produits exigeant un fort coefficient de capital, comme des navires et des automobiles. On observe par ailleurs qu'une grande partie du commerce international se fait entre pays industrialisés, pourtant dotés de facteurs de production similaires. Récemment, un chercheur américain a proposé une nouvelle théorie qui vise à mieux rendre compte de la dynamique des échanges internationaux contemporains.

La théorie de l'avantage concurrentiel des nations

Dans son ouvrage intitulé *L'avantage concurrentiel des nations,* publié en anglais en 1990, Michael Porter étoffe considérablement l'analyse des caractéristiques qui procurent à un pays un avantage par rapport à ses concurrents dans un secteur industriel donné. Selon Porter, on peut regrouper ces caractéristiques en quatre composantes : l'état des facteurs, l'état de la demande, les activités liées et de soutien ainsi que la stratégie, la structure et la concurrence.

Chacune de ces caractéristiques interagit avec les trois autres pour former un losange qui représente l'avantage concurrentiel d'un pays. Ce losange que l'on nomme également «losange de Porter», est présenté à la figure 1.1. Comme l'indiquent les flèches, le losange forme un système dynamique, de sorte que les quatre caractéristiques se renforcent mutuellement. La présence d'une seule caractéristique peut d'ailleurs s'avérer insuffisante pour procurer à un pays un avantage concurrentiel.

Voici la signification des quatre composantes du losange de Porter.

1. **L'état des facteurs** indique l'accessibilité aux facteurs de production généraux — la main-d'œuvre, les richesses naturelles, les capitaux et l'infrastructure — et aux facteurs hautement spécialisés — les compétences, les technologies et les infrastructures — requis dans des secteurs particuliers de l'économie.

FIGURE 1.1

Losange de Porter

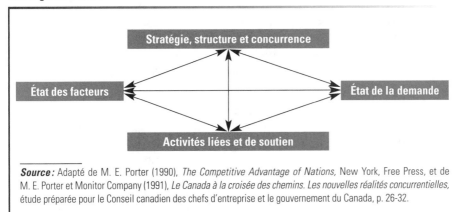

Source : Adapté de M. E. Porter (1990), *The Competitive Advantage of Nations,* New York, Free Press, et de M. E. Porter et Monitor Company (1991), *Le Canada à la croisée des chemins. Les nouvelles réalités concurrentielles,* étude préparée pour le Conseil canadien des chefs d'entreprise et le gouvernement du Canada, p. 26-32.

Notons que cette composante du losange reprend en l'enrichissant l'idée des facteurs de production de Heckscher-Ohlin. Un facteur a particulièrement gagné en importance depuis la première moitié du XXe siècle : la technologie. De nos jours, plus un pays investit dans la recherche et le développement (R et D) et possède une main-d'œuvre qualifiée à la fine pointe de la technologie, plus il détient un avantage comparatif qui lui permet d'exporter des produits à haute valeur ajoutée.

On peut citer à cet égard l'avantage que possèdent les États-Unis dans la production et l'exportation d'ordinateurs tels qu'IBM, Apple, Compaq, Dell et Hewlett-Packard. Dans le même ordre d'idées, qui ne connaît pas les produits électroniques fabriqués au Japon par Sony, JVC, Panasonic, Mitsubishi et Toshiba ? Dans l'industrie automobile, les États-Unis et le Japon comptent tous deux de puissantes entreprises qui offrent leurs marchandises à l'échelle de la planète.

2. L'état de la demande informe de la situation de la demande intérieure des produits et services des entreprises nationales. Un marché intérieur important favorise le développement d'entreprises solides, capables de tirer leur épingle du jeu sur la scène internationale. Par ailleurs, la présence de clients locaux exigeants incite les fabricants à innover, ce qui constitue un facteur appréciable de compétitivité à l'échelle internationale.

3. Les activités liées et de soutien impliquent la présence ou l'absence de partenaires concurrentiels à l'échelle internationale dans le pays. Ces partenaires sont, d'une part, les fournisseurs d'intrants spécialisés et, d'autre part, les entreprises qui évoluent dans des secteurs connexes et qui partagent de ce fait la même technologie ou la même clientèle.

Une entreprise novatrice suscite très souvent l'apparition de fournisseurs et d'entreprises de secteurs connexes. Le foisonnement de ces entreprises crée une concurrence saine qui peut amener une réduction des prix, une amélioration de la qualité ou un avancement de la technologie, ce qui donne à l'entreprise exportatrice un avantage concurrentiel sur les marchés mondiaux.

D'un autre côté, dans les études qu'il a effectuées dans différents pays industrialisés. Porter a noté que la proximité d'entreprises concurrentielles dans leur domaine respectif mais liées par d'autres éléments, tels les fournisseurs, les clients ou les entreprises de secteurs connexes, représente souvent un facteur de succès sur la scène internationale. C'est ce que l'on appelle les *grappes industrielles*.

4. La stratégie, la structure et la concurrence regroupent les facteurs qui influent, premièrement, sur le mode de création, d'organisation et de gestion des entreprises et, deuxièmement, sur la rivalité entre les entreprises du pays. Toute entreprise qui désire maintenir sa situation sur le marché national doit utiliser des stratégies de pointe, posséder une infrastructure solide et, surtout, être compétitive. Plus elle renforce sa compétitivité par des investissements dans la recherche, le développement et le contrôle de la qualité, et par la présentation d'une image de marque précise dans la conquête de son marché intérieur, plus elle sera en mesure d'être compétitive sur les marchés extérieurs.

Selon Porter, l'État peut, au moyen de diverses politiques publiques, agir sur chacune des composantes du losange pour favoriser ou renforcer (et parfois affaiblir !) un avantage concurrentiel. Le losange de Porter peut également servir à étudier la position concurrentielle d'une entreprise.

Prenons l'exemple de la compagnie Bombardier Produits Récréatifs (BRP). On peut imaginer qu'elle compte parmi ses facteurs d'avantage comparatif l'esprit d'entreprise de ses dirigeants, une technologie de pointe et une main-d'œuvre qualifiée. BRP investit des sommes importantes dans la recherche et le développement, l'entreprise est fort bien structurée et ses marchés sont diversifiés. Ces caractéristiques contribuent à sa compétitivité dans les secteurs où elle est présente. Ses produits sont en demande. Ainsi, son Ski-Doo[R] est reconnu à travers le monde et son jet Challenger[R 3] est acheté par de nombreuses lignes aériennes. Ce succès et cette situation de pointe ont été obtenus non seulement à cause des stratégies internes de Bombardier, mais aussi parce que l'entreprise a su s'entourer de fournisseurs fiables dont sa production dépend.

Voici un autre exemple, celui de la plus grande papetière du monde, Abitibi Bowater, dont le siège social est situé à Montréal. La proximité de ressources naturelles, une technologie de pointe dans la fabrication du papier, l'acquisition de concurrents ainsi qu'une demande nationale et internationale soutenue constituent autant de facteurs d'avantage comparatif qui ont permis à cette société de maintenir sa compétitivité à l'échelle mondiale.

Comme nous l'avons souligné au début de cette section, les transformations du commerce international suscitent de nouvelles théories qui, en retour, servent parfois de guides aux acteurs publics et privés engagés dans le commerce international. Il est intéressant de noter à cet égard que le Conseil canadien des

---

3. Ski-Doo[R] et Challenger[R] sont des marques de commerce appartenant respectivement à Bombardier Produits Récréatifs et Bombardier Aéronautique.

chefs d'entreprise et le gouvernement du Canada ont demandé à Michael Porter d'analyser les avantages et les faiblesses du Canada en matière de commerce international. En 1991, Porter et son équipe publiaient une étude intitulée *Le Canada à la croisée des chemins : les nouvelles réalités concurrentielles*. Cette étude, basée sur le modèle du losange que nous venons de voir, a permis à l'époque aux gouvernements canadien et québécois de redéfinir leurs politiques concernant les subventions aux entreprises et l'exportation.

L'exemple du losange de Porter n'est pas unique. L'encadré 1.1 montre l'influence qu'ont exercée les théories mercantiliste et classique sur la pratique du commerce international jusqu'au milieu du XXᵉ siècle.

Comme nous le verrons plus loin dans ce chapitre, les gouvernements d'un nombre croissant de pays signeront, à partir de la fin de la Seconde Guerre

---

ENCADRÉ 1.1

Théorie et pratique du commerce international

La théorie classique, favorable au libre-échange, trouve un écho dans les pratiques du commerce international. Au XIXᵉ siècle, la Grande-Bretagne domine le monde, à la manière des États-Unis aujourd'hui. Sa puissance tient en bonne partie à sa suprématie sur les mers. Celle-ci lui permet de diriger le commerce international et d'exploiter les richesses de son immense empire. En effet, la Grande-Bretagne s'approvisionne en matières premières dans ses colonies et fabrique chez elle des produits finis à valeur ajoutée. Les avantages politiques et économiques qu'elle retire du commerce international à cette époque expliquent que le gouvernement britannique ait été fermement libre-échangiste.

Jusqu'à la guerre de 1914-1918, le libre-échange domine et le rythme de progression du commerce international est nettement supérieur à celui de la production mondiale (Rainelli, 1998, p. 8). La situation est totalement différente entre les deux guerres mondiales. La crise économique qui éclate en 1929, alliée à des politiques protectionnistes, restreint le commerce international, qui progresse faiblement de 1913 à 1937 (Rainelli, 1998, p. 10-13).

Durant cette période, plusieurs gouvernements adoptent une position mercantiliste. Ainsi, au lieu de laisser jouer l'offre et la demande à l'échelle internationale, ils protègent leurs industries nationales de la concurrence étrangère tout en aidant les secteurs industriels à exporter au moyen de subventions diverses. En privilégiant une telle politique, les gouvernements se rendent populaires auprès des gens d'affaires et des électeurs des régions où sont localisées les entreprises protégées. Si cette politique est bénéfique pour ces secteurs, elle risque toutefois de nuire à l'économie nationale.

La fermeture du marché d'un pays freine en effet l'entrée de produits en provenance des autres pays. Devant ce barrage, les pays brimés optent pour des moyens de rétorsion en fermant leur propre marché aux produits de ce pays. Si ces mesures protectionnistes se maintiennent, elles entraîneront une récession générale plutôt que de favoriser l'expansion des économies nationales. On se retrouvera du même coup avec des économies nationales sous-productives parce que protégées des concurrents plus efficaces. Par contre, la protection par l'État de secteurs industriels en émergence peut s'avérer une condition nécessaire à leur survie et à leur expansion, notamment lorsque les entreprises étrangères dominent ces secteurs.

mondiale, une série d'ententes visant à réduire les barrières au commerce international. Maintenant que nous sommes plus familiers avec les théories en vigueur, examinons le rôle de deux grandes catégories d'acteurs du commerce international contemporain : les États et les firmes multinationales.

Le contexte actuel du commerce international

Dans le monde actuel, l'entreprise qui veut croître doit exporter. Or, pour arriver à exporter, celle-ci doit d'abord comprendre le contexte général du commerce international. Dans les pages qui suivent, nous nous pencherons sur deux dimensions essentielles du commerce international tel qu'il se pratique aujourd'hui : le regroupement de pays au sein d'alliances commerciales et les accords commerciaux internationaux.

Les alliances commerciales entre nations

Depuis leur origine, les nations ressentent le besoin de s'associer à des nations voisines, que ce soit pour des motifs militaires (accroître leur puissance pour rivaliser avec celle d'un État ou d'une alliance d'États, conquérir un territoire voisin) ou économiques (assurer l'approvisionnement en denrées rares, stimuler l'économie en facilitant les échanges avec des fournisseurs et des clients étrangers, s'emparer de ressources naturelles introuvables dans le pays).

Depuis un demi-siècle, on observe une tendance à la libéralisation des échanges internationaux. Une des manières de favoriser la fluidité de ces échanges consiste à créer des alliances entre pays voisins. Ces ententes régionales stimulent un commerce déjà facilité par la proximité des pays membres. Une telle intégration économique peut toutefois conduire ceux-ci à fermer les frontières de leur région aux transactions en provenance de l'extérieur. On assiste alors à la création de blocs[4] relativement autosuffisants, mais protectionnistes.

On distingue six degrés d'intégration économique et politique des États. Au degré minimal correspond la maîtrise la plus grande qu'un pays exerce sur ses politiques, alors qu'au degré maximal correspond la réduction la plus importante de l'autonomie gouvernementale de chaque pays membre de l'alliance.

1. **L'État-nation** est la seule source de lois et de règlements touchant les transactions avec d'autres nations. Des pays autonomes tels que la Suisse, la Norvège ou la Colombie sont des exemples d'États-nations.

2. **La zone de libre-échange** comprend deux ou plusieurs pays qui s'associent afin d'éliminer les barrières tarifaires et les **barrières non tarifaires** en vigueur jusque-là entre eux. L'entente entre le Canada, les États-Unis et le Mexique, connue sous le nom d'Accord de libre-échange nord-américain (ALENA), illustre bien cette forme d'intégration. Nous y reviendrons plus loin.

Barrières non tarifaires (BNT) / *Non-tariff barriers*
Mesures ou politiques gouvernementales autres que les tarifs douaniers qui restreignent ou faussent les échanges internationaux : contingents (quotas) d'importation, pratiques discriminatoires, normes et standards de santé ou de sécurité, restrictions d'achat des marchés publics, etc. Elles sont généralement appliquées pour protéger les industries locales de la concurrence créée par les importations.

---

4. Les trois blocs constitués des Amériques, de l'Asie et de l'Europe forment ce qu'on appelle communément *la Triade*.

3. L'union douanière (*customs union*) est un accord de libre-échange entre au moins deux pays qui acceptent d'éliminer les barrières tarifaires sur leurs importations respectives et d'adopter des barrières tarifaires communes pour les importations provenant de pays n'appartenant pas à l'union douanière. Les pays membres se consultent également sur leurs politiques commerciales respectives. Le Mercosur[5] est une union douanière en voie de devenir un marché commun.

4. Le marché commun consiste en une association de pays qui désirent resserrer leurs liens économiques, surtout en ce qui concerne la réduction et l'élimination des tarifs douaniers. Leur caractéristique la plus évidente est la mise en place des *quatre libertés,* soit la libre circulation des marchandises, des services, des capitaux et des personnes entre les pays membres. Ces derniers harmonisent leurs politiques nationales et coordonnent leurs politiques économiques internationales. La Communauté économique européenne (CEE) d'avant 1992 qui regroupaient 12 pays[6] est un exemple de marché commun.

5. L'union économique est une suite logique du marché commun puisque les quatre libertés sont appliquées sans aucune restriction. En outre, les pays membres adoptent une devise commune et toutes les politiques nationales et internationales sont harmonisées. L'Union européenne de l'an 2000 constitue un bon exemple d'union économique avec sa devise commune, l'euro, sa banque centrale située à Francfort, en Allemagne, et une harmonisation totale des politiques économiques des pays membres.

6. L'union politique est une entité analogue à l'État-nation, mais elle s'en différencie par le fait qu'elle provient de l'intégration de plusieurs nations distinctes au départ. Aucune frontière, quelle qu'elle soit, n'existe entre ses diverses composantes. L'Union des républiques socialistes soviétiques (URSS) était une union politique jusqu'en 1991, moment où elle s'est démantelée pour former la Communauté des États indépendants (CEI), type hybride entre État-nation et zone de libre-échange.

Depuis quelques décennies, on observe une augmentation du nombre d'alliances régionales et une accentuation de leur intégration. Si des pays acceptent de perdre une part parfois importante de leur autonomie politique et économique, c'est qu'ils estiment que cette perte est nettement compensée par la stimulation des échanges et le renforcement de leur économie nationale qui sont censés en résulter. On pourrait voir dans la création de ces ensembles régionaux une illustration du losange de Porter sur la compétitivité des nations.

Certaines ententes relatives au commerce international dépassent le cadre d'une région et ont une portée quasi mondiale. Nous examinerons maintenant

---

5. Le Mercosur regroupe le Brésil, l'Argentine, le Paraguay et l'Uruguay.
6. Les membres de la CEE en 1992 étaient la France, l'Allemagne, la Belgique, le Luxembourg, les Pays-Bas, l'Italie, la Grèce, l'Irlande ou Eire, le Royaume-Uni, le Danemark, l'Espagne et le Portugal. En 1995 s'ajoutaient l'Autriche, la Finlande et la Suède. Le 1er mai 2004, l'Union européenne a élargi ses frontières avec l'adhésion de 10 nouveaux pays. Passant de 15 à 25 membres, elle a alors accueilli Chypre, l'Estonie, la Hongrie, la Lettonie, la Lituanie, Malte, la Pologne, la République tchèque, la Slovaquie et la Slovénie. La Bulgarie et la Roumanie suivent le mouvement le 1er janvier 2007.

l'évolution des accords internationaux encadrant le commerce international depuis la fin de la Seconde Guerre mondiale.

Les accords internationaux

À la fin de la guerre de 1939-1945, la majorité des pays industrialisés devaient renouer leurs liens commerciaux avec leurs anciens clients. Les pays du Commonwealth britannique qui se consentaient mutuellement des avantages commerciaux, les pays colonisateurs de l'Europe qui obtenaient leurs matières premières de leurs colonies, les États-Unis qui contrôlaient le commerce dans les Caraïbes et en Amérique latine, tous ces pays devaient alors concevoir un nouvel ordre international sur le plan commercial.

Les gouvernements des pays industrialisés désiraient aussi, à cette époque, établir les conditions propices à l'essor de l'économie mondiale. Les expériences désastreuses de la grande dépression des années 1930, du **protectionnisme** et de l'isolationnisme du gouvernement américain étaient encore fraîches dans les mémoires, et les responsables politiques souhaitaient éviter qu'une telle conjoncture ne se reproduise.

C'est dans un tel contexte que les dirigeants de ces pays se sont réunis pour fonder l'**Organisation des Nations unies (ONU).** L'ONU, probablement l'organisme le plus connu à travers le monde, devait constituer un forum international dans lequel les États membres pouvaient exposer et régler leurs griefs politiques. On voulait ainsi prévenir d'autres conflits militaires. On désirait également instituer des organismes à but économique. L'International Trade Organization (ITO[7]) avait pour but de libéraliser le commerce international et de faciliter ainsi les échanges commerciaux entre nations. Mais cet organisme est mort-né, certains groupes de pression protectionnistes américains s'opposant à la mise en place d'un organisme supranational susceptible de mettre en danger leurs intérêts commerciaux et surtout, leur souveraineté.

En revanche, tous les pays industrialisés ont convenu que l'objectif de libéraliser le commerce international était valable. À cette époque, la barrière la plus évidente au libre-échange de produits entre pays était le montant excessif des taxes douanières imposées par la majorité des nations sur les produits importés. Par conséquent, la meilleure façon de libéraliser le commerce consistait à réduire autant que possible ces barrières tarifaires. De là est né l'**Accord général sur les tarifs douaniers et le commerce,** mieux connu sous l'acronyme GATT pour General Agreement on Tariffs and Trade. Cet accord, signé le 30 octobre 1947 par 23 pays[8] au Palais des nations à Genève, en Suisse, est entré en vigueur le 1er janvier 1948. Le Canada fut l'un des protagonistes les plus engagés dans sa ratification.

Protectionnisme /
Protectionism
Politique commerciale et mesures adoptées par un gouvernement pour protéger la production nationale contre la concurrence internationale en interdisant ou en restreignant les importations de biens et de services. Ces mesures comprennent les taxes à l'importation, les quotas ainsi que les subventions accordées aux producteurs nationaux.

Organisation des Nations unies (ONU) / United Nations Organization (UNO)
Organisation internationale fondée en 1945 qui réunit plus de 150 pays et dont le siège est à New York. Son but est de maintenir la paix et la sécurité internationales et de promouvoir la coopération entre les pays dans les domaines économique, social, culturel et humanitaire. Ses principaux organismes sont l'Assemblée générale, le Conseil de sécurité, le Conseil économique et social et la Cour internationale de justice. Elle comprend des commissions économiques régionales, 14 agences spécialisées et divers organismes.

Accord général sur les tarifs douaniers et le commerce / General Agreement on Tariffs and Trade (GATT)
Traité commercial multilatéral, en vigueur depuis 1947, auquel adhèrent plus de 115 pays, qui vise à libéraliser les échanges internationaux et à créer un climat favorable au commerce international par la réduction des barrières tarifaires et non tarifaires. Depuis le 1er janvier 1995, cet accord est géré par l'OMC.

---

7. L'ITO était considérée comme la troisième composante d'une triade d'agences économiques créées après la guerre de 1939-1945. Les deux autres, qui existaient déjà, étaient le Fonds monétaire international (FMI) et la Banque internationale pour la reconstruction et le développement (BIRD), maintenant intégrée dans le groupe de la Banque mondiale.

8. Les 23 pays signataires étaient l'Afrique du Sud, l'Australie, la Belgique, la Birmanie (maintenant Myanmar), le Brésil, le Canada, le Ceylan (maintenant le Sri Lanka), le Chili, la Chine, Cuba, les États-Unis, la France, l'Inde, le Liban, le Luxembourg, la Norvège, la Nouvelle-Zélande, le Pakistan, les Pays-Bas, la Rhodésie-du-Sud (maintenant le Zimbabwe), le Royaume-Uni, la Syrie, la Tchécoslovaquie (maintenant la République tchèque et la Slovaquie).

Comme nous le verrons maintenant, cet accord a connu plusieurs modifications au fil d'une longue série de rondes de négociations entre les pays participants.

Les accords du GATT

L'accord original prévoit un processus de réduction des tarifs douaniers et crée une agence de surveillance du commerce international. Les règles du GATT s'appuient sur cinq principes fondamentaux :

1. La *non-discrimination*. Aucun membre ne doit accorder de traitement préférentiel à d'autres membres.
2. La *réciprocité*. Toute concession accordée par un pays à un autre doit être réciproque.
3. La *transparence*. Les protections imposées par un pays doivent prendre la forme de frais de douane, et non de barrières tarifaires ou de quotas.
4. Le *règlement de différends commerciaux*. Les membres doivent préférablement utiliser les mécanismes du GATT pour arbitrer les litiges.
5. Les *exceptions*. Des exceptions aux règles sont accordées en cas d'urgence et dans des conditions spéciales (accords commerciaux locaux, échanges dans certains secteurs comme le textile et l'agriculture, dumping, entreprises nationales menacées par les importations, problèmes de balance des paiements).

Des rencontres périodiques ont permis de réévaluer les barrières tarifaires et d'élaborer des règles internationales pour encadrer le commerce entre les membres. Le tableau 1.3 (voir la page 22) indique les dates importantes des phases de négociations du GATT, également appelées « cycles » ou *rounds,* qui se sont tenues entre la signature de l'Accord et la création de l'Organisation mondiale du commerce en 1995. Les différents sujets traités ou les ententes conclues y apparaissent également.

Le nombre de phases de négociations et leur durée croissante indiquent que la libéralisation des échanges à l'échelle mondiale est possible mais difficile. Cette difficulté tient à la complexification des négociations. Au départ, le nombre de pays était relativement limité et les négociations portaient essentiellement sur la réduction des barrières tarifaires imposées sur une quantité limitée de biens.

Au cours du cycle de Tokyo (*Tokyo Round*), plus de 100 pays participent aux négociations (123 au cycle de l'Uruguay), parmi lesquels des pays en voie de développement ; ceux-ci s'ajoutent aux pays industrialisés qui ont monopolisé le GATT au moment de sa création. Les intérêts des parties prenantes du GATT deviennent ainsi plus difficiles à concilier, compte tenu de leur diversité. De plus, la gamme des produits couverts s'élargit et englobe des sujets sensibles comme les subventions à l'agriculture. Pendant le cycle de l'Uruguay, les négociations concernent également la réduction des barrières non tarifaires, barrières plus subtiles et plus ardues à lever que les simples taxes à l'importation. Enfin, le commerce international se complexifie lui-même au fil des ans, notamment avec l'expansion du commerce des services.

TABLEAU 1.3

Année	Cycle de négociation	Description
	Les cycles de négociations dans le cadre de l'Accord général sur les tarifs douaniers et le commerce (GATT)	
1947	Cycle de Genève	Les tarifs ont été abaissés de 35 %.
1949	Cycle d'Annecy	Les parties contractantes ont échangé près de 5000 concessions tarifaires. Dix autres pays ont signé l'Accord.
1950	Cycle de Torquay	En tout, 8700 concessions tarifaires ont été effectuées, ce qui a amené une réduction de 25 % des tarifs douaniers par rapport au niveau observé en 1948.
1956	Cycle de Genève	Près de 2,5 milliards de dollars américains ont été consentis en nouvelles concessions tarifaires.
1960-1961	Cycle de Dillon	Les négociations ont abouti à la reconnaissance de la Communauté économique européenne (CEE) comme représentante unique de ses pays membres. Les 4400 nouvelles concessions tarifaires accordées représentent près de 4,4 milliards de dollars américains.
1964-1967	Cycle de Kennedy	Cinquante pays ont signé l'entente finale en juin 1967. Les nouvelles concessions tarifaires totalisent près de 50 milliards de dollars américains.
1973-1979	Cycle de Tokyo	Plus complexe et plus vaste que les précédents, ce cycle regroupe 102 pays qui ont conclu des ententes relatives à des concessions tarifaires dépassant 300 milliards de dollars américains, qui ramenaient la moyenne de ces taux douaniers à 4,7 %. De plus, on a établi certains codes de conduite concernant des barrières non tarifaires (subventions et droits compensateurs, valeur en douanes, droits antidumping).
1974	Arrangement multifibre (AMF)	Cet arrangement a été créé afin de libéraliser progressivement le commerce des produits textiles, tout en maintenant un certain équilibre dans la production et l'offre. Les pays en voie de développement, fournisseurs de textiles, doivent négocier avec les pays industrialisés, leurs clients. Renouvelé et actualisé en 1978, 1982, 1986, 1991 et 1992, l'AMF visait à concilier les intérêts des pays importateurs et des pays exportateurs de textiles. Les participants pouvaient invoquer les dispositions de sauvegarde de l'AMF, lorsque les importations causaient, ou risquaient de causer, une désorganisation de leur marché intérieur ; les restrictions devaient toutefois permettre au pays fournisseur touché d'exporter de façon ordonnée et équitable. La plupart des mesures de sauvegarde prises en vertu de l'AMF revêtaient la forme d'accords bilatéraux. Depuis 1995, l'AMF a fait place à l'accord de l'OMC sur les textiles et les vêtements.
1986-1993	Cycle de l'Uruguay	Le plus long cycle de négociations du GATT, étant donné le nombre accru de participants (132 pays) et les thèmes abordés. Les nouveaux thèmes étaient l'agriculture, l'investissement et les services. On y a également fixé le cadre de la future OMC. La signature finale de l'accord a eu lieu à Marrakech, au Maroc, en avril 1994.

Source : Organisation mondiale du commerce (août 2004), *Un commerce ouvert sur l'avenir,* [en ligne]. [http://www.wto.org] (13 février 2008) ; Nyahoho et Proulx (2000), *Commerce international : théories, politiques et perspectives industrielles,* 2ᵉ édition, Sainte-Foy, Presses de l'Université du Québec, p. 306-325.

C'est pour mieux faire face à ce contexte nouveau, très différent de celui de l'après-guerre, que les États cherchent à créer un système collectif de régulation de la sécurité et des échanges commerciaux. C'est dans cet esprit que seront créés l'Organisation mondiale du commerce (OMC), le Fonds monétaire international (FMI) et la Banque mondiale.

L'Organisation mondiale du commerce

Issue de l'entente de Marrakech conclue en avril 1994, l'**Organisation mondiale du commerce (OMC)** naît officiellement le 1er janvier 1995. Le dernier et le plus important des cycles du GATT, le cycle d'Uruguay, a conduit à la création de l'OMC. Alors que le GATT régissait principalement le commerce des marchandises, l'OMC et ses Accords visent aujourd'hui le commerce des services ainsi que les échanges d'inventions, de créations, de dessins et de modèles (propriété intellectuelle).

Par comparaison avec le GATT, l'OMC est une institution et non un accord. La plupart des principes énoncés sous le GATT sont entérinés *de facto* par l'OMC. Celle-ci a son siège à Genève, en Suisse, et compte maintenant 151 membres, incluant la Chine qui s'y est jointe en 2001. En plus des membres, l'OMC regroupe des observateurs qui peuvent être des États en cours d'adhésion ou des organisations internationales (FMI, Banque mondiale, etc.). Le but fondamental de l'OMC est de favoriser la liberté des échanges en supprimant les barrières au commerce et en informant les particuliers, les entreprises et les autorités publiques des règles commerciales en vigueur. L'OMC sert aussi de cadre à des négociations commerciales entre pays et de lieu de règlement des différends.

En réitérant certains fondements du GATT, l'OMC souscrit actuellement aux normes suivantes :

- Le principe de non-discrimination (ou celui de nation la plus favorisée ou NPF), qui constitue le fondement du système commercial international depuis 1945. Selon ce principe, toute faveur spéciale — par exemple, la diminution d'un tarif douanier — consentie par un pays membre à un autre pays doit être accordée à tous les autres pays membres sans exception. Ce principe représente le premier article du GATT, de l'Accord général sur le commerce des services (AGCS ou GATS) et de l'Accord sur les aspects des droits de propriété intellectuelle qui touchent au commerce (ADPIC ou TRIPS).
- Les règles relatives à la non-discrimination, qui doivent également garantir des conditions commerciales loyales, en particulier en ce qui concerne le dumping et les subventions qui entraînent en représailles l'imposition de droits antidumping ou de droits compensateurs.
- Le principe de traitement national, qui spécifie que les marchandises importées et les produits fabriqués localement doivent être traités sur le même pied. Ce principe s'applique aussi aux services, aux marques de commerce, aux droits d'auteur et aux brevets étrangers et nationaux.
- La libéralisation progressive des droits de douane jusqu'à leur élimination.
- L'interdiction d'imposer des restrictions quantitatives (quotas ou contingents) sur les articles importés.
- L'Accord sur les marchés publics, qui permet la concurrence internationale sur des appels d'offres émis par des entités gouvernementales dans de nombreux pays.
- La mise en place d'une structure de règlement des différends qui peut prendre une décision finale.

Organisation mondiale du commerce (OMC) / World Trade Organization (WTO)
Institution à caractère international, née des accords du GATT en janvier 1995. Alors que le GATT se voulait un code de conduite librement consenti par les pays signataires, l'OMC officialise un rapport de droit avec des instances et des règles qui lui sont propres.

La majorité de ces principes ont d'abord été négociés de façon bilatérale (entre deux pays), puis ils ont été étendus à tous les pays membres. Les différents cycles de négociations multilatérales ont fait progresser de nombreux dossiers et ont de toute évidence contribué à accélérer la libéralisation du commerce international.

Les échanges entre pays ont augmenté considérablement au cours des dernières années pour atteindre des sommets inégalés. Le tableau 1.4 (voir la page 26) démontre la croissance des exportations et des importations de marchandises dans les principales régions du monde.

À la fin de 1999, à Seattle, dans l'État de Washington, l'OMC a amorcé un autre cycle de négociations qui, à la suite de dissensions, a échoué. On se rappellera que cet événement a donné lieu à de violentes manifestations dont la compagnie Starbucks Coffee a été la cible. Les manifestants voulaient protester contre les dangers de la mondialisation face à l'environnement, aux droits humains, aux conditions de travail et à la protection de l'emploi. Une autre conférence de l'OMC a été tenue, en novembre 2001, à Doha, au Qatar. Cette conférence a débouché sur la mise sur pied du Comité des négociations commerciales devant organiser le neuvième cycle de négociations multilatérales prévu jusqu'au 1er janvier 2005. Sept groupes de négociations ont été créés concernant l'agriculture, les services, l'accès aux marchés non agricoles, les règles, le commerce et l'environnement, les indications géographiques pour les vins et spiritueux sous les accords ADPIC (Aspects des Droits de Propriété Intellectuelle qui touchent au Commerce) et la réforme de l'entente sur le règlement des différends.

En 2003, au Sommet de Cancun, une alliance de pays du tiers-monde a été formée pour contrer les projets de libéralisation des services qui étaient sur la table des négociations (le G20, composé des pays au développement avancé ; le G90, composé des pays les moins avancés). Cette alliance visait à obtenir de la part des pays riches une modification de leurs politiques agricoles et a abouti, face au refus de ceux-ci, à l'échec des négociations.

En 2005 à Hong Kong, la Conférence a convenu de fixer à la fin 2013 la suppression des subventions à l'exportation des produits agricoles. Les pays en développement, derrière le Brésil et l'Inde notamment, demandaient la date de 2010. Pour Pascal Lamy, le directeur général de l'OMC, la tâche principale des pays membres à Hong Kong a été de trouver un accord en forme de compromis pour préparer l'accord final marquant l'achèvement du programme de Doha pour le développement, auquel ils espéraient aboutir fin 2006.

En 2006 à Genève, les négociations n'ont pas permis de trouver un accord sur la baisse des subventions agricoles et sur la réduction des droits de douane. Le directeur de l'OMC a donc officiellement suspendu le cycle de Doha.

L'aboutissement du cycle de Doha est toujours attendu au moment où nous écrivons ces lignes, les négociateurs n'étant pas parvenus à trouver un compromis sur la réduction des subventions agricoles ni sur celle des droits de douane à l'importation. Toutefois, en 2007 à Davos, les ministres responsables du commerce d'une trentaine de pays clés ont décidé de relancer les négociations.

Malgré cela, le succès semble de plus en plus compromis depuis que l'autorité en matière de commerce dont bénéficiait le président américain George W. Bush, dans le cadre de la loi sur les échanges commerciaux de 2002 (Trade Promotion Act), a pris fin en juillet 2007. Depuis cette date, le Congrès a recouvré son pouvoir d'amender tout accord commercial qu'il examine. Ainsi, les engagements de la part des États-Unis deviennent de moins en moins fiables[9].

Chaque Sommet de l'OMC, de Seattle à Davos, est suivi de près et perturbé par les groupes altermondialistes. Chaque conférence devient un enjeu majeur dans les relations Nord-Sud et provoque sa série de débats. Certains contestent le caractère démocratique de l'OMC en avançant que les ressources des pays riches favorisent le suivi de leurs propres dossiers aux dépens des pays plus pauvres. D'autres prétendent que les principes du mercantilisme développés par l'OMC seraient la source d'un conflit de droits avec des normes internationales en matière de droits de l'homme, de protection sociale et environnementale, de protection de la santé, etc. Peu importe la nature du débat, les manifestations qui entourent la tenue de chaque Sommet de l'OMC font ressortir de l'inquiétude en ce qui concerne les répercussions de la mondialisation. Dans ces conditions, la résistance au processus de mondialisation exclusivement axé sur des considérations de rentabilité économique et échappant de plus en plus à tout contrôle démocratique devient une cause commune.

L'OMC est donc en mesure d'exercer une influence considérable sur le commerce international. Avec l'augmentation des critiques à son endroit, on peut s'attendre à ce que les prochaines négociations soient de nouveau perturbées par le mouvement antimondialisation.

Le tableau 1.4 (voir la page 26) fait état de la croissance en valeur du commerce mondial des marchandises dans les principales régions du monde, en 2005.

Le Fonds monétaire international (FMI)

Le **Fonds monétaire international** est gouverné par ses 185 États membres devant lesquels il est responsable. Il a vu le jour en juillet 1944, à une Conférence des Nations Unies qui s'est tenue à Bretton Woods (New Hampshire, États–Unis). L'article I des Statuts du FMI énonce les principaux buts de l'institution :

- promouvoir la coopération monétaire internationale ;
- faciliter l'expansion et la croissance équilibrées du commerce mondial ;
- promouvoir la stabilité des changes ;
- aider à établir un système multilatéral de paiements ;
- mettre ses ressources (moyennant des garanties adéquates) à la disposition des pays confrontés à des difficultés de balance des paiements.

Le FMI est chargé d'assurer la stabilité du système monétaire et financier international, le système international de paiements et de taux de change des monnaies nationales qui rend possible le commerce entre pays. Pour atteindre ces objectifs, il exerce trois fonctions essentielles : surveillance, assistance technique

Fonds monétaire international (FMI)

Organisation regroupant 185 pays qui a pour mission de promouvoir la coopération monétaire internationale, de garantir la stabilité financière, de faciliter les échanges internationaux, de contribuer à un niveau élevé d'emploi et à la stabilité économique et de faire reculer la pauvreté. Voir le site Web du *FMI,* [en ligne]. [http://www.imf.org/external/french/index.htm] (5 mars 2008)

---

9. Voir à ce sujet le site Web d'*EurActiv.fr,* [en ligne]. [http://www.euractiv.com/fr/] (5 mars 2008)

TABLEAU 1.4

La croissance en valeur du commerce mondial de marchandises par région, 2005 (en milliards de dollars américains et pourcentage)

Exportations (FOB)					Importations (CIF)			
Valeur	Variation annuelle (pourcentage)				Valeur	Variation annuelle (pourcentage)		
2005	2000-05	2004	2005		2005	2000-05	2004	2005
10159	**10**	**22**	**13**	**Monde**	**10511**	**10**	**22**	**13**
1478	4	14	12	Amérique du Nord	2285	6	16	14
355	13	30	25	Amérique latine	298	8	28	23
4372	11	20	8	Europe	4543	10	20	9
4001	10	19	7	Union européenne (25)	4135	10	20	9
340	18	36	28	États indépendants du Commonwealth (CIS)	216	22	31	25
244	18	35	33	Fédération de Russie	125	23	28	29
298	15	30	29	Afrique	249	14	29	19
538	15	32	35	Moyen Orient	322	14	31	17
2779	11	25	16	Asie	2599	12	27	16
762	25	35	28	Chine	660	24	36	18
595	4	20	5	Japon	515	6	19	13
983	9	24	12	Asie de l'Est (6 pays)	905	8	27	14

Source : OMC (2006), *Statistiques du commerce international 2006.*

et opérations de prêts. En s'appuyant sur les informations obtenues au cours des diverses consultations pour dresser des bilans et tracer des perspectives au plan régional et mondial, il publie ces travaux deux fois par an dans les *Perspectives de l'économie mondiale* et le *Rapport sur la stabilité financière dans le monde.* Les publications sont accessibles sur le site Web du FMI.

Par ailleurs, le FMI se consacre également à la réduction de la pauvreté dans le monde entier, soit de façon indépendante, soit en collaboration avec la Banque mondiale et d'autres institutions.

Les ressources du FMI dépendent de ses pays membres, essentiellement par le biais du paiement de leurs quotes-parts, dont le montant dépend généralement de la taille respective de leur économie. Le montant total des quotes-parts est le facteur le plus important qui détermine la capacité de prêt du FMI.

En 2007, en remplacement de la Décision de 1977 relative à la surveillance des politiques de change, les 24 membres du Conseil d'administration adoptent la Décision sur la surveillance bilatérale qui consiste à suivre les économies mondiales, régionales et nationales pour déterminer si les politiques des pays correspondent non seulement à leurs propres intérêts, mais aussi à ceux de la communauté internationale. Dans ce domaine, le FMI s'efforce de neutraliser les risques qui menacent la stabilité monétaire et financière internationale et alerte les gouvernements des 185 pays membres s'il entrevoit d'éventuelles vulnérabilités. La Décision est la première déclaration stratégique globale sur la surveillance conformément à l'article IV des Statuts du FMI, aux termes duquel les pays s'engagent à adopter un code de conduite sur les politiques de change et les politiques économique et financière intérieures. Elle clarifie et détaille davantage les politiques de change recommandées aux pays et détermine à quel stade la communauté internationale a des raisons de s'inquiéter.

La Banque mondiale

La Banque mondiale a vu le jour en même temps que le Fonds monétaire international en juin 1944. Elle fait partie des organismes composant l'Organisation des Nations Unies (ONU). Elles partagent un même but : relever le niveau de vie de leurs pays membres. La Banque mondiale, ou plus exactement le **Groupe de la Banque mondiale** est la réunion de cinq organisations internationales qui se consacrent au développement économique à long terme et à la lutte contre la pauvreté. Les deux plus importantes organisations de ce groupe sont la Banque internationale pour la reconstruction et le développement (BIRD) qui s'occupe des pays à revenu intermédiaire et des pays pauvres solvables et l'Association internationale de développement (IDA) qui se consacre aux pays les plus pauvres de la planète. Son fonctionnement est assuré par le versement d'une cotisation réglée par ses 185 États membres et par l'émission d'obligations. Chaque année, elle publie un *Rapport sur le développement dans le monde* chargé de rendre compte des résultats obtenus. Elle mesure entre autres l'Indicateur de développement humain (IDH) dans différents pays et zones géographiques et conduit avec le Fonds des Nations Unies pour l'enfance (Unicef) des études thématiques sur l'eau et l'assainissement.

Son action est aujourd'hui principalement orientée vers les pays en voie de développement. Les objectifs de la Banque mondiale mettent l'accent sur la réduction de la pauvreté et favorisent également la création des très petites entreprises. Elle investit dans des réformes sectorielles et des projets d'infrastructures reliés à l'eau potable, l'éducation et le développement durable à l'aide de prêts. À cet égard, elle accorde des prêts à des taux préférentiels et réclame, en contrepartie, que des dispositions politiques soient prises pour, par exemple, limiter la corruption, maintenir un équilibre budgétaire ou faciliter l'émergence d'une démocratie. Toutefois, les projets sont souvent critiqués par les organisations non gouvernementales (ONG) ; ces dernières affirment que les projets mis de l'avant ne luttent pas efficacement contre la pauvreté, qu'ils répondent plus aux exigences des multinationales qu'à celles des populations locales et qu'ils négligent les aspects sociaux et environnementaux.

Les accords commerciaux régionaux

Maintenant que nous avons vu le contexte réglementaire du commerce international, nous examinerons les accords commerciaux régionaux. Depuis la Seconde Guerre mondiale, les États délaissent une partie de leur souveraineté et créent des organisations ou des accords commerciaux régionaux. On pense

Groupe de la Banque mondiale

L'appellation « Groupe de la Banque mondiale » désigne aujourd'hui cinq institutions : la Banque internationale pour la reconstruction et le développement (BIRD) ; l'Association internationale de développement (IDA), fondée en 1960, ses prêts sont réservés aux pays les moins développés ; la Société financière internationale (SFI), fondée en 1956, pour financer les entreprises privées ; le Centre international de règlement des différends relatifs aux investissements, fondé en 1966 ; et l'Agence multilatérale de garantie des investissements, fondée en 1986.

à des organismes comme l'Organisation des États américains créée en 1948, à la Communauté européenne en 1957, à l'Union européenne (UE) dans les années 1960, à l'Association des nations du Sud-Est asiatique (ASEAN) en 1967, à la Coopération économique de la zone Asie-Pacifique (APEC) en 1989, au Marché Commun du Sud (Mercosur) en 1991 et à l'Accord de libre-échange nord-américain (ALENA) en 1992.

Pour se protéger contre la mondialisation et en même temps contribuer à son développement, on négocie la suppression de barrières commerciales, la libre circulation des produits, des individus et du capital, l'harmonisation des politiques économiques, monétaires et sociales, etc. On dénombre environ 300 accords commerciaux régionaux dont font partie la majorité des membres de l'Organisation mondiale du commerce (OMC). Nous passerons en revue les principales et les plus connues en commençant par une entente qui nous touche particulièrement, soit l'Accord de libre-échange nord-américain.

L'Accord de libre-échange nord-américain

Accord de libre-échange nord-américain (ALENA) / North American Free Trade Agreement (NAFTA)
Accord de libre-échange entre le Canada, les États-Unis et le Mexique, signé en 1992 et entré en vigueur le 1er janvier 1994.

Accord de libre-échange (ALE) / Free Trade Agreement
Accord de libre-échange entre le Canada et les États-Unis, entré en vigueur le 1er janvier 1989.

L'**Accord de libre-échange nord-américain (ALENA)** a succédé à l'**Accord de libre-échange (ALE)** signé en 1989 par les États-Unis et le Canada. Le premier accord bilatéral prévoyait une réduction progressive des barrières tarifaires entre les deux pays jusqu'à leur élimination sur une période de 10 ans. Entre-temps, le Mexique s'est joint à ses deux voisins du Nord en signant avec eux l'Accord de libre-échange nord-américain (ALENA), qui est entré en vigueur le 1er janvier 1994. En vertu de cet accord, plus de 400 millions d'habitants pouvaient désormais échanger produits, services, investissements et biens intangibles sans aucune entrave.

L'ALENA comporte certains éléments fondamentaux dont il faut tenir compte :

- Une zone de libre-échange peut déroger au principe de non-discrimination adopté par l'OMC. Les pays à l'intérieur de cette zone peuvent se donner des avantages sans que ceux-ci soient accordés aux autres pays membres de l'OMC.
- Presque tous les tarifs s'appliquant au commerce des marchandises entre le Canada et les États-Unis ont été supprimés. L'élimination des tarifs sur tous les produits échangés entre le Canada, les États-Unis et le Mexique a presque été complétée le 1er janvier 2005[10].
- L'utilisation de barrières non tarifaires doit respecter les règlements de l'OMC.
- Le règlement concernant l'origine des produits manufacturés spécifie que le contenu nord-américain de ces produits doit être d'au moins 60 % pour qu'ils puissent profiter des avantages de l'ALENA.
- Les échanges de services financiers et de télécommunications doivent être facilités afin de se conformer à l'entente conclue lors de la rencontre ministérielle de l'OMC à Singapour, en 1996, qui libéralisait le commerce de ces services.

---

10. Certains produits sont toujours soumis à des droits douaniers, comme ceux qui profitent de programmes de gestion de l'offre — les produits laitiers et la volaille — ainsi que le sucre, les arachides et le coton produit aux États-Unis.

- Une structure de règlement des différends ayant le pouvoir de prononcer des décisions finales sera mise en place.

L'ALENA a été très profitable pour le commerce extérieur du Canada et, en particulier, pour celui du Québec, qui a considérablement augmenté ses exportations vers les États-Unis. Il est vrai que la faible valeur du huard face au dollar américain a fait mousser ces échanges, mais on peut certainement attribuer à l'ALENA la plus grande ouverture du marché américain aux entreprises canadiennes. De 1997 à 1998, le Canada a accru de 11 % le volume de son commerce avec les États-Unis, le montant des exportations canadiennes s'élevant en 1998 à 475 milliards de dollars canadiens.

En 2007, certains observateurs se questionnent toutefois sur les avantages de l'ALENA pour le Québec. Ce questionnement provient principalement de la crise du bois d'œuvre et des conséquences de l'entente qui en a résulté. Rappelons que dans ce conflit, les États-Unis ont bafoué les règles de l'entente sur le bois d'œuvre en faisant fi des condamnations de leurs pratiques protectionnistes par les instances de l'OMC et de l'ALENA. S'ajoute à cela le retard de la productivité de l'industrie manufacturière québécoise par rapport aux États-Unis (35 %) et à l'Ontario (23 %), le taux de change, la concurrence chinoise et la détérioration de la situation économique de notre principal marché, les États-Unis. Il est craindre que le gouvernement américain utilise à nouveau des mesures arbitraires pour protéger son marché.

Par ailleurs, bon nombre de représentants syndicaux, de groupes sociaux et de mouvements environnementalistes des trois pays font un bilan négatif de l'ALENA depuis sa signature. Les inégalités qui existaient avant l'accord se seraient creusées, en particulier celles touchant les femmes et les peuples autochtones. On signale aussi un accroissement des écarts entre riches et pauvres, une concentration de la richesse dans les mains de quelques-uns, une diminution du revenu moyen individuel, une diminution draconienne de la création de nouveaux emplois, un accroissement du nombre de travailleurs migrants et une aggravation des problèmes environnementaux.

L'ALE et l'ALENA comportent tous les deux des clauses de retrait qui permettent au Canada, avec six mois de préavis, de se retirer sans pénalité et de retourner, avec les États-Unis, aux règles commerciales multilatérales qui existent actuellement. Mais faut-il croire le discours antimondialisation et prendre cette voie pour protéger notre économie ?

Dans un rapport paru en 2006, les auteurs Jasmin et Zini montrent que le bilan de l'ALENA est somme toute positif. Ils présentent une analyse statistique sur l'état du commerce relativement à l'ALENA. En étudiant la part des relations bilatérales, dans le total du commerce international de chacun des pays, ils remarquent que les relations entre le Canada et le Mexique sont modestes. Ils soulignent toutefois que, non seulement les relations commerciales se sont approfondies entre les deux pays, mais en plus, le Canada et le Mexique sont des partenaires relativement importants. Pour le Mexique, le Canada est le cinquième pays partenaire en importance du point de vue des importations et le deuxième marché d'exportation. Pour le Canada, le Mexique est le troisième pays partenaire pour les importations et le cinquième marché d'exportation. Ils remarquent également que les deux pays sont fortement dépendants du marché américain. En 2004, le Canada écoule 84,8 % de ses exportations sur le marché américain alors que 58,7 % de ses importations proviennent des États-Unis.

À l'inverse, les États-Unis sont relativement moins dépendants de leurs deux partenaires, puisque les flux vers le Canada et le Mexique représentent respectivement 23,1 % et 13,6 % des exportations américaines en 2004. À la même date, ces deux pays fournissent respectivement 17 % et 10,4 % des importations étasuniennes. Malgré cela, considérant que l'Union européenne (UE) est un bloc régional, le Canada et le Mexique demeurent les deux principaux pays destinataires des exportations des États-Unis. De plus, l'UE et la Chine sont les deux autres destinations où les exportations américaines croissent le plus vite sur la période étudiée.

Il est clair que le géant américain est un marché de choix pour les entreprises exportatrices québécoises. Toutefois, les statistiques démontrent que les États-Unis diversifient leurs sources d'importation, ce qui risque de créer une nouvelle concurrence pour le Québec. Les produits européens sont massivement importés aux États-Unis, atteignant un montant de 307,4 milliards de dollars en 2005. En matière de croissance des exportations, c'est le cas de la Chine qui est le plus impressionnant. Les importations américaines sont passées de 109,3 milliards à 259,8 milliards de dollars entre 2001 et 2005, soit un taux de croissance annuel moyen de 24,2 %. Cette tendance se retrouve pour tous les pays émergents (Amérique latine, ASEAN). Enfin, on note une forte croissance des importations provenant des pays de l'OPEP. Les produits pétroliers provenant de ce cartel sont passés de 56,4 milliards à 131,3 milliards de dollars entre 2002 et 2004.

L'économie du Québec ne peut se passer du marché américain, que ce soit pour les importations ou les exportations. Les statistiques démontrent que depuis l'ALENA, les économies des trois partenaires sont toutes de plus en plus ouvertes, que les stocks d'investissements directs provenant de l'étranger progressent et que la même tendance est aussi vérifiable pour les avoirs américains et canadiens à l'étranger. En conclusion, l'étude statistique laisse voir que le marché américain va polariser les échanges des deux autres pays de l'ALENA. Ensuite, les États-Unis vont organiser les échanges avec le reste du monde.

La Zone de libre-échange des Amériques (ZLEA)

La **Zone de libre-échange des Amériques (ZLEA)** tire ses origines du premier Sommet des Amériques tenu à Miami en 1994. Lors du deuxième Sommet, qui a eu lieu à Santiago au Chili en avril 1998, les dirigeants des 34 pays démocratiques des Amériques ont lancé les négociations en vue de la création d'une zone de libre-échange à l'échelle de l'hémisphère.

Les pays participant au processus de la ZLEA sont : Antigua-et-Barbuda, Argentine, Bahamas, Barbade, Belize, Bolivie, Brésil, Canada, Chili, Colombie, Costa Rica, Dominique, El Salvador, Équateur, États-Unis, Grenade, Guatemala, Guyana, Haïti, Honduras, Jamaïque, Mexique, Nicaragua, Panama, Paraguay,

Zone de libre-échange des Amériques (ZLEA)
Processus de collaboration entre 34 gouvernements démocratiques des Amériques, comprenant le Canada, en vue de veiller à la prospérité, à la démocratie et à la libéralisation des marchés pour les produits et les services dans l'hémisphère.

Pérou, République dominicaine, Sainte-Lucie, Saint-Kitts-et-Nevis, Saint-Vincent-et-les-Grenadines, Suriname, Trinité-et-Tobago, Uruguay, Venezuela.

Le Canada, qui a été l'hôte du troisième Sommet des Amériques, dans la ville de Québec en avril 2001, a joué un rôle prépondérant dans le vaste processus du Sommet. En plus de permettre la libéralisation des échanges de marchandises, la ZLEA pourrait aussi donner lieu à des engagements plus solides en matière d'accès aux marchés dans le secteur des services et à une protection accrue des investissements dans tout l'hémisphère.

Les négociations en vue de la conclusion de l'Accord sur la ZLEA, dont l'achèvement était prévu pour janvier 2005, se déroulaient sur deux plans en même temps. D'une part, une négociation globale qui porte surtout sur les règles et les engagements d'ordre général, dont les questions de nature institutionnelle, et, d'autre part, un second volet qui porte expressément sur l'accès aux marchés pour les produits agricoles et non agricoles, les investissements, les services et les marchés publics.

L'échec des négociations du Sommet de Mar del Plata (Argentine) en 2005 pour établir une ligne d'action afin de maintenir la ZLEA en vie laisse peu d'espoir de voir des progrès réalisés dans un avenir rapproché. Animés en partie par le président populiste du Venezuela, Hugo Chávez, les pays du Mercosur (Brésil, Argentine, Uruguay et Paraguay) ont aussi emboîté le pas, repoussant, pour l'instant, les négociations sur la ZLEA.

L'Union européenne (UE)

De toutes les organisations ou de tous les accords commerciaux dans le monde, l'**Union européenne (UE)** demeure le processus d'intégration le plus original et avancé. L'UE est composée de 27 pays, elle a une population de 490 millions d'habitants. Les États membres de l'UE sont: Allemagne, Autriche, Belgique, Bulgarie, Chypre, Danemark, Espagne, Estonie, Finlande, France, Grèce, Hongrie, Irlande, Italie, Lettonie, Lituanie, Luxembourg, Malte, Pays-Bas, Pologne, Portugal, République tchèque, Roumanie, Royaume-Uni, Slovaquie, Slovénie, Suède. Trois pays sont actuellement candidats pour devenir membre: l'ex-république yougoslave de Macédoine, la Croatie et la Turquie.

L'UE s'occupe de toute une série de questions basées sur des valeurs partagées comme la démocratie, la liberté et la justice sociale. L'UE encourage la coopération et l'unité tout en préservant la diversité de chacun de ses membres.

Les six pays fondateurs de la Communauté économique européenne sont la Belgique, la France, l'Allemagne, l'Italie, le Luxembourg et les Pays-Bas. En 1957, le traité de Rome institue la Communauté économique européenne (CEE), aussi appelée *marché commun*. Dans les années 1960, les pays de l'UE abandonnent l'imposition de droits de douane dans leurs échanges commerciaux. Les pays européens conviennent également de contrôler conjointement la production agricole.

Le Danemark, l'Irlande et le Royaume-Uni adhèrent à l'Union européenne le 1er janvier 1973, portant le nombre d'États membres à neuf. Les dernières

Union européenne (UE)
Famille de pays européens démocratiques décidés à œuvrer ensemble pour la paix et la prospérité. Ce n'est pas un État destiné à se substituer aux États existants, mais ce n'est pas non plus uniquement une organisation de coopération internationale. Les États qui la composent ont mis en place des institutions communes auxquelles ils délèguent une partie de leur souveraineté afin que les décisions sur des questions spécifiques d'intérêt commun puissent être prises démocratiquement au niveau européen.

dictatures de droite en Europe prennent fin avec le renversement du régime de Salazar au Portugal en 1974 et la mort du général Franco en Espagne en 1975. En 1979, le Parlement européen voit ses membres élus au suffrage direct pour la première fois.

En 1981, la Grèce devient le dixième membre de l'UE suivi de l'Espagne et du Portugal cinq ans plus tard. L'Acte unique européen est signé en 1986. Ce traité sert de base à un vaste programme de six ans destiné à supprimer les entraves à la libre circulation des marchandises au sein de l'UE, donnant naissance au *marché unique*. Le 9 novembre 1989, la chute du mur de Berlin ouvre la voie à la réunification de l'Allemagne de l'Ouest et de l'Allemagne de l'Est, marquant un pas important dans la chute du communisme en Europe centrale et orientale. Les frontières changent et rapprochent les Européens.

Le marché unique est achevé en 1993, avec la mise en place des quatre libertés : celles de la libre circulation des biens, des services, des personnes et des capitaux. En 1995, trois nouveaux membres se joignent à l'UE, soit l'Autriche, la Finlande et la Suède. Deux traités seront signés dans les années 1990 : le traité de Maastricht sur l'Union européenne en 1993 et le traité d'Amsterdam en 1999. Dans la même période, les accords de Schengen permettent progressivement aux Européens de voyager sans contrôle aux frontières.

Les divisions politiques entre Europe de l'Ouest et Europe de l'Est deviennent choses du passé lorsque dix nouveaux pays adhèrent à l'UE en 2004. Une nouvelle monnaie sera créée : l'euro. Douze des quinze États membres de l'Union ont introduit l'euro en 1999 pour les transactions financières et, en 2002, les pièces et les billets sont mis en circulation. Trois pays n'ont pas participé à cette union monétaire (le Danemark, la Suède et le Royaume-Uni). Les nouveaux pays s'apprêtent, quand ils rempliront les critères requis, à rejoindre la zone euro. La Slovénie est le premier des nouveaux États membres remplissant les critères et a introduit l'euro le 1er janvier 2007.

L'Union européenne est une construction nouvelle qui n'entre pas dans une catégorie juridique classique. Trois institutions sont chargées d'adopter les règlements, directives et politiques : le Conseil, représentant les États membres, est l'institution décisionnelle principale (affaires étrangères, agriculture, industrie, transports, environnement, etc.) ; le Parlement européen, représentant les peuples, est l'organe d'expression démocratique et de contrôle politique de l'Union qui participe également au processus législatif ; et la Commission, organe indépendant des États et garante de l'intérêt général des Européens à titre de gardienne des traités, peut recourir à la voie contentieuse devant la Cour de justice pour faire appliquer le droit de l'Union.

D'autres institutions et organes complètent cette structure : la Cour de justice des Communautés européennes qui assure le respect du droit européen et l'interprétation et l'application correctes des traités ; la Cour des comptes qui vérifie la légalité et la régularité des recettes et des dépenses de la Communauté ainsi que sa bonne gestion financière ; le Comité économique et social européen formé de membres représentant les différentes catégories concernées de la vie économique et sociale ; le Comité des régions qui est consulté par le

Conseil ou la Commission dans les cas prévus par le traité et qui peut émettre des avis de sa propre initiative ; la Banque européenne d'investissement qui accorde des prêts et des garanties pour la mise en valeur des régions moins développées et pour la reconversion d'entreprises ; la Banque centrale européenne, dont la responsabilité est de gérer l'euro et la politique monétaire de l'Union.

Ce qui intéresse les entreprises exportatrices, c'est le marché intérieur européen, basé sur l'élimination des restrictions aux échanges et à la libre concurrence. Toutefois, ce marché n'est pas encore devenu un espace économique unique. Certains secteurs d'activités (services publics) restent soumis aux lois nationales. Les États restent encore principalement souverains en matière de fiscalité et de redistribution sociale. Les pays européens demeurent souvent réticents à accepter les standards et normes des autres pays ou parfois à reconnaître l'équivalence des qualifications professionnelles. La fragmentation des systèmes fiscaux nationaux nuit également à l'intégration et à l'efficacité du marché.

Une politique commune de la concurrence, élaborée dans les traités de Rome, favorise l'application des règles de liberté d'échanges au sein du marché intérieur européen. Elle est appliquée par la Commission européenne qui en est le garant avec la Cour de justice. Le principe de cette politique est d'éviter que toute entente entre entreprises, toute aide publique ou monopole abusif ne faussent le libre jeu de la concurrence au sein du marché commun. Toute entente tombant sous le coup des règles du traité est soumise à une notification auprès de la Commission européenne, qui peut imposer directement une amende à des entreprises qui ne respecteraient pas son jugement, ou pour absence de notification.

Une politique protège également les consommateurs qui peuvent acheter avec confiance des marchandises dans tous les États membres. Tous les consommateurs bénéficient du même niveau élevé de protection. Les produits et les aliments sont soumis à des tests pour vérifier qu'ils sont de la plus haute qualité. L'UE prend des mesures pour que le consommateur ne soit pas berné par des commerçants peu scrupuleux ou victime de publicité mensongère ou trompeuse. Les droits sont protégés, peu importe si les achats ont été faits dans un magasin, par correspondance, par téléphone ou dans l'Internet.

Le Mercosur

Le **Mercosur** a été fondé le 26 mars 1991, avec la signature du traité d'Asunción. C'est la quatrième région intégrée au monde après l'Union européenne, l'ALENA et l'ASEAN, avec une population d'environ 213,0 millions d'habitants.

Le Mercosur a pour objectifs la libre circulation des biens, des services et des facteurs de production, la création d'un tarif extérieur commun, le rapprochement des politiques économiques, et l'harmonisation des législations entre les membres. La déclaration de Cuzco du 8 décembre 2004 prévoit son intégration progressive dans une union politique et économique de toute l'Amérique du Sud, la Communauté sud-américaine des nations (CSN) qui prévoit une fusion

Mercosur
Communauté économique des pays de l'Amérique du Sud, qui signifie littéralement Marché Commun du Sud (*Mercado Común del Sur* en espagnol / *Mercado Comum do Sul* pour sa traduction en portugais, car ce sont les deux langues officielles du Mercosur (l'espagnol pour l'Argentine, le Paraguay, l'Uruguay, le Venezuela et les pays associés, et le portugais pour le Brésil)).

du Mercosur avec la Communauté andine (Colombie, Équateur, Pérou et Bolivie) et l'intégration du Chili, du Guyana et du Suriname. À plus long terme, on espère intégrer les marchés des deux continents américains du Sud et du Nord.

Le Sommet du 17 décembre 2004 à Ouro Preto, officialise l'entrée de trois nouveaux membres : l'Équateur, la Colombie et le Venezuela. Au cours de ce Sommet, le Panama et le Mexique ont annoncé qu'ils envisagent d'intégrer le Mercosur. La dimension politique et sociale croissante a aussi été soulignée, avec la nécessité de faire directement parvenir les bénéfices de l'intégration aux citoyens.

Les États membres permanents du Mercosur sont l'Argentine (1991), le Brésil (1991), le Paraguay (1991), l'Uruguay (1991). Les pays associés au Mercosur sont la Bolivie (1996), le Chili (1996), le Pérou (2003), l'Équateur (2004), la Colombie (2004) et le Venezuela (2004).

Dans la foulée de cette association, deux institutions importantes ont été créées : le Conseil du marché commun (CMC), responsable de la conduite politique du processus d'intégration, constitue l'organe supérieur et l'instance de coordination ; le Groupe du marché commun (GMC) est l'instance exécutive et technique qui supervise l'application du Traité et des décisions du Conseil ainsi que le travail des onze sous-groupes sectoriels, commissions et groupes *ad hoc*. Plus tard, le protocole d'Ouro Preto instaure la Commission du commerce qui assure la mise en place de l'union douanière et favorise le règlement de différends, la Commission parlementaire commune, organe représentatif des parlementaires des pays membres du Mercosur, et le Forum consultatif économique et social, organe regroupant des représentants de consommateurs, de la société civile et des syndicats de travailleurs qui émet des recommandations sur le processus d'intégration. Enfin, le secrétariat administratif du Mercosur a son siège à Montevideo (Uruguay).

Le Sommet du 29 juin 2007 à Asunción a été marqué par la menace de dissolution du marché commun sud-américain à la suite des mécontentements des divers partenaires relatifs aux inégalités régionales, et à l'adhésion controversée du Venezuela d'Hugo Chávez. L'Uruguay, et dans une moindre mesure le Paraguay, se sont dits insatisfaits des bénéfices apportés par le Mercosur, et désirent une plus grande liberté pour négocier des accords commerciaux pour leurs pays en dehors du bloc.

Pour sa part, le dirigeant vénézuélien était accusé de vouloir transformer le Mercosur (Brésil, Argentine, Paraguay et Uruguay) en puissance anti-libérale hostile aux États-Unis. Les chefs d'État des pays membres et associés ont défendu l'organisation qu'ils jugent apte à réduire la pauvreté et les différences économiques entre les pays, à éliminer le chômage, à éradiquer l'exclusion et à mettre en place une solidarité énergétique dans un contexte de tensions sur l'approvisionnement faute d'investissements suffisants. L'organisation se veut un interlocuteur international et un facteur de paix et de stabilité dans la région.

Les discussions ont également tourné autour d'un projet vénézuélien de fonder une Banque du Sud, destinée à contrebalancer le poids du Fonds monétaire international (FMI). L'adhésion du Venezuela au Mercosur doit encore être ratifiée par les parlements du Brésil et du Paraguay.

L'APEC (Coopération économique de la zone Asie-Pacifique)

La **Coopération économique de la zone Asie-Pacifique (APEC)** a été fondée en 1989 en réaction à l'interdépendance croissante des économies de la région. Son champ d'action s'est élargi depuis et porte sur d'autres questions clés, notamment la sécurité, la santé, l'énergie et l'agriculture, dans le but d'améliorer le niveau de vie de ses membres.

Le forum de l'APEC comprend 21 membres qui diffèrent de façon substantielle par leurs systèmes politiques, leurs institutions sociales et culturelles, et leurs niveaux de développement économique.

Les économies qui participent sont : l'Australie, le Brunéi, le Canada, le Chili, la Chine, les États-Unis, Hong Kong (Chine), l'Indonésie, le Japon, la Malaisie, le Mexique, la Nouvelle-Zélande, la Papouasie-Nouvelle-Guinée, le Pérou, les Philippines, la république de Corée, la Russie, Singapour, le Taipei chinois, la Thaïlande et le Vietnam.

Cette région englobe des pays cruciaux pour la prospérité économique et la sécurité futures du Canada. Elle demeure la seule organisation régionale trans-Pacifique qui tient une réunion de chefs d'État, à laquelle le Canada est présent, où se discutent des questions allant du commerce à la lutte contre le terrorisme, en passant par la facilitation des investissements et la coopération économique. Le Canada préside actuellement les groupes de travail de l'APEC sur la santé, la coopération technique agricole et les pêches, ce qui lui donne un rôle prépondérant en ce qui concerne les nouveaux enjeux sanitaires, agricoles et du secteur des pêches auxquels la région est confrontée.

L'ASEAN (Association of Southeast Asian Nations – Association des Nations du Sud-Est asiatique)

L'**Association des Nations du Sud-Est asiatique (ASEAN)** a progressivement changé de nature, sa priorité étant à l'origine de former un front commun contre la montée du communisme dans la région, avec l'accord et l'encouragement des États-Unis. La naissance et les débuts de l'organisation ont eu lieu dans un contexte d'instabilité régionale avec le conflit Vietnam – États-Unis qui s'est terminé en 1975, et le conflit cambodgien avec l'arrivée des Khmers rouges en 1978. Pendant 15 ans encore, les pays de la région sont demeurés dans un état de veille et de tension constante. La mission de l'ASEAN s'est par la suite transformée en celle d'une vraie coopération régionale avec l'adhésion en 1984 de Brunei, petit sultanat de moins de 300 000 âmes coincé entre l'Indonésie et la Malaisie, et en 1995 du Vietnam, pourtant encore communiste. En 1997, deux autres pays de la région y adhèrent : le Laos et le Myanmar. Le 10e pays à se joindre à l'ASEAN fut le royaume du Cambodge en février 1999.

Lors de la Déclaration de fondation de l'ASEAN, le 8 août 1967 à Bangkok, les trois premiers objectifs de coopération régionale furent définis de la manière suivante :

1. Accélérer la croissance économique, le progrès social et le développement culturel de la région par des efforts conjoints menés dans un esprit d'égalité et de partenariat afin de raffermir les fondations d'une communauté de nations d'Asie du Sud-Est prospère et pacifique.

Coopération économique de la zone Asie-Pacifique (APEC)
Forum intergouvernemental voué à la promotion du libre-échange et de l'investissement, de la croissance économique et du développement ainsi que de la coopération dans la zone Asie-Pacifique. Elle fonctionne selon le principe des engagements non contraignants et de la liberté de dialogue.

L'Association des Nations du Sud-Est asiatique (ASEAN)
Organisme créé en 1967 par cinq États de la région : l'Indonésie, la Malaisie, les Philippines, Singapour et la Thaïlande. L'ASEAN regroupe maintenant dix pays de l'Asie du Sud-Est : les États fondateurs, le Brunéi (1984), le Vietnam (1995), le Myanmar, le Laos (1997) et le Cambodge (1999). Le Timor oriental est candidat à l'adhésion. La région regroupe une population d'environ 500 millions d'habitants.

2. Promouvoir la paix et la stabilité par le respect de la justice et de la règle de loi dans les relations entre les pays de la région et en adhérant aux principes de la Charte des Nations Unies.

3. Promouvoir une collaboration active et une assistance mutuelle sur les sujets d'intérêt commun dans les domaines économique, social, culturel, technique, scientifique et administratif.

Depuis 1992, un accord a permis la création d'une zone de libre-échange (ASEAN Free Trade Area (AFTA)). Depuis le 1er janvier 2005, les tarifs de plus de 99 % des produits inclus dans la liste du Sommet ASEAN-6 ont été réduits à moins de 5 %. Plus de 60 % de ces produits n'ont aucun tarif.

L'ASEAN permet un dialogue régional avec différents interlocuteurs, dont la Chine, le Japon, la Corée du Sud et l'Union européenne, à travers un organisme qui s'appelle l'**Asia-Europe-Meeting (ASEM).** L'Union européenne est le troisième partenaire commercial après les États-Unis et le Japon et le deuxième marché d'exportation pour l'ASEAN derrière les États-Unis. En 1994, l'organisation crée l'Asean Regional Forum, le seul organe de dialogue sur la sécurité régionale existant dans la région.

Les pays de l'ASEAN ont élaboré une charte qui devrait donner un cadre institutionnel renforcé à l'association et, ainsi, lui permettre d'avancer dans la voie de l'intégration. En 2003, le *Concord* de Bali II a fixé pour objectif à l'ASEAN la mise en place d'ici 2020 de ses trois piliers : une communauté de sécurité, une communauté économique et une communauté socioculturelle, qui doivent permettre l'émergence d'une communauté des nations d'Asie du Sud-Est.

En juillet 2007, l'ASEAN a signé un accord, malgré le refus du Myanmar, sur la création d'une commission régionale des droits de l'homme. Cet accord prévoit l'élaboration d'une charte comprenant une disposition mandatant la création de cette commission des droits de l'homme au plus tard en novembre, pour être approuvée à l'occasion du Sommet annuel des dirigeants de l'ASEAN.

Le Canada entretient des liens avec l'ASEAN. En 1982, le Canada a signé l'Accord de coopération économique ASEAN-Canada avec le Brunéi Darussalam, le Cambodge, l'Indonésie, le Laos, la Malaisie, les Philippines, Singapour, la Thaïlande et le Vietnam. Le Myanmar est le seul membre de l'ASEAN qui ne fasse pas partie de l'Accord. Cet accord vise la coopération dans les secteurs industriel, technique et commercial, ainsi que dans celui de la coopération dans le domaine du développement. De façon plus précise, l'Accord favorise des consultations régulières entre le secteur privé et les gouvernements lorsqu'il s'agit d'entreprendre des projets économiques régionaux et bilatéraux. Il encourage les parties à favoriser un climat d'investissement propice pour tous. Des rencontres en comités et sous-comités ont lieu régulièrement pour assurer l'application de cet accord.

Asia-Europe-Meeting (ASEM)
Un Sommet des chefs d'État et de Gouvernement est tenu tous les deux ans. Le prochain Sommet se tiendra à Pékin les 24 et 25 octobre 2008. Les États membres de l'ASEM sont pour l'Europe : les 27 États membres de l'Union européenne et la Commission européenne. Et pour l'Asie : 16 États membres (Myanmar, Brunei, Cambodge, Chine, Corée du Sud, Inde, Indonésie, Japon, Laos, Malaisie, Mongolie, Pakistan, Philippines, Singapour, Thaïlande, Vietnam) et le secrétariat de l'ASEAN.

Même si les États-Unis constituent, et de loin, notre principal partenaire commercial, le Canada effectue aussi de nombreuses transactions avec d'autres pays. Ainsi, pour soutenir le développement des activités d'exportation des entreprises, le Canada doit être présent et actif dans les négociations des accords régionaux partout dans le monde. En préparant le terrain, le gouvernement canadien facilitera la tâche des exportateurs qui désirent ouvrir de nouvelles voies de commerce vers l'Orient. De plus, l'importance pécuniaire de l'ensemble du commerce international du Canada justifie qu'il fasse partie du Groupe des Huit (G8[11]).

---

11. Le Groupe des Huit comprend les États-Unis, l'Allemagne, le Japon, la France, le Royaume-Uni, l'Italie, le Canada et la Russie. Par ailleurs, l'expression G20 est souvent mentionnée. Ce nouveau forum informel regroupe les États-Unis, le Canada, les 15 pays de l'Union européenne, le Japon, le Fonds monétaire international et la Banque mondiale. Son objectif est l'examen du système financier international.

- Le commerce international évolue constamment. Depuis les deux ou trois derniers siècles, on analyse l'importance de ce commerce.

- Plusieurs économistes se sont penchés sur les raisons qui motivent les pays à exporter. Selon les théories de Smith, de Ricardo et de Heckscher et Ohlin, afin d'améliorer leurs conditions économiques, les nations doivent échanger les produits qu'ils peuvent manufacturer plus efficacement que d'autres.

- Michael Porter affirme que la compétitivité des nations se joue sur quatre plans : l'état des facteurs (déjà mentionné par des auteurs tels que Ricardo, Heckscher et Ohlin), l'état de la demande, les activités liées et de soutien, de même que la stratégie, la structure et la concurrence.

- Pour maximiser ses chances de succès, l'entreprise exportatrice doit se familiariser avec le contexte international. Qu'il s'agisse des règles de l'Organisation mondiale du commerce (OMC) régissant les transactions commerciales entre nations ou des occasions d'entrer sur de nouveaux marchés grâce à l'Accord de libre-échange nord-américain (ALENA), l'entreprise qui veut exporter doit en connaître les principaux éléments.

- Conclu en 1948, l'Accord général sur les tarifs douaniers et le commerce (GATT) fut le premier jalon de la libéralisation du commerce international. Plusieurs rencontres ou cycles (*rounds*) se sont tenus depuis les débuts du GATT. Ces rencontres ont permis de régler certains contentieux et d'amener les nations participantes à mieux comprendre les entraves à la libéralisation des transactions internationales.

- En 1995, le GATT a été remplacé par l'Organisation mondiale du commerce, qui est maintenant chargée de poursuivre les objectifs fondamentaux de son prédécesseur : principe de non-discrimination, élimination de la concurrence déloyale, réduction des droits douaniers, processus plus structuré d'imposition de mesures de représailles. L'OMC est responsable du mécanisme de règlements des différends qui peuvent surgir entre les pays et met en place de nouvelles règles relatives à tous les volets du commerce international. L'OMC regroupait 147 membres en 2004.

- Ce mouvement de libéralisation a contribué à l'instauration de plusieurs zones de libre-échange, dont celle qui nous touche directement : l'ALENA. Les principales clauses de cet accord sont analogues à celles de l'OMC, la clause la plus importante étant la volonté d'éliminer les barrières tarifaires et d'établir une plus grande coopération entre les trois pays membres : le Canada, les États-Unis et le Mexique.

- Le commerce international tel qu'on le connaît aujourd'hui porte sur plusieurs secteurs d'activité : les échanges de produits, de services, de technologies, de savoir-faire ainsi que de capitaux liés aux investissements faits à l'étranger (les investissements de portefeuille ou les IDE).

QUESTIONS

1 Selon vous, quelle théorie du commerce international s'appliquerait aujourd'hui au Québec ?

2 Analysez le degré de compétitivité de l'industrie forestière du Québec à l'aide du losange de Porter (voir la figure 1.1, page 15).

3 Exposez le rôle du GATT et de l'OMC dans le contexte international contemporain.

4 En vous référant au site de l'OMC [http://www.wto.org] (14 février 2008), trouvez le nom et la date d'entrée en fonction de l'actuel président de l'organisme.

5 Le Canada a finalement négocié une entente lui permettant d'importer d'Angleterre des chaussures de cuir en franchise de droits. Cependant, le Canada persiste à imposer des taxes douanières de 25 % sur les chaussures de cuir importées du Brésil. Cette politique est-elle permise selon les ententes de l'OMC ? Justifiez votre réponse en citant le ou les principes en cause.

6 Expliquez l'importance du cycle de Doha et ses répercussions sur le commerce international.

7 En vous référant au site du ministère des Affaires étrangères et du Commerce international du Canada [http://www.dfait-maeci.gc.ca] (14 février 2008), relevez les principaux thèmes qui ont été débattus au Sommet de Mar del Plata (Argentine) en 2005.

8 a) Quels pays font actuellement partie de l'Union européenne ?

  b) Quels pays sont en voie de devenir membres de l'Union européenne ?

RÉFÉRENCES BIBLIOGRAPHIQUES

BRUNEL, G., et C. Y. CHARRON (dir.) (2002), *La communication internationale. Mondialisation, acteurs et territoires socioculturels,* Montréal, Gaëtan Morin Éditeur.

HECKSCHER, E. (1919), « The Effect of Foreign Trade on the Distribution of Income », *Ekonomisk Tidskrift,* vol. 21, p. 1-32 ; réédité dans ELLIS H.S. et L.A. METZLER (dir.) (1950), *Readings in the Theory of International Trade,* Homewood, Ill., Richard D. Irwin.

LÉVY, B. (1989), *Les affaires internationales : l'économie confrontée aux faits,* Boucherville, Gaëtan Morin Éditeur.

OHLIN, B. (1933), *Interregional and International Trade,* Cambridge, Mass., Harvard University Press.

PERLMUTTER, Howard V. (1969), « The Tortuous Evolution of the Multinational Corporation », *Columbia Journal of World Business,* p. 9-18.

PORTER, M. E. (1990), *The Competitive Advantage of Nations,* New York, Free Press.

PORTER, M. E. et MONITOR COMPANY (1991), *Le Canada à la croisée des chemins : les nouvelles réalités concurrentielles,* étude préparée pour le Conseil canadien des chefs d'entreprise et le gouvernement du Canada.

RAINELLI, M. (1998), *Le commerce international,* 6e édition, Paris, La Découverte.

RICARDO, D. (1817), *Les principes de l'économie politique et de l'impôt,* traduit par C. Soudan, Paris, Flammarion.

SMITH, A. (1776), *Recherches sur la nature et les causes de la richesse des nations,* tomes I et II, Paris, Garnier-Flammarion, coll. « Classiques de l'économie politique ».

SITES WEB[12]

Accord de libre-échange nord-américain (ALENA) et Accord de libre-échange (ALE)
[http://www.international.gc.ca]

Banque mondiale
[http://www.worldbank.org]

Fonds monétaire international (FMI)
[http://www.imf.org]

Liste de tous les accords de commerce en Amérique (sélectionner *Trade Agreements*)
[http://www.sice.oas.org]

Organisation de coopération et de développement économiques (OCDE)
[http://www.oecd.org]

Organisation des Nations unies (ONU)
[http://www.un.org]

Organisation mondiale du commerce (OMC)
[http://www.wto.org]

Répertoire des organisations internationales
[http://www.imf.org])

---

12. Les sites Web répertoriés dans cette rubrique tout au long du manuel ont été consultés le 14 février 2008.
    Vous trouverez à l'adresse www.cheneliere.ca/landry la liste complète de ces sites.

TABLEAU 1.5

Liste des 151 membres au 27 juillet 2007 (avec les dates d'accession)

Membre	Date d'accession
Afrique du Sud	1 janvier 1995
Albanie	8 septembre 2000
Allemagne	1 janvier 1995
Angola	23 novembre 1996
Antigua-et-Barbuda	1 janvier 1995
Arabie saoudite	11 décembre 2005
Argentine	1 janvier 1995
Arménie	5 février 2003
Australie	1 janvier 1995
Autriche	1 janvier 1995
Bahreïn, royaume de	1 janvier 1995
Bangladesh	1 janvier 1995
Barbade	1 janvier 1995
Belgique	1 janvier 1995
Belize	1 janvier 1995
Bénin	22 février 1996
Bolivie	12 septembre 1995
Botswana	31 mai 1995
Brésil	1 janvier 1995
Brunéi Darussalam	1 janvier 1995
Bulgarie	1 décembre 1996
Burkina Faso	3 juin 1995
Burundi	23 juillet 1995
Cambodge	13 octobre 2004
Cameroun	13 décembre 1995
Canada	1 janvier 1995
Chili	1 janvier 1995
Chine	11 décembre 2001
Chypre	30 juillet 1995
Colombie	30 avril 1995
Communautés européennes	1 janvier 1995
Congo	27 mars 1997
Corée, république de	1 janvier 1995
Costa Rica	1 janvier 1995
Côte d'Ivoire	1 janvier 1995
Croatie	30 novembre 2000
Cuba	20 avril 1995
Danemark	1 janvier 1995
Djibouti	31 mai 1995
Dominique	1 janvier 1995
Égypte	30 juin 1995
El Salvador	7 mai 1995
Émirats arabes unis	10 avril 1996
Équateur	21 janvier 1996
Espagne	1 janvier 1995
Estonie	13 novembre 1995
États-Unis d'Amérique	1 janvier 1995
Ex-république yougoslave de Macédoine (ERYM)	4 avril 2003
Fidji, îles	14 janvier 1996
Finlande	1 janvier 1995
France	1 janvier 1995
Gabon	1 janvier 1995
Gambie	23 octobre 1996
Géorgie	14 juin 2000
Ghana	1 janvier 1995
Grèce	1 janvier 1995
Grenade	22 février 1996
Guatemala	21 juillet 1995
Guinée	25 octobre 1995
Guinée-Bissau	31 mai 1995
Guyana	1 janvier 1995
Haïti	30 janvier 1996
Honduras	1 janvier 1995
Hong Kong, Chine	1 janvier 1995
Hongrie	1 janvier 1995
Îles Salomon	26 juillet 1996
Inde	1 janvier 1995

TABLEAU 1.5 *(suite)*

Indonésie	1 janvier 1995	Norvège	1 janvier 1995
Irlande	1 janvier 1995	Nouvelle-Zélande	1 janvier 1995
Islande	1 janvier 1995	Oman	9 novembre 2000
Israël	21 avril 1995	Ouganda	1 janvier 1995
Italie	1 janvier 1995	Pakistan	1 janvier 1995
Jamaïque	9 mars 1995	Panama	6 septembre 1997
Japon	1 janvier 1995	Papouasie-Nouvelle-Guinée	9 juin 1996
Jordanie	11 avril 2000	Paraguay	1 janvier 1995
Kenya	1 janvier 1995	Pays-Bas — Pour le Royaume en Europe et pour les Antilles néerlandaises	1 janvier 1995
Koweït	1 janvier 1995		
Lesotho	31 mai 1995	Pérou	1 janvier 1995
Lettonie	10 février 1999	Philippines	1 janvier 1995
Liechtenstein	1 septembre 1995	Pologne	1 juillet 1995
Lituanie	31 mai 2001	Portugal	1 janvier 1995
Luxembourg	1 janvier 1995	Qatar	13 janvier 1996
Macao, Chine	1 janvier 1995	République centrafricaine	31 mai 1995
Madagascar	17 novembre 1995	République démocratique du Congo	1 janvier 1997
Malaisie	1 janvier 1995	République dominicaine	9 mars 1995
Malawi	31 mai 1995	République kirghize	20 décembre 1998
Maldives	31 mai 1995	République slovaque	1 janvier 1995
Mali	31 mai 1995	République tchèque	1 janvier 1995
Malte	1 janvier 1995	Roumanie	1 janvier 1995
Maroc	1 janvier 1995	Royaume-Uni	1 janvier 1995
Maurice	1 janvier 1995	Rwanda	22 mai 1996
Mauritanie	31 mai 1995	Sainte-Lucie	1 janvier 1995
Mexique	1 janvier 1995	Saint-Kitts-et-Nevis	21 février 1996
Moldova	26 juillet 2001	Saint-Vincent-et-les-Grenadines	1 janvier 1995
Mongolie	29 janvier 1997	Sénégal	1 janvier 1995
Mozambique	26 août 1995	Sierra Leone	23 juillet 1995
Myanmar	1 janvier 1995	Singapour	1 janvier 1995
Namibie	1 janvier 1995	Slovénie	30 juillet 1995
Népal	23 avril 2004	Sri Lanka	1 janvier 1995
Nicaragua	3 septembre 1995	Suède	1 janvier 1995
Niger	13 décembre 1996	Suisse	1 juillet 1995
Nigéria	1 janvier 1995	Suriname	1 janvier 1995

TABLEAU 1.5 *(suite)*

Swaziland	1 janvier 1995	Tunisie	29 mars 1995
Taipei chinois	1 janvier 2002	Turquie	26 mars 1995
Tanzanie	1 janvier 1995	Uruguay	1 janvier 1995
Tchad	19 octobre 1996	Venezuela (république bolivarienne du)	1 janvier 1995
Thaïlande	1 janvier 1995	Vietnam	11 janvier 2007
Togo	31 mai 1995	Zambie	1 janvier 1995
Tonga	27 juillet 2007	Zimbabwe	5 mars 1995
Trinité-et-Tobago	1 mars 1995		

TABLEAU 1.6

Gouvernements ayant le statut d'observateur

Afghanistan	Ouzbékistan
Algérie	Monténégro
Andorre	République démocratique populaire lao
Azerbaïdjan	République libanaise
Bahamas	Russie, Fédération de
Bélarus	Saint-Siège
Bhoutan	Samoa
Bosnie-Herzégovine	Sao Tomé-et-Principe
Cap-Vert	Serbie
Éthiopie	Seychelles
Guinée équatoriale	Soudan
Iran	Tadjikistan
Iraq	Ukraine
Kazakstan	Vanuatu
Libye	Yémen

Note : À l'exception du Saint-Siège, les pays ayant le statut d'observateur doivent engager les négociations en vue de leur accession dans les cinq ans qui suivent l'obtention de ce statut.

CHAPITRE 2

Les firmes multinationales et la nature du commerce international

OBJECTIFS

- Classer les firmes multinationales en deux catégories.
- Définir le commerce international.

Jusqu'à présent, nous avons surtout prêté attention à un groupe particulier d'acteurs sur la scène du commerce international, celui des États. Même si leur rôle est essentiel dans la régulation des échanges entre les nations, les États ne sont pas les instigateurs de ces transactions. Ce sont plutôt les entreprises qui échangent des produits avec leurs fournisseurs ou leurs clients situés à l'étranger. Parmi les entreprises, une catégorie occupe une place prédominante, soit les firmes multinationales.

Dans la première section de ce chapitre, nous examinerons la nature des firmes multinationales (FMN), les différentes façons dont leurs dirigeants considèrent les marchés étrangers et les voies d'expansion qu'ont empruntées ces firmes à l'étranger. Dans la deuxième section, nous verrons en quoi consiste le commerce international et de quels types de transactions sont constitués les échanges économiques entre pays.

Firme multinationale (FMN) /
Multinational company
Entreprise qui contrôle des unités de production situées dans plusieurs pays.

Les firmes multinationales

Depuis la fin de la Seconde Guerre mondiale, les **firmes multinationales (FMN)**[1] jouent un rôle déterminant dans l'expansion du commerce mondial. Les firmes multinationales suivent les mouvements des nouveaux espaces d'échanges commerciaux. Les investissements directs étrangers (IDE) sont à la base des activités commerciales liées à la mondialisation. Ces derniers ont connu une forte croissance depuis les trente dernières années, passant de 55 milliards de dollars en 1980 à 648 milliards en 2004. L'ouverture des marchés et les mobilités du capital sont des facteurs ayant facilité cette forte croissance. À cause des immenses capitaux qu'elles détiennent et du pouvoir qu'elles peuvent exercer dans les pays où elles choisissent de s'installer, elles sont souvent accueillies avec méfiance par les autorités politiques de ces pays.

En fait, bon nombre d'entreprises multinationales sont plus riches que bien des pays. Selon un classement effectué par la Conférence des Nations Unies pour le Commerce et le Développement (CNUCED), la compagnie pétrolière ExxonMobil était la plus grosse entreprise au monde en 2000, mais aussi la 45e entité économique la plus importante, juste derrière le Chili et devant le Pakistan et le Pérou. Le Nigeria se positionne en 57e place entre le groupe automobile Daimler Chrysler et General Electric. En 2005, ExxonMobil est encore au premier rang, suivie de près par Wal-Mart Stores, avec des chiffres d'affaires de 358,9 et de 312,4 milliards de dollars respectivement. La Suède, avec un PIB de 354,1 milliards de dollars se retrouve au 20e rang des entités économiques entre ces deux entreprises.

Il faut aussi savoir que la puissance économique et la taille des multinationales ont des effets sur les États qui se font concurrence pour les attirer sur leur territoire, provoquant ainsi le phénomène de délocalisation de la production. Cette délocalisation impose un choc économique négatif sur les systèmes industriels

---

1. On qualifie parfois ces entreprises de transnationales, de supranationales ou de mondiales. Nous considérerons ici ces qualificatifs comme synonymes.

des pays qui en sont victimes. La délocalisation s'observe particulièrement dans les secteurs d'emplois peu qualifiés. Au Québec, c'est tout le secteur manufacturier qui est touché. Nous reviendrons sur cette question au chapitre 10.

On peut définir la FMN comme une entreprise qui contrôle des unités de production situées dans plusieurs pays. La firme multinationale se distingue de la firme uninationale (FUN), qui possède tous ses avoirs et exerce tous ses contrôles de gestion dans son pays d'origine. Celle-ci peut, à l'occasion, traiter avec des clients ou des fournisseurs étrangers, mais son centre d'intérêt premier demeure son marché national.

Vu son engagement à l'étranger, la FMN possède les caractéristiques suivantes :

- La majeure partie de ses avoirs et de ses intérêts se trouve à l'extérieur de son marché national.
- Étant donné son implantation dans de nombreux pays étrangers, sa main-d'œuvre est généralement de provenances et de citoyennetés diverses.
- Une large part de ses revenus est perçue en devises étrangères.
- Sur le plan légal, elle doit se conformer aux lois du pays où elle accomplit ses activités.
- La véritable firme multinationale prend le monde entier comme marché cible ; par conséquent, elle n'accorde pas de traitement de faveur à son marché national.

La simple définition que nous avons donnée de la firme multinationale ne rend pas compte des multiples formes qu'elle peut prendre. Il existe toutefois des modes de classement des FMN qui permettent de les diviser en catégories plus précises. Nous en examinerons deux.

Le classement selon l'approche des marchés étrangers

Howard V. Perlmutter (1969) a proposé un mode de classement des FMN qui est encore utilisé aujourd'hui. Cet auteur divise les firmes multinationales en trois groupes selon la façon dont leurs dirigeants considèrent les marchés étrangers. Cette perception, qui relève de croyances ou d'hypothèses parfois inconscientes, est importante puisque l'approche qu'adoptent les dirigeants des FMN pour s'étendre sur les marchés étrangers s'en inspire directement. Ces approches sont les suivantes :

- **L'approche ethnocentrique** reconnaît une supériorité au pays d'origine de l'entreprise. En conséquence, les produits et les façons de faire qui ont permis à l'entreprise de réussir sur son marché national devraient parvenir au même résultat à l'étranger. Dans cette perspective, les marchés étrangers n'ont pas une importance spéciale et on les considère de la même manière que le marché local. Le siège social de l'entreprise ne cherche donc pas à modifier les caractéristiques de ses produits pour l'exportation et tend à contrôler étroitement ses filiales.

- **L'approche polycentrique** est à l'opposé de la précédente. Les dirigeants de la firme multinationale polycentrique croient en effet que chaque marché national est unique. Pour y réussir, celle-ci doit adapter ses produits aux besoins particuliers des consommateurs locaux. La société mère tend alors à décentra-liser ses activités à l'étranger en créant des filiales relativement autonomes.

- **L'approche géocentrique** fait la synthèse des deux approches précé-dentes. Elle consiste à percevoir à la fois des similitudes et des différences entre le marché national et les marchés étrangers. Les dirigeants qui adhèrent à cette vision poursuivront une stratégie mondiale, mais adaptée aux caractéristiques de chaque pays. Le siège social de l'entreprise et ses filiales sont intégrés, comme l'est la stratégie de marketing.

Plusieurs FMN s'engagent d'abord sur les marchés étrangers en adoptant une attitude ethnocentrique. Cette approche a l'avantage d'être facile à mettre en œuvre. Toutefois, elle conduit souvent à l'échec lorsque les marchés étrangers s'avèrent différents du marché national. La direction de l'entreprise peut alors redevenir une FUN ou passer à une approche polycentrique. Elle peut aussi adopter une approche géocentrique, cette approche étant sans doute la plus appropriée pour une entreprise qui vise à devenir une authentique firme mul-tinationale. Il faut toutefois noter que l'intégration de la stratégie et des politi-ques d'une entreprise à l'échelle mondiale exige un engagement ferme et constant de la direction ainsi qu'une vaste expérience. C'est pourquoi l'approche géocentrique constitue rarement la première approche qu'appliquent les diri-geants d'une firme qu'ils souhaitent voir devenir multinationale.

Le classement selon la voie d'expansion à l'étranger

Les multinationales se sont développées de deux manières au cours des années, soit en augmentant leurs avoirs à l'étranger, soit en vendant leur tech-nologie ou leurs services.

1. **L'augmentation des avoirs à l'étranger** consiste à investir dans de nou-velles installations ou à acquérir d'autres entreprises. On observe ce mode d'ex-pansion dans des secteurs comme l'exploitation des matières premières, telles que le pétrole, les minéraux ou certains produits agricoles tropicaux (bananes, thé, café, cacao, etc.[2]). Dans cette catégorie, on trouve les FMN les plus anciennes, dont le colonialisme commercial a terni l'image.

On trouve aussi dans ce premier mode d'expansion les entreprises qui se spécialisent dans la commercialisation de services publics, comme le transport aérien ou l'énergie[3], ou qui se concentrent dans le domaine de l'approvi-sionnement militaire. Plusieurs entreprises de ce deuxième groupe ont pu se développer grâce à leur position de monopole (comme unique fournisseur) ou de **monopsone** (négociant avec un seul acheteur privilégié) dans leur pays d'origine. On inclut également dans ce mode les entreprises manufacturières de biens industriels et de consommation, secteur le plus connu et le plus considérable. Puis viennent les entreprises de services qui ont pris un grand essor au cours des dernières années, notamment les services bancaires, le com-merce de détail et le secteur des transports et du tourisme.

Monopsone / *Monopsony*
Marché composé d'un seul acheteur et d'une multitude de vendeurs.

---

2. Par exemple United Fruit, Dole et Cadbury-Schweppes.
3. Par exemple Air France, Lockheed, Boeing et Alstom.

Les pays dont le développement économique est en croissance, comme la Chine et l'Inde, deviennent également des marchés de consommation de plus en plus intéressants avec l'émergence d'une nouvelle classe moyenne. Les grandes entreprises multinationales modifient leurs stratégies pour intégrer ces marchés. Par exemple, en avril 2007, McDonald's a mis en vente quelque 1 600 restaurants en Amérique latine et aux Caraïbes, car la multinationale n'y voyait guère de développement majeur dans les années à venir. En revanche, elle entend miser davantage sur un marché qui la fait rêver, la Chine. Le géant américain de la restauration rapide a donc annoncé que d'ici 2008, 1 000 restaurants de la chaîne seront ouverts en Chine. Dans les années à venir, McDonald's changera sa stratégie d'expansion en Chine, passant de l'investissement direct à un système de franchisage. Cette compagnie se développe actuellement en Chine sous forme de coentreprise[4].

2. La vente de technologies et de services a permis à des entreprises d'acquérir un statut international en commercialisant une technologie ou un savoir-faire (*know-how*). Ces dernières pratiquent les nouvelles formes du commerce international. On y trouve les entreprises qui se spécialisent dans :

- Les *contrats de gestion*. Le terrain et l'immeuble restent la propriété du pays d'accueil, mais la gestion est faite par la FMN. C'est le cas de la gestion hôtelière qu'assure la compagnie Sheraton dans l'exploitation de ses hôtels en Chine.
- Les *ententes de participation à la production*. C'est le cas de l'exploitation minière et pétrolière lorsque la propriété des ressources reste sous le contrôle du pays d'accueil (par exemple, l'exploitation du pétrole brut en Irak et en Libye).
- Les *ententes de location industrielle*. L'entreprise multinationale loue l'emplacement de l'usine dans le pays d'accueil pour un montant annuel fixe, et s'engage à fabriquer certains articles sujets à des négociations avec les autorités locales. Ainsi, une entreprise américaine fabrique des jeans en Hongrie dans une usine appartenant à des Hongrois.
- Le *transfert de technologie*. Deux parties concluent des ententes stipulant que toute production se fera sous forme de coentreprise (*joint venture*) ou de quelque autre manière. Ce type d'entente est courant dans les secteurs de l'électronique, de l'informatique et de la biochimie. Par exemple, la technologie d'emballage des jus de fruits de Lassonde produits en Chine se faisait dans un établissement appartenant à une firme locale chinoise, qui était une copropriété de Lassonde et d'entrepreneurs chinois.

Comme nous pouvons le constater, l'entreprise multinationale est une entité qui peut se définir en peu de mots, mais qui présente des caractéristiques et des formes diverses. Le déploiement de ses activités à l'échelle de la planète contribue à la mondialisation des échanges, que nous aborderons au chapitre 3. Auparavant, nous terminerons ce chapitre en précisant le concept de commerce international.

---

4. Voir le site Web du magazine *Les affaires,* [en ligne]. [http://www.lesaffaires.com] (8 août 2007)

La nature du commerce international

Nous venons de voir comment la théorie et la pratique du commerce international influent l'une sur l'autre et nous avons également noté que le commerce international est en pleine expansion depuis le milieu du xxᵉ siècle. Nous verrons maintenant en quoi consiste ce type de commerce.

Le commerce international peut se définir comme l'ensemble des transactions d'affaires qui traversent les frontières nationales, que ces transactions aient trait à des produits, des services, des capitaux ou des personnes. Il inclut aussi les transferts de technologie, d'information ou de données et parfois même la gestion et la supervision du personnel.

Le commerce international consiste principalement en des transactions de biens tangibles ou intangibles effectuées entre les pays par des organismes publics ou des entreprises privées. Ces transactions se regroupent sous quatre grandes catégories :

1. Les transactions de biens tangibles portent sur les produits primaires, tirés des ressources naturelles — minéraux, pétrole, forêts, pêcheries, etc. —, et sur les produits manufacturés — biens industriels ou de consommation. Ce type de transactions s'effectue par la vente à l'étranger de marchandises (exportations) ou, dans le sens inverse, par l'achat de marchandises à des fournisseurs de l'extérieur du pays (importations). On qualifie ces transactions d'*autonomes* ou de *primaires* parce qu'elles engendrent des paiements ou des échanges de devises outre-frontières. Ces paiements et ces échanges de devises sont nommés *transactions secondaires*.

2. Les prestations de services font également partie des transactions primaires. Elles prennent de plus en plus d'importance dans les échanges internationaux entre pays industrialisés. Y sont regroupés les secteurs de la construction, de l'ingénierie, du tourisme, du transport aérien et maritime, des communications (radio, satellites, télévision et câblodistribution, télécopie, téléphonie, publications, livres, journaux, agences de presse, cinéma, etc.), des firmes de consultants, du commerce de détail et du commerce de gros.

3. Les transactions de biens intangibles comprennent les accords industriels, les transferts de technologie (marques de commerce, brevets, savoir-faire, etc.) et même le transfert électronique de données. En outre, elle inclut toutes les transactions qui sont faites dans le cadre du commerce électronique. Soulignons toutefois que l'achat par Internet requiert des modes de livraison tangibles. L'internationalisation rapide de ce dernier domaine contribuera sans doute à accroître l'importance des paiements et des redevances qui sont échangés entre les pays.

4. Les investissements faits à l'étranger sont constitués des achats d'obligations, de bons du Trésor, etc., faits par des firmes multinationales ou par des organismes. Dans certaines circonstances, ces investissements semblent nuire à l'économie des pays hôtes. Il existe deux types d'investissements :

- Les *investissements de portefeuille* sont faits en vue d'obtenir des gains rapides et n'excédent pas un an.

- Les *investissements directs à l'étranger (IDE)* sont des transactions qui soulèvent la controverse. Grâce à ces placements, l'investisseur devient en effet propriétaire d'une entreprise locale, avec une participation minimale de 10 %. Cette propriété partagée lui assure non seulement un certain contrôle sur l'entreprise, mais aussi un droit de regard sur sa gestion. En général, ces investissements qui sont faits à long terme visent l'installation d'industries manufacturières, la participation ou la copropriété de services publics dans des secteurs tels que l'énergie ou les communications, ou même dans des projets agroalimentaires.

Les personnes qui travaillent dans le domaine du commerce international doivent relever le défi consistant à reconnaître les intérêts divergents et à les harmoniser. Le but recherché est de libéraliser le commerce, tout en tenant compte des besoins et des désirs des habitants des pays où les entreprises veulent s'établir. Toutefois, on ne saurait clore cette discussion sans parler de l'éthique que doivent démontrer les dirigeants d'entreprises et les intervenants politiques et socioéconomiques.

L'éthique capitaliste

À l'origine, puisqu'elle était liée à la religion, l'éthique capitaliste faisait référence davantage à la morale qu'à l'éthique. C'est la morale protestante anglo-saxonne qui a donné naissance au capitalisme d'aujourd'hui. Les capitalistes se sentaient à l'abri sous l'œil de Dieu, la prospérité étant considérée comme un hommage au Seigneur. Avec les années, l'éthique est devenue davantage laïque et cette morale a été largement estompée en laissant un vide que l'éthique n'a pas encore comblé. Dans les faits, on constate que l'éthique n'a pas pris toute la place qu'elle devrait prendre.

Qu'est-il arrivé à cette morale ? D'une part, il faut mentionner que la pratique religieuse a diminué dans plusieurs pays capitalistes qui s'inspirent de moins en moins de ses principes. D'autre part, assez paradoxalement, l'effondrement du communisme qui consitutait un défi pour le monde occidental, a fait croire à certains capitalistes que l'ère de la liberté absolue était arrivée et que tout était permis. En effet, on observe qu'après l'effondrement du communisme, de grands scandales à répétition se sont produits au États-Unis, au Canada et dans un certain nombre d'autres pays. Ne se sentant plus défiés, les capitalistes ont pensé qu'ils pouvaient faire n'importe quoi — d'ailleurs les scandales boursiers des dernières années prouvent que plusieurs d'entre eux s'estiment au-dessus de toutes les lois et se croient tout permis.

Le cas de Conrad Black se veut un exemple assez éloquent[5]. L'ancien chef de la direction de Hollinger International, une société propriétaire de journaux qui a déjà été la plus importante de son secteur, était accusé d'avoir escroqué les actionnaires de l'entreprise des millions de dollars. Il a été reconnu coupable d'entrave à la justice en 2007. Black avait été filmé par une caméra de surveillance alors qu'il déplaçait 13 boîtes de documents dans ses bureaux de Toronto, en contravention avec une ordonnance du tribunal interdisant de toucher à

---

5. Presse Canadienne – 13 juillet 2007.

tout ce qui pourrait constituer une preuve. À cela s'ajoutent trois chefs d'accusation de fraude — qui sont tous reliés aux très complexes indemnités de non-concurrence négociées lorsque Hollinger International a vendu des centaines de journaux. Les trois coaccusés de Black — les ex-vice-présidents John Boutbee, un résidant de Vancouver âgé de 64 ans, et Peter Atkinson, un résidant de Toronto âgé de 60 ans, ainsi que l'avocat de Chicago Mark Kipnis, âgé de 59 ans — ont chacun été déclarés coupables de trois chefs de fraude.

Les neuf chefs pour lesquels Black a été acquitté portaient sur l'abus de fonds de l'entreprise, notamment à l'occasion d'un voyage personnel à bord de l'avion de la société, afin d'aller passer des vacances dans une île du Pacifique, et pour avoir refilé aux actionnaires une facture de plusieurs milliers de dollars pour une réception d'anniversaire organisée en l'honneur de sa femme. Ce procès est un bel exemple des efforts vigoureux des autorités américaines pour combattre les fraudes commises par le personnel.

Avec la mondialisation, il apparaît clair qu'il faut bâtir une nouvelle éthique des affaires. À l'instar de la plupart des grandes facultés de commerce, des intellectuels et des universitaires se préoccupent de cette question et la jugent fondamentale pour l'avenir même du système. Ils ne sont pas forcément des gens de gauche. Conscients de cette situation, après une vague de déréglementation survenue lors de l'époque Reagan, les Américains ont vigoureusement réglementé de nombreux secteurs de l'économie à la suite des scandales boursiers. Par contre, pour fuir cette réglementation, certaines entreprises quittent la Bourse, privant ainsi le public de toute information. Forcer celles-ci à devenir plus transparentes devient un problème éthique.

Il faut éviter de relier trop étroitement l'éthique au domaine juridique. Dans les faits, on peut observer des comportements non éthiques commis en toute légalité. Ainsi, un individu qui achète à sa conjointe des cadeaux somptueux aux frais de la compagnie ne commet pas toujours un acte illégal, mais dans la mesure où les montants proviennent directement des poches des actionnaires, il est permis de questionner l'aspect éthique de la chose.

Il y a trente ans, aux États-Unis, l'écart entre le salaire moyen et le salaire le plus élevé des entreprises était de 1 à 30. Trente ans plus tard, on constate que cette proportion est passée de 1 à 300. Transposé dans les faits, ce constat devient le suivant : un ingénieur consciencieux reçoit annuellement un salaire de 82 500 $ pour son travail acharné. Un beau jour, il réalise que son patron, dont la passion pour le golf le tient très souvent loin du bureau, a gagné 300 fois plus que lui dans l'année. De toute évidence une telle situation risque d'amener l'honnête travailleur à poser des questions et, éventuellement même à générer une bonne dose d'agressivité assez justifiée.

L'Occident jugeait inadmissible l'éthique communiste qui avait donné naissance aux excès staliniens. Si on veut éviter la répétition de l'histoire, il est temps que ceux qui ont à cœur l'avenir du système économique mondial et son développement harmonieux soient de plus en plus exigeants par rapport aux questions d'éthique et de morale dans les comportements des gestionnaires, dans leur train de vie et dans leur rémunération.

L'éthique au Canada

On constate que les problèmes à saveur éthique sont traités beaucoup moins sévèrement par la justice canadienne que par la justice américaine. Aux États-Unis, on accorde une très grande importance aux activités capitalistes et de rayonnement international. Avec une population de 300 millions d'habitants, les Américains tentent de protéger ces activités de l'anarchie et du désordre. Toutefois, certains pourraient penser qu'ils vont parfois trop loin, notamment quand on pense au système en trois étapes — *three strikes you're out* — susceptible de mener un individu en prison pour la vie après que ce dernier ait commis trois infractions plus ou moins graves.

De son côté, le Québec a baigné longtemps dans la morale catholique abandonnée progressivement dans les années 1960. Ainsi, après la Révolution tranquille, le Québec a commencé à se bâtir une nouvelle éthique. Toutefois, on a pu observer une tendance à faire confiance de façon presque outrancière à la génération montante d'hommes d'affaires. Il va sans dire que cette tendance a donné naissance à son lot de problèmes.

On constate l'émergence d'une autre tendance qui se retrouve à la limite de l'éthique et de la bonne gouvernance : les gestionnaires actuels sont, pour la plupart, des financiers, ayant une forte propension à adopter une vision dépassant rarement les trois mois à venir et l'évaluation de la performance de l'action à court terme. Cette attitude mène inévitablement à privilégier le règne absolu de l'intérêt de l'actionnariat dans les stratégies. Dans les faits, cette vision à court terme nuit aux investissements en équipements et en recherches qui s'avèrent nécessaires au développement à long terme des entreprises. Cette pratique contemporaine est soutenue par le fait que les investisseurs d'aujourd'hui sont pour la plupart de grands investisseurs institutionnels ayant tendance à s'imiter les uns les autres. En effet, si un administrateur vedette des placements de fonds mutuels se rue sur un titre ou en vend un autre, dans l'heure qui suit, nombreux seront ceux qui imiteront le mouvement. Ce genre de comportement et l'introduction de nouveaux acteurs comme la Caisse de dépôt et placement du Québec et les grands fonds de pension donnent une allure toute nouvelle au capitalisme contemporain.

En effet, le simple citoyen est maintenant un capitaliste qui bénéficie indirectement des profits lorsque la Caisse de dépôt et placement du Québec ou son fonds de pension devient, par exemple, actionnaire de la Banque Nationale du Canada. Nous nous éloignons ainsi du capitalisme de l'époque de Karl Marx. Il y a 50 ans, à peine 2 % des Québécois avait déjà vu une action alors qu'en 2007, tout le monde est actionnaire de quelque chose par l'entremise de la Caisse de dépôt ou des régimes de rentes.

Les entreprises, l'éthique et le commerce international

Avec la mondialisation, le développement des technologies de communication modernes et l'évolution de l'opinion publique en matière d'environnement, de traitement humain et socioéconomique des travailleurs, les États ont été forcés à jouer un rôle et à réglementer. À cet égard, l'Organisation de coopération et de développement économiques (OCDE) a adopté le 15 février 1999 la Convention sur la lutte contre la corruption d'agents publics étrangers dans des transactions commerciales internationales. La Convention permet aux pays d'agir de manière coordonnée dans l'adoption des législations nationales incriminant la corruption d'agents publics étrangers. Elle contient une définition large de la corruption, exigeant des pays qu'ils imposent des sanctions dissuasives et les engageant à s'accorder une entraide judiciaire.

Le Canada étant signataire de la Convention, les entreprises québécoises sont donc appelées à adopter des comportements éthiques dans leurs transactions à l'étranger. Malheureusement, dans plusieurs pays, les systèmes juridiques et politiques représentent encore une invitation aux entreprises les moins scrupuleuses à entrer dans le jeu de la corruption.

Ainsi, dans les pays développés, on constate l'apparition d'une conscience nouvelle chez les magistrats, les juristes, les gouvernants et aussi les actionnaires. Depuis vingt-cinq ans, on le remarque aux États-Unis mais aussi un peu partout dans le monde, les actionnaires deviennent de moins en moins naïfs, en particulier s'il s'agit d'une communauté religieuse ou des représentants de professions de la classe moyenne comme par exemple, des professeurs. Quand les administrateurs du fonds de pension des professeurs de la Californie se présentent à l'assemblée des actionnaires d'une entreprise, ils peuvent jouer un rôle important dans les décisions touchant l'écologie, l'éthique ou la responsabilité socioéconomique (quand l'entreprise traite dans le tiers-monde). On peut dès lors affirmer que la liberté d'opinion et la liberté capitaliste ont permis aux actionnaires d'opposer un contrepoids non négligeable.

Par contre, beaucoup de chemin reste à faire si on veut instaurer une véritable éthique des affaires dans les activités commerciales internationales. Selon **Transparency International** (TI), plus de la moitié des principaux pays exportateurs démontrent une absence de volonté politique quand vient le temps de poursuivre devant les tribunaux les entreprises responsables de corruption transnationale. Les pays signataires de la Convention de l'OCDE sur la lutte contre la corruption d'agents publics étrangers dans les transactions commerciales internationales possèdent environ les deux tiers des parts d'exportations des biens et des services du monde. Sur 34 pays signataires, on observe en 2007 une mise en application significative de la Convention dans 14 pays, à comparer aux 12 pays signataires enregistrés en 2006 et aux 8 pays qui avaient signé en 2005. Sur les 8 principaux pays exportateurs, l'Allemagne, la France, l'Italie, les Pays-Bas et les États-Unis ont accompli des progrès notables dans l'application des clauses de la Convention ; toutefois, aucune poursuite significative n'a été intentée au Canada, au Japon ou au Royaume- Uni.

Selon l'Indice de Corruption des Pays Exportateurs (ICPE) 2006 de Transparency International, le versement de pots-de-vin à l'étranger par les entreprises des plus grands pays exportateurs reste une pratique courante, et ce, malgré l'existence d'instruments internationaux de lutte contre la corruption qui érigent ces pratiques en infractions. Le tableau 2.1 présente le résultat de l'Enquête auprès des cadres supérieurs d'entreprise (*Executive Opinion Survey*) 2006 du Forum économique mondial, menée auprès d'hommes et de femmes d'affaires dans le but de connaître leur perception face aux pratiques commerciales des entreprises étrangères qui opèrent dans leur pays.

Transparency International (TI)

Transparency International est une ONG, dont le siège est à Berlin. Elle a pour objet de combattre et prévenir la corruption dans les transactions internationales d'État à État, d'État à personnes physiques et morales publiques ou privées, et entre ces personnes.

TABLEAU 2.1

L'Indice de Corruption des Pays Exportateurs (ICPE) 2006

Rang	Pays	Score moyen	Part des exportations mondiales (% 2005)	Ratification de la Convention de l'OCDE	Ratification de la CNUCC
1	Suisse	7.81	1.2	X	
2	Suède	7.62	1.3	X	
3	Australie	7.59	1.0	X	X
4	Autriche	7.50	0.5	X	X
5	Canada	7.46	3.5	X	
6	Royaume-Uni	7.39	3.6	X	X
7	Allemagne	7.34	9.5	X	
8	Pays-Bas	7.28	3.4	X	
9	Belgique	7.22	3.3	X	
10	États-Unis	7.22	8.9	X	
11	Japon	7.10	5.8	X	
12	Singapour	6.78	2.2		
13	Espagne	6.63	1.9	X	X
14	Émirats arabes unis	6.62	1.1		
15	France	6.50	4.3	X	X
16	Portugal	6.47	0.3	X	
17	Mexique	6.45	2.1	X	X
18	Hong Kong	6.01	2.8		X
19	Israël	6.01	0.4		
20	Italie	5.94	3.6	X	
21	Corée du Sud	5.83	2.8	X	
22	Arabie Saoudite	5.75	1.8		
23	Brésil	5.65	1.2	X	X
24	Afrique du Sud	5.61	0.5		X
25	Malaisie	5.59	1.4		
26	Taïwan	5.41	1.9		
27	Turquie	5.23	0.7	X	
28	Russie	5.16	2.4		X
29	Chine	4.94	5.5		X
30	Inde	4.62	0.9		

Source : IMF, international finance statistics, 2005

Ces résultats sont tirés des réponses de plus de 11 000 hommes et femmes d'affaires de 125 pays, interrogés dans le cadre de l'Enquête auprès des cadres d'entreprise (*Executive Opinion Survey*) 2006 du Forum économique mondial. Un score de 10 indique la perception d'une absence de corruption tandis qu'un 0 implique que la corruption est considérée comme endémique. La Suisse arrive en tête de classement, mais son score de 7,8 est loin d'être parfait. Bref, les niveaux de corruption varient d'un pays à l'autre, mais personne n'en sort vainqueur.

On remarque que les entreprises des puissances exportatrices émergentes que sont l'Inde, la Chine et la Russie se classent en bas du tableau. Par ailleurs, on entend souvent parler d'histoires dans lesquelles, en sol étranger, une *enveloppe* a été exigée à un entrepreneur qui désire obtenir un contrat ou veut pénétrer certains marchés. La concurrence par le biais de la corruption constitue une vision à court terme du développement qui risque de se retourner contre leurs auteurs. La corruption représente la principale entrave au développement des pays moins développés. L'ignorance causée par un niveau d'éducation trop bas constitue la seconde entrave. Ainsi, un entrepreneur québécois qui joue le jeu de la corruption dans un pays du tiers-monde, condamne ce dernier à ne pas se développer. Du même coup, il se fait tort à lui-même puisque la population de ce pays aura moins de pouvoir d'achat. Impossible d'ignorer que la corruption constitue une forme de chantage ; une entreprise québécoise qui se livre à de tels gestes risque fort de se retrouver à la une des journaux, et pas seulement des journaux économiques, pour avoir posé des gestes reliés à la corruption.

Une entreprise soucieuse de protéger ses employés de toute forme de corruption transnationale doit également fixer une frontière très claire entre ce qui est considéré comme un cadeau et un pot-de-vin. Au Québec, pour les hommes politiques, la limite est aujourd'hui fixée aux environ de 300 $. En 1976, le premier ministre René Lévesque l'avait fixé à 100 $. Ainsi, si un chef d'État étranger vient rencontrer le premier ministre du Québec et lui laisse un cadeau d'usage, on considère le tout comme acceptable. Pour le reste, que ce soit des voyages à l'étranger, des vacances payées, des bijoux coûteux, etc., on parle alors de corruption. Les principaux pays exportateurs ont tout à gagner à respecter leurs propres engagements et à empêcher les entreprises de nuire aux efforts visant à améliorer la gouvernance et à renforcer les institutions étrangères.

Pour aider les entreprises à faire face au phénomène émergent de la corruption, Transparency International et Social Accountability International ont publié les *Principes de conduite des affaires pour contrer la corruption*. Ces principes d'intégrité fournissent une référence complète en matière de lutte contre les pots-de-vin, en mettant en œuvre un certain nombre d'initiatives récentes telles la convention de l'OCDE, les règles de conduite de la Chambre de Commerce Internationale (CCI) relatives à l'extorsion de fonds et à la corruption, ainsi que les mesures anticorruptions des récentes directives de l'OCDE concernant les entreprises multinationales.

Finalement, en ce début du xxie siècle, le principe sous-jacent à tous les autres que nous avons examinés dans ce chapitre est de libéraliser le commerce et de faciliter les échanges de biens et de services entre nations. Mais, comme nous le verrons au chapitre 3, les intérêts des gouvernements des pays sont souvent contraires à ceux des entreprises qui veulent vendre ou investir dans ces pays. Les diverses règles du commerce international, les organismes internationaux qui les régissent ainsi que les barrières qui existent toujours et qui ralentissent le flux des transactions internationales feront l'objet du prochain chapitre.

RÉSUMÉ

- Les firmes multinationales (FMN) sont des entreprises qui contrôlent des unités de production situées dans plusieurs pays. Les firmes multinationales suivent les mouvements des nouveaux espaces d'échanges commerciaux. L'ouverture des marchés et les mobilités du capital sont des facteurs ayant facilité leur forte croissance.

- Les firmes multinationales se divisent en trois groupes selon la façon dont leurs dirigeants considèrent les marchés étrangers. Ces approches sont les suivantes : l'approche ethnocentrique qui reconnaît une supériorité au pays d'origine de l'entreprise ; l'approche polycentrique qui considère que chaque marché national est unique et nécessite l'adaptation des produits aux besoins particuliers des consommateurs locaux ; l'approche géocentrique qui consiste à percevoir à la fois des similitudes et des différences entre le marché national et les marchés étrangers.

- Les multinationales se développent de deux manières, soit en augmentant leurs avoirs à l'étranger grâce à l'investissement dans de nouvelles installations ou à l'acquisition d'autres entreprises, soit en vendant leur technologie ou leurs services.

- Le commerce international peut se définir comme l'ensemble des transactions d'affaires qui traversent les frontières nationales, que ces transactions aient trait à des produits, des services, des capitaux ou des personnes. Il inclut aussi les transferts de technologie, d'information ou de données, et parfois même la gestion et la supervision du personnel.

- À l'origine, la morale protestante anglo-saxonne a donné naissance au capitalisme d'aujourd'hui. Avec les années, l'éthique est devenue davantage laïque et cette morale a été largement estompée malgré que l'éthique n'ait pas encore pris toute la place qu'elle devrait prendre.

- Avec la mondialisation, il apparaît clair qu'il faut rebâtir une éthique des affaires pour l'avenir même du système économique mondial.

QUESTIONS

1 Décrivez les différents types d'échanges que l'on trouve dans le commerce international et illustrez chacun d'eux à l'aide d'un exemple d'entreprise.

2 Précisez l'approche des marchés étrangers qu'utilisent General Motors, IBM et Microsoft. Justifiez votre réponse. Au besoin, faites une recherche dans Internet pour vous renseigner sur ces entreprises.

3 Rendez-vous sur le site de Transparency International [http://www.transparency.org] (14 février 2008), et indiquez quels sont les principaux moyens proposés pour contrer la corruption dans les pays étrangers.

RÉFÉRENCE BIBLIOGRAPHIQUE

RAINELLI, M. (1998), *Le commerce international*, 6e édition, Paris, La Découverte.

SITE WEB

Principes de conduite des affaires pour contrer la corruption. Une initiative de Transparency International et de Social Accountability International.

[http://www.transparency.org]

CHAPITRE 3

Le commerce international aujourd'hui

PLAN

- La mondialisation
- Les limites gouvernementales aux activités des entreprises étrangères
- Les PME québécoises et l'exportation

OBJECTIFS

- Expliquer le phénomène de la mondialisation.
- Décrire les mesures gouvernementales visant les firmes multinationales qui investissent dans un pays.
- Distinguer les différentes barrières tarifaires et non tarifaires à l'importation dont disposent les pays.
- Saisir l'importance du commerce extérieur pour le Québec et ses PME.

D ans le premier chapitre, nous avons vu que le commerce international est un phénomène qui remonte fort loin dans l'histoire de l'humanité. L'industrialisation des moyens de production, amorcée au XVIIe siècle, entraîne une augmentation des échanges commerciaux. Depuis la fin de la Seconde Guerre mondiale, le commerce international connaît une intensification sans précédent. La libéralisation des échanges, l'amélioration des moyens de transport et de communication, la réduction du coût des échanges qui en résulte ainsi que la croissance économique des pays industrialisés sont autant de facteurs qui nourrissent cette tendance.

L'importance que prennent désormais les échanges internationaux ainsi que leur ramification sur tous les continents créent des conditions nouvelles que les concepts traditionnels ne parviennent plus à définir adéquatement. C'est pourquoi, depuis quelques années, le terme *mondialisation* s'impose dans les médias et les discours des experts pour rendre compte des phénomènes politiques et économiques qui proviennent du caractère planétaire du commerce international. Dans la première section de ce chapitre, nous expliquerons en quoi consiste la mondialisation.

Dans la section suivante, nous verrons que, malgré la mondialisation des échanges, les objectifs d'une firme multinationale qui souhaite s'installer dans un pays étranger et ceux du gouvernement de ce pays s'opposent sur plusieurs points. Cette opposition peut conduire l'entreprise à reporter un projet ou à l'abandonner. Les objectifs d'une entreprise et d'un État peuvent également diverger lorsque celle-ci désire exporter dans ce pays : tandis que l'entreprise cherche à accéder sans entraves à ce marché national, le gouvernement du pays tient à protéger de la concurrence extérieure certains secteurs de son économie. Nous passerons en revue l'éventail des barrières tarifaires et non tarifaires que les États ont le pouvoir d'ériger pour empêcher les importations ou, du moins, les ralentir. Autant les États sont incités à freiner l'importation de certaines marchandises, autant ils favorisent les exportations des entreprises locales. Un flot important d'exportations crée des emplois, renforce la compétitivité des entreprises du pays, en plus de contribuer à une balance des paiements positive. Cela est particulièrement vrai pour le Canada et le Québec, dont une partie appréciable de la production est exportée.

Dans la troisième section du chapitre, nous verrons l'importance des échanges internationaux pour le Québec et ses petites et moyennes entreprises (PME). Nous examinerons alors les motifs qui poussent les entrepreneurs à exporter et les défis que pose la vente de leurs produits à l'étranger.

La mondialisation

Le commerce est considéré comme un facteur de rapprochement entre les peuples, un facteur de paix et de prospérité. Son évolution est grandement influencée par le climat politique mondial. Par exemple, la fin de la guerre froide et l'ouverture des marchés des pays communistes sont à la source de la haute conjoncture économique de la fin des années 1990.

La **mondialisation** est une dimension dominante du commerce international d'aujourd'hui. Elle influe sur toutes les transactions internationales, qu'il s'agisse des échanges de produits ou de services, des transferts de technologie ou de production, des **investissements directs à l'étranger (IDE)** ou du flux constant de capitaux entre pays. Toute entreprise qui contribue au commerce international doit tenir compte des incidences de la mondialisation.

Depuis son apparition, le terme *mondialisation* soulève la controverse. Loin de faire l'unanimité, sa définition continue de s'élargir avec le temps. C'est que la réalité que l'on cherche à désigner par cette notion est complexe et perçue fort différemment selon le point de vue que l'on adopte.

- Pour les acteurs des milieux politiques et économiques qui souhaitent faciliter le commerce international, la mondialisation est une forme avancée de la libéralisation des échanges. Elle constitue une source d'enrichissement général qu'il faut reconnaître et encourager.

- Pour d'autres acteurs de la société, la mondialisation est avant tout le reflet d'une demande universelle de produits et de services maintenant disponibles à tous grâce aux développements des télécommunications (par exemple, Internet) et des technologies (par exemple, dans le domaine informatique).

- Pour d'autres encore, issus notamment de milieux nationalistes et de groupes populaires et environnementalistes, la mondialisation est une dangereuse hégémonie qu'exercent les firmes multinationales. Celles-ci se joueraient en effet des lois et des règlements adoptés par les États souverains grâce à leur faculté de se déplacer dans les pays plus pauvres où il est plus facile d'exploiter les travailleurs et de soumettre l'environnement à leurs besoins. Parmi ces derniers acteurs, José Bové constitue une figure désormais légendaire de l'antimondialisation. Ce fermier français a fait de la prison pour avoir vandalisé un restaurant McDonald's, symbole de l'impérialisme américain, et endommagé des champs de maïs et de riz génétiquement modifiés.

En 2007, le terme *antimondialisation,* antithèse du commerce international, a été remplacé par *altermondialisation* qui, tout en donnant son aval à la mondialisation, souhaite néanmoins qu'elle soit faite d'une autre manière. En fait, aucun gouvernement sérieux dans le monde, ni de gauche ni de droite, ne peut se dire contre la mondialisation. Les Européens donnent l'exemple au monde entier en abolissant des barrières dans l'Union européenne, modèle de fluidité totale.

Au cours des dernières décennies, l'OMC a permis de faire des progrès extraordinaires grâce notamment à la collaboration d'organisations internationales moins matérialistes et de pouvoirs publics soucieux des questions plus sociales et environnementales. Ainsi, il est réconfortant de savoir que 300 millions de Chinois ont amélioré leur situation et peuvent dorénavant profiter de la vie.

Par ailleurs, faire travailler des enfants dans des conditions qui frôlent l'esclavage et produire dans un pays du tiers-monde sans aucune précaution environnementale, n'est pas acceptable. C'est là le rôle des États-nations, coopérant entre eux dans des institutions internationales fortes pour civiliser la mondialisation et la réguler pour le bénéfice du monde entier.

Mondialisation / *Globalization*
Du latin *mundus,* univers, la mondialisation est le processus d'ouverture des économies nationales vers un marché planétaire. La mondialisation est favorisée entre autres par la libéralisation des échanges commerciaux, communicationnels et culturels.

Investissement direct à l'étranger (IDE) / *Foreign direct investment*
Achat, par des non-résidents, d'entreprises commerciales, d'exploitations minières ou de droits miniers, de permis de coupe de bois ou de pêche, de bâtiments, de terrains, d'actions, d'obligations, de contrats à terme, de certificats de dépôt, de valeurs monétaires, de dépôts bancaires ou d'autres actifs dans le double but d'obtenir un rendement intéressant et de conserver une certaine mainmise sur l'actif. Ce type d'investissement est fait à long terme (plus d'un an). L'investissement dans un autre pays permet d'obtenir un revenu et un profit. Par exemple, l'entreprise qui construit une usine dans un autre pays pour y produire et y vendre un bien dépense de l'argent dans l'intention de faire un profit.

Ces différents points de vue jettent un éclairage très différent sur cette tendance que l'on désigne par le terme *mondialisation*. Ils dépendent dans une large mesure des avantages et des inconvénients que l'on impute à ce phénomène. Cette perception est en retour tributaire des intérêts des individus et des groupes qui s'expriment. Pour la direction d'une FMN, la création d'un marché mondial est une bonne nouvelle puisqu'elle est susceptible d'en tirer parti. Inversement, les employés d'un secteur industriel ou agricole protégé par des mesures protectionnistes, ou les personnes qui craignent que la scène politique mondiale ne soit dominée par des valeurs purement économiques et ne laisse les démunis sans voix, appréhendent la mondialisation.

Libéralisation du commerce
Ensemble de mesures visant à favoriser les échanges commerciaux entre les nations comme par exemple la réduction ou l'abolition des barrières tarifaires, la libre circulation des personnes et l'élargissement ou la suppression du contingentement.

Dans la mesure où, pour certains, la **libéralisation du commerce** qui découle du phénomène de la mondialisation est une chose négative qu'il faut combattre alors que d'autres en font la promotion, il est permis de se questionner sur la valeur réelle de cette nouvelle réalité. Qu'en est-il vraiment ?

Considérant les aspects positifs de la libéralisation du commerce, qualifier ce phénomène de négatif serait une aberration. C'est effectivement grâce à la libéralisation du commerce qu'en Asie, en Chine, en Inde, en Corée du Sud et en Malaisie, une classe d'individus qui éprouvait de la difficulté à se nourrir il y a vingt ans, peut aujourd'hui profiter d'un niveau de vie comparable à celui de l'Occident. On observe le même phénomène en Europe où des économies qui autrefois accusaient un retard, comme celles de la Grèce, du Portugal, de l'Espagne et de l'Irlande, sont devenues des exemples mondiaux de succès économique. Cette réussite est directement associée à leur adhésion à l'Union européenne et son marché de près d'un demi-milliard d'êtres humains répartis dans 27 pays. Il en va de même pour l'Amérique du Sud et l'Amérique latine qui montrent des améliorations significatives dans les domaines politique et économique. À lui seul, le Brésil représente un marché de près de 200 millions d'habitants. Pour le Québec, le marché intérieur de 7 millions et demi d'habitants est somme toute négligeable à côté des 300 millions d'Américains et des 100 millions de Mexicains accessibles avec l'Accord de libre-échange.

Impossible de passer sous silence le fait que l'Afrique, et quelques autres pays d'Asie demeurent les grands perdants de la mondialisation. Il semble que plus la mondialisation profite à certains pays, plus on se désintéresse de l'Afrique. Ainsi, avant que l'Union soviétique s'effondre, convaincu que les Russes voulaient convertir les Africains au communisme, l'Occident semblait très motivé à aider ce continent. Depuis un certain nombre d'années, l'intérêt commercial de l'Afrique semble avoir diminué de manière substantielle. Comme les problèmes de l'Afrique sont à la fois de nature économique et sanitaire (avec les vagues de pandémies de toutes sortes et le sida), ce continent semble avoir perdu tout attrait. Il est pourtant légitime de se poser la question suivante : « Pourquoi des centaines de millions d'individus sont-ils condamnés à un destin aussi cruel alors que partout ailleurs, on croule sous la richesse ? » Il s'agit du paradoxe de la mondialisation : d'un côté, elle rend les espaces sociaux et de consommation plus homogènes, et de l'autre, elle en accentue les différences et les inégalités. Les pays riches consolident leur niveau de vie alors que les pays exclus de la mondialisation sont confrontés à de graves problèmes économiques, éducatifs et environnementaux.

Afin de se faire une opinion sur le sujet, il importe de suivre avec attention l'actualité internationale et de tenter de faire la part des choses entre ces points de vue divergents. Riccardo Petrella[1] est un des commentateurs les plus critiques de la mondialisation ; il relève notamment les défis qu'elle pose pour la démocratie, limitée aux États nationaux. L'encadré 3.1 présente un extrait d'un article de Petrella paru en 1989 dans *Le Monde diplomatique*.

ENCADRÉ 3.1

La mondialisation selon Riccardo Petrella

[La mondialisation n'est pas] la multinationalisation des entreprises nationales dont les activités s'étendent graduellement à d'autres États par la création de filiales directes, par des acquisitions, des accords de coopération, etc.

La mondialisation est, en revanche, une donnée nouvelle permettant :

- de produire, de distribuer et de consommer biens et services grâce à l'utilisation sans frontières des ressources matérielles et immatérielles disponibles dans les diverses parties de la planète ;
- de viser ainsi des marchés internationaux régis par des normes ou des standards mondiaux ;
- d'opérer à partir de structures possédant des stratégies mondiales, dotées d'une organisation sans frontières, et dont il est difficile d'identifier une territorialité unique (juridique, technologique ou économique) en raison des nombreuses interrelations observables en amont et en aval de la production elle-même.

Les cartes de crédit constituent le type même du service pensé à l'échelle de la planète pour un marché mondial, spécialisé et à haute valeur ajoutée, fondé sur l'intégration de familles technologiques nouvelles (informatique, matériaux, télécommunications…) et géré par des organisations mondialisées. Il en va de même pour la restauration rapide, la gestion du trafic aérien transocéanique, le réseau informatisé interbancaire SWIFT, etc.

Dans cette acception, mondialisation n'est pas nécessairement synonyme — même en ce qui concerne les biens de consommation — de produits standardisés pour des marchés mondiaux homogènes : la même voiture, le même chocolat… Bien au contraire, elle s'accommode fort bien de marchés locaux, différenciés pour des raisons réglementaires, culturelles, économiques, climatiques : la mondialisation porte avant tout sur les mouvements d'échanges des marchandises, les modes de production, les structures d'organisation, les méthodes de décision et de contrôle, les stratégies. […]

La mondialisation […] signifie la fin du *national* en tant que lieu central de pertinence stratégique, en matière économique et technologique. De ce fait, elle établit des rapports entièrement nouveaux entre l'État et les entreprises, entre le pouvoir économique et le pouvoir politique. Ainsi, les décisions sur l'allocation des ressources technologiques et financières dans tel ou tel pays ou dans telle ou telle région du monde — donc les décisions qui modifient le présent et modèlent l'avenir — sont le fait des grandes entreprises mondiales comme Olivetti, Alcatel, IBM, Mitsubishi, Nestlé, Thomson, Siemens, BP, BASF, Monsanto, Ericsson, Nissan ou Société générale.

Source : Riccardo Petrella (1989), *Le Monde diplomatique*.

---

1. Riccardo Petrella a dirigé pendant 16 ans, jusqu'en novembre 1994, le programme FAST (*Forecasting and Assessment in Science and Technology*) à la Commission des Communautés européennes. Depuis, il est professeur à l'université catholique de Louvain, en Belgique.

Les effets de la mondialisation sont multiples et ne se limitent pas aux FMN. Dans les pages qui suivent, nous verrons les conséquences de ce phénomène sur trois secteurs particuliers : la culture, l'agriculture et les technologies de communication.

Mondialisation et culture nationale

L'internationalisation des entreprises et le discours qui l'accompagne laissent souvent croire à une uniformisation, une *occidentalisation* des cultures ; la mondialisation économique provoquerait l'apparition d'une culture unique. Ce concept est cependant contredit par un grand nombre d'observateurs qui attestent le maintien des différences culturelles.

Dans les faits, on constate qu'il n'y a pas de culture mondiale, mais des cultures ou des affinités culturelles qui ne partagent pas les mêmes pratiques ni les mêmes normes sociales, pas plus que les mêmes valeurs. Les différences culturelles se retrouvent dans les goûts, les modes de penser, les modes de consommation, les attitudes, les valeurs et les références distinctes. Il semble difficile de mondialiser de tels éléments, mais voyons comment cette réalité se traduit dans la vie de tous les jours, une fois confrontés au contexte de la mondialisation.

Aujourd'hui, les moyens de diffusion très puissants dont jouissent les firmes multinationales provoquent une tendance irréversible vers l'uniformisation des cultures. Les médias, grâce au réseau de satellites, se mondialisent à leur tour et permettent aux nations qui possèdent la technologie (cinéma, télévision, etc.) d'imposer leurs valeurs et leurs cultures. La langue anglaise, parlée par un cinquième de la population mondiale, devient un élément important dans cette opération de mondialisation de la culture.

Une telle situation explique qu'une des grandes inquiétudes manifestées à l'égard de la mondialisation fasse référence à la culture. La concentration des industries culturelles, les politiques de dérégulation et la création de produits culturels standardisés et mondiaux sont souvent perçues comme une menace à la culture et à l'identité nationales. La musique rap s'écoute pratiquement partout, Céline Dion est à la radio de Pékin, le Cirque du Soleil domine à Las Vegas et réalise des tournées mondiales, les Inuits suivent les grandes séries américaines comme *Beautés désespérées* à la télévision, la mode vestimentaire devient universelle, la planète entière boit du Coca-Cola® et casse la croûte chez McDonald's. Bref, la mondialisation de la culture est devenue un puissant moteur économique générant des profits, des innovations et de l'emploi.

Deux réalités s'affrontent : d'une part, on assiste à une mondialisation croissante de nombreux secteurs d'activités, et d'autre part, on constate une affirmation des particularismes régionaux qui n'a jamais été aussi forte. L'existence de cultures différentes à travers le monde oblige toute entreprise désirant faire des affaires à l'international à prendre conscience des différences culturelles.

Le Québec n'est pas épargné par le phénomène de la mondialisation. Voisin d'un géant, le Québec constate qu'il ne lui sera pas facile de résister aux attaques culturelles de ce dernier, mais il est vrai que son combat pour faire reconnaître sa différence culturelle est en cours depuis près de 200 ans. La culture québécoise a survécu à des politiques d'assimilation et à des tensions démographiques énormes. La Charte de la langue française, ou loi 101, entrée en vigueur au milieu des années 1970, est un exemple de mesure prise pour la protéger. Cependant, la préservation de la diversité culturelle suscite des réactions contrastées, souvent même opposées, chez les Québécois : certains prônent l'ouverture sur le monde et refusent les mesures de protection, préférant croire que l'identité culturelle ne sera plus liée à un territoire en particulier. Pour d'autres, il faut à tout prix adopter des lois et des politiques de protection de l'**industrie culturelle** québécoise contre la menace de l'impérialisme culturel américain. La question est de savoir si l'absence de mesures de protection peut uniformiser le monde sur le plan des valeurs, des idées et de la culture.

Il ne faut pas oublier qu'au chapitre de la culture, le Québec exporte de plus en plus de produits. Nous pouvons citer à cet égard de nombreux exemples de réussites à l'étranger dont, entre autres, Céline Dion, le Cirque du Soleil, Robert Lepage, La La La Human Steps et tous les artistes québécois qui ont du succès en France et aux États-Unis. Ces artistes véhiculent une vision dynamique de la production culturelle québécoise. Toutefois, malgré une exportation accrue des produits culturels, le Québec demeure encore en déficit dans pratiquement tous les domaines d'import-export de produits culturels étrangers (sauf pour la télévision).

Une coalition pour la défense de la diversité culturelle s'est formée et regroupe tant des artistes que des producteurs et des organismes issus des milieux culturels. Sa mission consiste à sensibiliser l'ensemble de la société aux enjeux de la diversité culturelle et à faire valoir leur point de vue auprès des autorités politiques du pays. Pour eux, la menace américaine est réelle. Au Québec par exemple, la majorité des films présentés en salle sont américains. La venue de chaînes spécialisées télévisées préoccupe également tant les gouvernements que les défenseurs de l'industrie culturelle. De semblables regroupements ont vu le jour en Amérique, en Europe, en Afrique, en Asie et en Océanie.

Le gouvernement du Québec[2] considère qu'il est préférable de se doter d'un instrument international contraignant en matière de diversité culturelle afin que soit reconnu le droit des États et des gouvernements de soutenir, par leurs politiques et leurs actions concrètes, la culture. L'UNESCO est identifiée comme un organisme capable d'élaborer des conventions relatives à la protection du patrimoine culturel. À cet égard, le 2 novembre 2001, lors de la 31e session de la conférence générale, l'UNESCO adoptait une Déclaration universelle sur la diversité culturelle. L'article 1 se lit comme suit : « Source d'échanges, d'innovation et de créativité, la diversité culturelle est, pour le genre humain, aussi nécessaire qu'est la biodiversité dans l'ordre du vivant. » Celle-ci ajoute que les biens culturels « porteurs d'identité, de valeurs et de sens ne doivent pas être considérés comme des marchandises ou des biens de consommation comme les autres ». Utiliser l'OMC est hors de question, étant donné que les accords

Industrie culturelle
L'Organisation des Nations Unies pour l'éducation, la science et la culture (UNESCO) qualifie d'*industries culturelles* les domaines de l'édition imprimée et du multimédia, de la production cinématographique, de l'audiovisuel et du phonographique, de l'artisanat et du design. Le terme peut également inclure, pour certains pays, l'architecture, les arts plastiques, les arts du spectacle, les sports, la création d'instruments de musique, la publicité ou encore le tourisme culturel.

---

2. Ministère de la Culture et des Communications (2004), *La diversité culturelle, une richesse pour le monde*. Brochure produite conjointement par la Direction générale des communications et la Direction générale des affaires internationales et de la diversité culturelle du Québec.

spécifiques relevant de sa compétence ne visent pas à protéger les secteurs culturels, mais plutôt à encadrer leur ouverture progressive.

À son tour, en 2003, l'Union européenne a adhéré au principe de la diversité culturelle et a reconnu la nécessité d'un instrument normatif visant la préservation et la promotion de cette diversité. Par la suite, lors de la Conférence générale de l'Organisation des Nations Unies pour l'éducation, la science et la culture, qui avait lieu à Paris du 3 au 21 octobre 2005, fut adoptée la *Convention sur la protection de la diversité des contenus culturels et des expressions artistiques*. Seuls les États-Unis et Israël ont voté contre. Cette convention constitue le premier texte juridique supranational qui se limite cependant à édicter la conduite sans prévoir de mécanismes pour régler les différends comme c'est le cas à l'OMC.

Ainsi, une entreprise exportatrice se retrouve en interaction avec des cultures différentes dans de nombreux domaines : management, stratégie marketing, négociation, etc. Qu'elle choisisse ou non de prendre en compte ces différences, l'entreprise est confrontée à celles-ci lorsqu'elle s'implante à l'étranger.

Tout porte à croire que ce serait une grave erreur que de prétendre, à l'instar des partisans de la mondialisation, que l'on peut traiter le monde comme un village global et que les différences culturelles disparaissent. L'aspect culturel peut faire toute la différence.

L'agriculture et la mondialisation

En plus de la culture, un autre secteur se retrouve au centre de chaque discussion touchant la libéralisation des échanges : l'agriculture. Actuellement, le cycle de Doha est bloqué par les questions touchant l'agriculture, ce secteur étant considéré comme problématique. Mais pourquoi pose-t-il toujours problème ?

Plusieurs facteurs fondamentaux expliquent que l'agriculture représente le chapitre le plus compliqué de la science économique ; le premier, et non le moindre, étant le fait que ce secteur est lié au climat. Aucun autre aspect de la vie économique, sauf les activités sportives et touristiques, n'est autant lié à des facteurs imprévisibles. Si, suite à des conditions climatiques défavorables, la récolte est misérable, les revenus agricoles seront misérables. Si les conditions climatiques sont très bonnes, les prix risquent alors de s'effondrer parce que le marché va être inondé de produits et les agriculteurs ne feront pas de profits.

Le second facteur tient au fait que l'agriculture est un secteur hautement stratégique puisque manger est une nécessité. Les Japonais, par exemple, sont généralement considérés comme un modèle dans le domaine du commerce international, mais ils ont tendance à paniquer à l'idée de manquer de riz et de perdre ainsi leur autonomie alimentaire.

Le troisième facteur est d'ordre sociologique : il y a des agriculteurs depuis la nuit des temps. Ils font partie de la conscience collective et de l'occupation du territoire. Ils attirent spontanément la sympathie parce que nos ancêtres étaient des agriculteurs, que les fermes et les villages sont synonymes de beauté, etc. Par contre, depuis quelque temps, au Québec en particulier, on observe un mouvement qui vise davantage à dénigrer ce secteur qu'à le valoriser. Le film

Bacon, par exemple, véhicule l'idée qu'un éleveur de porc est presque un criminel de guerre. Les citadins qui s'installent en campagne se plaignent des odeurs de vache le matin, et d'autres choses semblables. Ainsi, un métier qui, par le passé, incarnait la noblesse a été mis à mal depuis quelque temps.

L'ensemble de ces facteurs explique que les États soient interventionnistes dans le domaine de l'agriculture. Au Québec, le gouvernement demande aux agriculteurs de produire dans des conditions plus écologiques mais s'engage à subventionner le traitement des lisiers de porc. Malheureusement, on note souvent que ce genre d'interventions politiques se fait au détriment des pays plus pauvres. Par exemple, on compte quelques dizaines de milliers de producteurs de coton aux États-Unis, et malgré le fait que la plupart d'entre eux soient riches, l'État américain subventionne le coton à la valeur de la production. Lorsque les pays discutent autour d'une table internationale de l'ouverture des marchés américains aux producteurs africains de coton qui n'ont que cette ressource pour survivre, les producteurs des États-Unis s'y opposent, ce qui provoque des conflits. Le même phénomène s'observe du côté de l'Union européenne lorsqu'elle discute de la diminution des subventions en agriculture. Ainsi, les gouvernements ne peuvent faire aucune concession, nuisant du même coup aux pays en développement qui profiteraient d'une ouverture des marchés agricoles.

Au Québec, le secteur agricole n'est pas basé sur les subventions étatiques, mais sur le contrôle des marchés. On a mis en place un système de quotas pour le lait, les œufs et un certain nombre de productions agricoles qui a permis aux agriculteurs de vivre convenablement, et aux consommateurs, de payer des prix concurrentiels. Cependant, avec le temps, les quotas sont devenus l'objet d'un marché fabuleux ; ainsi, dans le prix d'un litre de lait acheté au supermarché, le quota compte pour la moitié. On peut considérer qu'il serait catastrophique de renoncer à ce système étant donné les milliards investis dans les quotas, mais pour que ce système de gestion de l'offre fonctionne, il faut imposer des tarifs douaniers extrêmement élevés. Sans ces tarifs douaniers, les prix de la concurrence étrangère seraient en dessous des prix fixés. À la simple évocation d'une remise en question de la gestion de l'offre, le Canada se trouve dans une impasse entre les négociations à l'OMC et les agriculteurs canadiens.

Les technologies de communication et la mondialisation

L'essor des technologies de l'information apporte une dimension nouvelle à la mondialisation. Avec le développement du Web, il est maintenant possible de côtoyer un nombre important d'individus et d'entreprises partout dans le monde soit directement chez eux, soit par l'intermédiaire de réseaux ou de sociétés, et ce, sans aucune proximité physique.

Aujourd'hui, les connexions à haut débit permettent le transfert de données volumineuses sans avoir recours à l'imprimerie. Du point de vue du commerce international, les innovations dans le domaine des communications représentent un outil puissant d'information et de transaction.

À titre d'exemple, penchons-nous sur le domaine des moteurs de recherche. Un site comme MySpace, quatrième site le plus consulté au monde, (fondé en 2003 par Tom Anderson et Chris DeWolfe, racheté par le groupe de Rupert Murdoch, News Corp., en juillet 2005), constitue un service de réseautage social en ligne qui met gratuitement à la disposition de ses membres enregistrés un espace Web personnalisé, permettant d'y créer un blogue, d'y exposer des photos et d'y divulguer diverses informations personnelles. Le site possède aussi un système de messagerie qui donne aux membres la possibilité de communiquer entre eux, peu importe où ils se trouvent dans le monde.

Google, société fondée par Larry Page et Sergey Brin le 7 septembre 1998 dans la Silicon Valley en Californie, constitue un autre phénomène dans le monde du Web. Depuis 2001, Eric Schmidt en est le PDG (CEO). Avec sa grande facilité d'utilisation, des réponses en 35 langues et sa gratuité, Google est devenu le moteur de recherche le plus utilisé au monde. Google s'est donné comme mission d'organiser l'information à l'échelle mondiale et de la rendre universellement accessible et utile.

Pour la période s'étalant de juin 2000 à novembre 2004, Google aurait indexé plus de 8 milliards de pages Web et 1 milliard d'images, accessibles partout dans le monde. En 2006, Google accepte de censurer son moteur de recherche afin de mieux s'implanter en Chine. Ainsi, une recherche d'images sur *Tiananmen* affiche dans Google.fr la célèbre photo d'un étudiant barrant la route des chars, symbole des manifestations de la place Tiananmen, tandis que dans Google.cn; les résultats affichent des portraits de familles joyeuses ou des photos de monuments. Il faut toutefois noter qu'une telle censure, que l'on peut associer au phénomène de la mondialisation, s'applique aussi à des sites racistes, islamistes ou révisionnistes dans les versions française et allemande de Google.

Le réseau informatique mondial constitue donc aujourd'hui un moyen efficace pour à la fois faire connaître son entreprise sur la scène mondiale, prendre contact avec des clients potentiels et même vendre ses produits. Internet permet de s'ajuster rapidement au besoin de chaque client, et de systématiser les procédés d'affaires. Il permet surtout de partager l'information entre des entreprises indépendantes dans un réseau transparent et sécuritaire.

En définitive, malgré les problèmes qu'elle comporte, la mondialisation des échanges fournit aux entreprises — et, au premier chef, aux FMN — des conditions qui favorisent la mise en œuvre d'une stratégie supranationale. Il ne faut toutefois pas croire que les États soient passifs ou démunis face aux firmes multinationales. Ils disposent toujours, en effet, d'une panoplie de moyens pour circonscrire l'autonomie des entreprises étrangères qui s'installent sur leur territoire ou qui y exportent. Ces moyens feront l'objet de la prochaine section.

Les limites gouvernementales aux activités des entreprises étrangères

L'entreprise qui désire investir dans un pays étranger doit s'attendre à ce que le gouvernement du pays choisi cherche à baliser son action. Dans cette section, nous examinerons d'abord les moyens (incitatifs ou contraignants) auxquels un État peut recourir lorsqu'une entreprise souhaite réaliser un investissement direct dans son pays. Nous passerons ensuite en revue les mesures qu'un État peut adopter par rapport aux entreprises étrangères qui veulent exporter leurs produits dans son pays.

Les mesures gouvernementales pour encadrer les investissements des firmes multinationales

L'entreprise qui souhaite s'établir dans un pays comprendra que le gouvernement de ce pays cherchera généralement à encadrer son projet et tentera de le modifier dans le sens des intérêts nationaux. Dans l'élaboration de leurs stratégies, les firmes multinationales se fixent des objectifs précis. Si elles acceptent de courir des risques financiers importants en s'établissant à l'étranger, c'est qu'elles en escomptent des avantages. Il peut s'agir de diversifier leurs sources d'approvisionnement en matières premières, de fabriquer des articles à moindre coût ou de pénétrer sur un nouveau marché territorial.

La poursuite de ces objectifs concorde avec certains objectifs du pays d'accueil, comme l'augmentation de son assiette fiscale et la création d'emplois. Toutefois, certains objectifs de l'entreprise risquent d'aller à l'encontre des intérêts du pays ou des orientations politiques de son gouvernement. Le tableau 3.1 (voir la page 68) présente une série d'objectifs typiques que poursuivent respectivement le pays d'accueil et une firme multinationale qui souhaite faire un investissement direct à l'étranger (IDE).

La majorité des pays adoptent des politiques et des mesures incitatives pour attirer les investissements étrangers. Au Québec et au Canada, les gouvernements ou les agences mises sur pied pour les représenter multiplient les avantages fiscaux, les subventions et d'autres incitations afin de créer de nouveaux emplois. Aujourd'hui, ce sont surtout les domaines relevant de la haute technologie qui suscitent une telle approche. Autrefois, on tentait d'attirer des entreprises manufacturières pour créer des emplois et on vantait la main-d'œuvre à bas prix. Depuis le début du XXIe siècle, on favorise plutôt les emplois fortement spécialisés dans l'aérospatiale, l'informatique et les autres secteurs de la haute technologie. Or, vu la puissance des firmes multinationales et leurs immenses ressources, les gouvernements instaurent également des politiques de contrôle de ces investissements directs à l'étranger (IDE).

La possibilité de conflits entre une FMN étrangère et un État ne disparaît pas forcément lorsque la première s'est installée dans le pays ou a acquis une firme locale. Si le gouvernement estime que l'entreprise ne sert pas suffisamment les intérêts nationaux, il peut chercher à modifier les activités de la firme en la soumettant à son autorité. Pour ce faire, il peut imposer certaines mesures, qui vont de devoir confier à ses citoyens des postes clés jusqu'à la nationalisation.

En principe, ces gestes visent à favoriser le développement économique du pays bien que, pour l'entreprise, il s'agisse d'une ingérence dans la conduite de ses affaires. Comme le gouvernement a intérêt à ce que la FMN conserve des installations dans son pays, il accepte le plus souvent de négocier des compromis

Balance des paiements / *Balance of payments*

Bilan systématique de toutes les transactions économiques entre, d'une part, les résidents, les entreprises et les autres entités d'un pays et, d'autre part, le reste du monde au cours d'une période donnée, généralement un an. Par le biais de la balance des paiements, un gouvernement tient compte de l'argent, des biens et des services qui entrent et sortent du pays . Elle comprend le compte courant, le compte capital et les paiements de transfert nets (à l'étranger ou de l'étranger). Lorsqu'un pays dépense plus qu'il ne reçoit, il y a un déficit de la balance des paiements; lorsqu'il reçoit plus qu'il ne dépense, il y a un excédent de la balance des paiements.

Convertibilité d'une devise

Qualité d'une devise qui peut facilement être échangée contre une autre devise. Le dollar canadien est convertible parce que quiconque possède cette monnaie peut facilement l'échanger contre toute autre devise. En revanche, le lek albanais peut difficilement s'échanger hors de l'Albanie, de même que le dirham du Maroc.

TABLEAU 3.1

Les objectifs d'un pays d'accueil et ceux d'une FMN étrangère	
Pays d'accueil	**Firme multinationale étrangère**
Accroître le revenu national	Faire croître ses profits et ses avoirs
Moderniser son économie	Être concurrentielle
Créer des emplois permanents et de qualité	Produire à des coûts minimes
Diversifier son économie	Spécialiser et concentrer sa production
Décourager l'acquisition d'entreprises locales par des intérêts étrangers	Acquérir des entreprises étrangères
Favoriser le développement régional	S'installer dans les grands centres
Viser une **balance des paiements** équilibrée	Garantir la **convertibilité des devises** et la liberté de rapatrier les intérêts et les dividendes[a]
Orienter le développement économique du pays commercial[b]	Jouir de la liberté d'investissement
Obtenir le revenu le plus élevé possible	Payer les charges fiscales les plus faibles possible

a   Le premier objectif d'une entreprise qui investit dans un pays étranger consiste à faire des profits et à recevoir des dividendes. Si le pays d'accueil empêche l'entreprise de rapporter dans son propre pays l'argent gagné en profits ou en dividendes, cela ira à l'encontre des objectifs de l'entreprise.

b   Une entreprise qui désire faire un investissement dans un autre pays peut le faire librement sans que le pays d'accueil lui fasse de difficultés.

avec elle. En fait, dans bien des cas, le gouvernement a discuté préalablement avec les responsables de l'entreprise des décisions qu'il entend prendre et les fait approuver par ceux-ci. Très souvent, c'est l'environnement qui en souffre, comme on a pu l'observer avec les firmes Tioxide à Tracy, au Québec, et Union Carbide à Bhopal, en Inde. Dans ces deux cas, il est fort probable que les gouvernements ont négocié des compromis afin de s'assurer que ces compagnies resteraient dans leur pays, ce qui permettrait de préserver les emplois qu'elles y avaient créés.

L'encadré 3.2 dresse une liste de mesures qu'un gouvernement peut prendre face à un investisseur étranger installé sur son territoire ou qui souhaite le faire.

Ces mesures peuvent être adoptées par le gouvernement d'un pays d'accueil relativement aux investissements directs de multinationales. L'entreprise qui veut seulement exporter ses articles ou offrir ses services n'y est pas soumise, mais, comme nous le verrons dans la prochaine section, elle risque de se heurter à d'autres barrières sur certains marchés étrangers.

Les mesures qu'un État peut imposer à une firme multinationale étrangère

1. **Mesures de discrimination mineures**
   - Exiger que l'entreprise s'intègre dans le pays d'accueil et que des citoyens du pays soient nommés à son conseil d'administration.
   - Obliger l'entreprise à vendre à un prix très bas dans le pays les marchandises qu'elle exporte afin d'encourager l'investissement local et de réduire les importations.
   - Exiger de l'investisseur qu'il instaure des avantages sociaux et économiques pour aider la population locale.
   - Exiger de l'entreprise l'achat sur le marché national de composantes ou de matières premières.
   - Taxer les prix de transfert spéciaux (prix que s'accordent mutuellement les succursales ou les filiales au sein d'une même entreprise) établis par le siège social de l'entreprise et sa succursale ou sa filiale installée dans le pays pour l'achat de composantes.

2. **Mesures de discrimination majeures**
   - N'autoriser que les entreprises en copropriété, où l'investisseur étranger est minoritaire.
   - Établir une fiscalité plus lourde pour les entreprises appartenant à des capitaux étrangers.
   - Multiplier les exigences légales.
   - Favoriser le boycottage des produits ou du personnel de l'entreprise.
   - Établir des contrôles sur la convertibilité de la devise locale (une devise est convertible lorsqu'elle peut facilement être convertie dans une autre devise ; par exemple, le dollar américain peut être converti en euro ou en yen sans difficulté tandis que le rouble russe peut difficilement se convertir en dollar américain ou en dollar canadien).
   - Exiger le réinvestissement obligatoire des profits ou de sommes préétablies, sinon des taxes additionnelles s'appliqueront.

3. **Mesures de dépossession**
   - Exproprier l'entreprise avec ou sans compensation.
   - Nationaliser l'entreprise.

Source : Adapté de Jean-Claude Usunier (1987), *Management international,* Paris, Presses Universitaires de France, p. 54-56.

Les barrières à l'exportation

Généralement, les gouvernements tiennent à protéger les entreprises de leur pays de la concurrence étrangère. Ils le font soit pour préserver des emplois, soit pour affirmer leur souveraineté. Le moyen le plus efficace d'y parvenir est d'imposer aux marchandises importées des tarifs douaniers, qu'on appelle des *barrières tarifaires* (BT). Un autre moyen, plus subtil, d'entraver les importations consiste à soumettre l'exportateur étranger ou l'importateur local à des règlements ou à des procédures complexes qui constituent des barrières non tarifaires (BNT).

Depuis plusieurs siècles, les États prélèvent des taxes douanières afin d'augmenter leurs revenus, tout en réduisant les importations. Cette protection contre la concurrence étrangère a également pour effet d'avantager certains groupes de pression sectoriels et de désavantager le grand public. Les consommateurs d'un pays protégé par de telles barrières disposent effectivement d'un choix limité de produits ou d'articles importés plus coûteux.

Les ententes internationales signées dans le cadre du GATT et de l'OMC ont permis de réduire les barrières tarifaires et non tarifaires. Les procédures visant l'imposition de ces barrières sont maintenant soumises aux règlements de l'OMC, et tous les pays membres doivent se conformer à ces exigences dans leurs politiques de contrôle des importations. Nous allons maintenant voir de façon plus détaillée en quoi consistent les différentes barrières tarifaires et non tarifaires.

Les barrières tarifaires

Une barrière tarifaire est une taxe imposée sur certaines marchandises importées. On distingue trois façons de calculer cette taxe.

1. La taxe *ad valorem* correspond à un pourcentage établi de la valeur de la marchandise, telle qu'elle est déclarée sur la facture commerciale. Par exemple, des scies à main importées ayant la classification douanière SH#8202.10.00 du système harmonisé[3] sont assujetties à une taxe douanière *ad valorem* de 7 % par Douanes Canada.

2. Le tarif spécifique est une taxe d'un montant précis, imposée sur chaque article importé en fonction de son poids, de son volume ou de son nombre d'unités. Au Canada, certains produits agroalimentaires, comme les vins mousseux (SH#2204.10.10.00) sont assujettis à une taxe de 37,4 ¢ le litre[4].

3. Le tarif combiné (qui n'est plus utilisé au Canada) se compose d'une taxe *ad valorem* et d'un tarif spécifique.

En pratique, la majorité des pays imposent des taxes *ad valorem* sur les marchandises importées qui sont encore sujettes à des taxes à l'importation. Comme nous l'avons indiqué dans le chapitre 2, les pays membres du GATT, puis de l'OMC, ont réduit le taux de ces taxes douanières et le nombre de produits auxquels elles s'appliquent.

En vue de répondre aux pressions exercées par certains groupes protectionnistes, les gouvernements imposent toutefois des barrières moins évidentes, mais souvent plus contraignantes, à savoir les barrières non tarifaires.

---

3. Le chapitre 4 expose la façon dont le Canada établit ses politiques d'importation ainsi que la classification douanière du système harmonisé.
4. Ces deux tarifs, en vigueurs en avril 2008, ont été fournis par le transitaire Trans Global Logistique inc., (voir également le site Web, [en ligne]. [www.exportsource.ca] pour la liste de tous les tarifs imposés par le Canada).

Les barrières non tarifaires

On entend par *barrière non tarifaire* toute intervention gouvernementale, faite par le biais d'édits, de règlements, de procédures ou de lois, autre que des tarifs douaniers, qui empêche l'entrée libre de marchandises ou de services en provenance de l'étranger. Les gouvernements recourent fréquemment aux barrières non tarifaires ; ils peuvent ainsi satisfaire aux demandes de protection à l'égard des importations sans enfreindre les règles de l'OMC. Chacune de ces barrières vise à dresser des embûches à la libre circulation des marchandises entre deux pays. Comme plusieurs types de barrières non tarifaires sont en vigueur aujourd'hui, nous allons aborder les sept les plus courantes :

1. Les quotas ou contingents sont en principe interdits, car l'OMC prohibe les restrictions quantitatives sur l'importation d'articles manufacturés. Néanmoins, on trouve plusieurs exceptions, surtout dans les domaines agroalimentaire et du textile[5]. Afin de contourner cette prohibition, certains pays exportateurs s'imposent eux-mêmes des quotas sur le volume d'exportation de certains produits. Ces quotas sont nommés *limitations volontaires à l'exportation* (LVE/*Voluntary Export Restraints* ou *VER*). L'exemple 3.1 présente deux situations de limitations volontaires à l'exportation.

Contingent (ou contingentement) / *Quota*
Limite imposée à la quantité ou au volume de marchandises qui peuvent être importées par un pays ou vendues à un pays. Les contingents à l'importation sont appliqués par le pays importateur et les contingents à l'exportation, par le pays exportateur. Le contingent permet aussi de limiter la production ou la consommation de certaines marchandises.

EXEMPLE 3.1	Deux situations de limitations volontaires à l'exportation

En 1964, les États-Unis et le Canada signent le Pacte de l'automobile. Cette entente libéralise les échanges en franchise de droits (c'est-à-dire qu'ils sont exempts de taxes) entre les fabricants d'automobiles des deux pays. Les trois géants nord-américains de l'automobile (General Motors, Ford et Chrysler) sont alors tout-puissants et détiennent la plus grande part de leur marché. Durant les années 1970, les importations de voitures étrangères augmentent considérablement en Amérique du Nord. Les automobiles en provenance du Japon mettent en péril l'hégémonie des grands producteurs américains. Ces derniers font alors pression sur les autorités américaines, qui acceptent de négocier avec le gouvernement japonais, dont elles obtiennent des concessions importantes. Le Japon impose en effet aux producteurs d'automobiles nippons des quotas sur les exportations.

De son côté, le Canada a mis en place des limitations volontaires à l'exportation sur le bois d'œuvre exporté aux États-Unis. Cette mesure fait suite au différend qui oppose les deux pays depuis 1982. Celui-ci portait sur les droits de coupe minimes exigés par le gouvernement de la Colombie-Britannique sur l'abattage d'arbres sur les terres de la couronne lui appartenant. Ce conflit a pris fin en 1996 lorsque le Canada a adopté des quotas sur ses exportations de bois d'œuvre provenant de l'Alberta, de la Colombie-Britannique, de l'Ontario et du Québec, et totalisant 14,7 milliards de pieds par an. Néanmoins, en 2001, les États-Unis ont rouvert le dossier et ont imposé de nouveaux droits compensateurs, en plus des droits antidumping, ces frais de douane punitifs additionnels s'élevant à près de 30 %. Le Canada a porté plainte auprès de l'OMC, qui lui a donné raison en juillet 2002.

---

5. Les quotas en matière de textiles importés ont pris fin, d'après l'OMC, le 31 décembre 2004.

Embargo

Interdiction, imposée par un gouvernement, d'importer ou d'exporter certaines marchandises, notamment pour des motifs d'hygiène, de sécurité nationale ou de politique intérieure ou extérieure. Il est souvent considéré comme une barrière non tarifaire.

Norme

Formule qui définit un type d'objet, un produit, un procédé technique. La norme pour les appareils électriques au Québec est de 110 volts ; on utilise le système métrique comme norme de mesure et de poids.

2. L'embargo peut être utilisé par un gouvernement pour empêcher les entreprises de son pays de faire des transactions commerciales avec un pays ennemi ou dont il réprouve les actions. Lorsque l'Irak a envahi le Koweït en 1990, l'Organisation des Nations Unies a décrété un embargo sur tout commerce avec l'Irak. De même, les États-Unis exercent un embargo sur toute transaction avec Cuba.

3. Les normes et les standards de fabrication qui sont en vigueur dans un pays, et que les exportateurs doivent respecter, servent souvent à retarder l'entrée d'articles concurrentiels sur ce marché. Certains pays exigent que les marchandises contiennent un pourcentage de composantes produites localement (par exemple, les automobiles et les trains). C'est la raison pour laquelle la division des transports de Bombardier possède une usine à Barre, dans l'État du Vermont, laquelle s'occupe de la finition des wagons destinés au marché américain.

Le pays importateur peut également exiger que l'article importé subisse des tests qui détermineront s'il est conforme à ses normes et standards. C'est le cas pour une entreprise canadienne de modules de réfrigération désirant exporter en Allemagne. Cette entreprise doit soumettre tous les modèles de son produit à un organisme gouvernemental qui leur fera subir des tests pour s'assurer qu'ils répondent aux normes en vigueur. Ces tests peuvent être assez coûteux, s'appuyer sur une procédure compliquée, requérir l'envoi de plusieurs échantillons du produit, tout cela occasionnant des frais additionnels. Ils constituent alors une barrière non tarifaire fort efficace pour décourager le producteur canadien d'exporter en Allemagne.

Les normes phytosanitaires et sanitaires sont parmi les plus rigoureuses, car tous les exportateurs de produits agroalimentaires y sont soumis. De plus, les organismes chargés de vérifier le respect de ces normes sont reconnus pour leur sévérité à l'égard des produits importés. On peut citer l'exemple de la Food and Drug Administration des États-Unis, qui a la réputation d'édicter des normes très élevées, ou encore l'exemple des mesures adoptées en 2001 pour contrer le bioterrorisme connues sous le nom de *Customs-Trade Partnership Against Terrorism* (C-TPAT)[6].

4. Les politiques d'achat des pouvoirs publics que certains gouvernements mettent en œuvre sont des politiques restrictives qui favorisent l'achat de biens ou de services provenant d'entreprises locales plutôt que d'entreprises étrangères, même si ces dernières offrent des produits de qualité supérieure ou à moindre coût. Aux États-Unis, la politique du *Buy American* est en vigueur pour tous les ordres de gouvernement : au fédéral, dans les États et au municipal. De même, au Japon, des restrictions s'appliquent aux offres de service pour les projets de construction d'un organisme gouvernemental. Au Brésil, une telle politique discriminatoire est adoptée dans les industries des télécommunications et de l'informatique.

---

6. Le C-TPAT a été créé pour remplacer l'ensemble de la chaîne d'approvisionnnment et la sécurité aux frontières en encouragenat les compagnies à améliorer leurs mesures de sécurité.

5. Les licences d'importation et les licences d'exportation sont imposées par de nombreux pays. Les premières visent les importateurs nationaux qui veulent faire entrer dans le pays des produits, souvent des articles de luxe. Certains pays en développement, qui présentent une balance des paiements déficitaire, restreignent l'entrée de marchandises importées afin de conserver leurs réserves de devises étrangères. Cela constitue une manière fort efficace de créer des entraves aux importations.

6. La procédure douanière compliquée constitue une manière originale de décourager l'importation d'une marchandise, ce qui a pour effet de réduire l'entrée dans le pays de produits jugés préjudiciables aux producteurs nationaux. Par exemple, il y a quelques années, le Japon exportait en France des quantités considérables de magnétoscopes. Désirant diminuer le flux de ces importations, le gouvernement français a mis en vigueur une politique exigeant que le dédouanement de tout magnétoscope importé soit fait à Poitiers, une ville située au centre de la France et éloignée des ports et des aéroports internationaux. Les autorités françaises ont, en outre, affecté à ce dédouanement un très petit nombre de douaniers. La conséquence de ce geste fut immédiate : il y eut un engorgement, des retards et, finalement, une forte réduction du nombre de magnétoscopes importés.

D'autres pays demandent que les factures commerciales soient rédigées dans leur propre langue, que chacune de ces factures soit faite en plusieurs exemplaires et que toutes soient signées par un cadre supérieur de l'entreprise exportatrice. Il s'agit, en somme, de tracasseries visant à dissuader l'exportateur d'agir.

7. Les droits antidumping et les droits compensateurs constituent une autre barrière non tarifaire qui risque d'entraîner des coûts considérables, voire de fermer un marché à un exportateur. Le dumping consiste à vendre un article importé à un prix inférieur au prix normalement pratiqué sur le marché national de l'exportateur ou encore aux coûts de production (la vente à rabais d'un excédent d'inventaire, par exemple). Le dumping est prohibé par l'OMC, car il représente une pratique déloyale. Il permet à une entreprise d'envahir un marché étranger et d'éliminer les concurrents du pays. Une fois que l'exportateur s'est assuré une position dominante sur ce marché, il peut hausser les prix et réaliser des profits excessifs.

Pour se prémunir contre une telle pratique, les gouvernements exigent des exportateurs accusés de dumping un droit additionnel — dit *droit antidumping* — pour combler la différence entre le prix à l'exportation et le prix sur le marché d'origine de l'exportateur.

Le droit compensateur est imposé par un pays pour compenser les subventions accordées par le gouvernement du pays exportateur. Il y a quelques années, la société Norsk Hydro, installée à Bécancour, exportait la plus grande part de ses lingots de magnésium aux États-Unis. Une entreprise américaine, située en Utah, a porté plainte en invoquant le fait que Norsk Hydro était directement subventionnée par le gouvernement du Québec. En l'occurrence, Norsk Hydro profitait du tarif préférentiel d'électricité qu'accordait Hydro-Québec aux grands utilisateurs d'énergie. Le gouvernement américain a considéré ce tarif avantageux comme une subvention à l'exportation et a imposé des droits

Licence d'exportation /
Export licence
Document émis par un gouvernement et autorisant un exportateur à exporter certains produits et marchandises considérés comme stratégiques (par exemple des armes) vers certaines destinations.

À l'inverse, les gouvernements forcent parfois les entreprises du pays à obtenir des permis ou des licences d'exportation. Un tel permis rend possible l'exportation de certains produits dits stratégiques comme des armes. L'exportation de composantes nucléaires est également susceptible d'exiger une licence d'exportation. Au Canada, c'est la Direction du contrôle des exportations du ministère des Affaires étrangères et du Commerce international qui délivre ces licences. Cette Direction est également chargée de régir l'exportation vers les pays soumis à un embargo.

Droit antidumping /
Antidumping duty
Droit additionnel (taxe d'importation, droit compensateur) imposé par le pays importateur lorsque les importations sont vendues à un prix inférieur au prix normalement pratiqué sur le marché du pays exportateur. Équivaut à la différence entre le prix à l'exportation d'un bien et sa valeur normale dans le pays exportateur. L'article VI du GATT et le code antidumping permettent de frapper de droits antidumping des marchandises faisant l'objet d'un dumping.

Droit compensateur (ou compensatoire ou de compensation) / ***Countervailing duty***
Droit additionnel imposé par le pays importateur pour compenser les subventions accordées par le gouvernement du pays exportateur et lorsque les importations ainsi subventionnées causent ou menacent de causer un préjudice important à une industrie nationale du pays importateur.

compensateurs de plus de 35 % sur les produits de Norsk Hydro provenant du Canada. Cette dispute a été réglée par l'entremise du tribunal d'arbitrage mis en place par l'ALENA. Les droits compensateurs auxquels était soumise Norsk Hydro ont alors diminué considérablement. Voilà un exemple frappant de l'utilisation de droits punitifs comme barrière non tarifaire.

La concurrence déloyale existe dans le commerce international et les droits de représailles sont des moyens approuvés par l'OMC. Toutefois, la pratique consistant à imposer des droits antidumping dès que l'on soupçonne un exportateur de vendre à un prix plus bas que le prix normal est souvent une forme abusive de barrière non tarifaire visant à éliminer la concurrence étrangère. De nombreuses entreprises du pays d'accueil font ainsi appel à leur gouvernement pour se protéger de la concurrence des produits importés.

Dans l'ensemble, on constate que le Canada adopte une attitude assez paradoxale lorsqu'il est question de limiter les activités des entreprises étrangères en sol canadien. D'une part, on applaudit le fait que Quebecor, Cascades, Garda et Couche-Tard s'implantent ailleurs dans le monde, ou que Bombardier soit le premier fabricant de matériel ferroviaire au monde, et qu'il domine le marché européen et asiatique. D'autre part, lorsqu'une firme étrangère acquiert une entreprise canadienne, on lève les boucliers et on demande une intervention gouvernementale pour bloquer cette invasion. Le commerce international exige une attitude plus rationnelle.

Bien que posséder suffisamment d'entreprises opérant sur un territoire national, soit essentiel pour l'intérêt national d'un pays et permette à ce dernier d'être maître de son destin économique, il faut aussi être conscient qu'il est impossible de les détenir toutes. Il est important dans une économie nationale d'avoir un nombre respectable de centres de décision. Un siège social emploie des professionnels, des informaticiens, des avocats, des spécialistes en relations du travail qui rayonnent dans des emplois à haute valeur ajoutée. De plus, un centre de décision participe aussi dans son entourage à l'aide aux universités, à la culture et au mécénat.

À ce titre, un pays doit s'assurer de la présence locale d'un bon nombre de centres de décision ultime et ce, d'autant plus que, malgré la mondialisation et la philosophie des multinationales, le centre de décision a tendance à être fidèle à son espace économique. Par exemple, dans son testament, Joseph-Armand Bombardier a rappelé à ses héritiers: «N'oubliez jamais que ce que nous avons, nous le devons à la population de Valcourt.» On peut présumer que, pour la famille Ford, c'est la même chose pour l'État du Michigan.

Les acquisitions faites par des entreprises étrangères ne sont pas nécessairement néfastes. Le cas de l'acquisition d'Alcan — considérée comme un joyau québécois centenaire — par le géant minier Rio Tinto, mettant alors en échec une offre publique d'achat (OPA) hostile de l'entreprise américaine Alcoa, est représentatif d'une opération bénéfique qui ne nécessite aucune attitude protectionniste de la part du Canada. C'est en effet l'offre hostile déposée par Alcoa qui a provoqué une réflexion, et imposé l'acceptation de l'offre de Rio Tinto qui incluait une convention de continuité, notamment un projet d'investissement de 2,1 milliards de dollars pour garantir la création de plus de 2 500 emplois au

Saguenay-Lac-Saint-Jean, le maintien du siège social au Québec, et le renforcement de la position de chef de file en recherche et développement. La nouvelle entité Rio Tinto Alcan veut devenir le leader mondial de l'industrie de l'aluminium, c'est-à-dire dans l'électrolyse comme producteur d'aluminium, comme producteur de bauxite et d'alumine ainsi qu'en recherche et développement. La transaction permettra donc à Alcan, numéro trois du secteur, de gagner, à l'avantage du Québec, la bataille contre la russe United Russal, devenue première productrice mondiale d'aluminium.

Si une intervention gouvernementale s'impose dans cette transaction, c'est dans le développement des entreprises de transformation de l'aluminium offrant une valeur ajoutée au produit brut. L'hydroélectricité est la monnaie d'échange permettant d'exiger de la nouvelle entité Rio Tinto Alcan la création d'emplois de deuxième et de troisième transformation. Par exemple, entre un lingot d'aluminium et le produit final comme une table, il y a sept emplois différents. La préoccupation écologique et l'aluminium *propre* du Québec ajoutent un argument supplémentaire. Les individus ou les États favorisant le développement durable ne voudront plus de produits d'origine moins écologique, fabriqués à partir d'une énergie produite au charbon ou au pétrole. Ainsi, la venue d'une entreprise étrangère peut être l'occasion pour le gouvernement du Québec d'élaborer des stratégies intéressantes de développement de son commerce international.

Quant au Québec, ce que certains appellent le *modèle québécois* a servi de protection contre les assauts d'entreprises étrangères. En résumé, ce modèle stipule que l'entreprise privée capitaliste est la meilleure façon de créer la richesse, mais ce n'est pas la seule. Il y a de la place pour des coopératives, des entreprises mixtes et des entreprises associatives permettant la répartition de la richesse entre les individus et les régions. Avant les années 1960, l'économie du Québec était médiocre. En moins de 50 ans, une véritable révolution économique a permis aux entreprises québécoises de devenir des exportatrices de produits à valeur ajoutée dans différents secteurs dont la haute technologie. Le modèle québécois est un exemple de concertation entre les entreprises publiques (Caisse de dépôt et placement, Hydro-Québec, etc.), privées (ensemble de l'appareil économique privé), coopératives (Mouvement Desjardins et autres, la moitié du commerce bancaire) et associatives (Fonds d'investissement de la FTQ et de la CSN).

Au plan du commerce international, le modèle québécois représente un modèle à évolution historique qui a joué un rôle essentiel dans l'histoire du Québec en permettant de mettre fin au colonialisme économique. Le libéralisme absolu aurait été catastrophique pour des régions comme la Gaspésie, le Saguenay-Lac-Saint-Jean et l'Abitibi.

Dans les faits, ce modèle a l'avantage de rendre le Québec moins vulnérable aux effets négatifs de la mondialisation et à la perte de contrôle des entreprises. Aucune entreprise étrangère ne peut prendre le contrôle du Mouvement Desjardins, d'Hydro-Québec ou de la Caisse de dépôt et placement du Québec. Au contraire, ces organismes peuvent, au besoin, empêcher le contrôle abusif venant de l'étranger. À l'inverse, l'intervention de l'État (via ses diverses sociétés) peut être déterminante pour attirer des investisseurs étrangers, leur donner confiance et fournir du capital afin de réaliser des profits à long terme. Le reste du Canada ne dispose pas d'un tel levier économique.

En Europe, l'État français a mis en place un dispositif très intéressant et unique au monde pour aider les entreprises françaises de toute taille à exporter, le Volontariat International en Entreprise, ou VIE. Il a été créé après la suppression du service militaire par Chirac en lui empruntant certains aspects qui, loin d'être militaires, prennent plutôt la forme d'une coopération entre l'État, l'entreprise et les citoyens. C'est à notre avis un exemple très intéressant d'un espace mondialisé mais également domestiqué par un dispositif ayant prouvé son potentiel d'accélérateur de croissance pour une entreprise. L'encadré 3.3 dresse le portrait actuel du VIE et précise sa mission de faire face aux défis d'une économie mondialisée.

En définitive, les barrières aux échanges que nous venons de décrire font partie des facettes du commerce international que les dirigeants de PME doivent connaître s'ils veulent réussir dans ce domaine. Dans la section qui suit, nous examinerons la place du Québec dans le commerce international et, notamment, celle des PME dans les exportations québécoises. Nous passerons ensuite en revue les motifs qui poussent les chefs d'entreprise à exporter et certaines clefs du succès des entreprises exportatrices.

Les PME québécoises et l'exportation

L'économie du Québec dépend en grande partie de ses exportations. De janvier à septembre 2007, le Québec exportait pour 53,2 milliards de dollars en biens et services. Les États-Unis recevaient près de 85 % de ces exportations, soit 40 milliards de dollars, comme l'indique le tableau 3.2. Les autres principaux

TABLEAU 3.2

Les principaux clients du Québec, cumulatif, de janvier à septembre 2007	
Pays	Montant (milliers de dollars)
États-Unis	40 078,7
Royaume-Uni	1 293,7
Pays-bas	1 176,6
Allemagne	992,3
France	920,4
Italie	899,1
Chine	703,0
Japon	614,9
Mexique	498,5
Espagne	434,1

Source : INSTITUT DE LA STATISTIQUE DU QUÉBEC (septembre 2007), [en ligne]. [http:// www.stat.gouv.qc.ca] (15 février 2008)

Les clefs du Volontariat International en Entreprise (VIE)

Le volontariat international en entreprise (VIE) a été mis sur pied en 2000 par l'État français pour prendre le relais de la Coopération du service national en entreprise. Formulé pour faire face aux défis d'une économie mondialisée, le VIE permet à une entreprise d'intégrer au sein de ses effectifs un jeune de 18 à 28 ans pour une mission professionnelle à l'étranger de 6 à 24 mois.

Aujourd'hui un peu moins de 5 000 volontaires sont en poste à travers le monde pour le compte de 1 200 sociétés, dont 60 % de petites et moyennes entreprises (PME). Les États-Unis viennent toujours au premier rang des pays d'affectation des jeunes. Le dragon chinois devrait cependant lui ravir cette place en 2007 ; la Chine réalisera alors le doublé, puisqu'elle occupe déjà la première place des pays-destinations retenus par les entreprises. Depuis le lancement du VIE en 2001, plus de 12 000 jeunes diplômés d'école de commerce, ingénieurs, etc., sont partis en mission. Ce succès en annonce d'autres pour l'économie française, selon Christine Ilacqua, chef du département VIE et du Centre d'information sur le volontariat international (CIVI) chez Ubifrance. « Il y a une relation claire entre le nombre d'expatriés présents dans un pays et les exportations faites vers ce même pays. »

Le mode d'emploi du volontariat international en entreprise (VIE) se veut le plus simple possible, mais est soumis à quelques spécificités locales selon les pays hôtes. Aux États-Unis, le visa J-1 *Trainee* accordé aux volontaires est limité à 18 mois pour toute la vie d'un individu. Le J-1 *Trainee* repose sur une loi faisant la promotion des échanges culturels et de la formation, deux dimensions que ne devra pas ignorer la mission. Aucun VIE ne se fait aux États-Unis, par exemple, si la structure d'accueil ne compte pas de citoyens américains.

UbiFrance, ou l'Agence française pour le développement international des entreprises, prend en charge pour l'entreprise la gestion de tous les aspects administratifs du volontariat. L'agence peut fournir de l'assistance au moment du recrutement en opérant une présélection ou en accueillant dans ses bureaux l'entreprise pour que s'y déroule l'entretien d'embauche. Elle s'occupe aussi de fournir la protection sociale des volontaires qui profitent du statut public. Le volontaire devient de ce fait salarié d'UbiFrance, il ne vient donc pas gonfler la masse salariale de l'entreprise-hôte et ne figure pas non plus sur le décompte de ses effectifs.

UbiFrance va encore plus loin pour les PME incapables de s'offrir toutes seules un volontaire. L'agence peut aussi aider à trouver un partenaire avec qui partager le temps de travail d'un volontaire et ainsi les frais liés au projet. Le réservoir des candidats prêts pour l'aventure est même disponible en ligne avec un accès à leur curriculum vitae. Le ticket pour l'aventure pour les candidats se trouve aussi en ligne. Le CIVI donne sur son site toute l'information sur le VIE, et permet à la fois d'y afficher son curriculum vitae pour que des entreprises en recherche de candidats le consultent, et inversement, de consulter des offres soumises par des entreprises.

Source : Article de Marc-Olivier Bherer disponible sur le site Web de French morning.com, [en ligne]. [http://www.frenchmorning.com/ny/spip.php?article73] (15 février 2008)
Marc-Olivier Bherer est journaliste à l'hebdomadaire français *Courrier International* depuis 2005. Il y tient notamment un blogue *Le Québec vu d'ailleurs*, sur l'actualité québécoise telle que vue par la presse étrangère et canadienne anglaise. Il collabore également avec d'autres médias de manière plus ponctuelle ou plus régulière tels LeMonde.fr, *L'Équipe Magazine*, *L'Actualité* ou Radio-Canada.

marchés extérieurs du Québec sont l'Union européenne ainsi que l'Asie et le Mexique. Le volume des exportations vers ces pays est toutefois minime si on le compare au marché des États-Unis.

En 1970, les États-Unis étaient déjà, et de loin, notre plus important marché étranger. Ce marché ne canalisait toutefois que 57,5 % des exportations québécoises. Inversement, notre deuxième marché en importance, le Royaume-Uni, obtenait alors une part de nos exportations beaucoup plus importante (12,9 % comparativement à 2,4 % aujourd'hui) (Saint-Germain, 1973, p. 260).

Il y a quelques décennies seulement, le Québec exportait principalement des produits de base fabriqués à partir des ressources naturelles. En 1968, les quatre principaux produits exportés par le Québec étaient dans l'ordre : papiers pour impression, minerais et concentrés de fer, aluminium, cuivres et alliages. Ces produits constituaient alors 45 % de la valeur des exportations québécoises (Saint-Germain, 1973, p. 264).

De 1995 à 2005, les exportations québécoises ont progressé de 46,5 %, pour atteindre près de 71 milliards de dollars en 2005, soit une hausse de 22,5 milliards. Cette augmentation est due à une forte progression (1995 à 2000) des ventes à l'étranger des appareils pour la téléphonie (+ 7 milliards) et des véhicules aériens (+ 3,4 milliards). On observe une baisse de 2001 à 2003, en raison de l'éclatement de la bulle technologique. Au cours de cette période, les exportations québécoises d'appareils pour la téléphonie ont chuté de près de 6,8 milliards par rapport au sommet de 2000. La tendance à la hausse reviendra de 2004 à 2005 avec la reprise des ventes d'un bon nombre de produits tels les véhicules aériens, les fils de cuivre, les huiles de pétrole, les ouvrages de menuiserie, l'aluminium sous forme brute, les meubles, les camions, la viande de porc, l'électricité et les moteurs d'avions. Toutefois, les exportations d'automobiles ont subi une baisse substantielle avec la fermeture de l'usine d'assemblage de GM à Boisbriand en 2002. Ainsi, de nos jours, le Québec exporte beaucoup plus de produits à haute **valeur ajoutée,** tels que des équipements de télécommunication et des avions, comme l'indique le tableau 3.3.

Valeur ajoutée
Différence entre le coût des intrants d'un produit et son prix de vente. Un produit à haute valeur ajoutée exige une transformation des matériaux de base qui entrent dans sa composition. Cette transformation peut provenir d'un travail manuel ou mécanique, de l'ajout de composantes ou d'interventions nécessitant un raffinement technologique élevé. Par exemple, le papier a une valeur ajoutée moindre qu'une motoneige, qui requiert un long processus de fabrication.

Deux phénomènes méritent d'être signalés au sujet des exportations québécoises. Premièrement, un nombre croissant d'entreprises exportent leurs produits ou leurs services. En 2004, il y avait 781 établissements exportateurs de biens vers l'étranger de plus qu'en 1998, et plus de la moitié des exportateurs vers les marchés étrangers sont des établissements manufacturiers. En 2006, les exportations vers l'étranger représentaient environ 33,6 % du produit intérieur brut du Québec[7]. Deuxièmement, la majorité des biens exportés proviennent de grandes entreprises : Alcan (Rio Tinto Alcan) et Alcoa pour l'aluminium, Bombardier pour les avions complets, Pratt & Whitney et Rolls-Royce pour les moteurs d'avions, CAE pour les simulateurs d'avion, Hydro Québec pour l'énergie électrique et les grandes entreprises forestières pour le papier journal.

---

7. Voir le site Web du ministère du Développement économique, de l'Innovation et de l'Exportation du Québec, [en ligne]. [http://www.mdeie.gouv.qc.ca] (15 février 2008)

TABLEAU 3.3

Les 10 principaux produits exportés par le Québec de janvier à septembre 2007

Produits[a]	Montant (milliers de dollars)
Aluminium et alliages	6 355,7
Avions entiers avec moteurs	4 612,8
Papier journal	2 179,8
Moteurs d'avion et pièces	2 013,7
Cuivre et alliages	1 671,0
Autre matériel et outils	1 536,2
Autres instruments de mesure, de médecine et d'optique	1 302,0
Autre équipement et matériel de télécommunication	1 019,9
Électricité	1 005,0
Ouvrage de base en métal	885,5

Source : INSTITUT DE LA STATISTIQUE DU QUÉBEC (septembre 2007), [en ligne]. [http://www.stat.gouv.qc.ca] (le 15 février 2008)
a Selon le système harmonisé de classification douanière.

Ainsi, malgré le fait que le Québec compte un nombre croissant de PME exportatrices, leur part des exportations québécoises demeure relativement faible par rapport à celle des grandes entreprises. En 2001, 4,1 % du total des établissements exportateurs regroupaient 78 % de la valeur des exportations de biens au Québec. En 2004, les PME représentent 93,6 % des établissements exportateurs de biens, mais 45,1 % de la valeur des exportations. On constate donc que la PME québécoise s'aventure avec une prudence extrême sur ce terrain inconnu. Ce phénomène s'explique par le manque de ressources financières de ces entreprises pour aller au-delà des marchés nationaux. De même, les ressources humaines font souvent défaut puisque l'entrepreneur doit s'occuper de toutes les activités de l'entreprise. Nos observations basées sur notre expérience permettent aussi de souligner des raisons culturelles : la concurrence internationale inspire la peur et la PME se décourage facilement face aux exigences que pose la conquête de nouveaux marchés parce qu'elle s'est mal préparée à relever ces nouveaux défis.

Avec la mondialisation, la concurrence pour les produits nécessitant une main-d'œuvre peu spécialisée est devenue féroce. Ainsi, les activités commerciales sont particulièrement perturbées dans les secteurs du meuble, du bois et du textile. Elles sont même appelées à disparaître dans l'avenir. Toutefois, certains observateurs considèrent que cette disparition ne sera pas catastrophique, étant donné que le Québec manquera de plus en plus de main-d'œuvre. La population vieillit, provoquant ainsi des changements significatifs dans la proportion entre les individus actifs et inactifs. Ce changement veut dire que la population active devra être de plus en plus productive dans des entreprises et des secteurs à haute valeur ajoutée qui rapportent des salaires élevés. En résumé, au plan socioéconomique, le vieillissement de la population active peut être compensé par le fait que notre main-d'œuvre sera réservée à des activités économiques hautement rémunérées.

À l'opposé, plusieurs régions du Québec vivent de ressources naturelles dont les prix ont bondi à cause de la demande chinoise et asiatique en général (or, aluminium, etc.). On observe toutefois, en 2007, que le secteur du bois vit une crise majeure. Parmi les facteurs explicatifs de cette crise, on retrouve d'une part la concurrence des pays de l'Est, où les arbres poussent plus rapidement, et d'autre part, la prolifération des scieries au Québec par rapport au nombre restreint que l'on observe dans d'autres pays producteurs. Il y a également dans ce secteur une révolution industrielle à entreprendre dans les prochaines années.

Avec des stratégies et un savoir-faire adéquats, il y a malgré tout moyen de tirer son épingle du jeu, même dans un mauvais secteur. Par exemple, Hugo Boss domine le secteur du vêtement et conserve en Allemagne, en dépit des conditions syndicales et des salaires élevés, un atelier à Metzingen où 300 couturières coupent et cousent encore quelque 140 000 pièces pour la création des prototypes, des échantillons et la réalisation de petites séries. Au Québec, dans le secteur du meuble, Teknion Roy & Breton, fabricant de systèmes de rangement, se moque de la concurrence étrangère et cherche en 2007 à combler de nombreux postes à son usine de Saint-Vallier. Des postes sont également à combler à l'usine de Montmagny. Des investissements de 2 millions de dollars dans de nouvelles technologies et l'introduction de nouvelles lignes de production expliquent les besoins croissants de main-d'œuvre de l'entreprise qui exploite quatre usines dans Chaudière-Appalaches. Ainsi, ce ne sont pas toutes les entreprises d'un secteur vulnérable qui vont disparaître. Il y aura toujours des entreprises qui vont tenir le coup grâce à la créativité, à la productivité et à la motivation des dirigeants et des travailleurs.

La faiblesse du dollar canadien a longtemps soutenu la rentabilité de plusieurs entreprises québécoises qui exportaient aux États-Unis. Pour utiliser une image forte, le faible taux de change de la monnaie est comme la drogue : au début, ça peut avoir un certain intérêt, mais à long terme, la situation finit par intoxiquer la productivité et même la tuer. En effet, pour assurer leur pérennité et leur profitabilité, les entreprises ont avantage à utiliser la force du dollar pour acheter les meilleures machineries du monde, ou faire de la recherche. Dans ce contexte, la matière première importée coûte moins cher aux entreprises qui achètent aux États-Unis. Lorsque le dollar canadien a atteint la parité avec le dollar américain en novembre 2007, on a pu constater que des retournements de situation étaient possibles. La leçon à tirer de cette situation est la suivante : ne jamais compter sur la faiblesse d'une monnaie puisque, à longue échéance, une telle attitude mène une entreprise à sa perte.

Il reste donc beaucoup à faire pour convaincre les dirigeants d'entreprise que l'exportation n'est rien de plus que l'élargissement de leurs marchés habituels[8]. Les gouvernements canadien et québécois s'emploient d'ailleurs à adopter des mesures pour inciter les PME à exporter[9].

---

8. Un des principaux buts de ce livre est précisément d'initier les chefs d'entreprise et les responsables du marketing des PME aux pratiques et aux règles du commerce international.
9. Voir plus loin la question des services offerts aux exportateurs par les gouvernements.

L'entreprise québécoise doit profiter des changements qui s'opèrent dans l'environnement mondial avant que d'autres ne le fassent à sa place. Par exemple, quels sont les effets de l'expansion de l'Union européenne sur le commerce international du Québec[10]? L'élargissement des frontières de l'Union européenne à la suite de l'adhésion de nouveaux pays la rend plus peuplée que les États-Unis et la Russie réunis. Grâce à cette croissance, le marché de l'Union européenne génère près de 18 % des échanges commerciaux du globe et compte pour plus de 25 % du PIB mondial. Ce vaste marché intérieur est maintenant régi par les quatre libertés de l'Union européenne (la libre circulation des marchandises, des services, des capitaux et des personnes), ce qui en simplifie l'accès pour les entreprises étrangères, y compris celles du Québec. À l'avenir, les produits des entreprises exportatrices du Québec pourront, s'ils sont conformes aux normes européennes, circuler sans entraves de la Suède à la Grèce ou de l'Estonie au Portugal. Les tarifs douaniers sont également uniformisés. Tous les pays appliquent les tarifs de douane de l'Union européenne, ce qui entraîne, dans certains cas, une réduction substantielle des droits de douane.

Toutefois, il reste du chemin à faire pour augmenter le niveau de consommation dans les nouveaux pays membres. La population de ces pays connaît, en effet, un niveau de vie et des revenus inférieurs à ceux des habitants des pays de l'Europe des Quinze. Par contre, les nouveaux membres de l'Union européenne offrent une main-d'œuvre qualifiée et bon marché. Les bas salaires et la disponibilité de la main-d'œuvre devraient attirer les entreprises étrangères, européennes ou non, ce qui comblerait peu à peu l'écart entre les pays riches et pauvres de l'Union. Un tel marché devrait, avec le temps, se révéler plus attrayant pour les pays exportateurs, dont le Québec. De plus, le processus d'élargissement de l'Union européenne n'est pas terminé. Il est question de poursuivre l'expansion avec d'autres pays qui ont signalé leur volonté de rejoindre l'Union, comme la Turquie et la Roumanie.

Au Québec, le ministère du Développement économique, de l'Innovation et de l'Exportation (MDEIE) est chargé de mettre en pratique la stratégie d'exportation du gouvernement québécois. Cette stratégie vise à appuyer le développement des marchés étrangers. Son objectif est d'augmenter de 5 % par an la croissance réelle moyenne des exportations québécoises. Pour y parvenir, le gouvernement mise sur une série d'interventions, dont les suivantes :

- aider les PME à percer sur les marchés internationaux ;
- constituer des réseaux d'entreprises ;
- recueillir l'information stratégique et la diffuser aux entreprises, notamment par l'entremise des délégations, des bureaux et des antennes à l'étranger ;
- améliorer le financement de l'exportation ;
- élargir constamment le réservoir des nouveaux exportateurs.

---

10. Ces informations sur l'Union européenne sont tirées de la *Revue mensuelle du commerce international* du ministère du Développement économique, de l'Innovation et de l'Exportation du Québec.

Cette stratégie d'aide à l'exportation cherche à aplanir les obstacles que doivent surmonter les PME québécoises qui se lancent dans l'exportation. Ces obstacles tiennent, par exemple, aux conditions de paiement, aux techniques et à la procédure propres aux échanges internationaux[11]. La stratégie du gouvernement n'aura de succès que si les dirigeants de PME perçoivent l'utilité d'exporter et s'ils peuvent réunir certaines conditions gagnantes.

Au Québec comme ailleurs, plusieurs raisons amènent les chefs d'entreprise à s'engager dans l'exportation.

- *Prolonger le cycle de vie d'un produit* : la vente d'un produit atteint un certain plafond sur le marché intérieur. L'exportation peut ouvrir de nouveaux débouchés.
- *Réaliser des économies d'échelle intéressantes* qui se traduisent par une baisse des coûts de production.
- *Éviter les fluctuations de la conjoncture économique* : il est assez rare que l'économie soit en expansion ou en récession simultanément sur tous les marchés du monde.
- *Diversifier ses marchés* : l'entreprise peut ainsi éviter de dépendre des attitudes parfois inconstantes de la clientèle nationale.
- *Augmenter les ventes et dégager des profits supplémentaires* : il faut toutefois noter que l'augmentation des ventes qui résulte de l'exportation n'entraîne pas automatiquement une rentabilité accrue. L'expérience montre qu'il faut compter au moins trois ans avant qu'une stratégie d'exportation sur un marché extérieur ne soit rentable.

Pour atteindre l'un ou l'autre de ces objectifs, la bonne volonté ne suffit pas. Une entreprise qui se lance dans l'exportation doit se préparer adéquatement. Voici quelques clefs du succès sur un nouveau marché :

- Offrir un produit ou un service qui présente un avantage concurrentiel par rapport aux produits ou aux services offerts sur ce marché.
- Bien comprendre l'environnement culturel du marché étranger visé. Il est essentiel de posséder une bonne connaissance des habitudes et des pratiques commerciales du pays afin de pouvoir s'y adapter.
- Faire montre de patience et de persévérance. Dans certaines régions du monde, les décisions d'achat requièrent souvent plus de temps qu'en Amérique du Nord. Le processus décisionnel peut parfois sembler lent et frustrant.
- Déployer une stratégie d'exportation adaptée aux besoins des clients potentiels ainsi qu'au contexte commercial et concurrentiel du marché visé.

Le respect de ces quatre éléments fondamentaux facilitera la tâche de l'entrepreneur qui veut pénétrer de nouveaux territoires. L'exportation n'est pas difficile en soi, mais il faut en connaître les règles du jeu. Il en va de même pour l'importation. L'entrepreneur qui souhaite importer des produits ne peut le faire sans connaître les procédures et les règlements qui s'y appliquent. Nous aborderons ces questions dans le chapitre 4.

---

11. Nous aborderons ces questions dans les chapitres suivants.

- La mondialisation constitue un phénomène incontournable. Pour certains, ce phénomène est très positif, car il traduit une plus grande libéralisation des échanges commerciaux. Pour d'autres, la mondialisation touche uniquement les multinationales en leur donnant des avantages qui leur permettront d'outrepasser la souveraineté des nations. La réalité se situe entre ces deux points de vue.

- En règle générale, on définit la mondialisation comme un phénomène selon lequel interviennent de plus en plus, à l'échelle internationale, les échanges de produits, de services et de capitaux.

- Les firmes multinationales se sont développées à un rythme accéléré et ont pu profiter de la libéralisation des marchés. Par le fait même, elles jouent un rôle central dans l'économie mondiale. Eu égard aux nouveaux défis qu'elles représentent et qui portent parfois atteinte à la souveraineté des nations ou à la compétitivité d'entreprises moins puissantes, il importe de bien comprendre les caractéristiques des firmes multinationales, leurs politiques internes et externes, de même que leurs enjeux.

- Afin de protéger les intérêts locaux, les gouvernements mettent en place des procédures qui prennent la forme de barrières tarifaires ou non tarifaires s'appliquant aux produits importés.

- Le commerce international revêt une importance capitale pour la santé économique d'une nation ; le Canada et le Québec mettent l'accent sur la promotion des exportations.

- Au Québec, encore très peu de PME sont des entreprises exportatrices, mais les récents succès que certaines ont connus sur les marchés étrangers ont contribué à une balance commerciale favorable ces dernières années.

- Pour réussir sur les marchés étrangers, une PME doit avoir un produit concurrentiel, connaître les techniques liées à l'exportation et surtout, faire preuve de patience et de persévérance.

1 Notre perception de la mondialisation diffère selon qu'on adopte le point de vue du simple consommateur, celui d'un élu du parti au pouvoir ou celui d'un militant qui défend les intérêts des défavorisés. Présentez dans un tableau le point de vue de chacune de ces personnes.

Pour décrire le point de vue du militant, rendez-vous sur les sites Web suivants. Vous pourrez y consulter des articles rapportant des avis fort variés, et même contradictoires, sur le thème de la mondialisation. Ces sites vous proposeront aussi des hyperliens vers d'autres sites intéressants (consultés le 15 février 2008).

[http://www.scd.univ-tours.fr]

[http://www.wto.org]

[www.monde-diplomatique.fr]

[http://www.ndparking.com/destroyimf.org]

2 La lecture du tableau 3.2 (voir la page 76) nous porte à la constatation suivante : « En 1970, les États-Unis étaient déjà, et de loin, notre plus important marché étranger. Ce marché ne canalisait toutefois que 57,5 % des exportations québécoises. Inversement, notre deuxième marché en importance, le Royaume-Uni, obtenait alors une part beaucoup plus importante de nos exportations (12,9 %) qu'aujourd'hui (2,4 %). »

Actuellement, les États-Unis reçoivent près de 84 % de nos exportations et le Royaume-Uni, un peu plus de 2 %. Comment expliquer l'évolution en sens inverse du poids relatif de ces deux principaux marchés d'exportation du Québec ?

3 Qu'est-ce qu'une taxe *ad valorem* et comment la calcule-t-on ?

4 Comment pourrait-on justifier la nationalisation des avoirs d'une entreprise ayant investi massivement dans un pays étranger ?

5 Comme on peut le voir dans l'exemple 3.1 (voir la page 71), l'industrie automobile du Canada a profité du Pacte de l'automobile, signé en 1964. Avec la mise en place de l'OMC, ce pacte a subi d'importantes modifications. En consultant les différents sites qui suivent, décrivez l'évolution de ce pacte. Le site de l'OMC [http://www.wto.org/] et celui du ministère des Affaires étrangères du Canada [http://www.dfait-maeci.gc.ca] donnent certaines informations sur le Pacte de l'automobile.

6 On entend souvent l'affirmation suivante : « Pour progresser, la PME doit exporter. » Êtes-vous d'accord avec cette assertion ? Justifiez votre position.

7 Le tableau 3.3 (voir la page 79) présente les 10 produits les plus exportés par le Québec en 2007. En consultant le site du ministère du Développement économique, de l'Innovation et de l'Exportation du Québec [http://www.mdeie.gouv.qc.ca], pouvez-vous noter des changements dans ce classement ?

8 Depuis nombre d'années, il existe un contentieux entre le Canada et les États-Unis sur la question des exportations canadiennes de bois d'œuvre sur les marchés américains. Les États-Unis imposent sur ces exportations des droits antidumping et des droits compensateurs. Expliquez la nature de ces droits et les raisons invoquées pour les justifier. Quelle est la situation actuelle de ce contentieux ? En consultant le site de l'OMC, dites s'il y a eu d'autres développements dans ce contentieux.

9 a) Aujourd'hui, le principal produit que le Québec exporte n'est plus l'aluminium ou le papier journal, mais le matériel lié à la télécommunication. Selon vous, quelles incidences a pour le Québec le fait d'être passé d'une société exportatrice de matières premières à une société exportatrice de biens à valeur ajoutée ?

b) Malgré la croissance importante du volume des exportations, trop peu de petites entreprises s'activent sur les marchés étrangers. Quelles sont les causes de ce phénomène ?

RÉFÉRENCES BIBLIOGRAPHIQUES

GALIPEAU, S. (18 avril 2000), « Les manifs de Washington : la casse cache la cause », *Le Devoir*, [en ligne]. [www.ledevoir.com]

HARVEY, R. (2000), « En pleine croissance. Les PME abordent avec prudence les marchés étrangers », *Le Devoir*, 22 janvier, p. C6.

INSTITUT DE LA STATISTIQUE DU QUÉBEC (avril 2004), [en ligne]. [http:// www.stat.gouv.qc.ca]

SAINT-GERMAIN, M. (1973), *Une économie à libérer : le Québec analysé dans ses structures économiques,* Montréal, Presses de l'Université de Montréal.

USUNIER, J.-C. (1987), *Management international,* Paris, Presses Universitaires de France.

SITES WEB

Ministère du Développement économique, de l'Innovation et de l'exportation du Québec (MDEIE)
[http://www.mdeie.gouv.qc.ca]

Tarifs douaniers au Canada
[http://www.cbsa-asfc.gc.ca]

Tarifs douaniers aux États-Unis
[http://www.usitc.gov/tata/index.htm]

PARTIE II

L'importation et l'exportation

CHAPITRE 4

La chaîne d'approvisionnement, les règles et les pratiques de l'importation

OBJECTIFS

- Saisir l'importance stratégique de l'importation pour l'entreprise.
- Comprendre le processus d'approvisionnement dans l'entreprise.
- Saisir l'importance de l'importation dans l'économie québécoise.
- Comprendre le rôle du courtier en douane.
- Expliquer la procédure douanière.
- Décrire la réglementation et énumérer les documents requis.

D ans le contexte du commerce international, les activités d'importation sont considérées comme aussi importantes que les activités d'exportation. En effet, de nombreuses entreprises doivent importer des matières premières ou des composantes auprès de fournisseurs étrangers afin de fabriquer des biens qui seront par la suite soit consommés localement, soit exportés. Comme nous l'avons vu dans le chapitre 1, la théorie de l'avantage comparatif stipule qu'un pays a tout à gagner lorsqu'il se spécialise dans la fabrication d'un produit ou dans l'exploitation de matières premières parce qu'il peut le faire plus efficacement. Les facteurs d'avantage comparatif d'un pays favorisent donc celui-ci, et il exportera des marchandises dont d'autres pays ont besoin.

De façon générale, comme en fait foi le chapitre 3, les gouvernements établissent des politiques qui soutiennent les exportateurs, mais qui peuvent nuire aux importateurs. Le commerce international est pourtant envisagé comme une voie à deux sens, même si on semble faire un effort particulier pour promouvoir les exportations et réduire les importations. En somme, ces politiques visent à maintenir une balance commerciale dans laquelle le volume des exportations demeure supérieur au volume des importations.

L'entreprise québécoise, dans la majorité des cas, se doit maintenant d'importer pour demeurer concurrentielle sur les marchés internationaux. Cependant, pour importer des composantes essentielles à la fabrication de marchandises destinées à l'exportation, l'entreprise devra relever des défis considérables. Étant donné la complexité du processus d'importation, qu'il s'agisse des tarifs douaniers, de la nomenclature des produits ou des documents exigés, l'importateur doit obtenir de l'aide.

Dans la première section de ce chapitre, nous verrons que dans un contexte de mondialisation, l'entreprise québécoise, pour demeurer compétitive, se doit désormais d'agir autant au niveau de l'importation que de l'exportation. Nous passerons donc en revue les étapes du processus d'approvisionnement tout en l'insérant dans la stratégie globale de l'entreprise.

Comme nous le verrons dans la deuxième section de ce chapitre, le courtier en douane est un professionnel qui s'occupe des démarches relatives au processus de dédouanement et détermine la conformité des marchandises importées avec le classement du système harmonisé (SH) en vigueur dans plus de 160 pays, dont les États-Unis et le Canada. Le numéro de classement permet d'identifier rapidement les marchandises afin d'établir avec précision le classement tarifaire. L'importateur doit, quant à lui, connaître le rôle de l'Agence des services frontaliers du Canada (ASFC)[1], l'organisme gouvernemental responsable du dédouanement des marchandises. L'ASFC a établi des règles et une procédure que les importateurs ont l'obligation de suivre lorsqu'ils importent des biens ou des matières premières en provenance de l'étranger.

Dans la troisième section, nous prêterons attention aux différentes étapes du processus de dédouanement. Ainsi, nous verrons en détail la procédure qui pré-

---

1. Anciennement le ministère du Revenu du Canada.

cède l'importation, de même que les étapes du dédouanement et les multiples documents qui doivent être présentés sur demande au cours du dédouanement.

Avant même d'entreprendre la lecture de ce chapitre, nous vous invitons à prendre connaissance du cas de Métallco dont nous nous servirons tout au long de cet ouvrage et qui se trouve à l'annexe 4.1 à la fin de ce chapitre. Nous illustrerons de manière plus ou moins détaillée plusieurs éléments analysés dans chacun des chapitres afin de rendre l'apprentissage plus aisé. L'exemple 4.1 présente le processus d'approvisionnement en matières premières de cette entreprise.

EXEMPLE 4.1 | L'approvisionnement en matières premières chez Métallco

Jean Robinson est responsable des achats chez Métallco. Les achats de matériel de bureau et d'autres types de matériel sont sous la responsabilité de son adjointe, mais tout ce qui concerne l'approvisionnement en matières premières ou en composantes venant de l'extérieur est géré par Jean Robinson lui-même. Son plus grand défi consiste à obtenir des composantes et des minerais de qualité supérieure à des prix avantageux. Il doit non seulement s'occuper de la négociation avec des fournisseurs étrangers (tâche parfois très ardue à cause des différences culturelles), mais aussi s'assurer notamment que :

- ces produits peuvent être importés sans contrevenir à un éventuel embargo imposé par le Canada ;
- les droits douaniers sont les plus bas possible ;
- les produits importés sont identifiés par le bon numéro du système harmonisé[2] ;
- les documents douaniers sont remplis correctement.

L'importation fait partie intégrante des fonctions de directeur des approvisionnements de Jean. Il doit donc composer avec plusieurs intervenants qui lui faciliteront la tâche : le courtier en douane, les transporteurs (ceux qui acheminent la marchandise au poste frontalier où doit se faire le dédouanement) et les différentes autorités gouvernementales responsables des douanes au Canada, dont l'Agence des services frontaliers du Canada (ASFC).

Comme nous le verrons plus loin, le prix payé par Jean à ses fournisseurs étrangers et les termes de vente négociés (**FOB, CIF** ou **CFR**) influent sur la valeur des minerais et des composantes, une fois qu'ils sont arrivés à destination dans l'entrepôt de Métallco. Cela signifie que les stratégies d'importation de Métallco sont tout aussi importantes que ses stratégies d'exportation dans son bilan financier.

Métallco a longuement cherché un courtier expérimenté dans l'importation de minerais en provenance de pays éloignés, tels que l'Albanie et la Russie, qui pouvait s'occuper de toutes les étapes du dédouanement. Finalement, un de ses fournisseurs étrangers lui a recommandé le courtier en douane avec qui Métallco travaille actuellement.

À une certaine époque, Métallco a établi des relations avec des fournisseurs de Rhodésie (aujourd'hui le Zimbabwe) qui offraient du minerai de chrome à des prix fort avantageux. Le courtier en douane de Métallco a alors informé Jean Robinson de la restriction qui avait cours à cette période : le Canada avait décrété un embargo sur toutes les importations de Rhodésie. Jean Robinson a alors dû chercher ailleurs ses matières premières. Le choix de ▶

FOB / *Free On Board* ou franco à bord

Incoterm indiquant que le vendeur a rempli son obligation de livraison quand la marchandise passe le bastingage du navire au port d'embarquement désigné. L'acheteur doit donc supporter tous les frais et risques de perte ou d'avarie que peut courir la marchandise destinée à partir de ce point. Le vendeur doit dédouaner la marchandise destinée à l'exportation. FOB ne peut être utilisé que pour le transport par mer ou par voies navigables intérieures.

CIF / *Cost, Insurance and Freight* ou coût, assurance et fret

Incoterm indiquant que le vendeur a les mêmes obligations qu'avec l'Incoterm CFR, mais qu'il doit en outre fournir à l'acheteur une assurance maritime contre le risque de perte ou d'avarie que pourrait subir la marchandise au cours du transport. Le vendeur contracte l'assurance et paie la prime.

CFR / *Cost and FReight* ou coût et fret

Incoterm indiquant que le vendeur choisit la compagnie maritime, réserve l'espace, fixe une date de départ, assure les frais de transport maritime jusqu'au port de destination et s'occupe des formalités douanières de l'exportation. L'acheteur doit obtenir une assurance pour la cargaison dont il est responsable dès son départ au port d'embarquement.

---

2. Voir, plus loin dans ce chapitre, la définition dans l'encadré 4.3 (page 102).

pays fournisseurs qui avaient accès à des exportations vers le Canada en franchise de droits étant limité, le courtier en douane ne pouvait que faciliter la tâche de Jean dans sa quête de fournisseurs. Soulignons que, malgré le fait que Jean connaît bien les documents douaniers, c'est son courtier qui les lui prépare !

Métallco a un compte chez son courtier et ce dernier assume tous les frais et droits requis, puis il facture régulièrement ces coûts à Métallco. Si Métallco importe des produits classés selon le système harmonisé et que l'Agence des services frontaliers du Canada conteste cette classification, c'est le courtier en douane qui s'occupera de régler ce point en litige avec l'ASFC.

La tâche de Jean Robinson s'avère parfois assez complexe. Par exemple, il peut être appelé à importer d'Allemagne des produits très sophistiqués tels des anneaux de titane (métal ultraléger et résistant) qui seront par la suite soudés à des anodes de magnésium dans l'usine de Métallco au Canada. Plus tard, ces anodes seront exportées en Australie. Lorsque ces produits sortiront du Canada — sortie qui doit être entérinée par le formulaire B-13, obligatoire pour toutes les exportations (ce document sera présenté au chapitre 11) suivant une procédure précise —, Métallco sera en mesure de réclamer à l'ASFC le remboursement des droits payés à l'entrée des anneaux qui ont été soudés aux anodes exportées.

Pour s'assurer d'un approvisionnement suffisant, il est généralement nécessaire pour une entreprise d'importer certaines composantes essentielles à sa production. L'importation est un processus complexe qui implique plusieurs étapes et exige la prise en compte de nombreux facteurs inhérents à l'entreprise. Cette première section fait un survol des quatre facteurs les plus importants : les considérations stratégiques liées à la mission et à l'évolution de l'entreprise ; les facteurs internes et externes de l'entreprise ; la stratégie globale de cette dernière et, finalement, les étapes du processus d'approvisionnement.

L'entreprise et la chaîne d'approvisionnement

Les considérations stratégiques

La décision d'importer doit être mûrement réfléchie et s'inscrire dans la stratégie globale de l'entreprise. Cette décision fait généralement partie de l'évolution de l'entreprise dans un contexte de mondialisation, et requiert de son dirigeant une réflexion basée sur une vision claire de l'avenir de l'entreprise. Il lui importe alors de tenir compte des considérations stratégiques suivantes :

• **L'amélioration de l'avantage concurrentiel.** La relation entre les avantages compétitifs de l'entreprise et les avantages compétitifs des entreprises concurrentes (nationales et internationales) influence l'entreprise dans ses choix. La chaîne de valeur de Michael Porter que nous retrouvons au chapitre 1 est un outil qui permet au dirigeant d'identifier où se crée la valeur dans l'entreprise, de décider sur quels éléments se concentrer et de déterminer lesquels il devrait sous-traiter.

- **La capacité de production supplémentaire.** L'entreprise qui prend la décision de sous-traiter certains éléments de sa production (préfabrication, composantes, etc.) libère ainsi une partie de sa capacité de production. Elle peut choisir d'utiliser cette capacité supplémentaire pour explorer de nouveaux marchés ou élargir sa gamme de produits. Shermag[3], entreprise de fabrication de meubles, a dû modifier sa stratégie d'approvisionnement afin de demeurer compétitive. L'entreprise importe couramment de Chine un pourcentage substantiel de ses composantes.

- **L'ajout à la qualité du produit (positionnement et image de marque).** Le choix judicieux de fournisseurs de qualité rehausse l'image et le positionnement de l'entreprise.

- **La diversification des risques fournisseurs.** Un grand nombre d'entreprises n'ont souvent qu'un seul fournisseur sur le marché local. La décision d'importer offre de nombreuses possibilités à l'entreprise et lui permet de réduire le risque fournisseur.

Cette liste des considérations stratégiques n'est pas exhaustive. Selon sa situation, chaque entreprise devra faire l'inventaire de ses préoccupations et en tenir compte. Une fois cette étape complétée, la décision d'importer doit aussi tenir compte des nombreux facteurs internes et externes à l'entreprise.

Les facteurs d'influence

La liste qui suit vous propose quelques-uns des facteurs internes et externes les plus courants, mais chaque entreprise doit considérer sa situation particulière et faire un inventaire complet de ces facteurs.

Facteurs internes

- Les *objectifs*. Les objectifs que se fixe l'entreprise en termes de rentabilité, de niveau de qualité des produits et des services offerts, ainsi que l'image de marque désirée.

- La *flexibilité*. La flexibilité offerte par un plus grand nombre de fournisseurs assure une meilleure gestion de l'entreprise et optimise le respect de ses échéanciers.

- La *rationalisation des opérations*. La possibilité de rationaliser les opérations de l'entreprise et de libérer un espace de production qui servira à desservir des marchés d'exportation.

Facteurs externes

- Le *taux de change*. Le choix d'une source d'approvisionnement se fait en fonction de la stabilité de la devise en cours dans le pays considéré par rapport à celle du pays importateur. L'avantage de la devise est souhaitable pour l'importateur. Le fait que le huard s'est considérablement apprécié en 2007 doit inciter l'entreprise canadienne à importer d'un pays où la devise est plus faible par rapport au dollar canadien.

---

3. Voir à ce sujet le site Web de la compagnie *Shermag,* [en ligne]. [http://www.shermag.com] (janvier 2008)

- La *distance géographique et les coûts de transport.* L'éloignement du pays fournisseur peut entraîner des coûts de transport plus élevés. L'entreprise doit en tenir compte dans sa décision d'importer ou non.

- Les *questions d'éthique.* Le dirigeant d'une entreprise doit observer les questions d'éthique soulevées par l'importation en provenance de pays où les enfants sont forcés de travailler et où les travailleurs sont parfois contraints à des formes de travail débilitantes, illégales et clandestines. La réputation de l'entreprise risque d'être ternie si elle choisit de commercer avec un fournisseur peu éthique.

- Les *risques que le fournisseur se transforme en concurrent.* Le pays d'origine du fournisseur doit avoir légiféré en matière de propriété intellectuelle et les recours doivent être possibles. Malgré toutes ces précautions, il faut noter que le risque persiste dans une certaine mesure, car une fois la technologie et le savoir-faire intégrés chez le fournisseur, il pourra toujours fabriquer ce produit lorsque le contrat se terminera.

Le troisième maillon de la chaîne d'approvisionnement touche la stratégie globale de l'entreprise.

La stratégie globale de l'entreprise et le processus d'importation

Afin de demeurer concurrentielles à l'échelle internationale, les entreprises québécoises peuvent mettre en œuvre une stratégie innovatrice qui consiste à produire à l'étranger une partie de leurs composantes à valeur ajoutée. Une entreprise importe de Chine une partie de ses composantes produites à des coûts plus bas et conserve ici la production de composantes plus complexes à haute valeur ajoutée. Cette stratégie pourrait être appliquée à tous les secteurs en expansion tels les télécommunications, l'informatique, l'aéronautique, la pharmacologie et la biotechnologie.

La figure 4.1 fait la démonstration de l'importance stratégique de l'importation au même titre que l'exportation, et de la complexité du processus que l'on sous-estime souvent au profit de l'exportation.

Le processus d'importation comporte donc différentes étapes telles qu'illustrées dans la figure 4.1 :

1. Choix du produit à importer. Suite à la réflexion des dirigeants, une décision est prise à propos du choix des matières premières ou des composantes que l'entreprise compte importer. Cette décision doit tenir compte des considérations stratégiques énoncées dans la section précédente.

2. Choix du pays. Le choix du pays s'apparente à la sélection du marché dans le processus d'exportation (voir le chapitre 5), soit à l'usage d'un ensemble de critères afin de juger des éléments économiques, politiques, commerciaux et de risques.

3. Choix du fournisseur. Le choix du fournisseur s'effectue à partir de plusieurs critères :

- *Capacité de production du fournisseur.* Le fournisseur est-il en mesure de répondre à la demande de l'acheteur et de prévoir que cette demande pourrait éventuellement être à la hausse ?

FIGURE 4.1

Une stratégie globale de l'importation

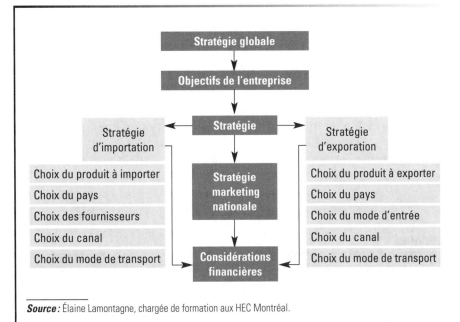

Source : Élaine Lamontagne, chargée de formation aux HEC Montréal.

- *Capacité d'adaptation.* Le fournisseur est-il à l'écoute des besoins de l'acheteur et peut-il s'adapter à ses exigences ?
- *Délais de production et de livraison.* Quel est le délai d'attente entre l'émission de la commande et la réception de la marchandise ?
- *Coût du produit.* À quel prix le fournisseur vendra-t-il le produit ainsi fabriqué ? Est-ce que ce coût laisse suffisamment de marge de manœuvre à l'acheteur pour que son produit fini soit concurrentiel dans son secteur d'activité ?
- *Contrôle de la qualité et standards internationaux.* Le fournisseur est-il membre de l'Organisation internationale de normalisation (ISO) ou respecte-t-il toute autre norme qui prévaut dans l'entreprise importatrice ? Quelle procédure de contrôle de la qualité est mise en place par l'exportateur ? par l'entreprise importatrice ? Les préoccupations concernant le contrôle de la qualité sont un sujet d'actualité à la suite de tous les rappels de produits en provenance de Chine, où un manque de contrôle est mis en cause de part et d'autre.
- *Réputation.* La demande de références auprès d'autres clients peut corroborer la réputation du fournisseur. Il ne faut pas hésiter à communiquer avec le délégué commercial en poste dans le pays étranger afin de vérifier certaines informations. Un contact avec le consulat du pays du fournisseur est aussi fortement recommandé.
- *Expérience.* Le fournisseur est-il en affaires depuis longtemps ? Une entreprise qui a une longue expérience est un gage de pérennité.

- *Distance géographique et coût du transport.* Nous reprenons cet élément stratégique dans cette liste, car il a une influence sur le coût global que l'entreprise importatrice doit supporter.
- *Éthique.* En plus de la réputation du fournisseur, l'aspect éthique de ce dernier est aussi important à considérer; il devrait faire partie des préoccupations de l'entreprise importatrice comme nous l'avons mentionné précédemment.

L'encadré 4.1 donne un aperçu des nombreux rappels médiatisés qui ravivent les inquiétudes face à la qualité et à la sécurité des différents produits importés de Chine.

Le quatrième et dernier maillon du processus d'importation présente les étapes de ce dernier. Même si, règle générale, un gestionnaire s'assurera de l'aide d'un spécialiste à l'importation, il doit néanmoins connaître les étapes de ce processus.

ENCADRÉ 4.1

La face cachée du miracle chinois

En 2007, en raison de la présence toxique de peinture au plomb, le géant de jouets Mattel a rappelé 1,5 million de ses produits, un peu partout dans le monde. Cela concerne des jouets dispersés en France, aux États-Unis, au Mexique, au Canada et en Grande-Bretagne. Les 27 pays de l'Union européenne ont été informés du problème par la commission de Bruxelles via le système Rapex, système d'alerte rapide qui oblige tout pays au courant d'un problème lié à la sécurité d'un produit à le signaler.

Par la suite, Mattel a rappellé à nouveau dans le monde entier 18,2 millions de jouets magnétiques. Selon le communiqué diffusé par Mattel, le rappel touchait certaines poupées, personnages, kits de jouets et accessoires dont des aimants, petits et puissants, pourraient se détacher. Selon la Commission américaine de protection des consommateurs, trois enfants ont d'ailleurs dû être opérés à cause d'une perforation aux intestins après avoir ingéré plusieurs de ces petits aimants.

Plusieurs affaires touchant à la sécurité des produits fabriqués en Chine ont déjà alimenté l'actualité avant celles-ci. Un additif chimique extrêmement nocif servant notamment dans les antigels, trouvé dans de la nourriture pour animaux, a causé la mort de milliers de chiens et de chats aux États-Unis, et des ingrédients toxiques, contenant des substances pharmaceutiques non autorisées, ont été décelés dans du poisson et du dentifrice, incitant les autorités américaines à multiplier les inspections. En juin 2007, 1,5 million de petits trains en bois fabriqués en Chine ont été rappelés aux États-Unis par leur importateur, le groupe RC2 Corporation. Les jouets étaient également soupçonnés d'être recouverts d'une peinture contenant du plomb.

Malgré ces nombreux scandales, la Chine demeure un pays incontournable comme base de production pour les entreprises étrangères. Rappelons que 80 % des jouets vendus aux États-Unis sont fabriqués en Chine. Les importateurs devront toutefois être plus prudents dans le choix de leurs sous-traitants et instaurer des contrôles de qualité plus serrés et efficaces.

Le processus d'approvisionnement

Le choix du fournisseur ayant été approuvé, l'entreprise doit maintenant bien planifier le processus d'approvisionnement qui lui permet d'obtenir les intrants, les services et les équipements requis pour la poursuite de ses activités et l'atteinte des objectifs définis par la stratégie organisationnelle. Le processus d'approvisionnement compte trois grandes étapes :

1. Les demandes au fournisseur et la première commande :
- Établir les spécifications du produit à importer.
- Demander un prototype (s'il s'agit d'un nouveau produit) ou une commande d'essai (s'il s'agit d'un produit existant).
- Approuver le prototype ou la commande d'essai et fournir les commentaires détaillés au fournisseur.
- Procéder à la production.
- Livrer le produit commandé.

2. La coordination et la planification correspondent à une étape cruciale. En fonction du délai demandé par le fournisseur, l'entreprise importatrice doit s'assurer que les stocks de la matière première ou de la composante seront suffisants jusqu'à la prochaine livraison du fournisseur étranger. Pour ce faire, il faudra modifier et surveiller de près la planification de la production de l'entreprise.

3. Les relations avec le fournisseur jouent un rôle déterminant dans le processus d'approvisionnement. La gestion des relations qu'entretient l'entreprise avec le fournisseur est un domaine relativement nouveau, mais qui doit constituer un aspect primordial de toute organisation. Il importe que l'entreprise ait comme objectif d'instaurer des relations durables de confiance avec le fournisseur, puis de les développer dans la mesure du possible. Pour ce faire, l'entreprise doit faire part de tout incident, commentaire ou satisfaction au fournisseur avec lequel elle traite.

À cet égard, le réseau Internet représente également un outil puissant pour l'échange d'informations dans le but d'améliorer certaines fonctions au sein d'une entreprise : la conception de produits et services, la planification des opérations, la gestion des stocks, la gestion des ressources, la gestion de la logistique d'approvisionnement et de distribution, etc. Ces échanges de données par Internet touchant la production et les opérations se font soit avec des filiales, des usines de fabrication, des sous-traitants ou des fournisseurs à l'extérieur des frontières du pays où se situe l'entreprise.

Dans une économie traditionnelle, une entreprise manufacturière assurait elle-même la production de ses composantes et les assemblaient en un produit fini. L'objectif était de se prémunir contre les aléas de l'environnement et de contrôler parfaitement toutes les étapes du cycle de production.

Aujourd'hui, les entreprises se spécialisent dans un seul maillon de la chaîne de production et cherchent à en maîtriser parfaitement le fonctionnement. Comme le client veut un produit fini, il est donc nécessaire de faire partie d'un réseau où d'autres entreprises apporteront également leur contribution spécialisée. Plus que jamais, les échanges entre producteurs se multiplient, d'où l'expression «d'économie en réseau».

Naviguer dans Internet permet donc d'assurer la circulation de l'information entre les partenaires d'un même réseau de façon à minimiser les coûts et les délais pour l'ensemble de la chaîne de production.

Comme on peut le voir, la chaîne d'approvisionnement est un processus complexe avec de multiples maillons dont plusieurs relèvent de l'entreprise elle-même. La prochaine section, se penche sur la situation de l'importation au Canada et au Québec. Nous y couvrirons d'autres aspects de l'importation, notamment les fonctions de l'importateur, le rôle du courtier, le rôle et la mission de l'Agence des services frontaliers du Canada (ASFC). Nous terminerons cette section avec la présentation du système harmonisé de classification des marchandises avec lequel un importateur doit être familier.

L'importation au Canada et au Québec

Le Canada et le Québec sont de grands importateurs. Comme dans la plupart des pays industrialisés, les échanges internationaux du Québec contribuent de façon importante à l'économie du pays. Selon les données de l'Institut de la statistique du Québec (ISQ), les importations de marchandises du Québec équivalaient à 80,76 milliards de dollars en 2006. Le Québec doit importer à la fois pour fabriquer des produits qui seront par la suite exportés, pour combler la demande de produits qui ne sont pas fabriqués localement et pour s'approvisionner en denrées qui ne sont pas produites ici. Il faut cependant mentionner que, en 2006, 31 % des importations provenaient des États-Unis. Les produits importés sont essentiellement du pétrole brut pour alimenter les raffineries québécoises, des automobiles (dans le cadre du **Pacte de l'automobile**), des médicaments, des circuits intégrés et des semi-conducteurs ainsi que des pièces d'avions et d'hélicoptères[4]. Plus le Québec fabrique et exporte des produits à haute valeur ajoutée, plus il a besoin de composantes fournies par des producteurs étrangers.

Afin de mieux comprendre le rôle que joue le commerce international dans l'économie d'une nation, il est indispensable non seulement d'observer le volume de ses exportations, mais également d'examiner le flux de ses importations. La nature des matières premières et des composantes importées ainsi que l'identité des pays fournisseurs doivent être connues des parties qui s'intéressent à nos échanges internationaux. Ces échanges (importations et exportations) sont souvent le résultat des accords commerciaux signés entre ces pays ; l'Accord de libre-échange nord-américain (ALENA) en est un bon exemple étant donné que près de 31 % des importations du Québec proviennent des États-Unis. Il est à noter que les économies du Québec et du Canada sont étroitement liées à celle des États-Unis.

Pacte de l'automobile /
Auto pact
Pacte signé en 1964 stipulant que, pour chaque automobile vendue au Canada (sous une des marques de General Motors, de Ford, de Daimler Chrysler et de Volvo), une automobile doit être fabriquée au Canada. En outre, ces quatre compagnies peuvent importer en franchise de droits des voitures fabriquées à l'étranger par leurs filiales. Tous les autres fabricants de voitures, incluant ceux qui disposent d'usines de fabrication au Canada (Honda et Toyota, par exemple), ne peuvent se prévaloir de cette franchise de droits à l'importation sur les voitures en provenance de leurs sièges sociaux à l'étranger. En revanche, ces fabricants qui ne sont pas couverts par le Pacte de l'automobile peuvent exporter leurs voitures fabriquées au Canada vers les États-Unis sans payer de taxes douanières. Ce pacte s'applique aux échanges entre firmes et non aux particuliers.

---

4. Il s'agit probablement de composantes d'avions chez Bombardier ou d'hélicoptères chez Bell Textron.

TABLEAU 4.1

Les principaux produits importés au Québec en 2006

Produits importés*	Montant (millions de dollars)	Pourcentage des importations totales
Huiles brutes de pétrole ou de minéraux bitumineux	13 761,3	17,04
Voitures de tourisme et véhicules automobiles	8 083,5	10,01
Huiles de pétrole ou de minéraux bitumineux (a/q huiles brutes)	3 839,8	4,75
Médicaments	2 286,8	2,83
Machines autres de traitement de l'information et leurs unités	2 215,9	2,74
Circuits intégrés et micro-assemblages électroniques	1 921,4	2,38
Véhicules automobiles pour le transport des machandises	1 773,3	2,20
Turboréacteurs, turbopropulseurs et autres turbines à gaz	1 688,4	2,09
Oxyde d'aluminium et hydroxyde d'aluminium	1 472,6	1,82
Parties pour avions ou hélicoptères	1 111,3	1,38

Source : INSTITUT DE LA STATISTIQUE DU QUÉBEC, Commerce international en ligne, *Importations totales canadiennes,* 25 premiers groupes de produits, (Codes SH4), [en ligne]. [http://diff1.stat.gouv.qc.ca/hkb/index_fr.html] (janvier 2008)

* Selon le système harmonisé de classification douanière (SH), Groupe de produits (SH4).

En effet, en 2006, le Canada était au premier rang des partenaires commerciaux des États-Unis. L'ensemble des échanges entre le Canada et les États-Unis s'élevait à 576,9 milliards de dollars canadiens. De cette somme, les États-Unis exportaient au Canada pour une valeur de 217,6 milliards de dollars canadiens et y importaient pour une valeur de 359,3 milliards[5].

Par ailleurs, des filiales québécoises ou canadiennes de sociétés étrangères importent très souvent des composantes, ce qui leur permet de fabriquer ici des produits finis qui sont par la suite exportés à travers le monde. C'est le cas de Bell Textron, fabricant d'hélicoptères, de Pratt & Whitney, fabricant de moteurs d'avions, et de nombreuses autres sociétés internationales qui possèdent des usines de fabrication au Québec. Il en est de même pour nos propres entreprises. Ainsi, Bombardier Aéronautique importe des pièces d'avions de ses filiales européennes, et CAE Électronique (fabricant de simulateurs d'avion) importe de nombreuses composantes fabriquées en Europe ou aux États-Unis. Les multinationales pharmaceutiques ayant des opérations manufacturières au Canada et au Québec importent des produits chimiques pour leurs médicaments, les alumineries québécoises importent de la bauxite de l'étranger. Nos designers de vêtements importent des tissus de l'Asie ou de l'Europe. Comme on le voit, les exemples ne manquent pas.

Le tableau 4.1 présente le volume des dix principaux produits importés en 2006. On doit souligner ici l'importance des importations d'automobiles, qui représentent environ 10 % du total des importations québécoises. Comme nous

---

5. Voir à ce sujet le site Web de l'*Institut de la statistique du Québec,* [en ligne]. [http://www.stat.gouv.qc.ca] (janvier 2008)

TABLEAU 4.2

Les dix principaux pays où s'approvisionnait le Québec en 2006

Pays	Montant (millions de dollars)	Pourcentage des importations totales
États-Unis	24 859	30,78
Chine	6 822	8,45
Royaume-Uni	5 457	6,76
Algérie	4 953	6,13
Japon	3 337	4,13
Allemagne	3 313	4,10
Mexique	3 017	3,74
Norvège	2 612	3,23
France	2 401	2,97
Brésil	1 723	2,13

Source : INSTITUT DE LA STATISTIQUE DU QUÉBEC, Commerce international en ligne, *Importations totales canadiennes,* Total de tous les produits, 10 premiers pays, [en ligne]. [http://diff1.stat.gouv.qc.ca/hkb/index_fr.html] (janvier 2008)

l'avons indiqué précédemment, les autres produits importés sont en majeure partie utilisés soit dans la fabrication d'autres produits à haute valeur ajoutée (semi-conducteurs, pièces d'automobiles), soit comme source d'énergie (pétrole brut) ou comme produits de consommation courante qui ne sont pas fabriqués au Québec (ordinateurs, téléviseurs, produits chimiques, médicaments, etc.).

Le tableau 4.2 montre que les États-Unis sont le premier fournisseur du Québec. En 1998 et 1999, les importations en provenance de notre voisin du Sud représentaient près de 50 % de nos importations totales. En 2006, les États-Unis maintiennent leur titre de premier fournisseur, mais la statistique a chuté à 30,78 % des importations totales du Québec. Le grand responsable est la Chine qui se classe au 2e rang de nos pays fournisseurs en 2006, avec 8,45 % de nos importations totales. Comme nous l'avons vu dans le chapitre 1, les États-Unis sont à la fois notre premier client (près de 79 % de nos exportations) et notre premier fournisseur (un peu moins de 31 % de nos importations). La plupart de nos autres fournisseurs sont situés dans des pays industrialisés qui nous vendent des produits de pointe à haute valeur ajoutée. Malgré la perception répandue selon laquelle les importations venant de pays en développement sont considérables, on constate dans le tableau 4.2 que leur importance est minime par rapport à l'ensemble des pays qui approvisionnent le Québec.

Toutefois, cette course à l'importation est semée d'embûches. Outre les connaissances minimales que doit détenir l'importateur, celui-ci a avantage à s'assurer du concours d'un conseiller en douane qui, à peu de frais, lui sera d'un grand secours. En plus de cette aide, l'importateur doit aussi être familier avec le fonctionnement de l'Agence des services frontaliers du Canada. Comme nous le verrons, ces divers intervenants jouent un rôle de premier plan dans le processus d'importation.

Les fonctions de l'importateur

Une entreprise ou un particulier engagé dans un processus d'importation doit connaître les règles du jeu. L'activité d'importation est assez simple en soi, mais la méconnaissance des pratiques, des règlements ou des documents à soumettre peut entraîner, pour l'importateur novice ou naïf, de sérieux problèmes et des coûts considérables. Le choix d'un bon **courtier en douane** capable de faire passer, rapidement et dans le respect des règles, la marchandise aux douanes du pays est aussi capital que celui d'un bon avocat ou d'un bon consultant. Les courtiers en douane qui travaillent au Québec et au Canada sont accrédités et possèdent une expérience professionnelle. Le choix d'un courtier en douane se fera donc en fonction des relations personnelles, des références obtenues auprès d'utilisateurs de ses services, de même que sur la base de l'expérience de celui-ci dans les importations de marchandises analogues à celles de l'importateur. Comme nous le verrons dans la prochaine section, le rôle du courtier en douane revêt une grande importance.

Pour sa part, l'importateur doit être familier avec les règlements qui peuvent toucher les marchandises qu'il importe. Il doit savoir si des entraves particulières frappent les marchandises importées, que ce soit un embargo, un permis d'importation, des droits punitifs ou d'autres barrières. Il doit aussi être familier avec le système harmonisé (voir l'encadré 4.3, page 102) qui permet à l'importateur de bien identifier aux douanes canadiennes le produit importé. Il peut ainsi s'assurer que le tarif douanier appliqué sera le plus avantageux. Une estimation juste de la valeur des tarifs douaniers devient un élément crucial pour les responsables des achats de marchandises à l'étranger. Une erreur peut entraîner des coûts additionnels qui influeront sur le prix du produit importé. L'importateur qui travaille de concert avec un courtier en douane fiable peut éviter ces embêtements et, en fin de compte, veiller à ce que, au regard des épargnes réalisées, les frais du transitaire soient minimes.

Courtier en douane /
Customs broker
Professionnel qui gère l'expédition des biens importés moyennant le versement d'honoraires.

Le rôle du courtier en douane

La majorité des entreprises qui importent soit des composantes, soit des matières premières (comme Jean Robinson chez Métallco) ou des produits finis qui seront par la suite vendus sur le marché intérieur, recourent aux services d'un courtier en douane pour qu'il s'occupe du processus de dédouanement, de la préparation des documents et de l'acquittement des droits à payer. Rares sont les importateurs qui participent directement au processus de dédouanement. Seules les grandes entreprises qui peuvent se permettre d'avoir leur propre service de transit et de dédouanement procèdent elles-mêmes au dédouanement des marchandises importées. Les autres entreprises et les PME importatrices font plutôt appel aux services d'un courtier, même si cela n'est pas obligatoire. Le courtier en douane est un expert qui offre un service spécialisé englobant toute la procédure douanière.

De plus, dans le cas des entreprises qui ont peu d'expérience dans l'importation ou qui ne sont pas prêtes à assumer toutes les responsabilités qui y sont rattachées et à se tenir au courant des règlements et de la procédure qu'impose l'Agence des services frontaliers du Canada (ASFC) — et qui peuvent être modifiés assez souvent —, il est fortement recommandé de laisser un courtier s'occuper du dédouanement.

Les services qu'un courtier en douane peut offrir se résument comme suit :

- Le courtier en douane peut agir en tant que conseiller en importation auprès des entreprises ; ainsi, il suggère la classification à utiliser, donne des renseignements sur les tarifs préférentiels, détermine les produits sous contrôle du Département des affaires étrangères et du commerce international. Le courtier en douane peut également intervenir auprès d'une entreprise qui importe pour la première fois et qui, en toute bonne foi, s'adresserait à un pays faisant l'objet d'un embargo. Par exemple, les États-Unis imposent un embargo sur toutes les transactions commerciales avec Cuba, ce qui est susceptible de causer parfois de sérieux problèmes aux entreprises canadiennes qui, elles, ne sont pas soumises à de telles restrictions.

- Le courtier en douane peut remplir les documents requis. La préparation de ces documents est parfois complexe et fastidieuse, car l'Agence des services frontaliers du Canada exige sur ses formulaires des entrées détaillées et précises (par exemple, sur les **factures consulaires** ou les **certificats d'origine**). Pour nombre d'importateurs, cette tâche du courtier en douane est la plus appréciée.

- En tant que représentant d'une entreprise importatrice, le courtier en douane doit déposer auprès de l'ASFC une garantie de paiement afin d'amorcer le processus d'**obtention de la mainlevée des marchandises importées** et celui du paiement des droits requis. En somme, cette garantie est analogue à l'ouverture d'un compte chez un fournisseur qui donne certains avantages de paiement.

- Le courtier acquitte, au nom de l'importateur, les droits exigibles ; cependant, l'importateur est toujours responsable de ces droits auprès de l'ASFC jusqu'au moment où le courtier les acquitte.

- Une fois tous les droits acquittés et les déclarations faites en bonne et due forme, le courtier obtient la mainlevée des marchandises et il peut les acheminer à l'importateur.

- Le courtier en douane (tout comme l'importateur qui agit en son propre nom) doit conserver à son lieu de travail un registre de dédouanement, et ce, pour une période d'au moins trois ans après la première importation au Canada pour le compte de son client importateur. Ce registre (sur support papier ou électronique) comprend des copies de tous les documents soumis et de la chronologie des mouvements d'importation.

- Le courtier fait le lien entre l'ASFC et l'importateur. Il doit répondre, au nom de l'importateur, aux questions que peut poser l'ASFC et aux autres requêtes susceptibles d'être formulées après le paiement des droits.

Notons que les courtiers en douane ne sont pas des employés du gouvernement fédéral, mais des conseillers indépendants qui offrent leur expertise moyennant des honoraires. Dans la mesure où le courtier doit assumer des droits pour le compte de l'importateur au nom duquel il intervient, il a avantage à s'assurer de la fiabilité et de la bonne réputation financière de cet importateur avant d'accepter de collaborer avec lui.

Le rôle de l'Agence des services frontaliers du Canada (ASFC)

Le rôle de l'Agence des services frontaliers du Canada (ASFC) est très diversifié. Dans le cadre du présent ouvrage, nous nous intéresserons particulièrement

Facture consulaire /
Consular invoice
Document délivré par le consul étranger en poste dans le pays exportateur qui décrit les marchandises achetées. Certains gouvernements étrangers exigent que les exportateurs obtiennent d'abord une facture consulaire de leur consulat au Canada. Des frais sont généralement perçus.

Certificat d'origine /
Certificate of origin
Document certifié par l'exportateur qui atteste le lieu d'origine ou de fabrication des marchandises exportées. Il doit parfois être authentifié par le consul du pays auquel les marchandises sont destinées ou par un organisme commercial du pays d'exportation, telle une chambre de commerce. Ce document permet parfois d'obtenir un tarif douanier plus favorable.

Obtention de la mainlevée des marchandises importées
Attestation que les produits importés sont libérés par l'Agence des services frontaliers du Canada, que le processus de dédouanement a été effectué et que tous les droits exigés ont été payés.

aux tâches qui touchent précisément le dédouanement des marchandises. Pour assumer cette responsabilité, l'ASFC a comme objectif principal de vérifier les documents soumis par les importateurs, de contrôler le contenu des importations afin de s'assurer qu'aucune marchandise prohibée n'entre dans le pays, de percevoir les droits de douane et la taxe sur les produits et services (TPS)[6], de vérifier si le classement tarifaire soumis correspond au système harmonisé et, finalement, d'accorder la mainlevée de la marchandise une fois le processus de dédouanement terminé[7]. L'encadré 4.2 décrit la mission de l'Agence ainsi que le mandat qu'elle remplit envers le public canadien.

ENCADRÉ 4.2

La mission de l'Agence des services frontaliers du Canada

L'Agence des services frontaliers du Canada (ASFC), anciennement le ministère du Revenu du Canada, a été créée le 12 décembre 2003. Elle fait partie du nouveau ministère de la Sécurité publique et de la Protection civile. Ce ministère réunit les fonctions liées à la protection civile, à la gestion des situations d'urgence, à la sécurité nationale, aux services correctionnels, au maintien de l'ordre, à la surveillance, à la prévention du crime et aux services frontaliers. L'ASFC relève du ministre de la Sécurité publique et de la Protection civile.

L'ASFC réunit les principaux intervenants chargés de faciliter les déplacements transfrontaliers légitimes, de participer à la croissance économique ainsi que d'intercepter les personnes et les marchandises qui pourraient présenter une menace pour le Canada. Elle englobe plusieurs activités clés qui, auparavant, étaient réparties entre les trois organismes suivants : le programme des douanes de l'Agence des douanes et du revenu du Canada, le programme du renseignement, des interceptions et de l'exécution de Citoyenneté et Immigration Canada, ainsi que le programme d'inspection des importations dans les bureaux d'entrée de l'Agence canadienne d'inspection des aliments.

Le rôle de l'ASFC consiste à gérer la frontière en appliquant quelque 75 lois nationales qui régissent les échanges commerciaux et les voyages, de même que les ententes et conventions internationales.

Le travail de l'ASFC comprend notamment les activités suivantes :

- Traiter les marchandises commerciales (y compris les produits agricoles et alimentaires), les voyageurs et les modes de transport, ainsi qu'identifier et intercepter les individus et les marchandises présentant un risque élevé.
- Mener dans les aéroports des inspections secondaires ou additionnelles à l'égard des aliments et des produits agricoles que les voyageurs importent.
- Procéder à des activités du renseignement (par exemple, le contrôle des visiteurs et des immigrants) et collaborer avec des organismes chargés de l'exécution de la loi afin d'assurer l'intégrité de la frontière et de veiller à la sécurité nationale.

---

6. À moins que les produits ne soient exonérés ou en franchise de droits selon le type de marchandises importées et le lieu d'origine.
7. Voir à ce sujet le site Web de l'*Agence des services frontaliers du Canada (ASFC)*, [en ligne]. [http://www.cbsa-asfc.gc.ca] (janvier 2008)

Pour l'importateur, une bonne compréhension de l'utilisation du système harmonisé (SH) sur lequel se base l'ASFC s'avère extrêmement importante. Cette nomenclature, qui est assez récente, facilite grandement le travail des douaniers, des courtiers en douane et des importateurs. Dans les faits, la classification SH d'un produit correspond à une tarification et, selon les caractéristiques du produit, il peut arriver que plus d'un numéro SH soit applicable. Il faut donc voir à employer le numéro le plus avantageux. L'identification d'un produit au moyen d'un numéro SH précis, conforme au répertoire que la plupart des courtiers possèdent, permet d'éviter des malentendus et d'imposer le tarif douanier approprié. Dans bien des cas, le courtier en douane avisera l'importateur du numéro SH à utiliser dans ses déclarations.

L'encadré 4.3 donne un exemple d'importation de chaussures en cuir pour femmes à laquelle un numéro SH a été attribué. Un changement de classification (disons de 6403.59 à 6403.57) pourrait entraîner une tarification douanière plus élevée.

ENCADRÉ 4.3

Le système harmonisé de classification des marchandises

L'Organisation mondiale des douanes (OMD) rapporte qu'en mars 2006, plus de 200 pays et unions économiques et douanières utilisaient le système harmonisé de classification des marchandises, totalisant près de 98 % des échanges mondiaux. Parmi ces pays, citons le Canada et ses principaux partenaires commerciaux, soit les États-Unis, le Japon, la Grande-Bretagne et les autres pays de l'Union européenne.

Dans son annonce de l'édition 2007 de la publication du système harmonisé de désignation et de codification des marchandises, l'OMD donne cinq raisons de considérer le système comme indispensable :

1. Il permet de calculer avec exactitude le montant des droits de douane exigibles et de réduire le nombre de litiges avec la douane.
2. Il diminue les délais nécessaires au dédouanement et le coût du traitement de l'opération.
3. Il facilite les négociations commerciales.
4. Il simplifie l'analyse des données commerciales.
5. Il permet d'accroître la sécurité de la chaîne logistique.

Au Canada comme pour tous les pays participants, ce numéro de classification est composé de 10 chiffres :

- Les six premiers chiffres servent à identifier une certaine classe de marchandises. Ceux-ci sont semblables (normalisés ou harmonisés) pour tous les pays utilisant ce mode de classification à des fins de tarification douanière.
- Les septième et huitième chiffres (propres au Canada) définissent de façon plus précise les marchandises.
- Les deux derniers chiffres servent aux statistiques canadiennes.

Par exemple, le classement tarifaire pour des chaussures en cuir pour femmes est 6403.59.90.92, soit :

- 6403.59, le numéro SH international ;
- 90, le numéro d'identification utilisé par le Canada ;
- 92, le numéro destiné aux statistiques.

Ce numéro SH désigne des chaussures d'une valeur inférieure à 30 $ avec une taxe douanière de 19,5 %. Pour une paire de chaussures d'une valeur supérieure à 30 $ dont le numéro est SH 6403.59.20.92, la taxe serait de 11 %. D'où l'importance de bien connaître le numéro SH approprié et la valeur unitaire des produits importés afin d'éviter de payer plus de taxes que ce qui est requis.

L'importateur qui utilise une facture pour sa déclaration en douane doit s'assurer qu'elle contient suffisamment de renseignements pour permettre une identification détaillée des marchandises, la quantité importée et le bon classement tarifaire (SH). Grâce à une connaissance du système harmonisé de classification des marchandises, l'importateur peut éviter des retards dans l'obtention de la mainlevée des marchandises. De plus, de cette manière, il ne se verra pas imposer de droits douaniers erronés ou non requis sur des marchandises mal identifiées.

Les courtiers en douane travaillant au Québec sont en mesure de renseigner les importateurs sur tout ce qui concerne le système harmonisé de classification des marchandises. Ils peuvent aussi être d'une aide considérable dans le processus de dédouanement.

Le processus de dédouanement

De prime abord, l'importation peut sembler une activité qui présente peu de difficultés. Cependant, les recommandations que l'Agence des services frontaliers du Canada adresse aux importateurs sont nombreuses et précises même si on peut les résumer en une seule phrase : *il faut se préparer avant d'importer.*

Plusieurs documents sont exigés du fournisseur étranger, des livres et des registres doivent être tenus par l'importateur et des contacts avec un **transporteur**[8] doivent être établis. Les douanes canadiennes, comme d'ailleurs les services douaniers de la plupart des pays, calculent les droits à payer en fonction de la valeur des marchandises indiquée sur la facture commerciale qu'émet le fournisseur étranger. En outre, étant donné que ces droits sont déterminés selon

Transporteur / *For-hire carrier*
Personne ou entreprise qui fait passer des marchandises à la frontière internationale, selon l'ASFC. Le transporteur peut acheminer les marchandises par voie aérienne, routière, ferroviaire ou maritime, ou tout simplement par la poste.

---

8. Voir le rôle du transporteur au chapitre 11.

le pays d'origine, l'importateur doit soumettre un certificat d'origine. Cette obligation peut devenir fort avantageuse dans le cas où, suivant la provenance des marchandises, celles-ci sont susceptibles de bénéficier de taux de droits préférentiels (prévus par l'ALENA, l'Accord de libre-échange Canada-Israël ou l'Accord de libre-échange Canada-Chili). Tous les articles importés au Canada sont ainsi identifiés selon le code de classification SH qui permet d'établir le montant des droits.

En conséquence, il est essentiel pour un importateur de se familiariser, avec l'aide de son courtier en douane, avec les éléments du processus de dédouanement qui suivent:

- la procédure avant l'importation;
- les étapes du dédouanement;
- les documents requis pour le dédouanement.

Nous allons maintenant décrire ces éléments du processus de dédouanement.

La procédure avant l'importation

Afin d'accélérer le processus de dédouanement, l'importateur doit faire quelques préparatifs et se familiariser avec certaines exigences de l'Agence des services frontaliers du Canada avant d'importer des marchandises. Tout d'abord, l'importateur s'assurera de posséder un numéro d'entreprise, émis par l'Agence du revenu du Canada (ARC) pour son compte d'importations-exportations, ainsi que tous les documents nécessaires pour obtenir la mainlevée de ses produits importés. Il a également la responsabilité de tenir des registres officiels afin de prouver quelles marchandises ont été importées, de même que les quantités, les prix payés et le pays d'origine de ces marchandises[9]. De plus, l'importateur doit bien saisir le rôle des différents intervenants (transporteur, courtier en douane, agents de l'Agence des services frontaliers du Canada) engagés dans le processus de dédouanement.

Les étapes du dédouanement que nous verrons permettront de comprendre le cheminement que les marchandises importées doivent suivre à leur arrivée au Canada. Les entreprises qui achètent à l'étranger des matières premières ou des composantes essentielles à la fabrication de produits au Canada sont soumises à des exigences précises de la part de l'ASFC. Sachez que ces exigences sont assez semblables à celles qu'imposent les autres pays. En effet, la quasi-totalité des pays exercent un contrôle sur toutes les marchandises importées.

Les étapes du dédouanement

Le processus de dédouanement comporte cinq étapes, dont certaines ne s'adressent qu'aux importateurs commerciaux et non aux individus qui importent des marchandises pour leur usage personnel. Néanmoins, toutes les entreprises et tous les individus importateurs sont soumis aux règlements de l'Agence des services frontaliers du Canada.

---

9. Même si un courtier en douane exerce les activités douanières pour l'importateur, ce dernier est responsable de la tenue de ces registres et de leur maintien dans ses propres locaux. L'importateur est celui qui est responsable lors d'un litige avec l'ASFC.

La démarche requise pour procéder au dédouanement est explicite. Voici les étapes que l'importateur (ou son courtier en douane) doit franchir afin d'obtenir la mainlevée de ses marchandises importées :

1. L'enregistrement de l'expédition exige de l'entreprise qui agit à titre d'importateur commercial (contrairement au particulier qui importe pour son propre usage) qu'elle détienne un numéro officiel qui sera également utilisé pour la TPS et les impôts conformément aux exigences de Revenu Canada. Il est essentiel que l'importateur ouvre un compte spécialement désigné pour les importations identifiées par le numéro d'entreprise. En outre, ce numéro doit apparaître sur tous les documents soumis pour l'obtention de la mainlevée des marchandises importées.

2. La déclaration de l'expédition auprès de l'ASFC est effectuée dans la plupart des cas par le transporteur au moment de l'arrivée des marchandises importées à la frontière internationale ou au point de déclaration (à l'intérieur du pays). Toutes les marchandises importées doivent être déclarées. Dans le cas où l'importateur agit aussi comme transporteur, il est également soumis aux mêmes exigences en matière de déclaration.

3. La remise de documents par l'importateur permet d'obtenir la mainlevée des marchandises. Ce dernier doit aussi acquitter les taxes et les autres droits imposés suivant la valeur des importations. Cette déclaration détaillée comprend le document de contrôle de fret, les factures commerciales, le formulaire de codage de l'ASFC, les licences d'importation, les certificats sanitaires ou d'autres formulaires (selon la nature des articles) ainsi que le certificat d'origine mentionnant le pays d'origine de la marchandise importée. Un importateur qui est bien établi et qui a un volume assez considérable de transactions peut accélérer ce processus de dédouanement, selon une procédure élaborée par l'ASFC.

4. L'examen de l'expédition est fait par l'Agence des services frontaliers du Canada, en vertu de la *Loi sur les douanes*. L'ASFC a le droit de choisir au hasard des expéditions des marchandises déclarées afin d'en vérifier le contenu visuellement ou même d'en prélever des échantillons pour une évaluation plus poussée. Cet examen vise surtout à découvrir les marchandises prohibées (par exemple, des stupéfiants et du matériel pornographique), à satisfaire aux exigences d'autres ministères fédéraux (par exemple, l'inspection des viandes et des licences d'importation) et à s'assurer que les produits importés respectent la législation douanière (description, valeur, quantité, marquage et autres renseignements figurant sur la facture commerciale). L'importateur sera responsable des frais encourus pour l'examen des marchandises.

5. L'obtention de la mainlevée et le paiement des droits sont effectués une fois que l'Agence des services frontaliers du Canada connaît la classification tarifaire ainsi que l'origine et la valeur des marchandises importées. Sur cette base, l'ASFC peut imposer des droits, elle perçoit le paiement dans la devise locale, puis elle accorde la mainlevée. Bien entendu, l'importateur est responsable de la véracité des déclarations et de l'exactitude des renseignements fournis.

À l'heure actuelle, dans le contexte de la libéralisation du commerce international qui préconise l'élimination des barrières tarifaires, de moins en moins d'articles importés sont soumis à des **droits de douane.** L'importation d'articles exempts de droits est donc maintenant plus facile et plus rapide. Toutefois, en dépit de cette libéralisation, le processus de dédouanement reste le même, car l'ASFC conserve encore la responsabilité de vérifier toutes les importations.

Un importateur a intérêt à se renseigner sur d'autres éléments importants du processus de dédouanement tels que l'exonération de droits et le remboursement de droits payés (ou _drawback_). Les nombreux importateurs qui se procurent des composantes toujours soumises au paiement de droits douaniers à l'entrée au Canada — composantes incorporées dans un produit qui, une fois fini, sera exporté — doivent savoir qu'un remboursement de ces droits est prévu. L'encadré 4.4 décrit cette exonération de droits et spécifie dans quelles circonstances celle-ci peut s'appliquer.

Comme nous l'avons mentionné, le processus de dédouanement nécessite de nombreux documents. Dans les pages qui suivent, nous examinerons ces documents, leur utilisation, leur préparation et la manière dont ils doivent être utilisés par l'importateur ou soumis aux autorités douanières.

Les documents pour le dédouanement

L'importateur (ou plus probablement son courtier en douane[10]) doit remplir et présenter aux douanes canadiennes les cinq documents de déclaration[11] suivants :

1. Deux exemplaires du document de contrôle de fret délivré par le transporteur de la marchandise au Canada. Ce document doit décrire la marchandise, son poids, son volume, le mode de transport, le point d'origine et le nom du destinataire. Il sert de registre initial à l'arrivée de l'expédition et avertit l'Agence des services frontaliers du Canada qu'une marchandise a été importée et qu'elle doit être soumise au processus de dédouanement.

2. Deux exemplaires de la facture commerciale remise par l'expéditeur (l'exportateur) original de la marchandise. Sur cette facture doivent apparaître le nom et l'adresse de l'acheteur (l'importateur), une description détaillée de la marchandise, la quantité expédiée, le prix unitaire, le montant total de l'expédition, la devise utilisée (le montant doit être converti en dollars canadiens) et le terme de vente convenu (par exemple, FOB ou CIF[12]), en plus du nom et de l'adresse de l'expéditeur (l'exportateur) et du pays d'origine.

3. Deux exemplaires du formulaire B3 (formule de codage de Douanes Canada) dûment remplis. L'ASFC exige de l'importateur les renseignements suivants : le nom et le numéro de compte de l'importateur, une description de la marchandise, le traitement tarifaire et le numéro de classification SH (le cas

---

10. Ce dernier peut alléger considérablement le travail de l'importateur, étant donné la complexité de certains documents et des connaissances requises pour les remplir correctement.
11. On peut télécharger des copies de ces documents en accédant au site Web de l'_Agence des services frontaliers du Canada (ASFC),_ [en ligne]. [http://www.cbsa-asfc.gc.ca] (janvier 2008)
12. Ces Incoterms seront étudiés dans le chapitre 12.

L'exonération de droits et le remboursement de droits

Le programme d'exonération de droits, de remboursements et de remises de l'Agence des services frontaliers du Canada peut permettre à des entreprises canadiennes d'être plus concurrentielles sur les marchés internationaux. Quatre types d'exonérations sont prévus :

1. Le *drawback* (ainsi que le désigne l'ASFC) est un remboursement intégral ou partiel des droits de douane payés au moment de l'importation de ces articles. L'importateur de matières premières ou de composantes en provenance de l'extérieur qui entrent dans la fabrication de produits qui, par la suite, seront exportés est admissible à ce programme de remboursement.

2. Le *programme de report de droits* prévoit que, dans certains cas, le paiement de droits exigibles peut être reporté lorsque les marchandises importées sont destinées à être exportées ou qu'elles entrent dans la composition de produits destinés à l'exportation.

3. Le *remboursement* intégral des droits payés sur des marchandises importées peut être obtenu lorsque ces marchandises sont défectueuses, détruites ou lorsqu'elles sont retournées à l'expéditeur pour qu'un crédit soit accordé.

4. La *remise* est une franchise de droits qui, dans certains cas, est accordée pour des importations temporaires, comme des produits importés temporairement pour une foire commerciale, des marchandises retournées aux États-Unis à des fins de réparation ou des marchandises importées temporairement pour remédier à une situation d'urgence.

échéant), le pays d'origine, la valeur indiquée sur la facture commerciale, les taux de droits ou de taxe appropriés et le calcul des droits exigibles. Le contenu de ce document guidera les douanes canadiennes dans le processus de dédouanement. Il faut souligner que la majorité des importateurs font exécuter cette opération par un courtier en douane.

4. Des licences d'importation, des certificats sanitaires et d'autres formulaires peuvent être exigés par d'autres ministères fédéraux, selon le type de marchandise importée. Par exemple, les viandes importées doivent être examinées et il faut obtenir une licence pour leur importation. Le ministère des Affaires étrangères et du Commerce international demande des licences d'importation pour plusieurs produits, tels que les textiles, les vêtements, les produits agricoles, les produits d'acier, les produits laitiers, la volaille et les œufs. Ces exigences découlent soit d'ententes bilatérales conclues par le Canada avec d'autres pays, soit de contingents imposés par des organismes nationaux de commercialisation sur certains produits.

5. Les certificats d'origine justifiant le traitement tarifaire demandé (le pays d'origine de la marchandise peut influencer le tarif préférentiel douanier). Pour toutes les marchandises importées des États-Unis, le certificat d'origine est obligatoire si l'importateur désire que le tarif préférentiel (ou la franchise de droits) soit accordé en conformité avec les clauses de l'ALENA. Il en est de même pour les importations qui peuvent se prévaloir du **système généralisé de préférences,** importations en provenance de certains pays en voie de

Système généralisé de préférences / *Generalized system of preferences*
Système qui accorde un traitement tarifaire spécial à des pays en voie de développement. Au Canada, ce tarif est nommé « tarif de préférence spécial ».

développement qui requièrent un certificat d'origine spécifique à cet effet. D'autres certificats d'origine existent pour les différents accords de libre-échange signés par le Canada avec des pays tiers, tels le Chili, Israël, etc.

Tous ces documents peuvent être présentés sous forme de copies papier ou encore, avec l'autorisation de l'Agence des services frontaliers du Canada, transmis par voie électronique au moyen de l'échange de données informatisé (EDI). L'importateur qui veut bénéficier de tarifs préférentiels (ou réduits) sur les marchandises en provenance de l'étranger doit vérifier le pays d'origine et la classification en vigueur à leur égard. C'est le pays d'origine des marchandises qui, finalement, servira à déterminer le traitement tarifaire.

RÉSUMÉ

- La décision d'importer s'inscrit dans la stratégie globale de l'entreprise et est fort importante pour l'entreprise désireuse d'améliorer sa position concurrentielle sur les marchés internationaux.

- Avec les problèmes de qualité et les nombreux rappels auxquels de grandes entreprises ont eu à faire face dans le passé, l'entreprise qui importe des produits ou des composantes doit être prudente et assurer un contrôle de qualité serré de ses sous-traitants étrangers.

- Le processus d'importation comporte plusieurs étapes et l'entrepreneur doit considérer une foule de facteurs qui vont influencer sa décision finale.

- La somme des importations d'un pays a une influence considérable sur la santé économique de ce pays.

- La balance commerciale du Canada demeure excédentaire, celle du Québec est déficitaire. En 2006, nos exportations se chiffraient à 73,17 milliards de dollars et les importations, à 80,76 milliards de dollars.

- La majorité de nos produits importés sont des composantes ou des matières premières qui ne sont pas disponibles ici. On peut s'inquiéter du fait que les États-Unis soient notre principal fournisseur. Non seulement notre voisin achète près de 79 % de nos exportations, mais il nous vend aussi environ 65 % de nos importations.

- Toutes les importations de marchandises doivent être contrôlées à leur arrivée au Canada par l'Agence des services frontaliers du Canada (ASFC). Cette agence est l'organisme administratif fédéral qui a le mandat de vérifier les marchandises importées, d'exiger les droits de douane et d'accorder à l'importateur la mainlevée de ces marchandises.

- L'importateur commercial doit bien connaître toutes les étapes du processus de dédouanement. Dans un premier temps, il doit s'inscrire auprès de l'ASFC, se familiariser avec le système harmonisé de classification des marchandises, puis suivre chacune des étapes menant à l'obtention de la mainlevée des marchandises qu'il a importées. Dans certains cas, il se peut qu'il y ait une exonération de droits ou que certains produits importés, qui seront intégrés dans un nouveau produit manufacturé devant être exporté, soient admissibles à un remboursement de droits (ou *drawback*) ou à une exonération de tous droits (comme les marchandises importées pour une foire commerciale).

- Tout importateur peut utiliser les services d'un courtier en douane qu'il mandate auprès de l'ASFC pour procéder au dédouanement de ses marchandises en provenance de l'étranger. Ce courtier offre plusieurs services à titre de conseiller en importation : la préparation des documents exigés par l'ASFC, l'acquittement au nom de l'importateur des droits exigibles et le maintien des registres requis par les autorités douanières canadiennes.

QUESTIONS

1 Considérant que Metallco va devoir s'approvisionner chez des pays à risques, quels sont les éléments stratégiques les plus importants à surveiller au niveau des choix d'un pays et d'un fournisseur?

2 Rendez-vous au site Web de l'Institut de la statistique du Québec, *Commerce international en ligne*, [en ligne]. [http://diff1.stat.gouv.qc.ca/hkb/index_fr.html] (10 janvier 2008). Faites le total des importations qui vous semblent liées directement à l'industrie de l'aérospatiale et indiquez quel pourcentage de ces importations apparaît dans le total des importations du Québec en 2003, 2004, 2005 et 2006.

3 En utilisant les données du tableau 4.2 (voir la page 98), dites quelle est la part des importations québécoises en provenance de pays de l'Union européenne pour l'année 2006.

4 Vous importez pour la première fois des semi-conducteurs de Taiwan pour votre production d'appareils de télécommunication. Détaillez les étapes du dédouanement que vous devez franchir avant que les semi-conducteurs puissent être livrés à votre établissement de fabrication.

5 Un courtier en douane serait-il la personne la mieux placée pour effectuer le travail mentionné dans la question précédente? Expliquez pourquoi vous retiendriez ou non les services d'un courtier en douane pour l'exécution des opérations de dédouanement.

6 Dans le cas du calcul des coûts des semi-conducteurs que vous importez pour vos appareils de télécommunication (voir la question 4), expliquez brièvement dans quelles circonstances votre entreprise peut profiter d'une remise de droits de la part de l'Agence des services frontaliers du Canada.

7 Jean Robinson, de la firme Métallco, désire remplir ses propres formulaires de dédouanement pour ses importations de minerai de chrome. Où peut-il obtenir les détails nécessaires à cette activité?

8 Comment procéderiez-vous pour obtenir le numéro SH du minerai de chrome importé d'Albanie?

9 Les tableaux 4.1 et 4.2 (voir les pages 97 et 98), qui indiquent les importations du Québec et leur provenance en 2006, doivent être mis à jour pour refléter la situation actuelle. En consultant le site Web de l'*Institut de la statistique du Québec,* [en ligne]. [http://diff1.stat.gouv.qc.ca/hkb/index_fr.html] (10 janvier 2008), répondez aux questions suivantes :

- Les données proposées dans le manuel sont-elles les plus récentes?

- Le cas échéant, tentez d'expliquer les changements observables?

RÉFÉRENCE BIBLIOGRAPHIQUE

GRAUMANN-YETTOU, S. (1997), *Guide pratique du commerce international : exportation/importation,* Paris, Litec, Libraire de la Cour de Cassation.

SITES WEB

Agence des services frontaliers du Canada (ASFC)
[http://www.cbsa-asfc.gc.ca]

Données commerciales et statistiques sur le commerce international Québec et Canada
[http://www.stat.gouv.qc.ca]

Guide sur l'importation au Canada, étape par étape
[http://www.cbsa-asfc.gc.ca]

Organisation mondiale des douanes
[http://www.wcoomd.org]

Portail des sites du gouvernement américain
[http://www.firstgov.gov]

Tarif des douanes au Canada
[http://www.cbsa-asfc.gc.ca]

Le cas de Métallco

Constituée en société en 1976, la firme Métallco, dont le siège social est situé à Montréal, se spécialise dans la fabrication de produits ferreux et non ferreux. L'entreprise a une gamme étendue de produits allant de composantes qu'elle fabrique pour d'autres entreprises (commerce électronique interentreprises ou *business to business*), comme ses lingots de magnésium[13], ses alliages de ferrochrome et de ferromanganèse, à plusieurs autres produits semi-manufacturés, dont les anodes de magnésium destinées aux chauffe-eau électriques pour une consommation industrielle et résidentielle. Une division de l'entreprise fabrique plusieurs produits faits de magnésium pour une consommation courante (escabeaux et échelles, différents produits pour le jardin, tels des arrosoirs, etc.). La figure 4.2 présente l'organigramme de l'entreprise.

L'entreprise familiale, qui est gérée par son président-fondateur, s'est toujours assez bien adaptée aux conditions changeantes du marché et s'est taillée une réputation enviable dans le domaine des composantes pour appareils électroménagers et comme fournisseur fiable auprès des aciéries et des alumineries à l'échelle de l'Amérique du Nord. En 2000, les ventes de l'entreprise aux États-Unis représentaient environ 20 % de son chiffre d'affaires. Sa succursale de vente établie à Pittsburgh, en Pennsylvanie, employait six vendeurs qui commercialisaient les produits de la compagnie, soit les ferroalliages et la poudre de magnésium destinés aux aciéries de même que les anodes de magnésium destinées aux entreprises fabriquant des chauffe-eau électriques. Malheureusement, la

FIGURE 4.2

Organigramme de Métallco

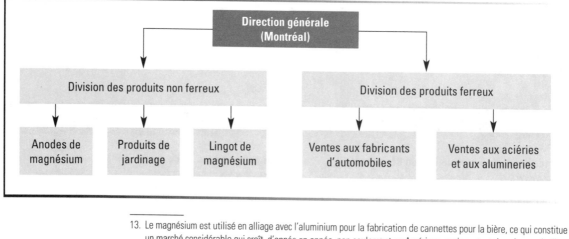

13. Le magnésium est utilisé en alliage avec l'aluminium pour la fabrication de cannettes pour la bière, ce qui constitue un marché considérable qui croît, d'année en année, non seulement en Amérique, mais partout dans le monde. Il est également utilisé dans la fabrication des moteurs et des carrosseries d'automobiles. La qualité première de ce métal est sa légèreté, et son coût est relativement plus bas que celui de l'acier ou de l'aluminium.

concurrence de deux puissantes multinationales (Norsk Hydro et Dow[14]) sur le marché américain empêchait Métallco de percer véritablement sur ce marché avec son magnésium brut. Par ailleurs, Union Carbide lui rendait la vie dure dans le domaine des ferroalliages, car elle avait un accès exclusif au minerai en provenance de l'Afrique du Sud et du Zimbabwe.

Métallco doit donc importer ses matières premières de pays plus difficiles d'accès (le minerai de chrome de l'Albanie, de Madagascar et de la Russie, le minerai de manganèse du Gabon et du Cameroun). La fonction « approvisionnement » est hautement considérée chez Métallco. Étant donné que le prix payé pour ces matières premières doit être contrôlé étroitement, son impact sur le prix de vente est majeur. Cela tient au fait que la majorité des clients acheteurs de produits ferreux de l'entreprise ont signé des contrats d'approvisionnement à long terme et à des prix fixes. Par ailleurs, le prix du minerai tend à subir des fluctuations à la Bourse des métaux de Londres[15]. De plus, la probabilité d'une instabilité politique dans certains pays fournisseurs peut causer à l'entreprise de sérieux ennuis. Soulignons également que les taxes douanières à l'importation imposées par le Canada sur les produits importés de ces pays sont encore assez élevées malgré les ententes conclues dans le contexte de l'OMC.

En plus de la qualité supérieure de ses produits, Métallco tire surtout avantage de ses coûts d'énergie raisonnables (la fabrication des anodes de magnésium exige une forte consommation d'électricité), de la réputation de son président, qui est un ancien champion de ski, et de ses campagnes publicitaires originales mais parfois sujettes à controverse. Néanmoins, l'entreprise a éprouvé à plusieurs reprises, dans ses deux usines situées en banlieue de Montréal, de graves problèmes avec les syndicats. En temps normal, le taux de productivité de sa main-d'œuvre est toutefois fort acceptable.

Malgré une baisse de 15 % de son chiffre d'affaires en 1990, attribuable à la conjoncture défavorable de cette époque ainsi qu'à certains problèmes (hélas toujours actuels!) de gestion interne, l'entreprise est maintenant en mesure de mettre en place une nouvelle stratégie commerciale axée sur la croissance des ventes sur ses marchés extérieurs. La dernière année budgétaire, se terminant le 30 novembre 2006, a donné un chiffre d'affaires de 40 millions de dollars, dont moins de 10 millions proviennent de ventes faites à l'extérieur du Canada.

Les marchés

Les principaux marchés extérieurs pour les anodes de magnésium de l'entreprise sont l'Australie, l'Union européenne — et plus particulièrement l'Allemagne, le Royaume-Uni et la France — de même qu'Israël et l'Arabie Saoudite. L'entreprise a déployé certains efforts pour pénétrer le marché des États-Unis, mais

---

14. Dow inc. est également un gros producteur d'anodes de magnésium qui vend ses produits dans tous les pays où se trouvent des fabricants de chauffe-eau.

15. Le London Metal Exchange (LME) agit comme une Bourse de produits de base (*commodities*) où les minerais, les métaux ferreux et les métaux non ferreux sont transigés quotidiennement et sont souvent la cible de spéculateurs qui prévoient soit une pénurie (les prix montent) ou une surproduction (les prix baissent).

une concurrence locale intense l'a forcée à se replier quelque peu. Les produits de jardinage se vendent surtout sur le marché local et quelquefois dans les États de la Nouvelle-Angleterre par l'entremise d'un agent manufacturier.

L'Australie est considérée comme le marché le plus important et le plus lucratif pour les anodes de magnésium fabriquées par l'entreprise. Ces dernières y sont vendues, depuis 19 ans, à des fabricants de chauffe-eau par le biais d'une maison de commerce de Toronto qui s'occupe de toutes les activités de logistique et revend les anodes de magnésium à Bram Pollack, un représentant autonome situé à Sydney. En outre, depuis cinq ans, Métallco vend directement de Montréal à des sociétés de service d'électricité situées principalement dans les grandes villes australiennes de Sydney, Melbourne, Brisbane et Perth. Ces sociétés privées distribuent et vendent à leur clientèle, en plus des services d'énergie, différents appareils électroménagers (cuisinières, chauffe-eau, etc.).

Sur le marché européen, les ventes des anodes de magnésium sont sous la responsabilité du vendeur européen du bureau de Métallco à Genève. Jean-Claude Margulie (d'origine suisse) a travaillé pendant plusieurs années chez Alcan à Montréal et à Londres, et il a acquis une expérience considérable dans l'utilisation de l'aluminium et de ses alliages. Il était le représentant européen tout indiqué pour l'entreprise qui cherchait à vendre ses lingots d'aluminium non seulement aux fabricants de chauffe-eau électriques, mais également aux alumineries.

La stratégie internationale

Métallco envisage le marché des États-Unis comme son marché local. Ainsi, la création d'une succursale à Pittsburgh et les ventes qui s'y font sont sous la responsabilité du directeur de la division des produits ferreux située à Montréal. Sam Mitchell (un Américain) supervise tous les vendeurs de cette division, qu'ils travaillent au Canada ou aux États-Unis. Les politiques de commercialisation sont d'ailleurs similaires dans les deux pays : les prix de vente sont cotés en dollars américains et les programmes promotionnels et les canaux de distribution présentent peu de différences. En somme, la gamme de produits ferreux au niveau local est rentable, bien gérée et peut être vue comme la vache à lait de l'entreprise.

En revanche, la division des produits non ferreux est plus fragmentée. Les ventes au Canada et aux États-Unis relèvent directement du président, Thomas Tomlin, qui a pris un intérêt personnel à la commercialisation des produits de magnésium au Canada et à l'étranger. Malgré un certain recoupement des responsabilités sur le plan des ventes, Métallco semble maintenir sa part de marché au Canada. Cependant, l'approche de l'entreprise doit être mieux ciblée sur le plan international. Aujourd'hui, celle-ci accorde la priorité au développement rapide des ventes de produits non ferreux sur les marchés internationaux. Elle doit mettre en place une stratégie précise.

La situation financière et les résultats financiers de l'entreprise Métallco sont exposés dans le tableau 4.3.

TABLEAU 4.3 LA SITUATION FINANCIÈRE ET LES RÉSULTATS FINANCIERS

Métallco[a]

	État des résultats
Ventes	40 000 000[b] $
Coût des biens vendus	17 000 000
Administration	500 000
Frais d'intérêts	200 000
Recherche et développement	3 000 000
Frais de vente	2 000 000
Amortissement	5 000 000
Bénéfices avant impôts	12 300 000
Impôts	(6 150 000)
	6 150 000 $

a Métallco est une compagnie privée comptant peu d'actionnaires.
b Les chiffres ont été arrondis.

Métallco Bilan	
Actif	
Encaisse	200 000 $
Stocks	1 500 000
Comptes clients	3 100 000
Usine et équipement (valeur nette)	23 700 000
	28 500 000 $
Passif	
Comptes fournisseurs	1 500 000 $
Dettes à court terme	500 000
Dettes à long terme	1 500 000
Bénéfices non répartis	15 000 000
Capital-social	10 000 000
	28 500 000 $

CHAPITRE 5

La stratégie de marketing d'exportation

PLAN

- Le défi d'exporter
- Le processus d'exportation
- La stratégie de marketing d'exportation

OBJECTIFS

- Comprendre les motifs de la PME qui décide d'exporter.
- Déterminer les composantes du diagnostic export.
- Élaborer une stratégie de marketing d'exportation.
- Indiquer les principaux éléments d'une stratégie de marketing d'exportation.

Dans les PME québécoises, l'exportation est souvent le résultat d'un processus évolutif. Très souvent, ce processus est étroitement relié au plan d'affaires internationales de l'entreprise. Ce plan doit couvrir l'entière chaîne de valeurs de l'entreprise, en amont comme en aval. Qui sont les meilleurs fournisseurs pour s'approvisionner ? Doit-on produire à l'étranger ? Comment contrôler ses coûts de production afin d'être plus compétitif sur le marché domestique comme sur le marché extérieur ? L'exportation est donc un élément de ce plan d'affaires internationales. À cet égard, la Fédération canadienne des entreprises indépendantes (FCEI) lie la réussite des entrepreneurs à leur dynamisme et leurs compétences en gestion et en efficacité, à un plan d'affaires bien ficelé ainsi qu'à des projets concrets.

Généralement, l'entreprise passe d'abord d'un marché local à un marché régional, puis à un marché national, avant de se lancer dans l'exportation pour augmenter la taille du marché auquel elle s'adresse. L'environnement commercial qu'on connaît actuellement incite les entreprises à élargir rapidement leurs marchés, du moins celles qui désirent commercialiser leurs produits ou leurs services à l'échelle de l'Amérique du Nord pour tirer avantage de l'ALENA. Or, la mise en place trop rapide d'une telle stratégie peut causer de sérieux ennuis financiers. S'engager dans l'exportation avec des clients étrangers, recevoir des demandes qui sortent parfois de l'ordinaire, négocier dans un contexte culturel différent sont autant de situations qui représentent un défi considérable pour nombre d'entreprises.

Une entreprise qui ne s'est pas vraiment préparée à pénétrer les marchés de pays étrangers risque de se décourager dès la première difficulté. C'est dire que la décision d'exporter doit être stratégique et avoir été soupesée, évaluée et comparée à d'autres moyens de croissance possibles. Nous verrons dans la première section de ce chapitre que plusieurs bonnes raisons peuvent motiver une entreprise à exporter. Toutefois, il se trouve également des entreprises qui exportent pour des raisons qui ne sont pas valables ; elles feront par conséquent face à l'échec.

Dans la deuxième section, nous examinerons les différentes étapes du processus d'exportation au cours desquelles il sera possible de recueillir des données menant l'entreprise à l'élaboration d'un plan stratégique d'exportation. La stratégie de marketing d'exportation fera l'objet de la troisième section.

Nous constaterons en dernier lieu que le marketing international est en fait le prolongement d'une stratégie de marketing d'exportation. Ainsi, lorsque l'entreprise est présente sur plusieurs marchés étrangers, elle doit gérer ses ventes comme un tout en tenant compte des caractéristiques de chacun de ces marchés. Pour une PME qui débute dans l'exportation et qui est active sur quelques marchés extérieurs seulement, une stratégie de marketing d'exportation est amplement suffisante ; par contre, une PME qui fabrique des produits à l'étranger et qui est présente sur plusieurs continents doit établir une stratégie de marketing international pour mettre ses produits sur le marché. Nous verrons les différents éléments qui composent de telles stratégies, la façon dont celles-ci doivent être exécutées et leurs préalables.

Pour Métallco, les années 1999 et 2000 ont constitué deux années record en ce qui concerne les ventes sur le marché nord-américain. L'usine fonctionnait à plein rendement et l'entreprise vendait, au fur et à mesure qu'elle les fabriquait, ses divers produits faits de magnésium. Puis, au début de 2001, il y a eu un ralentissement de l'économie. Le directeur de la production de l'entreprise a tout de même envisagé l'avenir avec confiance et il a maintenu une production élevée. Les événements du 11 septembre 2001 ont changé complètement la donne et l'entreprise s'est retrouvée avec un surplus considérable de produits.

En 2004, une occasion s'est alors présentée : un acheteur chilien était disposé à acheter une grande quantité de produits, mais à un prix inférieur à leur prix de vente régulier. Enchanté, le directeur des ventes internationales a entamé des discussions avec le représentant de l'entreprise chilienne, Carlos De Luna, au sujet des conditions d'achat de cet inventaire.

Le défi d'exporter

Exporter est un choix que fait l'entreprise qui veut élargir son champ d'activité et augmenter son chiffre d'affaires. Ce choix, souvent dicté par le hasard, s'effectue de manière réactive : l'entreprise reçoit une commande en provenance d'un pays étranger, la remplit et, de ce fait, devient une entreprise exportatrice. De plus en plus, les gouvernements et les entreprises voient dans l'exportation une avenue que toute entreprise doit suivre. Les journaux, la radio et la télévision ne cessent de présenter des reportages sur les succès que connaissent de grandes entreprises comme Bombardier, qui vend ses avions dans de nombreux pays, ou Abitibi-Consolidated, qui est maintenant un des plus grands producteurs de papier journal du monde.

Plusieurs PME se retrouvent également au centre de l'actualité en raison de leurs activités d'exportation de produits ou de services. Chaque semaine, le journal *Les Affaires*[1] brosse le portrait d'une entreprise québécoise qui a conquis de nouveaux marchés à l'étranger. Pensons entre autres à Mega Brands[2], qui exporte ses jouets de construction en Australie et aux États-Unis, ou encore à l'entreprise Fruits et Passion[3], qui offre des produits de beauté et qui compte des franchises situées dans plusieurs régions du monde dont Hong-Kong et Abu Dhabi.

Toutes ces PME sont dépeintes comme des entreprises qui ont débuté sur le marché québécois avec des produits innovateurs et qui, par la suite, ont exporté leurs produits à l'extérieur du pays. C'est aussi le cas de la firme Métallco (que nous avons décrite dans le chapitre 4), qui est entrée sur plusieurs marchés ; cependant, est-elle vraiment prête à réussir dans l'exportation ?

---

1. Voir le site Web *LesAffaires.com*, [en ligne]. [http://www.lesaffaires.com] (14 janvier 2008)
2. Voir le site Web de *Mega Brands*, [en ligne]. [http://www.megabloks.com] (14 janvier 2008)
3. Voir le site Web de *Fruits et Passion*, [en ligne]. [http://www.fruitsetpassion.com] (14 janvier 2008)

Les raisons qui poussent une PME à faire de l'exportation sont multiples. Dans le chapitre 3, nous avons vu que le désir de réaliser des économies d'échelle, d'augmenter son potentiel ou de diversifier ses marchés peut être à l'origine d'une telle décision. Toutefois, les raisons fondamentales qui incitent la PME à conquérir les marchés étrangers sont le besoin de se développer, d'augmenter ses ventes et d'accroître ses profits.

Certaines PME québécoises, trouvant que l'exportation peut être difficile et coûteuse, se positionnent comme fournisseurs d'autres entreprises qui ont déjà développé leur propre stratégie d'exportation. Ainsi vendent-elles des composantes à un exportateur qui assemble des produits finis, comme dans l'industrie de l'automobile. En effet, beaucoup d'entreprises québécoises fabriquent des pièces de grande qualité qu'elles seraient incapables de vendre directement à des clients situés en Europe et aux États-Unis. Pour d'autres entreprises, capables d'affronter les aléas du commerce international, les ventes directes à l'étranger représentent leur stratégie maîtresse. Un des avantages de la mondialisation est qu'elle permet à une entreprise de taille moyenne — qui opère dans un créneau pointu — de vendre ses produits partout dans le monde. Par exemple, l'entreprise Technosub établie en Abitibi répare et fabrique des pompes, et produit leurs composantes afin de répondre aux besoins de différents secteurs d'activités : minier, forestier, municipal, environnemental et industriel. D'abord créée pour répondre à des besoins régionaux, elle se forge rapidement une réputation et est, en 2007, une référence mondiale dans les solutions de pompage.

L'étude du Groupe de recherche en économie et gestion des PME (GREPME) relève trois ensembles de facteurs déterminants dans la décision d'exporter et dans l'orientation stratégique de l'entreprise en matière d'exportation : les facteurs liés aux dirigeants, à l'entreprise et à l'environnement externe. La décision d'exporter résulterait de l'influence d'une combinaison de facteurs de l'un ou l'autre de ces trois ensembles. Cependant, les caractéristiques du dirigeant, comme les convictions, les valeurs, l'expérience et la formation, joueraient un rôle majeur dans les décisions stratégiques d'une PME. Le tableau 5.1 présente une synthèse des facteurs liés à ces trois ensembles.

Ainsi, à elle seule, une commande non sollicitée ne serait pas un facteur suffisant pour amener une entreprise à prendre la décision d'exporter. Par exemple, si le stade de développement de l'entreprise ne lui permet pas d'avoir accès à un réseau de distribution international et si les dirigeants n'ont pas la motivation à exporter, la commande non sollicitée ne mènera probablement pas à un engagement dans l'exportation. L'expérience nous montre également que certaines entreprises prennent la décision d'exporter leurs produits pour des raisons qui ne sont pas valables :

- Elles veulent se débarrasser d'un surplus d'inventaire.
- Elles veulent remplir un carnet de commandes au moyen de ventes occasionnelles à l'étranger (normalement, les ventes se font sur le marché local seulement). Ce type d'exportation n'est pas recommandé, car les clients

TABLEAU 5.1

Les facteurs influant sur les orientations stratégiques des PME québécoises

Facteurs liés au dirigeant	Facteurs liés à l'entreprise	Facteurs liés à l'environnement
Vision des affaires et objectifs de l'entreprise allant au-delà du marché intérieur	Profil global : taille, expériences et succès antérieurs en matière d'exportation	Degré de saturation du marché intérieur
Perception positive des exportations	Stade d'internationalisation déjà atteint	Férocité de la concurrence
Style de gestion axé sur la planification, la recherche d'information et l'activité de recherche et développement	Éventail de produits et de services	Appui des programmes gouvernementaux
Dynamisme	Type de gestion : objectifs, systèmes et structures, personnel affecté aux exportations, utilisation de diverses langues	Institutions d'affaires en place
Créativité et capacité d'innovation	Marketing : avantages concurrentiels des produits et des services, service après-vente, promotion et publicité, recherche de marchés, etc.	Présence d'infrastructures de distribution
Confiance en soi		Système d'éducation et comportements rattachés à la mentalité
Éléments personnels : âge, scolarité, expérience en marketing, réseau de relations, langues parlées	Production : quantité des inventaires de produits finis, technologie et capacité de production	
	Ressources financières suffisantes	

Source : Adapté de A. Joyal (1996), *Des PME et le défi de l'exportation*, Cap-Rouge, Presses Inter Universitaires, p. 27-29.

étrangers recherchent des sources fiables d'approvisionnement à long terme. Un acheteur désire, en effet, établir des relations d'affaires soutenues ; ainsi, il n'est pas intéressé par des expéditions ponctuelles dépourvues de suivi, et ce, même si les prix sont alléchants.

- Elles veulent écouler des surplus à des prix réduits. Ici, le danger est qu'une telle pratique entraîne parfois des poursuites pour dumping, ce qui peut ternir la réputation et la crédibilité de l'entreprise qui aimerait éventuellement adopter une stratégie d'exportation proactive.

Avant de penser à l'exportation, l'entreprise doit comprendre les défis et les contraintes qui s'y rattachent, et prendre une décision en connaissance de cause. Même si le principal objectif de toute entreprise réside dans la croissance et l'augmentation de son chiffre d'affaires, elle doit être consciente que l'exportation n'est pas le seul moyen d'atteindre ce but. Il existe d'autres options que l'entreprise considérera avant de se tourner vers l'exportation :

- Augmenter ses ventes sur le marché intérieur (par exemple, vendre ses produits à l'échelle pancanadienne).
- Diversifier sa gamme de produits (ajouter d'autres produits à son offre).
- Acquérir des entreprises locales (de manière à consolider sa situation concurrentielle).

Si, après une évaluation sérieuse, aucune de ces options ne répond aux objectifs de l'entreprise, cette dernière pourra alors songer à l'exportation.

Pour l'entreprise, la décision d'exporter doit être avant tout stratégique et trouver sa raison d'être dans le désir de percer sur les marchés étrangers, d'élargir son marché traditionnel et d'amorcer un processus d'internationalisation. La stratégie d'une entreprise est un concept global qui l'engage à long terme. Une entreprise qui se lance dans l'exportation doit être motivée, et ses cadres supérieurs doivent être convaincus du bien-fondé de cette décision. Il est important de comprendre la nécessité d'être motivé à réussir malgré les contraintes et, surtout, de faire preuve de patience dans l'attente des résultats concrets.

Les contraintes propres à l'exportation sont réelles. Par exemple, des sommes additionnelles engendrant un risque financier doivent être engagées, malgré l'existence de sources de financement externes (gouvernementales[4] ou privées) visant à réduire ce risque. La complexité des documents requis pour acheminer des marchandises à l'étranger peut quelquefois décourager même les exportateurs les plus entreprenants[5]. Le manque de personnel qualifié et de temps consacré à la gestion des exportations représente aussi un élément dissuasif. Le fait, pour l'entreprise, d'accorder à ses ventes internationales la même importance qu'à ses ventes locales constitue un autre élément essentiel au succès de sa démarche sur les marchés extérieurs. L'exportation ne doit pas nuire aux ventes locales, et vice versa.

Le sondage effectué par la Fédération canadienne de l'entreprise indépendante (FCEI) qui défend les intérêts des PME à tous les paliers de gouvernement — fédéral, provincial et municipal —, révèle que 50 % d'entre elles prétendent ne pas exporter parce qu'elles n'ont ni l'expertise reconnue en commerce international ni les ressources nécessaires ni les contacts requis. Ces résultats indiquent que les gouvernements du Québec et du Canada ont un rôle déterminant à jouer dans la stimulation et le soutien aux projets d'exportation, ainsi que dans la distribution de crédits lorsque celle-ci est compatible avec la législation internationale.

Les organismes gouvernementaux peuvent seconder les entreprises qui veulent exporter en leur fournissant une gamme de programmes d'aide et de services répondant à leurs besoins de formation, de consolidation et de développement. Les missions commerciales — aux États-Unis et ailleurs dans le monde — représentent un outil efficace pour exposer les entrepreneurs aux bénéfices de l'exportation. En effet, certains entrepreneurs qui n'avaient jamais pensé vendre leur production annuelle dans les premières journées d'une foire commerciale se tenant à l'étranger sont devenus d'ardents exportateurs.

---

4. Voir le chapitre 7 pour plus de détails sur les sources d'aide financière à l'exportation offertes par les gouvernements fédéral et provincial.
5. Voir le chapitre 10 pour mieux comprendre le rôle du transitaire, cet expert-conseil en logistique de transport dont une des tâches les plus importantes est la préparation de toute la documentation requise pour acheminer des marchandises à l'étranger.

Bien entendu, une PME doit posséder l'expertise requise pour participer à des événements d'envergure internationale. À cet égard, on trouve des consultants québécois prêts à aider les PME qui n'ont pas les ressources requises pour organiser leur propre service d'exportation. À cela s'ajoutent les services de soutien à l'exportation du ministère du Développement économique, de l'Innovation et de l'Exportation (MDEIE) et du ministère des Affaires étrangères et Commerce international (MAÉCI) qui comptent des bureaux dans plusieurs pays étrangers[6].

Par son réseau, le ministère des Relations internationales du Québec offre aux entreprises, aux créateurs, aux chercheurs et aux institutions québécoises des services, des conseils et des activités adaptés aux caractéristiques des divers pays. Le réseau est composé de sept délégations générales, cinq délégations, neuf bureaux, quatre antennes et un agent d'affaires.

En somme, une entreprise peut exporter si :

- ses dirigeants sont compétents et ouverts aux exportations ;
- elle a une bonne santé financière ;
- son marché local est développé de façon adéquate ;
- elle est prête à y consacrer du temps, de l'argent et un personnel qualifié.

En revanche, d'autres entreprises préfèrent ne pas exporter pour plusieurs raisons :

- Elles ne se sentent pas prêtes à affronter les marchés internationaux.
- Elles s'intéressent uniquement au marché local.
- Elles ont une aversion pour le risque et préfèrent un environnement connu et sûr.
- Elles redoutent les efforts et le temps nécessaires à la préparation des documents requis pour exporter.
- Elles ignorent la marche à suivre.

Le point crucial pour une entreprise qui souhaite exporter consiste à évaluer ses ressources afin de juger si elle est prête à faire le saut. En effet, avant de se lancer dans l'exportation, elle doit procéder à une autoévaluation ou à une analyse de sa situation, de ses différentes ressources (financières, humaines, techniques, informationnelles) et du temps dont elle dispose. Pour vendre sur les marchés étrangers, elle doit connaître les forces et les faiblesses de sa gestion interne. En outre, évoluant dans un secteur d'activité précis, l'entreprise doit être en mesure d'analyser celui-ci pour y déceler les occasions qui lui permettront de croître, tout autant que les dangers d'une concurrence accrue, d'une conjoncture défavorable ou de tendances négatives. Heureusement, il existe un outil qui aide à cerner ces différents éléments, soit le diagnostic export, que nous décrirons plus loin dans ce chapitre (voir l'annexe 5.1, page 135).

---

6. Partie intégrante d'Affaires étrangères et Commerce international Canada, le Service des délégués commerciaux du Canada (SDC) est un réseau de plus de 900 délégués commerciaux travaillants dans les ambassades, hauts-commissariats et consulats du Canada dans quelque 140 villes à l'étranger et dans 12 bureaux régionaux au Canada.

Si, après toutes ces analyses, l'exportation s'impose encore comme la solution idéale, l'entreprise est prête à passer à l'action, c'est-à-dire qu'elle peut commencer sa planification tout en maintenant ses objectifs de commercialisation. Comme nous le verrons, le fait de mettre en relief ses forces et ses faiblesses permet à l'entreprise de déterminer les éléments qui présentent certains désavantages par rapport à la concurrence. De même, elle devient consciente des points forts sur lesquels elle peut insister dans sa stratégie d'exportation. En suivant un cheminement par étapes, l'entreprise qui veut exporter prend moins de risques et réunit les éléments pour réussir dans ce domaine. Cependant, l'entreprise doit tenir compte de son plan d'affaires internationales qui forme un tout : les activités internationales en amont (les achats, la production à l'étranger ou la sous-traitance) comme ses activités en aval (l'exportation pure et simple, l'octroi de franchises ou une cession de licence par exemple).

Le commerce international et le commerce électronique

Le commerce électronique représente une option pour élargir les activités d'une entreprise au niveau international. Toutefois, ce domaine constitue un défi énorme pour l'entreprise qui désire s'y lancer. Cette activité doit donc être autant approfondie que les activités de commerce international traditionnelles. Néanmoins, comme nous l'avons mentionné en introduction, nous ne faisons ici qu'effleurer ce domaine qui mérite un ouvrage à lui seul.

Le commerce électronique devient ainsi une nouvelle variable dans l'analyse de la concurrence internationale de l'entreprise. Cette analyse ne se limite évidemment pas aux entreprises actives dans le commerce électronique. Bien sûr, il peut exister quelques concurrents très connus dans Internet, mais en général, l'entreprise développe une stratégie internationale destinée à concurrencer des entreprises traditionnelles. Une question mérite toutefois d'être soulevée : comment les clients potentiels acquièrent-ils actuellement le produit, le service ou l'information que l'entreprise souhaite leur vendre ?

Le commerce électronique peut prendre différentes formes. Les deux grandes catégories de commerce électronique sont :

- B2C (*Business to Consumer*) : commerce de détail en ligne.
  Le client est un particulier.
- B2B (*Business to Business*) : commerce interentreprises en ligne.
  Le client est une entreprise.

L'arrivée d'Internet offre ainsi un puissant levier pour accroître la compétitivité d'un commerce sur les marchés. Toutefois, mieux l'entreprise définit le modèle d'affaires qu'elle veut poursuivre, mieux elle rejoint les clients ciblés, meilleurs sont les revenus et plus bas sont les coûts.

Par ailleurs, la direction d'une entreprise en affaires électroniques pose des défis différents aux gestionnaires. Tous les dirigeants se doivent de maîtriser le contexte dans lequel opère leur entreprise. En commerce électronique, ce contexte pose des défis nouveaux qui se résument en cinq points :

1. Comprendre la dynamique de la clientèle.
2. Suivre de près le progrès technologique.

3. Trouver le juste milieu entre l'enthousiasme et le désespoir irrationnel.

4. Intégrer les activités traditionnelles de commerce international et électroniques.

5. Identifier les principaux leviers de l'avantage concurrentiel.

Toutefois, une bonne stratégie doit expliquer la portée des actions concrètes qui sont menées par les dirigeants en affaires électroniques. Elle permet de s'assurer qu'une proposition commerciale répond aux besoins d'une clientèle donnée et correspond aux ressources internes de l'entreprise qui la propose. Il est donc important de s'interroger sur la qualité des occasions d'affaires avant d'investir dans le développement de nombreuses ressources. Une bonne stratégie comporte toutes les étapes d'analyse initiales d'un projet d'exportation et s'arrête au seuil de la décision : l'entreprise doit-elle aller de l'avant ou non avec l'occasion d'affaires électroniques ?

Pour compléter son diagnostic export, une entreprise est invitée à utiliser les outils développés par la Banque de développement du Canada (BDC) afin de mesurer la pertinence des affaires électroniques.

Le processus d'exportation

Comme nous l'avons souligné, l'exportation comporte plusieurs étapes. La première consiste à analyser la situation de l'entreprise dans son environnement en répondant aux questions suivantes :

- Quel est le statut de l'entreprise aujourd'hui ?
- Dans quel domaine l'entreprise excelle-t-elle ?
- Son produit ou son service présente-t-il un avantage concurrentiel ?
- Son produit ou son service doit-il être modifié pour intéresser des clients étrangers ?
- L'entreprise prospère sur le marché local, peut-elle réussir aussi bien dans un contexte différent ?
- L'image de l'entreprise et sa réputation auprès de sa clientèle et de ses fournisseurs sont-elles positives ?
- Si la demande locale augmente, l'entreprise pourra-t-elle répondre adéquatement à la demande des clients étrangers ?

En somme, l'entrepreneur s'interroge de façon objective afin de comprendre parfaitement la situation de son entreprise dans son milieu actuel. Une entreprise qui ne peut répondre de manière satisfaisante à ces interrogations ne possède pas les dispositions nécessaires pour se lancer dans l'exportation.

En outre, toute entreprise doit réaliser que la concurrence est toujours présente. Aussi est-il important qu'elle connaisse bien ses concurrents locaux, car ceux-ci peuvent également se trouver sur les marchés extérieurs. Une entreprise qui ne peut identifier ses concurrents amorce sa stratégie de commercialisation avec un handicap.

Pour prendre une décision éclairée, l'entreprise peut recourir au diagnostic export, un outil de travail qui est décrit dans l'annexe 5.1 à la fin du chapitre. Le diagnostic export consiste en une autoévaluation des quatre fonctions de base d'une entreprise, soit la gestion les finances, la production et le marketing. Prenant la forme d'un questionnaire, ce diagnostic permet à l'entrepreneur de répondre à des questions précises sur les différents aspects de ces fonctions. En somme, cet instrument vise à évaluer la position concurrentielle de l'entreprise, ses ressources, les forces et les faiblesses de sa gestion ainsi que le niveau de qualité de son produit ou de son service.

Le tableau 5.2 propose des questions types, associées à chacune des quatre fonctions. Ces questions aideront l'entreprise à mieux se connaître et à évaluer sa position par rapport aux exigences requises pour se lancer dans l'exportation.

L'annexe 5.1 (voir la page 135) présente le questionnaire adapté de l'outil de diagnostic d'entreprise mis au point pour le concours *Les PME de la Banque Nationale*. Ce questionnaire permet à l'entreprise d'évaluer ses ressources internes et, surtout, de s'assurer qu'elle détient les compétences requises pour réussir dans l'exportation. Il suffit de répondre à chaque question et de comparer sa réponse au guide d'interprétation qui l'accompagne. La compétence requise dans un secteur déterminé peut n'être pas présente (note d'évaluation de 0 ou 1), être moyennement présente (note de 3) ou très présente (note de 5). Même si l'évaluation faite par l'entreprise est subjective, cette dernière aura une meilleure idée de sa capacité d'exporter. Un simple coup d'œil sur le questionnaire contenant toutes les notes attribuées permet de situer l'entreprise et son aptitude à l'exportation.

L'entreprise qui obtient surtout les notes 0 et 1 dans ses réponses n'est pas vraiment prête pour l'exportation. En effet, il s'agit d'une entreprise qui est active uniquement sur le marché local et pour qui l'exportation n'est certainement pas une préoccupation. Au contraire, l'entreprise qui obtient la note 5 est une entreprise dynamique qui a une excellente gestion et qui est, à tous égards, prête à exporter. Une PME qui obtient aux environs de 3 comme note moyenne a une bonne gestion, des stratégies bien pensées, mais elle a encore du travail à faire avant d'être en mesure d'affronter les marchés internationaux.

Les réponses données dans ce questionnaire permettent à la fois de comparer le rendement d'une entreprise à des critères d'évaluation précis et de déterminer les points forts et les points faibles de son contexte interne. Le diagnostic export est sans doute le meilleur outil dont dispose une entreprise pour acquérir une vision globale de sa situation à un moment précis de son évolution. Il est donc fortement recommandé d'utiliser ce questionnaire au cours de la première étape d'un cheminement vers les marchés extérieurs.

Une analyse plus poussée des résultats de ce questionnaire permettra à l'entreprise de reconnaître clairement ses forces et ses faiblesses, les occasions d'affaires qui sont susceptibles de se présenter et dont elle devra profiter, ainsi que les menaces présentes dans son environnement externe. Ces données sont résumées dans la figure 5.1 (voir la page 126).

TABLEAU 5.2

Des questions types sur l'exportation

Le management	Les finances
Qui s'intéresse à l'exportation au sein de l'entreprise ?	L'entreprise fait-elle régulièrement des prévisions budgétaires ?
Qui connaît l'exportation ?	A-t-elle une liquidité acceptable ?
Qui peut s'occuper des tâches quotidiennes liées à l'exportation ?	Utilise-t-elle une marge de crédit ? De quelle façon ?
L'entreprise est-elle active dans des activités de réseautage ?	Calcule-t-elle de manière précise les coûts de revient de ses produits ou de ses services ?
A-t-elle des objectifs précis ? une mission bien définie ?	Quelles sont les conditions de paiement (moyens de règlement, durée du crédit, facturation, risque de change) pratiquées dans l'entreprise ?
Dispose-t-elle d'un plan stratégique de développement ?	
L'exportation est-elle considérée comme importante pour la croissance de l'entreprise ?	Les profits sont-ils réinvestis dans l'entreprise ?
L'entreprise possède-t-elle une structure comportant un service de l'exportation ?	L'entreprise gère-t-elle bien ses finances ?
Ce service est-il organisé par produit ? par zone géographique ?	
Quelles langues sont parlées ? Par qui ?	

Le marketing	La production
L'entreprise a-t-elle des objectifs de vente précis ?	La fabrication des produits est-elle planifiée ?
Connaît-elle sa part de marché ?	L'entreprise gère-t-elle bien ses stocks de composantes ou de matières premières ?
Vend-elle à une clientèle nombreuse ?	Son approvisionnement est-il fiable ? Dispose-t-elle de plusieurs fournisseurs ?
Quels produits sont exportés ou exportables ?	
Le produit ou le service offert présente-t-il un caractère distinctif, un avantage concurrentiel ?	L'entreprise exerce-t-elle un contrôle de la qualité serré sur ses produits ?
L'entreprise a-t-elle souvent recours à des études de marché ?	Les produits sont-ils conformes aux normes étrangères pour la production et l'utilisation ?
Possède-t-elle une documentation adéquate et des outils promotionnels soignés ?	La capacité de production de l'entreprise est-elle suffisante pour assurer une augmentation de ses ventes ?
Quels canaux de distribution utilise-t-elle ?	Quelles sont les technologies utilisées dans la production ?
L'entreprise offre-t-elle un service après-vente continu ? Assure-t-elle un suivi de sa clientèle ?	Les **brevets** de l'entreprise sont-ils déposés ? Ses marques de commerce sont-elles enregistrées ?

Source : Adapté de J. E. Denis (1984), *Les PME et l'exportation,* Boucherville, Gaëtan Morin Éditeur, p. 61-84.

Brevet / *Patent*
Titre émis par un État qui confère à son titulaire un monopole quant à l'exploitation, lui permettant d'interdire la fabrication, la vente et même l'usage d'une invention par des tiers, pour une durée limitée.

À la vue des résultats du diagnostic et selon les forces et les faiblesses relevées, l'entrepreneur se trouve en meilleure position pour évaluer ses chances de succès sur les marchés étrangers.

- Est-il prêt à exporter ?
- Quelles forces lui permettront de réussir à l'étranger ?
- À quelles faiblesses doit-il remédier afin de pouvoir conquérir les marchés extérieurs avec succès ?

FIGURE 5.1

La synthèse du diagnostic export

La figure 5.2 permet de mieux visualiser cette démarche essentielle qui doit précéder tout engagement dans une stratégie d'exportation.

Si les étapes précédentes confirment que l'entreprise a la maturité nécessaire pour songer à l'exportation, il est temps de passer à l'étape suivante : l'élaboration de la stratégie de marketing d'exportation. L'élaboration d'une stratégie de marketing est essentielle pour toute entreprise désirant vendre des produits ou des services. Elle est essentielle à plus forte raison si l'entreprise veut faire une percée sur un marché étranger, puisqu'elle doit tenir compte d'un environnement différent et souvent complexe.

FIGURE 5.2

La démarche préalable à l'engagement dans une stratégie d'exportation

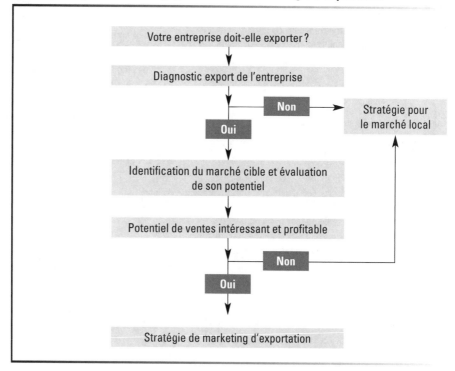

La stratégie de marketing d'exportation

Si les résultats du questionnaire de diagnostic export sont positifs, l'entreprise peut élaborer sa stratégie de marketing. Dans un contexte international, l'entreprise affrontera plusieurs facteurs incontrôlables, voire des conditions extérieures contre lesquelles elle ne pourra rien. Sans être exhaustive, la liste qui suit contient quelques-uns de ces facteurs influant sur le marché cible :

- le contexte politique et juridique ;
- le contexte économique ;
- le contexte culturel ;
- la situation géographique ;
- le développement technologique ;
- la concurrence.

L'entreprise devra donc tenir compte de ces facteurs incontrôlables lorsqu'elle élaborera sa stratégie de marketing qui portera sur les quatre variables du marketing qu'elle peut adapter ou modifier de manière à se conformer à la réalité des facteurs incontrôlables d'un marché. Ces quatre variables, qui s'apparentent à celles du marchéage (*marketing mix*) ou logistique commerciale, sont le **produit**, le prix, la promotion et la distribution. On le dit souvent, un bon plan de marketing utilise ces quatre variables afin d'offrir le bon produit au meilleur endroit et au meilleur prix, le tout soutenu par une promotion adéquate et ciblée pour rejoindre le client visé. Examinons maintenant de plus près les implications des variables « produit », « prix », « promotion » et « distribution » qui suivent.

Produit / *Product*
« Élément central sur lequel repose l'entreprise ; le consommateur identifie la firme à cet élément qu'il consomme. Ici [...] dans son sens le plus large [...] un objet tangible, un service, une idée ou une cause. »
(Colbert et Filion, 1995.)

La variable « produit »

Une stratégie de marketing bien pensée exige que l'entreprise franchisse plusieurs étapes. Une des étapes les plus importantes consiste à évaluer de la manière la plus détaillée et objective possible le produit ou le service qui sera offert sur les marchés étrangers. Comme nous le verrons au chapitre 6 portant sur la sélection des marchés, l'exportateur doit également tenir compte de la notion *couple produit-marché* proposée par Jean-Paul David[7]. D'une part, il doit identifier et qualifier un produit particulier de sa gamme et d'autre part, repérer et évaluer quel marché (ou région) offre le meilleur potentiel. Ce concept sera développé plus en détails dans le chapitre suivant. Il peut arriver qu'au cours du diagnostic export, le produit apparaisse comme une des forces de l'entreprise. Aussi, afin de comprendre parfaitement les divers avantages concurrentiels de son produit, l'entreprise doit procéder à cette évaluation. Les premières questions à se poser seront celles-ci : « Mon produit est-il exportable ? Peut-on l'adapter à des normes différentes ? » Voici quelques éléments de réflexion pour répondre à ces questions :

- Quels sont les attributs physiques de mon produit ? Qu'est-ce qui le différencie d'un autre ?

---

7. David, Jean-Paul (2007), *Comment développer les marchés internationaux*, Montréal, Éditions Transcontinental.

- Qui utilise mon produit? De quelle façon est-il utilisé?

- Quelle est la teneur technologique de mon produit? Ce produit est-il de qualité supérieure, moyenne ou minimale?

- Mon produit a-t-il un emballage distinctif? Sa présentation est-elle soignée? Sa **marque de commerce** est-elle reconnue?

- Mon produit est-il accompagné d'accessoires? Est-il offert dans une large gamme?

- Un service après-vente ou un service d'entretien est-il offert avec mon produit? Est-il accompagné d'une garantie?

Marque de commerce / _Trademark_
Noms, sigles, slogans, dessins, chiffres et parfois même ensemble de couleurs à caractère distinctif qui permettent d'identifier un produit (ou un service) et servent à distinguer celui-ci d'autres produits (ou services) semblables.

En somme, à cette étape, l'entreprise essaie de déterminer tous les avantages concurrentiels que comporte son produit afin de pouvoir le positionner par rapport à la concurrence existante ou potentielle. Chaque segment de marché, qu'il soit local ou international, est caractérisé par des besoins spécifiques. En plus de sa fonction première, un produit peut procurer d'autres satisfactions selon les valeurs et la culture du segment de marché où il sera offert. Par exemple, la fonction première d'un appareil photo est de prendre des photos. Toutefois, aux États-Unis, on s'attend à pouvoir prendre des photos de manière simple et facile. En Allemagne et au Japon, non seulement l'appareil photo doit prendre des photos d'excellente qualité, mais il doit avoir un design particulier. En Afrique, où la pénétration de l'appareil photo est inférieure à 20 % des foyers, le simple concept de la photo à prendre doit être vendu. Sur ces trois marchés culturellement différents, les consommateurs désirent prendre des photos, mais le degré de satisfaction additionnel rattaché à un appareil photo est varié[8]. Ainsi, dans le choix de son marché cible, une entreprise devra tenir compte des facteurs culturels influençant le degré de satisfaction lié à son produit.

La variable «prix»

Comme nous le verrons dans les prochains chapitres, le prix influence, favorablement ou non, la vente d'un produit sur un marché étranger. Contrairement à la vente sur le marché local où la variable «prix» ne reflète que les coûts de revient et une marge de profit raisonnable, des frais additionnels s'ajoutent dès que la vente se fait sur les marchés internationaux. Parmi les coûts supplémentaires les plus évidents, mentionnons les frais de crédit, les coûts de transport, les frais de promotion internationale, les coûts du financement, les frais bancaires et, dans certains cas, les frais de dédouanement à l'étranger[9]. En conséquence, le contrôle des coûts représente un des défis majeurs pour l'exportateur qui désire obtenir la flexibilité nécessaire pour être compétitif sur les marchés étrangers.

Par ailleurs, le prix de vente doit, dans la mesure du possible, être exprimé dans la **devise** du pays du client ou, à la rigueur, dans une devise facilement convertible, soit le dollar américain ou l'Euro. Ainsi, pour l'établissement du

Devise / _Foreign currency_
Ensemble des moyens de paiements libellés en monnaies étrangères comprenant les billets de banque, les chèques de voyage, les dépôts bancaires, etc. Ils permettent de régler les dettes relatives aux transactions internationales.

---

8. P. R. Cateora et J. L. Graham (2005), _International Marketing_, 12e édition, New York, McGraw-Hill/Irwin, p. 476.

9. Voir le chapitre 12 pour le calcul du prix qui sera attribué au produit dans le pays où il sera exporté.

prix d'un produit, il faut tenir compte des risques du taux de change si le prix est coté dans une devise autre que le dollar canadien.

Par exemple, une entreprise de meubles exportant vers les États-Unis doit considérer dans son prix de vente (exprimé en dollars américains) les coûts du transport des marchandises par camion du Québec à New York (la ville du client), les coûts du dédouanement (même si aucun droit n'est exigé), les coûts de sa participation à des foires aux États-Unis et d'autres frais de vente (pour se faire connaître sur ce nouveau marché). En plus, la détermination du prix doit inclure le risque de variation du taux de change du dollar canadien par rapport au dollar américain. De toute évidence, la variable «prix» nécessite une excellente connaissance des divers coûts qui s'ajoutent au prix de vente fixé pour le marché local.

La variable «promotion»

Pour pénétrer les marchés étrangers et y rejoindre les consommateurs, une entreprise doit vanter les avantages concurrentiels de son produit dans la langue des consommateurs et dans le respect de leur culture. Voilà le défi que la variable «promotion» d'une stratégie de marketing international tentera de relever. Annoncer un nouveau produit, faire mousser la vente de produits existants et se bâtir une image et une réputation sur un marché étranger constituent les objectifs promotionnels d'une entreprise qui veut exporter. La réalisation de ces objectifs peut entraîner des coûts parfois assez élevés; aussi l'entreprise doit-elle bien connaître sa clientèle et les moyens de l'atteindre. Une connaissance de l'environnement culturel du nouveau marché étranger est donc indispensable. Les outils promotionnels que l'entreprise possède pour établir sa réputation et celle de ses produits doivent être conçus et rédigés en fonction des attentes du client étranger. En somme, pour une entreprise qui s'intéresse à l'exportation et qui s'y prépare, les défis de la variable «promotion» s'avèrent des plus ardus.

L'utilité des foires commerciales pour la promotion des produits d'une entreprise constitue un autre élément important à souligner. Comme nous le verrons dans le chapitre 7, la visite de foires et la participation à celles-ci font partie intégrante d'une stratégie de promotion d'une entreprise qui veut pénétrer un marché étranger.

La variable «distribution»

Une entreprise bien établie sur le marché local maîtrise déjà la gestion de ses **canaux de distribution.** Bien que la transition qui la conduira vers la distribution de ses produits sur un marché étranger puisse présenter certaines difficultés, l'entreprise pourra s'adapter rapidement aux exigences de ce nouveau marché. Par contre, l'entreprise débutante aura sans doute du mal à trouver les modes d'entrée les plus efficaces sur un marché étranger. La variable «distribution» représente donc un autre défi de taille de la stratégie de marketing.

Canal de distribution /
Distribution channel
Voie d'acheminement de biens de même nature entre le producteur et le consommateur, laquelle comprend éventuellement l'intervention de commerçants intermédiaires.

Circuit de distribution /
Distribution network
Ensemble des canaux de distribution par lesquels s'écoule un bien ou un service entre le producteur et le consommateur.

Il importe, en premier lieu, de bien connaître les différents **circuits de distribution** et, en second lieu, de pouvoir choisir le circuit de distribution qui conviendra le mieux au contexte de l'entreprise, de ses produits et du marché visé. D'un autre côté, la réglementation d'un pays peut entraver l'offre que présente l'entreprise québécoise sur ce marché. Conséquemment, l'entreprise doit être au fait des lois qui régissent les canaux de distribution ; par exemple, les produits agroalimentaires, les jouets et les produits chimiques sont sujets à une réglementation d'une sévérité variable selon les pays.

Il faut également signaler l'aspect logistique (la gestion de la distribution des marchandises), qui englobe l'ensemble des activités liées au mouvement des marchandises vers les clients étrangers. Cette activité ne doit pas être confondue avec l'utilisation des canaux de distribution de vente (la vente par des agents, par des représentants, par des distributeurs, etc.). Les différentes formes de distribution sont examinées dans les chapitres 9 et 10, tandis que la logistique et le transport international font l'objet du chapitre 11.

Les activités de marketing

En fait, les activités de marketing d'exportation sont sensiblement différentes des activités relatives au marketing local étant donné que, dans le premier cas, la commercialisation s'effectue dans un environnement différent avec une nouvelle clientèle ayant des attentes particulières. Sur le marché local, l'entreprise fait face à un seul groupe de concurrents, à un seul ensemble de lois et de règlements, ainsi qu'à un seul ensemble de conditions du marché. Sur les marchés étrangers, la situation est différente puisque l'exportateur doit examiner ces facteurs pour chaque pays, de même que pour chaque marché sur lequel il sera actif.

Le tableau 5.3 permet de visualiser les facteurs qui influent sur la manière dont évolueront les activités de marketing effectuées pendant la mise en marché. Comme nous l'avons dit, lorsque l'entreprise effectue son diagnostic export, elle évalue ses compétences internes, soit ses forces et ses faiblesses. Or, pendant l'élaboration d'une stratégie de marketing, elle doit également tenir compte du contexte externe, c'est-à-dire des occasions et des menaces. Aussi, en mettant en place ses stratégies relatives au produit, au prix, à la promotion, à la distribution et au service après-vente, l'entreprise doit considérer la clientèle visée, la concurrence existante, les contraintes auxquelles elle est soumise et les appuis dont elle peut bénéficier de la part des pouvoirs publics. En outre, la conjoncture économique, l'environnement socioculturel et les autres forces macroéconomiques auront un effet sur toutes les activités de marketing de l'entreprise. Les tendances du secteur dans lequel l'entreprise s'inscrit (comme une demande en croissance ou une diminution de l'offre) doivent aussi être scrutées au cours de l'élaboration de stratégies de marketing.

Pour que l'entrepreneur puisse avoir une vue d'ensemble des activités à mettre en œuvre, il notera, dans chaque case du tableau 5.3, les tâches rattachées aux différentes activités de marketing ou les modifications devant être apportées à ces tâches. Par exemple, le produit doit tenir compte de la clientèle (être adapté à ses goûts), de la concurrence (se différencier), des pouvoirs publics (respecter la réglementation), et ainsi de suite. L'entrepreneur fera de même pour le prix, la promotion, la distribution et le service après-vente.

TABLEAU 5.3

Les activités de marketing

Facteurs contrôlables	Facteurs incontrôlables				
	Clientèle	Concurrence	Pouvoirs publics	Forces macro-économiques	Tendances
Produit	*Adapté*	*Différencié*	*Règlements*	*Conjoncture*	*Cycle de vie*
Prix					
Distribution					
Promotion					
Service après-vente					

━━━━━━━━━━━━━━━━━━━━━⟶ **Orientation du marketing** ━━━━━━━━━━━━━━━━━━━⟶

Le marketing international

Lorsque l'entreprise élabore des stratégies de marketing international, elle utilise ce modèle à plusieurs reprises selon le nombre de marchés étrangers ciblés et de stratégies adoptées. Cependant, chaque fois, plusieurs questions se posent :

- Doit-on entrer sur d'autres marchés ?
- Quel autre marché doit être ciblé ?
- De quelle façon doit-on le pénétrer ?
- Quelle stratégie générale doit-on adopter ? Quelle stratégie locale doit-on mettre en place ?

Une bonne stratégie de marketing national peut facilement s'étendre à d'autres marchés pourvu que l'entreprise examine les facteurs qui modifieront l'orientation de son marketing : la clientèle visée et la **segmentation** ciblée, la concurrence présente sur le marché, le rôle et les interventions des pouvoirs publics, les forces macroéconomiques du marché (conjoncture, culture, communications, etc.) et, finalement, les tendances observées. Ces dernières sont utiles pour déceler si un besoin est en croissance ou en déclin. C'est pourquoi l'observation des tendances peut influencer considérablement l'organisation de la mise en marché.

Jusqu'à présent, nous avons vu les différents éléments d'une stratégie de marketing d'exportation. Ce type de marketing concerne surtout les entreprises qui en sont à leurs premiers efforts de vente sur les marchés internationaux ; c'est le cas de maintes entreprises québécoises. En revanche, quand on parle de marketing international, on fait davantage référence à la commercialisation qu'accomplissent les entreprises qui sont présentes sur plusieurs marchés internationaux pour y produire ou y vendre leurs produits. Le marketing international a trait à la gestion de la mise sur le marché de gammes étendues de produits, parfois sous des marques de commerce différentes, qui exigent de multiples réseaux de distribution et une promotion adaptée à la culture des nombreux pays visés. Ce marketing est utilisé par les multinationales ; par exemple, le marketing international fait par Air Canada pour la promotion de

Segmentation / *Segmentation*
Résultat de l'analyse systématique des différents besoins qu'on trouve sur un marché. Par exemple, les personnes ayant des revenus élevés ou ayant de faibles revenus, les architectes ou les plombiers représentent chacun un segment de marché dont les besoins sont différents. Le produit qu'on veut vendre doit répondre aux besoins du segment de marché ciblé.

ses services aériens en Europe, en Asie ou ailleurs, ou par Alcan (maintenant connue sous le nom de Rio Tinto Alcan) pour la vente de ses produits à base d'aluminium.

À une plus petite échelle, l'entreprise Wrebbit qui vend ses casse-têtes (*Puzz 3-D™*) à travers le monde par l'intermédiaire de son nouveau distributeur propriétaire Hasbro fait du marketing international. Ses produits sont fabriqués aux États-Unis, au Royaume-Uni et au Canada. Ils sont adaptés au contexte culturel et aux différents goûts des marchés internationaux. Par exemple, le casse-tête le plus populaire dans les pays musulmans est celui de la mosquée de La Mecque, ville sainte de l'Islam située en Arabie Saoudite. La réplique de la tour Eiffel est très populaire en France et celle de l'horloge Big Ben se vend très bien en Angleterre. Pour ce qui est de ses produits, les stratégies de marketing de Wrebbit sont poussées, mais la firme doit également composer avec plusieurs centres de production, plusieurs réseaux de distribution et des fourchettes de prix liées étroitement au niveau de vie des consommateurs de chaque marché visé. En intervenant sur le marché international, le service du marketing de la société doit envisager ces multiples données.

La figure 5.3 illustre le cheminement qu'une entreprise doit suivre pour mettre au point une stratégie de marketing d'exportation. Chaque étape (représentée par un cadre) doit être définie, analysée et se conclure par une activité. La somme de ces activités constitue une stratégie de marketing.

La stratégie de marketing international

Le modèle de la figure 5.3, qui décrit les différentes activités de marketing qui doivent être adaptées à la clientèle, à la concurrence, à la réglementation des pouvoirs publics sur les marchés visés et à l'environnement macroéconomique, et ce, en tenant compte des tendances du marché, s'applique également à l'élaboration d'une stratégie de marketing international.

La stratégie de marketing international implique de nouveaux enjeux, dont le plus important peut être formulé par la question suivante : l'entreprise doit-elle adopter une approche standardisée pour tous les marchés ou une approche adaptée à chaque marché cible ? L'exemple de Wrebbit illustre bien le concept d'adaptation du produit aux marchés visés. Par contre, un produit comme le parfum N° 5 de Chanel est offert sur tous les marchés du monde de la même façon, avec le même emballage et la même publicité. Seul le prix peut varier.

Une stratégie de marketing international, quelle qu'elle soit, est élaborée à partir de la manière dont une entreprise répond à cette question-ci : doit-on offrir le même produit soutenu par une promotion semblable et distribué de façon similaire sur tous les marchés internationaux, ou bien doit-on adapter le produit, le prix, la promotion et la distribution en fonction des nombreuses facettes de l'environnement de chacun des marchés internationaux où l'on désire vendre ses produits ?

Dans la suite de cet ouvrage, nous nous limiterons au marketing d'exportation, celui-ci étant plus près de la réalité des PME québécoises qui exportent ou qui en sont à leurs premiers pas sur les marchés étrangers.

FIGURE 5.3

Le plan de marketing d'exportation

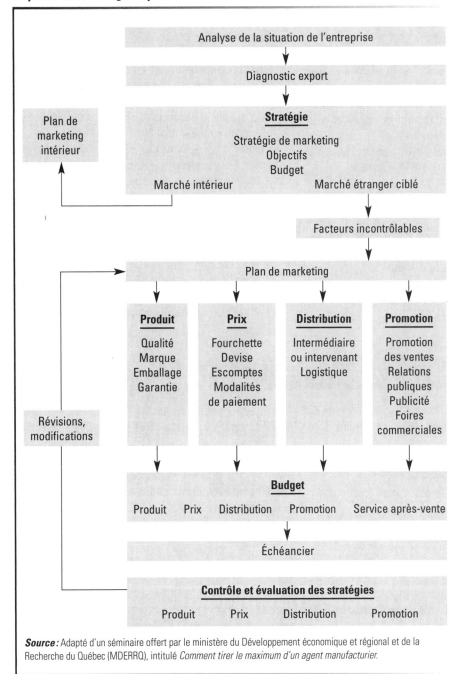

Source : Adapté d'un séminaire offert par le ministère du Développement économique et régional et de la Recherche du Québec (MDERRQ), intitulé *Comment tirer le maximum d'un agent manufacturier.*

RÉSUMÉ

- L'exportation est une activité que l'entreprise doit envisager étape par étape. La première étape consiste à situer l'entreprise sur le marché local.

- Après avoir effectué une évaluation au moyen d'un diagnostic export, si l'entreprise conclut que son produit est exportable, elle estimera ses chances de succès sur les marchés étrangers. Pour prendre une décision éclairée quant au choix de l'exportation comme avenue de croissance, l'entreprise procédera à une analyse objective de ses ressources sur les plans des finances, de la gestion, de la production et du marketing.

- Une fois l'évaluation du contexte interne effectuée, l'entreprise aura une meilleure connaissance de ses forces et de ses faiblesses. Elle devra alors examiner le contexte externe, les occasions de croissance et les tendances favorables, de même que les obstacles que comporte l'environnement concurrentiel.

- Lorsque l'entreprise a pris la décision d'exporter et qu'elle connaît bien son environnement, elle peut définir sa stratégie de marketing d'exportation. La première étape consiste à choisir son marché cible en tenant compte du concept *couple produit-marché*. Cependant, pour y parvenir, elle doit déterminer si elle est en mesure d'adapter son marketing local à la réalité d'un marché extérieur. Plusieurs éléments de son marchéage devront éventuellement être modifiés, de façon à tenir compte des exigences d'un autre marché. L'entreprise devra alors analyser de nombreux facteurs incontrôlables : les contextes politique, économique et culturel ainsi que la situation géographique, le développement technologique à l'étranger et, surtout, la concurrence, laquelle est présente sur tous les marchés.

- Les quatre variables (contrôlables) sont le produit, le prix, la promotion et la distribution. Il est possible d'adapter tous ces éléments au contexte d'un environnement différent, mais à des coûts qui risquent de dépasser la capacité financière d'une entreprise.

QUESTIONS

1 Nous avons vu en début de chapitre que, à la suite du ralentissement de l'économie, Métallco fait face à un sérieux problème d'inventaire. D'après vous, la stratégie consistant à conclure une vente rapide avec cet acheteur chilien est-elle acceptable ? Pourquoi ?

2 Métallco exporte vers les États-Unis et l'Europe. Après avoir analysé la situation actuelle de l'entreprise à l'aide des questions du tableau 5.2 (voir la page 125), considérez-vous que Métallco est en mesure de se lancer dans l'exportation ?

3 En vous appuyant sur les données que vous avez maintenant sur Métallco, élaborez le premier jet d'un plan de marketing d'exportation (comme celui qu'on trouve dans la figure 5.3, page 133) et prenez le Japon comme marché cible pour les anodes de magnésium que fabrique l'entreprise. Conservez ce travail, car vous serez appelé à le compléter et à le mettre à jour.

RÉFÉRENCES BIBLIOGRAPHIQUES

COLBERT, F. et M. FILION, dir. (1995), *Gestion du marketing*, 2e édition, Boucherville, Gaëtan Morin Éditeur.

DAVID, J. P. (2007), *Comment développer les marchés internationaux*, Montréal, Éditions Transcontinental.

DENIS, J. E. (1984), *Les PME et l'exportation*, Boucherville, Gaëtan Morin Éditeur.

Diagnostic export pour les PME exportatrices[10]

Section I – Informations générales

1. Dans quel secteur d'activité économique se trouve votre entreprise ?
   - [ ] Pêche et piégeage
   - [ ] Exploitation minière
   - [ ] Exploitation forestière
   - [ ] Construction
   - [ ] Transport
   - [ ] Génie logiciel/informatique
   - [ ] Communications
   - [ ] Industrie manufacturière
       - [ ] Matériaux de construction
       - [ ] Produits forestiers, pâtes et papiers
       - [ ] Aliments et boissons
       - [ ] Pétrochimie et produits de plastique
       - [ ] Autre : _____
   - [ ] Entreprise culturelle
   - [ ] Commerce de détail
   - [ ] Commerce de gros
   - [ ] Hébergement, tourisme, loisirs
   - [ ] Services aux particuliers
   - [ ] Services aux entreprises
   - [ ] Services d'enseignement
   - [ ] Services financiers
   - [ ] Services immobiliers
   - [ ] Organisme à but non lucratif
   - [ ] Autre : _____

2. Votre entreprise a-t-elle des services formels (service des ventes, service de la production, etc.) ou des groupes de travail (groupes qualité, etc.) ?
   - [ ] Oui   [ ] Non   Si oui, décrivez-les brièvement.

---

10. Ce diagnostic export est une adaptation du questionnaire que nous avons mis au point pour le concours d'excellence *Les PME de la Banque Nationale* dans la catégorie « PME exportatrices ». Réjean Légaré, Martin Noël et Pierre Vézina, professeurs de la Télé-université, ont également participé à son élaboration.

3. Combien avez-vous eu d'employés au cours des cinq dernières années (incluant les propriétaires-dirigeants) ?

Nombre d'employés	2007	2006	2005	2004	2003
À temps plein					
À temps partiel					
À forfait					
Total					

Expliquez, s'il y a lieu, les écarts significatifs dans le nombre d'employés au cours des années (par exemple, votre entreprise peut avoir vécu une période de croissance accélérée ou avoir tendance à embaucher et à licencier du personnel selon le volume des affaires, ou encore son cycle d'embauche peut suivre un certain modèle tel qu'embaucher du personnel en automne et le réduire en été).

4. Décrivez brièvement l'historique de votre entreprise (année de fondation, raison de sa fondation, ses produits, son évolution, etc.).

Section II – La planification

1. Votre entreprise a-t-elle un conseil d'administration ou un conseil de gestion ?
   ☐ Oui   ☐ Non
   Si oui, quels sont sa composition et son rôle, et à quelle fréquence se réunit-il ?

2. Quelle est la mission (raison d'être) de votre entreprise ?

3. Existe-t-il un document décrivant la mission de votre entreprise ?
   ☐ Oui   ☐ Non

4. Comment faites-vous connaître la mission de votre entreprise à vos employés et à l'extérieur de l'entreprise (vous pouvez cocher plus d'une réponse) ?
   ☐ Verbalement
   ☐ Par affichage dans l'entreprise
   ☐ Dans un site Web
   ☐ Dans les brochures publicitaires
   ☐ Autre : _____

5. Est-ce que vous révisez la mission de votre entreprise ? Expliquez pourquoi.
   ☐ Jamais
   ☐ Régulièrement

6. Comment votre entreprise a-t-elle défini ses buts et ses objectifs (vous pouvez cocher plus d'une réponse)?

Mentalement	☐ Oui	☐ Non
Par écrit de la part de la direction	☐ Oui	☐ Non
Par écrit de la part de la direction et des employés	☐ Oui	☐ Non
Par priorités	☐ Oui	☐ Non

Le cas échéant, décrivez les deux premiers objectifs généraux.

☐ Autre : _____

7. Comment mesurez-vous la réalisation de vos objectifs?

8. Vos objectifs sont-ils révisés?

☐ Jamais

☐ Régulièrement selon la perception que l'on a quant à la possibilité de les atteindre

☐ Régulièrement afin de refléter les changements dans le milieu des affaires

9. Qui s'occupe de l'exportation dans votre entreprise?

Section III – Le marketing

1. Comment planifiez-vous les activités relatives aux ventes, à la promotion et à la distribution dans votre entreprise?

☐ Mentalement, sur le plan d'idées connues de tous

☐ Par écrit pour la direction

☐ Par écrit pour une diffusion aux employés

2. Comment vos objectifs de vente sont-ils définis?

3. Procédez-vous à des études de marché?

☐ Oui   ☐ Non

Si oui, quand avez-vous fait votre dernière étude de marché?

☐ Il y a plusieurs années

☐ Il y a deux ou trois ans

☐ Durant la dernière année

Comment faites-vous vos études de marché?

4. Êtes-vous flexibles dans l'établissement de vos prix? Autrement dit, pouvez-vous facilement ajuster vos prix à ceux de la concurrence?

5. Votre entreprise a-t-elle déjà participé à des foires ou à des missions de prospection de marché à l'étranger? Jugez-vous important d'y participer?

6. Quels sont les produits et les services que vous offrez à vos clients?

   Quel est le profil type de vos clients actuels (consommateurs, entreprises, pays d'origine, etc.)?

7. Quelles sont vos parts de marché local et à l'étranger pour chacun des produits ou services (indiquez le pays)?

Produit ou service	Part de marché local (%)	Part de marché (%) Pays	Part de marché (%) Pays	Part de marché (%) Pays	Part de marché (%) Pays	Part de marché (%) Pays

Indiquez par un X si chacun de ces marchés est: a) saturé, b) en croissance ou c) en déclin (si vous ne le connaissez pas, cochez la section correspondante).

Pays ou marché local	Saturé	En croissance	En déclin	Ne sais pas

8. Prévoyez-vous ajouter de nouveaux produits ou services à l'offre que vous faites à vos clients?

   ☐ Oui   ☐ Non   Si oui, lesquels et pourquoi?

9. Prévoyez-vous retirer des produits ou des services de l'offre que vous faites à vos clients?

   ☐ Oui   ☐ Non   Si oui, lesquels et pourquoi?

10. Avez-vous examiné la possibilité de pénétrer de nouveaux marchés étrangers ou locaux?

   ☐ Oui   ☐ Non   Si oui, expliquez pourquoi.

11. Comment mesurez-vous l'efficacité de vos stratégies de marketing actuelles?

12. Comment déterminez-vous les habitudes d'achat de vos clients (vous pouvez cocher plus d'une réponse) ?

☐ Nous recueillons l'information auprès de nos vendeurs.

☐ Nous recueillons l'information auprès de nos employés.

☐ Nous analysons régulièrement nos données de ventes.

☐ Nous avons mis en place un système permettant d'obtenir l'opinion de nos clients.

☐ Autre : _____

13. Avez-vous une documentation en langue étrangère décrivant votre entreprise ou vos produits ?

14. Qu'est-ce qui vous distingue de vos concurrents ? Vos produits ont-ils un caractère distinctif (notamment sur les points suivants : produits, services, mise sur le marché, prix, service à la clientèle, distribution) ?

Section IV – La gestion des ressources humaines

1. Qui gère les ressources humaines dans votre entreprise ?

☐ Le propriétaire-dirigeant

☐ Le propriétaire-dirigeant assisté d'un comité

☐ Le service ou le directeur des ressources humaines

☐ Autre : _____

2. Quels sont les principaux sujets qui préoccupent votre entreprise à l'égard de la gestion de son personnel (par exemple, les salaires, les avantages sociaux, les vacances, le rendement, l'embauche, etc.) ?

3. Votre entreprise a-t-elle rédigé une politique du personnel ?

☐ Oui   ☐ Non

4. Avez-vous déjà fait l'analyse systématique des tâches de vos employés (description de tâches, analyse des postes, etc.) ?

☐ Oui   ☐ Non

5. Avez-vous prévu un budget annuel pour la formation de votre personnel dans le domaine de l'exportation ?

☐ Oui   ☐ Non

Si oui, quel pourcentage de votre masse salariale est consacré à la formation du personnel ? _____

6. Votre entreprise a-t-elle un plan de formation et de développement de la main-d'œuvre ?

☐ Oui   ☐ Non

Si oui, quelle est votre vision face à la formation de votre personnel ?

☐ Dans notre organisation, la formation est une récompense.

☐ Nous encourageons nos employés à parfaire leurs habiletés de communication.

☐ Nous encourageons nos employés à parfaire leurs habiletés interpersonnelles.

☐ Nous encourageons nos employés à parfaire leurs autres habiletés.

☐ Nos superviseurs (ou supérieurs immédiats) décident des besoins individuels en formation.

☐ Nos directeurs ou le propriétaire-dirigeant participent à la formation avec leurs employés.

☐ Si nous investissons beaucoup de temps et d'énergie dans la formation d'un employé, il nous quittera pour aller travailler ailleurs.

7. Comment et quand faites-vous l'évaluation de votre personnel ?

8. Avez-vous un dossier tenu à jour régulièrement pour chacun de vos employés ?

    ☐ Oui   ☐ Non

9. L'entreprise possède-t-elle un plan de relève soit pour assurer la succession des propriétaires-dirigeants, soit pour contrer le départ précipité d'employés clés ?

    ☐ Oui   ☐ Non   Si oui, en quoi consiste-t-il ?

Section V – Les activités de réseautage

1. Cochez oui ou non pour tous les éléments de réponse. Actuellement, faites-vous partie :

    • d'une association du même groupe professionnel (par exemple, un ordre professionnel) ?

    ☐ Oui   ☐ Non   Précisez : _____

    • d'une association d'affaires regroupant des entreprises du même secteur ?

    ☐ Oui   ☐ Non   Précisez : _____

    • d'une association d'affaires regroupant des entreprises de tous les secteurs (par exemple, la chambre de commerce) ?

    ☐ Oui   ☐ Non   Précisez : _____

    • d'un club social ou d'un groupe communautaire (par exemple, le Club Lions, le Club Kiwanis) ?

    ☐ Oui   ☐ Non   Précisez : _____

    • d'un organisme à but non lucratif (par exemple, la Fondation des maladies du cœur) ?

    ☐ Oui   ☐ Non   Précisez : _____

    • Autre : _____

2. Quel est votre rôle dans chacune des associations dont vous faites partie ?

3. Quelles sont les autres activités que vous faites pour augmenter votre visibilité, votre renommée ou votre réseau de relations ?

4. Parmi ces associations ou activités, lesquelles vous sont ou vous ont été les plus utiles à la pratique de vos affaires ? Pourquoi ?

Section VI – La gestion des opérations

1. Comment planifiez-vous les opérations de votre entreprise ? Cette question s'applique autant aux projets de l'entreprise (construction, investissement, etc.) qu'aux opérations commerciales. Les choix suivants peuvent servir à orienter votre réponse ; donnez ensuite une brève explication.

   ☐ Implantation de la méthode juste-à-temps
   ☐ Implantation de la méthode *kaizen*
   ☐ Production en fonction des commandes
   ☐ Production à partir de prévisions
   ☐ Autre : _____

2. Connaissez-vous exactement vos quantités en inventaire (matières premières, pièces, produits finis et en transit) ?

   ☐ Oui   ☐ Non

   Si oui, décrivez brièvement comment vous les gérez (système informatisé, code à barres, inventaire minimal, distribution faite par une compagnie tierce, etc.).

3. Comment votre entreprise peut-elle faire face à une hausse soudaine et importante de la demande ?

4. Avez-vous élaboré un plan d'urgence ou de succession advenant, par exemple, un événement imprévu ou la perte possible de personnel, de directeurs ou de cadres ?

   ☐ Oui   ☐ Non   Si oui, en quoi consiste ce plan ?

5. Utilisez-vous l'informatique pour faciliter la gestion de l'entreprise ?

   ☐ Oui   ☐ Non   Si oui, pour quelles fonctions ?

   Tenue de livres   Logiciel : _____

   Gestion des stocks   Logiciel : _____

   Gestion de la paie   Logiciel : _____

   Gestion des fournisseurs   Logiciel : _____

   Gestion des clients   Logiciel : _____

   Gestion de la distribution   Logiciel : _____

   Gestion des approvisionnements Logiciel : _____

   Gestion de projet   Logiciel : _____
   Commerce électronique
       Indiquez le volume de ventes : _____
   Autre : _____

6. En quoi ces logiciels ont-ils amélioré le rendement de l'entreprise ?

7. En ce qui concerne la qualité de vos produits, votre entreprise est-elle :

☐ certifiée ISO ?   Précisez : _____

☐ certifiée QS ?   Précisez : _____

☐ certifiée TS ?   Précisez : _____

☐ OHSAS ?

☐ HACCP ?

☐ Autre certification   Précisez : _____

8. La qualité de vos produits a-t-elle permis à votre entreprise de remporter des prix ou d'obtenir des récompenses ?

☐ Oui   ☐ Non Précisez : _____

9. Comment assurez-vous l'amélioration continue de vos produits ou services ?

10. Qu'est-ce qui vous distingue de vos concurrents relativement à la protection de l'environnement ? Pourquoi ?

☐ Fabrication non polluante

☐ Recyclage

☐ Utilisation de ressources renouvelables

☐ Investissement dans un équipement de longue durée

☐ Sensibilisation des employés à l'environnement

☐ Autre : _____

11. Depuis les cinq dernières années, quelles innovations ont permis à l'entreprise de croître ou de se démarquer ? Pourquoi ?

☐ Réduction des délais de livraison

☐ Introduction d'un nouveau produit

☐ Utilisation d'une nouvelle technologie de fabrication

☐ Diminution des défauts et des erreurs

☐ Ouverture de nouveaux marchés

☐ Nouvelle méthode de travail

☐ Engagement en recherche et développement

☐ Autre : _____

Section VII – L'analyse financière

La qualité de la gestion financière d'une entreprise comporte plusieurs dimensions, telles que la rentabilité, l'efficacité, l'équilibre de la structure financière et la solvabilité. À partir des états financiers des cinq dernières années de l'entreprise, remplissez le tableau qui suit. Il est possible que certains comptes ne soient pas pertinents pour votre entreprise ou que celle-ci existe depuis moins de cinq ans. Dans ces cas, n'inscrivez rien.

États financiers pour les exercices terminés le _____ **de chaque année mentionnée**

Bilan	20X5	20X4	20X3	20X2	20X1
Actif à court terme					
Comptes clients					
Stocks					
Total de l'actif à court terme					
Actif à long terme					
Total de l'actif corporel					
Passif à court terme					
Comptes fournisseurs					
Portion à court terme de la dette à long terme					
Total du passif à court terme					
Passif à long terme					
Total des dettes à long terme					
Capitaux propres					
Total des capitaux propres					
État des résultats					
Ventes totales					
Ventes pour l'exportation					
Amortissement					
Intérêts					
Bénéfice net					

1. Énumérez quelques événements qui permettent d'expliquer les changements importants qui se sont produits dans la situation financière de votre entreprise au cours des cinq dernières années. Il peut s'agir de l'acquisition d'une autre entreprise, de la construction d'une usine, de l'obtention d'une subvention importante, de problèmes liés à l'exportation, etc.

2. Dans le coût de vos produits, êtes-vous capable d'évaluer la part qui revient aux frais généraux, aux matières premières et à la main-d'œuvre ?

   ☐ Oui   ☐ Non   Comment vous y prenez-vous ?

3. Que pensez-vous de l'utilisation des profits réalisés par l'entreprise ?

Guide d'interprétation du diagnostic export pour les PME exportatrices

L'exercice fait appel, d'une part, à des critères d'évaluation liés à chaque question et, d'autre part, au jugement de l'évaluateur qui accorde la notation. Vous aurez donc à juger les réponses pour déterminer si elles satisfont aux critères donnant le plus de points.

Pour vous guider dans votre travail, nous vous proposons quelques conseils :

- Familiarisez-vous avec les critères d'évaluation contenus dans le présent document.
- Comparez chaque question avec les critères qui décrivent les réponses rattachées à chaque notation.
- Annotez chaque question, car vous aurez probablement à fournir des explications sur vos réponses à la direction de l'entreprise.

La notation pour chaque sous-section ou sujet traité est établie sur une échelle de 0 à 5. Pour chaque question ou groupe de questions, vous trouverez des indications afin de classer l'entreprise à partir des réponses possibles. Retenez que vous êtes le maître de l'évaluation. Ces informations vous sont fournies à titre indicatif pour assurer une constance dans le jugement que vous porterez sur diverses entreprises. Chaque section touche un secteur particulier de la gestion de l'entreprise.

Section I – Informations générales

L'information contenue dans cette section sert de mise en contexte. Elle permet de situer l'entreprise et son évolution.

La question touchant le nombre d'employés indique le niveau de création d'emplois au cours des dernières années. Cette information influencera certainement l'évaluateur relativement au dynamisme et à l'impact social de l'entreprise dans son milieu. C'est la seule question qui est notée dans cette section. Aucun chiffre fourni dans la réponse n'équivaut à la note maximale. Vous devez donc noter l'entreprise en comparant, selon les secteurs d'activité, le niveau de création d'emplois pour déterminer le niveau de rendement de l'entreprise à ce chapitre.

/5

Section II – La planification

Avoir en main un plan précis constitue la première étape de la réussite d'une entreprise exportatrice. Bien sûr, on peut toujours citer des exemples de personnes qui se sont lancées dans l'exportation sans plan stratégique, mais pour assurer un succès à long terme, une entreprise doit savoir vers quoi elle se dirige.

La première partie s'intéresse au conseil d'administration.

La deuxième partie porte sur la mission de l'entreprise. Un énoncé de mission (ou vision de l'entreprise) est une déclaration décrivant la raison d'être de l'entreprise. L'énoncé de mission peut tenter de décrire le genre d'activités de l'entreprise, les personnes œuvrant au sein de cette organisation ainsi que le type de clientèle ou le rôle de l'entreprise dans la société.

La troisième partie porte sur l'élaboration des objectifs. Si l'entreprise ne sait pas où elle va, comment peut-elle déterminer le moment où elle aura atteint ses buts?

Question 1 : Le conseil d'administration

La gestion d'une PME n'ayant pas de conseil d'administration repose normalement sur les épaules de son propriétaire. Un conseil d'administration permet d'obtenir une expertise externe variée à un coût intéressant. Très peu de PME utilisent cet outil pour appuyer le propriétaire-dirigeant dans sa gestion. Le conseil d'administration est souvent perçu par le propriétaire-dirigeant comme une structure qui empiète sur son pouvoir de décision. Dans ces entreprises, le conseil d'administration sera décrit dans les lettres patentes et se réunira uniquement pour se conformer aux exigences de la *Loi sur les compagnies*.

Plus le conseil d'administration sera actif dans la gestion et les orientations et se réunira régulièrement, plus l'entreprise devrait obtenir une note élevée sur cette question.   /5

Questions 2 à 5 : La mission (raison d'être) de l'entreprise

Une entreprise qui ne possède pas un énoncé de mission clair présente une lacune sérieuse. L'énoncé de mission (aussi appelé *vision, plan,* etc.) agit tel un compas afin de guider l'entreprise. 0-1 point

L'énoncé de mission est complet et tient compte de tous les acteurs à l'intérieur de l'organisation : des actionnaires et des préposés à l'expédition jusqu'aux fournisseurs et aux clients. 3 points

L'entreprise a une mission clairement énoncée. Les employés sont familiers avec la mission. Celle-ci est diffusée à l'extérieur de l'entreprise. Les employés croient en la mission de l'organisation. La mission est révisée régulièrement. 5 points   /5

Questions 6 à 8 : Les buts et les objectifs

L'entreprise n'a pas d'objectifs clairement définis. Sans buts ou objectifs précis, elle manquera d'orientation et ne pourra pas mesurer sa réussite. 0-1 point

Les objectifs sont mesurables, réalistes et engagent les personnes qui doivent les atteindre. 3 points

L'organisation a des objectifs clairement définis. La direction et les employés collaborent à la mise en place des objectifs. L'organisation a des objectifs réalisables. Les objectifs sont écrits. Ils sont établis selon les priorités. Ils comportent des échéances. 5 points   /5

Question 9 : La direction des exportations

Le président ou le propriétaire s'occupe personnellement des exportations en plus de ses activités habituelles. 0-1 point

Le président s'occupe des exportations au début; quand cette tâche devient trop lourde, il en donne la responsabilité au directeur des ventes ou à un autre membre de la direction. 3 points

Un service d'exportation a été créé dans l'entreprise sous la responsabilité du membre de l'équipe de direction le plus compétent ou le plus intéressé par l'exportation. 5 points   /5

Section III – Le marketing

Cette section porte sur la compréhension des marchés et des clients. Une entreprise performante en la matière saura démontrer sa capacité à reconnaître et à comprendre les changements qui se produisent sur le marché, adapter ses produits et ses services, et satisfaire ses clients locaux et étrangers.

Comme dans la section précédente, certaines questions ont été regroupées aux fins de l'évaluation, alors que d'autres ont une notation spécifique.

Questions 1 et 2 : Le plan et les objectifs de vente

L'entreprise n'a pas de plan ni d'objectifs de vente écrits. Chaque mois, elle tente de faire pour le mieux. 0-1 point

Chaque année, l'entreprise essaie d'établir avec ses vendeurs des estimations de ventes assez précises pour l'année qui vient. 3 points

Pour chaque année, la planification, les objectifs de vente par produit, par territoire ou par vendeur sont bien définis et ces données sont comparées chaque mois avec les ventes réelles. Les écarts sont analysés et des actions sont apportées pour les corriger. 5 points   /5

Question 3 : Les études de marché

L'entreprise ne fait pas d'études de marché pour connaître son potentiel, les goûts des consommateurs, etc. 0-1 point

L'entreprise obtient par ses vendeurs certaines statistiques et informations sur les marchés qui l'intéressent, soit des gouvernements ou d'autres sources. 3 points

L'acquisition constante et l'exploitation d'une grande variété d'informations jouent un rôle fondamental dans l'élaboration des stratégies de marketing. 5 points   /5

Question 4 : La flexibilité dans l'établissement des prix

Il est très difficile de baisser les prix à cause de la faible marge de profit et presque impossible de les augmenter à cause de la concurrence. 0-1 point

L'entreprise a une certaine flexibilité. Toutefois, dans certains cas, elle ne sait pas de façon précise quels sont ses coûts et hésite à modifier certains prix. 3 points

L'entreprise possède un système de prix très flexible basé sur la marge sur coûts directs (frais variables) et qui tient compte de la différenciation du produit par rapport à la concurrence. 5 points   /5

Question 5 : La participation aux missions et aux foires à l'étranger

L'entreprise ne participe pas à ce genre d'activités. 0-1 point

L'entreprise n'a pas participé à ce genre d'activités, mais elle juge essentiel de commencer à le faire. 3 points

L'entreprise a déjà participé à ce genre d'activités et elle saisit toutes les occasions qui se présentent. 5 points   /5

Questions 6 à 13 : Les ventes

Même si une entreprise offre des services innovateurs, cela ne veut pas dire que les résultats des ventes vont suivre. Le marketing est l'outil qui permet d'informer les gens de l'existence de l'entreprise et de ses produits et services. Le marketing et la vente requièrent des habiletés spécifiques. Dans ce groupe de questions, vous devez déterminer dans quelle mesure l'entreprise possède les habiletés nécessaires pour élaborer ses techniques de marketing et de vente. 0-1 point

Sans une bonne compréhension du profil de l'acheteur type de ses services, l'entreprise ne saura pas à qui les vendre et ne pourra pas orienter convenablement ses efforts de marketing.

Sans une compréhension totale des services que l'entreprise offre, elle ne sera pas en mesure de les vendre efficacement.

Si l'entreprise ne connaît pas sa part du marché local et sa part du marché étranger, elle sera incapable de déterminer le succès de ses efforts de pénétration des marchés. Même si l'augmentation de sa part du marché n'est pas un objectif, cette statistique demeure un indicateur du succès de l'entreprise.

Une entreprise qui ne réfléchit pas à la possibilité d'ajouter de nouveaux produits ou services ou d'abandonner un ou plusieurs produits ou services risque de rater de nouvelles occasions d'affaires ou de passer trop de temps à offrir des produits ou des services qui ne présentent pas un taux de rendement suffisant.

Une entreprise incapable de mesurer l'efficacité de sa stratégie de marketing n'aura aucun moyen de savoir si elle est efficace.

Une entreprise qui n'analyse pas régulièrement ses données de ventes aura de la difficulté à déterminer les habitudes d'achat de ses clients.

Une entreprise ne possédant pas de documentation en langue étrangère pour chacun des marchés visés se prive de bons instruments de promotion de ses services.

L'entreprise ne parraine pas d'événements sportifs ou culturels. Même si le produit ou le service ne semble pas compatible avec les événements sportifs ou les activités culturelles, elle devrait explorer la possibilité de parrainer de tels événements. Ce type d'activités a été profitable à bien des organisations, ne serait-ce qu'au point de vue de la visibilité. 3 points

L'entreprise n'a pas une compréhension totale des services offerts à ses clients, ni du profil de l'acheteur type, ni de l'identité de ses clients éventuels.

L'entreprise a une compréhension des produits et des services offerts à ses clients, et elle sait qui sont ses clients.

L'entreprise a déterminé sa part des marchés local et international, si les marchés sont actuellement saturés, en croissance ou en déclin, et elle examine les nouvelles possibilités offertes par les marchés en émergence. Une entreprise capable de déterminer si de nouveaux marchés sont en émergence pourrait ouvrir de nouvelles avenues.

L'entreprise a considéré la possibilité d'ajouter de nouveaux services ou celle d'abandonner un ou plusieurs services.

L'entreprise mesure l'efficacité de sa stratégie de marketing.

L'entreprise analyse régulièrement ses données de ventes pour déterminer les habitudes d'achat de ses clients.

L'entreprise sait profiter de l'opinion de ses clients afin d'améliorer ses services. 5 points   /5

Question 14 : Le caractère distinctif des produits

Les produits ou les services ne présentent aucune caractéristique particulière. 0-1 point

Les produits ou les services sont quelque peu différents, mais ils ne présentent pas de caractère exclusif. 3 points

Les produits ou les services présentent certains aspects qui les différencient nettement de ceux de la concurrence. Ils sont d'ailleurs reconnus pour leur exclusivité. 5 points   /5

Section IV – La gestion des ressources humaines

En ce qui concerne l'exportation, les habiletés et les connaissances des personnes qui travaillent dans une entreprise sont les éléments déterminants du succès ou de l'échec de cette activité.

Questions 1 à 8 : Les ressources humaines

L'entreprise ne semble pas encourager le perfectionnement des habiletés personnelles de ses employés. De même que l'entreprise a besoin d'un plan d'affaires, elle a besoin d'un plan de formation et de perfectionnement.

Le recours à la formation comme récompense n'est pas une pratique adéquate. Cette façon de faire lèse les employés qui ont le plus besoin de formation.

Les supérieurs ou le propriétaire-dirigeant ne participent pas à la décision sur la formation. Les superviseurs (ou supérieurs immédiats) devraient décider des besoins individuels en formation. Étant donné qu'ils traitent régulièrement avec les employés, ils sont dans une meilleure position pour déterminer les besoins en formation.

Les directeurs ou le propriétaire-dirigeant ne participent pas à la formation de leurs employés. 0-1 point

L'entreprise reconnaît que le service ou le directeur des ressources humaines ne se préoccupe pas uniquement de la paie, des registres et des avantages sociaux, mais il ne participe pas activement à la formation. 3 points

L'entreprise a analysé les tâches que ses employés doivent exécuter.

L'entreprise encourage activement le perfectionnement de son personnel, en particulier pour ce qui touche à l'exportation. Cette initiative peut mener à une augmentation de la productivité et au succès sur les marchés étrangers.

Les supérieurs ou le propriétaire-dirigeant participent à la décision prise sur la formation.

Les directeurs ou le propriétaire-dirigeant participent à la formation de leurs employés. 5 points   /5

Question 9 : Le plan de relève

Très peu d'entreprises se préoccupent de la relève. Toutefois, pour les petites entreprises, qui sont souvent gérées par un entrepreneur qui joue le rôle de chef d'orchestre, un accident, la maladie ou la vente rapide de l'entreprise peut mettre en péril la survie de cette dernière.

Une entreprise qui forme sa succession et l'intègre à la hiérarchie préviendra les problèmes en cas de départ subit. La même chose s'applique aux employés clés de l'entreprise. Une entreprise visionnaire verra à identifier et à préparer les personnes qui remplaceront un jour celles qui occupent les postes clés.   /5

Section V – Les activités de réseautage

Pour les PME, le réseau d'affaires et social est un actif important pour obtenir du succès. Dans plusieurs cas, les clients font affaire avec un individu plutôt qu'avec une entreprise.

Questions 1 à 4 : Les activités de réseautage

L'entreprise ne fait partie d'aucune association ou fait partie de quelques associations seulement ; elle ne démontre pas d'intérêt pour ses activités de réseautage et d'ouverture sur son milieu. 0-1 point

L'entreprise est membre de diverses associations sans participer activement à l'organisation ou à la gestion d'activités. 3 points

L'entreprise est active dans des associations et engagée dans la gestion ou dans l'organisation d'activités visant à augmenter sa visibilité dans son milieu ou dans son secteur professionnel. 5 points   /5

Section VI – La gestion des opérations

L'entreprise a-t-elle les aptitudes nécessaires afin de mener à bien ses opérations quotidiennes ? Si la demande locale augmente, les opérations permettent-elles tout de même de répondre à la demande des clients étrangers ? Un service après-vente peut-il être offert à l'étranger ? L'entreprise est-elle en mesure de respecter les standards de qualité des marchés étrangers ? Risque-t-elle de se heurter à des groupes environnementaux ? C'est à partir de ces questions que nous vous demandons d'évaluer l'entreprise.

Questions 1 à 3 : La planification des opérations

L'entreprise agit en fonction de l'entrée des commandes : premier arrivé, premier servi.

La gestion des stocks n'est pas bien planifiée (*voir à la question 5 si l'entreprise a un logiciel de gestion des stocks et un logiciel de distribution, de préférence à un logiciel qui intègre les deux fonctions*).

L'entreprise ne gère pas le risque advenant un événement fortuit ou la succession de son personnel clé.

L'entreprise ne peut répondre à une demande accrue, car elle produit déjà à plein rendement. 0-1 point

L'entreprise semble avoir un système de planification, mais elle ne l'applique pas vraiment.

L'entreprise pourrait augmenter la production en l'étalant sur une plus longue période, car elle a des excédents de capacité certains mois de l'année, ou elle peut à la rigueur demander au personnel de faire des heures supplémentaires. 2-3 points

L'entreprise applique un système de planification qui permet de respecter presque toujours les échéances auxquelles elle s'est soumise.

La gestion des stocks permet de savoir en temps réel où se trouvent tous les produits, pièces ou matières premières.

L'entreprise possède des habiletés en gestion de projet.

L'entreprise n'a aucune difficulté en ce qui concerne les compétences en matière de gestion du temps.

L'entreprise n'éprouve aucun problème, car elle a une capacité raisonnable de production inutilisée ou, au besoin, elle peut l'accroître sans difficulté. 4-5 points   /5

Question 4 : Le plan d'urgence

L'entreprise n'a pas de plan d'urgence et ne voit pas l'utilité de celui-ci. 0 point

L'entreprise a une vague idée d'un plan d'urgence, mais elle ne l'a pas écrit ou ne semble pas l'appliquer. 1-2 points

L'entreprise possède un plan d'urgence qui lui permet de se protéger contre la plupart des éventualités. 3-4 points

L'entreprise est assurée, les données sont protégées et le plan d'urgence permet à l'entreprise de continuer ses activités. Les employés connaissent ce plan. 5 points   /5

Questions 5 et 6 : Le niveau d'informatisation

L'entreprise n'est pas informatisée, elle gère un peu à l'aveuglette et elle peut difficilement comparer les données sur plusieurs années (par l'utilisation d'un graphique pour déterminer l'évolution des ventes de chaque produit). 0 point

L'entreprise possède peu de logiciels, chacun ne traitant qu'une seule fonction. Ces logiciels permettent d'améliorer sa gestion. 1-2 points

L'entreprise possède plusieurs logiciels couvrant la majorité des fonctions importantes. Ces fonctions ne sont pas reliées entre elles, mais l'entreprise démontre une grande aisance en matière d'informatique et est disposée à améliorer ces opérations. 3 points

Plusieurs fonctions sont informatisées par quelques logiciels. L'entreprise possède un logiciel qui intègre plusieurs fonctions, ce qui permet de travailler davantage au niveau global de l'entreprise. 4-5 points   /5

Questions 7 à 9 : La gestion de la qualité

L'entreprise n'est pas certifiée et elle traite la qualité comme une fonction parmi tant d'autres. 0 point

L'entreprise n'est pas certifiée et la qualité fait partie intégrante de la gestion des opérations. 1-2 points

L'entreprise suit les normes de qualité en vigueur. 3-4 points

L'entreprise s'impose des normes de qualité supérieures aux normes en vigueur et s'inscrit dans une politique de gestion intégrale de la qualité (satisfaction du client, qualité du rendement, qualité de vie des employés). 5 points   /5

Question 10 : La protection de l'environnement

L'entreprise ne se préoccupe pas de l'environnement. 0 point

Le secteur d'activité de l'entreprise est soumis à une série de lois sur l'environnement qu'elle est tenue de respecter. 1-2 points

L'entreprise s'efforce de préserver l'environnement. La direction établit des politiques pour la protection de l'environnement. 3-4 points

L'entreprise s'engage dans la protection de l'environnement. Elle conscientise ses employés à l'importance du recyclage. Elle investit dans des produits non polluants et limite le gaspillage. 5 points   /5

Question 11 : L'innovation

L'entreprise ne se préoccupe pas d'optimiser sa production, d'améliorer la qualité de son produit ou service ou de mettre sur le marché de nouveaux produits ou services. Ce manque d'initiative risque de nuire à la croissance de l'entreprise et démontre une lacune possible relativement à la satisfaction des clients, qui souhaitent toujours une amélioration du produit ou du service, une diminution des délais de livraison ou un meilleur ratio qualité-prix. 0-1 point

L'entreprise s'assure de suivre le courant du marché. Elle n'hésite pas à investir lorsque c'est nécessaire pour améliorer un produit ou un service. Elle est toujours à l'affût de nouveaux marchés ou de la consolidation de ses marchés actuels. 2-4 points

L'entreprise devance la concurrence, elle façonne son secteur d'activité. Les innovations reflètent une entreprise visionnaire qui utilise de façon optimale les moyens et les ressources disponibles. 5 points   /5

Section VII – L'analyse financière

Question 1 : L'analyse des ratios

Le volet « finances »
Calcul et interprétation des taux et des ratios

Les taux de croissance
Croissance annuelle moyenne des ventes

Plus ce taux de croissance est élevé, plus l'entreprise est performante.

Croissance annuelle moyenne du bénéfice net

Plus ce taux de croissance est élevé, plus l'entreprise est performante, du point de vue de ses propriétaires. Un taux de croissance des bénéfices plus élevé que le taux de croissance des ventes peut indiquer que l'entreprise a su bénéficier d'économies d'échelle, réduire ses coûts, etc.

Les ratios de rentabilité

Rendement de l'avoir des actionnaires (r_{Av})

Marge nette (MN)

$$MN = \frac{\text{Bénéfice net}}{\text{Ventes}}$$

Plus ce ratio est élevé, plus l'entreprise est capable de générer un bénéfice net par dollar de vente.

Les ratios de gestion

Cycle de conversion en encaisse (CCE)

$$CCE = \frac{\text{Comptes clients + Stocks − Comptes fournisseurs}}{\text{Ventes}} \times 365$$

Moins cette mesure (calculée en jours) est élevée, plus l'entreprise convertit rapidement ses ventes en encaisse. Un cycle court indique donc une meilleure gestion à court terme.

Rotation des actifs à long terme (r_{ALT})

$$r_{ALT} = \frac{\text{Ventes}}{\text{Total de l'actif corporel}}$$

Plus ce ratio est élevé, plus l'entreprise est capable de générer de ventes à partir de son actif corporel. Ce ratio établit un lien entre le volume des ventes et la quantité de ressources nécessaires pour les générer. Une meilleure gestion de l'actif corporel (aussi nommé actif immobilisé ou immobilisations) permet de générer davantage de ventes par dollar d'actif et indique une meilleure capacité de survie à long terme pour l'entreprise.

Les ratios de solvabilité (ou de liquidité)

Ratio de trésorerie (Tr)

$$Tr = \frac{\text{Total de l'actif à court terme − Stocks}}{\text{Total du passif à court terme}}$$

Plus ce ratio est supérieur à 1, plus l'entreprise est capable de faire face à ses engagements à court terme. Cette mesure de solvabilité est plus contraignante que le ratio du fonds de roulement. Elle n'est pas influencée par le niveau des stocks et donc, dans une certaine mesure, par l'industrie.

Ratio de couverture des intérêts et de la portion à court terme de la dette à long terme (PCTDLT) (Couv)

$$Couv = \frac{\text{Bénéfice net + Amortissement + Intérêts}}{\text{Intérêts + PCTDLT}}$$

Plus ce ratio est supérieur à 1, plus l'entreprise est en mesure de faire face aisément à ses obligations financières à court terme, soit le paiement des intérêts sur sa dette et le remboursement du capital de la portion à court terme de celle-ci.

Le ratio de structure financière

Ratio de structure financière (SF)

$$SF = \frac{\text{Total de la dette à long terme}}{\text{Total des capitaux propres}}$$

Plus ce ratio est près de 1, plus la structure financière de l'entreprise peut être considérée comme équilibrée. Un ratio supérieur à 1 peut indiquer que l'entreprise est trop endettée, ce qui dénote une possibilité de difficultés financières plus grandes à moyen ou long terme. Un ratio largement inférieur à 1 peut indiquer que l'entreprise ne bénéficie pas assez de l'avantage fiscal lié au recours à la dette (déductibilité des intérêts).

Question 2 : Le prix de revient

La comptabilité permet de faire ce genre d'estimations. 0-1 point

Occasionnellement, le prix de revient est estimé. 3 points

L'entreprise possède un système de prix de revient. 5 points   /5

Question 3 : La gestion des profits

Lorsque l'entreprise fait des profits, ceux-ci sont redistribués sous forme de dividendes ou de bonis. 0-1 point

Il n'y a pas de règle précise ; l'entreprise essaie de distribuer des fonds aux propriétaires chaque année. 3 points

Les profits sont réinvestis dans l'entreprise afin de contribuer à sa croissance. 5 points   /5

PARTIE III

La sélection et la prospection des marchés d'exportation

CHAPITRE 6

La sélection des marchés et les études de marché

OBJECTIFS

- Comprendre les critères de choix d'un marché étranger.

- Indiquer les différentes stratégies de ciblage liées au choix d'un marché extérieur.

- Élaborer une étude du marché cible.

- Trouver les principales sources de données et y accéder.

La direction de l'entreprise a pris la décision d'exporter et elle est convaincue du bien-fondé de cette décision. Comme nous le verrons dans la première section, l'entreprise s'engage dorénavant dans le processus de sélection et de prospection des marchés, lequel implique une démarche systématique si elle veut maximiser ses chances de succès et minimiser ses risques d'échec. Il ne fait plus de doute que l'entreprise dispose d'un produit susceptible de réussir sur les marchés étrangers.

La deuxième section nous fera découvrir que l'élaboration d'une stratégie de ciblage doit se faire de façon méthodique. L'entreprise adoptera soit une approche opportuniste, qualifiée de réactive, soit une approche planifiée, dite proactive. La cible aura été étudiée, les barrières à l'entrée seront connues, le besoin du consommateur étranger sera bien compris ; en somme, l'entreprise exportatrice doit choisir le meilleur marché pour son produit, c'est-à-dire le marché qui présente le meilleur potentiel, où son produit peut être offert à un prix concurrentiel avec un risque minime. Il s'agit d'une représentation duale du couple produit-marché où l'entreprise offre le meilleur de sa gamme de produits sur le meilleur marché porteur.

Dans la troisième section, nous constaterons que les études de marché faites dans les différentes régions visées détermineront le choix de la cible. Chaque pays possède des traditions, des valeurs et des préférences qui doivent être soigneusement étudiées. Il importe donc de bien comprendre tous les aspects de telles études et les critères d'analyse à privilégier. En effet, dès le début d'une étude sur un pays (ou une région), il est essentiel d'obtenir sur celui-ci des données culturelles, économiques, politiques et sociales. Ces données permettront d'éliminer rapidement les pays qui se prêtent mal à l'exportation. Par ailleurs, l'entreprise aura besoin de données encore plus détaillées lorsqu'elle abordera l'étape du choix d'un pays. Elle pourra par la suite se concentrer sur un seul marché, celui qui offre des attraits supérieurs et des avantages concurrentiels uniques. Ainsi pourrons-nous également identifier les principaux facteurs qui déterminent le meilleur potentiel d'un marché pour un produit ou un service en particulier, et évaluer les difficultés, les contraintes ou tout autre type d'obstacles nuisant à la pénétration de ce marché.

Nous avons mentionné, dans le chapitre 4, diverses ressources (humaines, financières et techniques) que l'entreprise doit posséder avant de se lancer dans l'exportation. Les sources d'informations constituent l'un des types de ressources les plus importants au moment de cibler le marché. La quatrième section du chapitre nous amènera à constater qu'une stratégie de collecte de données précises permettra à l'entreprise de comprendre à fond les conditions du marché retenu et de mettre en place une stratégie de commercialisation. Aussi passerons-nous en revue plusieurs sources de données de même que les problèmes liés à certaines d'entre elles. Il faut donc savoir interpréter correctement l'information au plus grand avantage de l'entreprise exportatrice.

Métallco se trouve actuellement à un point tournant de son développement international. Ses ventes aux États-Unis semblent progresser de manière satisfaisante, et Sam Mitchell, le directeur des ventes établi à Pittsburgh, a réussi au cours des dernières années à augmenter le chiffre d'affaires de l'entreprise. Cependant, la situation concurrentielle de Métallco dans le reste du monde est encore négligeable, et l'entreprise ne réalise pas les ventes qu'elle croit être en mesure d'effectuer. Il est donc urgent qu'elle réexamine la situation de ses marchés outre-mer et qu'elle désigne un seul marché cible sur lequel elle concentrera tous ses efforts de commercialisation.

Comme Métallco se spécialise dans la vente de produits non ferreux (lingots et anodes de magnésium) et de ferroalliages, plusieurs marchés présentent un potentiel intéressant. Ces produits sont tous destinés à une clientèle industrielle. En outre, Métallco fabrique des produits en magnésium fort demandés sur son marché local. Elle doit donc définir ses objectifs de vente de façon précise et orienter sa production vers une seule gamme homogène de produits.

À la suite d'une étude sur différents marchés où l'on trouve une demande des produits non ferreux de l'entreprise (en particulier les lingots et les anodes de magnésium), Métallco décide d'analyser plus en profondeur le marché japonais. Elle met de côté la vente de produits de consommation à cause des coûts élevés que l'entreprise devrait assumer afin de percer sur le marché japonais, pour se concentrer sur la vente de ses produits non ferreux et offrir éventuellement ses anodes de magnésium utilisées dans les chauffe-eau électriques.

La démarche d'exportation

Une fois que l'entreprise a décidé d'exporter, elle doit procéder de manière méthodique afin de maximiser ses chances de succès. L'analyse du produit et la détermination des objectifs à poursuivre sont des étapes cruciales, comme nous le verrons.

L'analyse du produit

Lorsqu'une entreprise prend la décision d'exporter, la première étape consiste à s'assurer qu'elle peut offrir un produit de qualité supérieure présentant des avantages distinctifs. À cet égard, la qualité porte sur deux dimensions : la perception des consommateurs (la satisfaction psychologique) et le rendement du produit (la satisfaction physique). Ces deux concepts sont intimement liés. Par exemple, une Mercedes Benz évoque chez le consommateur une automobile de prestige, sécuritaire et fiable. D'une part, la qualité relative au rendement sera assurée si la voiture se rend d'un point A à un point B sans problème. D'autre part, le consommateur s'attend de cette automobile à plus qu'à un simple moyen de transport. La notoriété de la marque, le coût, le confort, la fiabilité, la sécurité au moment d'une collision et le service avant et après l'achat, incluant l'accueil chez le concessionnaire, font également partie des attentes du consommateur envers une expérience d'achat qu'il percevra comme bonne ou mauvaise. Ces différentes perceptions, qui font corps avec le produit, qu'il s'agisse d'une voiture ou de tout autre produit, peuvent varier d'un pays à l'autre selon la forme, le goût, la couleur, l'odeur, l'emballage, l'étiquette, la garantie, le service, le prestige de la marque, la réputation du fabricant et le pays d'origine.

Le fait que le produit se soit très bien vendu sur le marché local n'est pas pour autant un gage de succès sur les marchés étrangers. Car, en plus de présenter une certaine unicité qui le distingue des produits de ses concurrents déjà présents sur le marché, le produit mis en vente à l'étranger doit pouvoir combler un besoin réel ou, à tout le moins, répondre à une demande pour ce genre de marchandises[1]. Selon les exigences des acheteurs, la réglementation et les standards des pays étrangers, il faut veiller à ce qu'une **adaptation** du produit soit possible, et ce, à un coût raisonnable. En effet, les adaptations que doit subir un produit peuvent aller d'un simple changement d'emballage à une reconfiguration totale du design du produit. Les exigences juridiques, économiques, politiques, technologiques et climatiques sont autant de facteurs qui dictent la façon d'adapter un produit.

Il convient de distinguer deux types d'adaptation d'un produit[2] : les adaptations techniques et les adaptations commerciales. Les adaptations techniques concernent toutes les modifications obligatoires du produit que l'entreprise doit effectuer pour obtenir l'autorisation de commercialiser son produit dans le pays visé. Ces modifications sont imposées par la loi et les pouvoirs publics et elles conditionnent l'accès à un marché. Il peut s'agir de politique douanière, de politique de taxation, de certifications professionnelles locales, de standards nationaux ou de réglementations techniques comme, par exemple, pour les produits alimentaires. Le non-respect d'un règlement technique ou d'une norme liés à un marché rend impossible la pénétration de celui-ci.

Les adaptations commerciales tiennent compte des facteurs reliés au marketing, des attentes des consommateurs, et des aspects socioculturels en fonction du positionnement choisi. Contrairement aux adaptations techniques, l'entreprise n'est pas obligée de s'y conformer. Toutefois, il serait mal venu d'ignorer les habitudes de consommation, les préférences et les goûts des clients potentiels, leur niveau de revenu, d'éducation et d'alphabétisation, plusieurs facteurs qui affectent les comportements d'achat et d'utilisation des produits.

Dans le cas des produits alimentaires, ceux-ci nécessitent fort souvent une certaine adaptation afin de se conformer à la culture environnementale. Prenons l'exemple de la compagnie Culinar qui, à la demande de ses clients américains, a dû modifier la recette de ses gâteaux Vachon. Ou encore, celui de Coca-Cola qui a également modifié la saveur de ses boissons en fonction des goûts des consommateurs locaux de ses marchés extérieurs.

Adaptation
Offre de service ou de produit adapté aux goûts, aux préférences et aux besoins précis des consommateurs étrangers visés.

---

1. Le besoin doit être présent chez le consommateur, sinon le produit ne trouvera pas preneur. Le consommateur exprime des besoins qu'une entreprise cherche à combler par des produits ou des services. Quand le consommateur achète un produit ou un service, il crée la demande. Par exemple, une personne qui a besoin d'un moyen de transport pour se rendre à son travail peut être un consommateur d'automobiles. Voir Colbert et Fillion (1995, p. 10).
2. Voir à ce sujet le site Web de *Eur-export*, [en ligne]. [http://www.eur-export.com/francais/apptheo/marketing/produit/adaptation.htm] (24 janvier 2008)

Ainsi, dans les firmes multinationales, le débat oppose la standardisation des produits à leur adaptation. Plus un produit est standardisé, plus ses coûts en sont réduits. Les grandes entreprises cherchent constamment l'équilibre entre, d'un côté, l'homogénéisation des goûts, des besoins et des valeurs des consommateurs de toutes les cultures et, de l'autre, la perception des symboles, des images de marque et du choix des produits dans les différentes cultures locales. La question est de savoir quelles composantes peuvent être standardisées et lesquelles doivent être adaptées. Par exemple, au Canada, les emballages doivent présenter les informations dans les deux langues officielles (français et anglais), alors qu'en Europe, un très grand nombre de produits sont décrits en quatre langues (français, anglais, allemand et espagnol). Plusieurs grandes entreprises choisissent de présenter leur produit dans ces quatre langues au Canada et en Europe afin de profiter d'économies d'échelle dans la production de leurs étiquettes.

Les coûts engagés dans l'adaptation du produit à un environnement différent devront donc être calculés avec exactitude. Parfois, les frais engendrés par le processus d'adaptation (modifier le voltage d'un moteur pour le rendre compatible avec des moteurs différents, adapter un produit à des normes impossibles à respecter, surmonter les difficultés que comporte une langue différente, etc.) empêchent le produit d'être concurrentiel. En fin de compte, il se peut que, une fois le produit adapté aux exigences du marché extérieur, son exportation ne soit tout simplement plus rentable, puisque le prix n'est plus attrayant pour l'acheteur.

Un bel exemple de résistance à l'imposition d'un produit standard provient de la région des Pouilles, située dans le sud-est de l'Italie[3]. Il n'y a plus aujourd'hui de Big Mac, de Chicken McNuggets ni de frites industrielles dans la petite ville d'Altamura, McDonald's ayant préféré plier bagage. La franchise d'Altamura a en effet ouvert ses portes Piazza Zanardelli, l'une des places centrales de la ville, offrant l'accès à un certain rêve américain. Au début, la curiosité pour ce symbole de la culture américaine fonctionne. Les adolescents s'agglutinent aux abords du McDo. Luca Digesù, héritier d'une ancienne famille de boulangers locaux, décide d'installer à proximité du restaurant un petit commerce de produits locaux de qualité sous la formule du casse-croûte à emporter : des pizzas, de délicieuses pâtisseries, des biscuits, du pain au blé dur, des sortes de quiches des Pouilles et des fougasses à l'oignon, à l'olive ou au *cardoncello,* un savoureux champignon du sud de l'Italie. L'idée de Luca est de profiter de cette clientèle pressée. La stratégie a fonctionné au-delà de toutes espérances. Onofrio Pepe, ancien journaliste qui est à la tête d'une association de défense de l'art culinaire et des produits locaux baptisée *Les Amis du cardoncello,* en rit encore : « Avec son mât comme totem, McDonald's pensait nous assiéger ! Mais c'est nous qui les avons encerclés et bombardés à coups de saucisses, de fougasses et de pain local. Nous sommes parvenus à les repousser ». Le boulanger aligne ainsi le prix de ses pizzas sur celui du hamburger, multiplie les compositions culinaires et insiste sur la qualité et la diversité. Au bout de quelques

---

3. E. Ozsef, *Libération,* 3 janvier 2006.

semaines, la tendance s'inverse. Les jeunes commencent à délaisser les caisses du McDonald's pour les saveurs ancestrales. Comble de l'ironie, les Italiens se rendent dans la salle à manger du McDonald's pour profiter de la climatisation et déguster les spécialités de Luca. La multinationale réagit, multiplie les offres promotionnelles, change de directeur... Rien n'y fait. Par manque de rentabilité, le McDonald's finit par fermer ses portes.

| EXEMPLE 6.2 | La mise en marché |

Pour offrir ses anodes de magnésium au Japon, Métallco doit revoir son matériel promotionnel et ses fiches techniques d'installation. Le tout doit être rédigé en japonais. Il se peut également que les dimensions des chauffe-eau au Japon ne soient pas les mêmes que les dimensions en vigueur au Québec ; si tel est le cas, l'entreprise devra prévoir une méthode de fabrication différente. Tous les frais que ces changements entraînent s'ajouteront aux coûts du produit, et si l'on y additionne les coûts de transport, de distribution et de dédouanement au Japon, le prix de vente risque fort d'être trop élevé par rapport à d'autres produits concurrentiels.

En somme, avant même de penser à fixer son choix sur un marché cible, l'entreprise exportatrice doit, d'une part, s'assurer de la compétitivité de son produit et, d'autre part, bien circonscrire ses objectifs.

Les objectifs de l'entreprise

La définition des objectifs permet à l'entreprise de clarifier ses orientations sur les marchés locaux et internationaux. De façon générale, une entreprise devrait se donner trois objectifs précis : la croissance, la rentabilité et la sécurité ; de plus, elle devrait garantir à la fois l'équilibre entre ces trois objectifs et leur hiérarchisation. Traditionnellement, on privilégie la croissance tout en tenant compte de la rentabilité éventuelle d'une démarche d'exportation[4]. Une entreprise plus conservatrice choisira la sécurité avant tout, ce qui signifie qu'elle mettra l'accent sur un marché extérieur sûr et peu risqué. De toute façon, une firme qui refuse de prendre des risques sera peu motivée à se lancer dans l'exportation.

Le choix d'un marché cible dépend souvent de la volonté et de la motivation des cadres supérieurs de l'entreprise ainsi que des objectifs qu'ils se sont fixés. Une entreprise québécoise ayant atteint un degré de saturation avancé sur son marché local ciblera peut-être les marchés avoisinants, comme ceux des autres provinces canadiennes et des États limitrophes des États-Unis. Ce choix, parfois opportuniste, reflète l'objectif fondamental de toute firme qui veut croître, mais il implique un minimum de risques. Les marchés de la Nouvelle-Angleterre sont souvent visés par les firmes québécoises tout simplement parce qu'elles croient pouvoir les conquérir sans trop de difficultés. Toutefois, plusieurs entreprises québécoises qui en étaient à leurs débuts dans l'exportation ont échoué sur ces marchés. La plupart du temps, cet échec est imputable à une méconnaissance de l'environnement, des barrières à l'entrée et, surtout, à un manque de préparation.

---

4. Il est reconnu qu'une démarche d'exportation ne sera rentable que trois ans environ après les premières ventes sur le marché étranger.

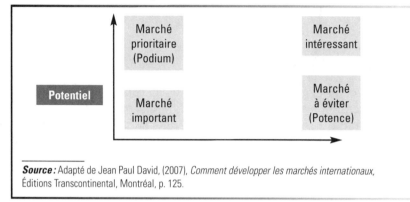

FIGURE 6.1

Le choix des priorités d'un premier marché international

Source : Adapté de Jean Paul David, (2007), *Comment développer les marchés internationaux,* Éditions Transcontinental, Montréal, p. 125.

Une augmentation rapide des ventes représente un autre objectif pour de nombreuses directions d'entreprises. Pour ce faire, elles visent les marchés qui offriront un rendement rapide de leurs investissements et sur lesquels des ventes immédiates sont réalisables. En revanche, pour une entreprise motivée et bien préparée, la rentabilité ne constitue pas nécessairement le premier objectif, puisqu'elle voudra prendre le temps de connaître le nouvel environnement et qu'elle utilisera les moyens les plus efficaces, sur une période plus étendue, pour contrer la concurrence déjà présente. L'entreprise misera davantage sur une rentabilité à long terme en considérant celle-ci comme sous-jacente à une croissance soutenue. Dans l'approche couple produit-marché, l'entreprise doit établir certaines priorités dans son choix de premier marché à pénétrer. Ces priorités, au nombre de quatre, relatent l'ordre hiérarchique : marché prioritaire, marché important, marché intéressant, ou simplement marché à éviter ou à rejeter. La figure 6.1 illustre bien ce concept.

Selon Jean-Paul David, le potentiel se définit à l'aide de plusieurs facteurs : la taille du marché ou du segment, les marges de profit anticipées ou le seuil de rentabilité, les tendances observées sur le marché, la pérennité de l'effort de commercialisation sur le marché ainsi que la synergie probable avec d'autres intervenants situés dans la région ciblée. Le ticket d'entrée comprend les coûts à engager, les risques envisagés (financiers, protection de la propriété intellectuelle, risques de crédit, etc.), les conditions du marché (barrières, réglementation et normalisation).

En résumé, les entreprises qui auront le plus de chances de succès sont celles dont les dirigeants manifestent clairement leur engagement envers l'exportation, poursuivent des objectifs d'une forte croissance exprimés par le volume de ventes ou le taux de croissance et adoptent une démarche qui s'inscrit dans un plan stratégique bien structuré. Cet engagement se traduit alors en dollars investis, en personnel affecté à la gestion des activités d'exportation et en détermination à se maintenir à long terme sur les marchés étrangers pour assurer le rendement des investissements.

Quand l'entreprise a précisé ses objectifs et bien évalué son produit, elle est en mesure de définir sa stratégie de ciblage de marchés. Elle décidera donc vers quel marché étranger elle exportera ses produits. Ses avantages concurrentiels et ses objectifs lui permettront logiquement d'éliminer certains marchés.

Les stratégies de ciblage

La majorité des petites et moyennes entreprises québécoises exportatrices ont débuté fortuitement sur les marchés étrangers. Comme nous l'avons déjà mentionné, dans bien des cas, elles ont reçu une commande non sollicitée d'un acheteur étranger, à la suite de quoi elles lui ont expédié la marchandise et se sont retrouvées engagées dans des activités d'exportation. Très souvent, ces entreprises éprouvent des difficultés dans la préparation des divers documents parce qu'elles ignorent les règlements et les contraintes des pays étrangers. Elles ne planifient pas leurs activités d'exportation et n'y consacrent pas les ressources suffisantes. Plus ces ennuis sont nombreux et sérieux, plus ces entreprises risquent de se décourager. Outre l'analyse du produit et la détermination des objectifs, l'élément fondamental de la réussite sur les marchés étrangers est le choix du marché cible, lequel se fera en fonction de critères précis. Il existe plusieurs stratégies permettant de cibler les marchés les plus appropriés.

Prenons l'exemple d'une entreprise québécoise qui fabrique des portes et des fenêtres et qui désire vendre ses produits à l'extérieur du Canada. Elle peut adopter une approche opportuniste et fixer son choix sur le marché le plus près ou sur un marché où la culture commerciale est connue et familière. La Nouvelle-Angleterre sera probablement le marché visé par cette entreprise manufacturière. Or, son principal concurrent décide de se lancer également dans l'exportation de ses produits. Avant d'aller plus loin, elle veut donc procéder à l'analyse de plusieurs marchés (selon différentes techniques que nous examinerons dans ce chapitre) et choisir celui qui semblera lui offrir le meilleur potentiel de ventes. Dans le choix de son marché, cette entreprise opte pour une approche planifiée. Nous verrons plus loin quelle forme prendra sa stratégie de ciblage.

L'approche opportuniste

L'approche opportuniste consiste à agir de manière réactive. En effet, une entreprise qui ne sollicite pas de commandes à l'étranger et qui se contente de vendre ses produits sur le marché local entrera accidentellement sur un marché extérieur lorsqu'elle recevra une commande d'un client étranger. En somme, aucune stratégie n'a été prévue ; l'entreprise vend à l'étranger *par hasard*.

Une entreprise dont la gestion est mieux structurée adoptera une approche plus systématique des marchés étrangers. Une fois prise sa décision d'exporter, elle choisira un marché peu éloigné de son marché local. La proximité de sa cible constituera l'aspect opportuniste de sa démarche. Une entreprise peut aussi choisir d'exporter sur un marché où elle se sent à l'aise et où existe une certaine similarité culturelle ; il lui paraîtra plus simple d'y faire des affaires que sur un marché où la culture est différente. On remarquera que, dans tous les cas, l'entreprise n'a pas considéré le potentiel de ventes comme le critère fondamental pour déterminer le choix d'un marché.

D'autres situations peuvent également inciter une entreprise à exporter. Ainsi, lorsqu'une entreprise intéressée par l'exportation s'est inscrite au site **Délégué commercial virtuel,** un client peut lui être envoyé par un conseiller commercial canadien en poste à l'étranger. L'inscription à ce répertoire est essentielle si l'entreprise désire être connue des conseillers commerciaux du ministère des Affaires étrangères et du Commerce international du Canada en poste à l'étranger. Prenons le cas d'un acheteur de valves allemand qui souhaite se trouver d'autres sources d'approvisionnement que celles de son marché local. Cet acheteur connaît la réputation des fabricants de valves canadiens et demande au conseiller canadien à Düsseldorf de lui recommander des fournisseurs canadiens. Le représentant canadien à Düsseldorf repère dans le répertoire du Délégué commercial virtuel les fabricants de valves canadiens qui y sont inscrits et transmet cette information à l'acheteur allemand. Ce dernier peut alors solliciter plusieurs fournisseurs canadiens, dont un fabricant québécois. Si celui-ci a la gamme voulue à un prix concurrentiel, il recevra une commande. Il s'agit également ici d'une situation où l'entreprise opportuniste réagit. Elle n'a pas sollicité cette commande, qui est pour ainsi dire tombée du ciel !

Délégué commercial virtuel/
Virtual Trade Commissioner
Site Web du ministère des Affaires étrangères et du Commerce international du Canada (MAECI), sur lequel toute entreprise intéressée à exporter doit s'inscrire pour obtenir notamment des informations sur les marchés et les secteurs, la livraison de services en ligne, des conseils ou une aide financière des conseillers commerciaux du MAECI en poste au Canada et à l'étranger.
Voir le site Web, [en ligne].
[http://www.infoexport.gc.ca]
(24 janvier 2008)

L'approche planifiée

Une stratégie de ciblage bien planifiée implique une approche différente de l'approche opportuniste. L'entreprise s'efforce de trouver lequel des nombreux marchés extérieurs est susceptible d'offrir le meilleur potentiel de ventes pour son produit. Ce ciblage peut prendre quatre formes, les deux premières étant le ciblage par expansion et le ciblage par contraction, qui sont liés au type de marché visé. Ainsi, on peut viser un marché donné et, de là, décider de s'étendre sur d'autres marchés ou, à l'inverse, on ciblera plusieurs marchés et, par voie d'élimination, on en choisira finalement un seul.

Les deux autres types de ciblage, qui sont liés au type de produit à vendre, sont le ciblage par diffusion et le ciblage par concentration. On développe un marché par diffusion lorsqu'on désire vendre un produit industriel à d'autres entreprises, ou par concentration, lorsque la marchandise offerte est un produit de consommation de masse accessible au grand public.

Outre le choix d'une stratégie de ciblage, l'approche planifiée implique l'étude de plusieurs marchés potentiels ; après avoir soupesé les avantages et les inconvénients de chacun, l'entreprise en retiendra un seul. Cette approche s'appliquera quelle que soit la forme de ciblage retenue.

L'approche opportuniste, pour sa part, suppose que l'entreprise n'a pas préparé de plan d'exportation, mais sa stratégie de commercialisation locale est à point. Elle obtient des commandes sans avoir fait de recherche sur le potentiel des marchés extérieurs. Par exemple, pendant que cette entreprise expose ses produits dans une foire locale, un visiteur étranger peut y découvrir le produit qu'il cherchait et passer une commande à cette entreprise. Encore une fois, c'est de manière réactive que la commande sera acceptée. À l'inverse, dans le cas d'une

TABLEAU 6.1

Deux approches de ciblage	
Approche	**Caractéristiques**
Opportuniste (réactive)	• Réception d'une commande non sollicitée • Envoi d'un client par un conseiller commercial canadien en poste à l'étranger • Intérêt manifesté par des visiteurs étrangers au cours d'une visite à une foire locale
Planifiée (proactive)	• Ciblage par expansion ⎫ liés au marché • Ciblage par contraction ⎭ • Ciblage par diffusion ⎫ liés au produit • Ciblage par concentration ⎭

approche planifiée, l'entreprise choisira un marché cible en fonction de critères précis qui lui indiqueront lequel des nombreux marchés extérieurs peut lui offrir le meilleur débouché pour ses produits. Le tableau 6.1 illustre ces deux approches.

Retenons qu'une entreprise qui veut réussir sur les marchés extérieurs mettra toutes les chances de son côté si elle planifie adéquatement sa démarche et si elle base sa décision sur des études approfondies. Il est essentiel, avant même de faire une première vente, qu'elle ait une bonne connaissance de l'environnement dans lequel elle évoluera et des besoins des clients qu'elle veut attirer. Pour obtenir le succès escompté, le choix du marché est primordial. L'entreprise devra adopter la bonne stratégie de ciblage de façon à répondre aux exigences de ce choix. En effet, suivant l'approche planifiée, elle peut privilégier une stratégie de ciblage basée sur le marché visé et opter pour un ciblage par expansion ou par contraction, ou elle peut retenir une stratégie de ciblage liée au produit et préférer un ciblage par diffusion ou par concentration. Comme nous le verrons dans les pages qui suivent, les implications de chacune de ces stratégies sont fort différentes.

La stratégie de ciblage par expansion

Dans un ciblage par expansion, l'entreprise ciblera un marché se trouvant à proximité ; il s'agit d'un marché naturel pour l'entreprise novice dans le domaine de l'exportation. Ainsi, de nombreuses entreprises québécoises qui débutent dans l'exportation se tournent spontanément vers les États américains limitrophes. Comme nous l'avons souligné, la Nouvelle-Angleterre est souvent le premier territoire extérieur où une entreprise québécoise commence à vendre ses produits. De son côté, une entreprise de l'Ontario choisira plutôt la ville de Buffalo, l'État de New York ou encore celui du Michigan. À l'autre bout du Canada, les firmes de la Colombie-Britannique cibleront surtout les marchés des États de Washington et d'Oregon. Une fois le premier marché conquis, l'entreprise cherchera à consolider sa position et à prendre de l'expansion dans les régions avoisinantes. Le Canada détient un avantage indéniable : il se trouve à côté du plus riche marché du monde, du pays le plus industrialisé qui offre le meilleur potentiel. Le fait que la plupart des entreprises canadiennes adoptent une stratégie de ciblage par expansion pour se lancer dans l'exportation est tout à fait logique.

Voici comment on peut résumer la stratégie de ciblage par expansion :

- Le ciblage est dirigé vers l'extérieur à partir du marché local (par exemple, du Québec vers le marché de Boston).
- Le marché ciblé se trouve souvent à proximité (Boston est à peine à cinq heures de route de Montréal).
- Le marché ciblé fait partie d'un groupement naturel de marchés (Boston est la capitale du Massachusetts, État qui fait partie de la Nouvelle-Angleterre).
- Le ciblage est d'abord orienté vers les marchés régionaux, puis vers les marchés nationaux (on fait la conquête de la Nouvelle-Angleterre, puis de l'État de New York, des États du Midwest et, enfin, de l'ouest des États-Unis).
- Le ciblage est dirigé vers les marchés fortement industrialisés offrant un potentiel élevé (les États-Unis).
- Le ciblage est orienté vers les marchés ayant les capitaux disponibles pour se payer des produits importés (les États-Unis).

Il est possible d'adopter une approche planifiée et d'opter cependant pour une stratégie de ciblage différente, soit le ciblage par contraction.

La stratégie de ciblage par contraction

Lorsqu'une entreprise choisit la région du monde susceptible d'offrir le meilleur potentiel pour ses produits, elle adoptera alors une stratégie par contraction. Avec ce type de stratégie, l'entreprise appliquera, selon des critères précis, des filtres à plusieurs pays et retiendra uniquement le pays qui réunit les bonnes conditions de commercialisation. Ce marché cible possède un environnement concurrentiel facile à pénétrer, où la demande du produit est intéressante et aisément quantifiable. Suivant la stratégie de ciblage par contraction, l'entreprise considère au départ plusieurs pays ; puis, par élimination, elle en arrive à fixer son choix sur le meilleur marché.

Ainsi, dans le ciblage par contraction, le pays devient l'unité d'analyse. Un premier filtre consiste à déterminer le couple produit-marché dont nous avons fait mention précédemment. Il faut d'abord trouver les pays où les caractéristiques des produits à exporter répondent à des besoins réels et documentés. Une fois qu'on a utilisé ce premier filtre, on évalue pour chacun des pays retenus les contraintes rattachées à l'environnement géographique, aux aspects socio-culturels, économiques, politiques et légaux ainsi qu'à la compétition. Pour chaque niveau de filtrage, on retirera de la liste les pays pour lesquels les conclusions de l'analyse sont défavorables et l'on conservera ceux qui passent à travers les différents filtres. Il faut être vigilant dans cette analyse, car plusieurs marchés en émergence posent des problèmes d'infrastructure, de canaux de distribution et de niveaux de revenu par habitant, pour ne nommer que ceux-là. De plus, la tâche est complexe parce que chaque pays présente des contraintes différentes et peu familières à l'entreprise. Enfin, il est fortement recommandé, pour effectuer un choix optimal, de faire une visite des pays finalistes en ayant en main les données qui ont servi à l'étude afin de les corroborer ou de les compléter.

Lorsque le choix s'est arrêté sur un pays, il faut procéder à une segmentation de marché afin de cibler les clients potentiels avec une plus grande précision. Cette opération permet d'appliquer les quatre principes du marchéage (*marketing mix*) et de les adapter aux contraintes relevées, de manière à répondre aux besoins des marchés locaux et à concevoir un plan de marketing efficace. L'objectif est de déterminer les zones où la standardisation est possible et celles où les adaptations sont nécessaires.

À titre d'exemple, prenons une entreprise qui fabrique des appareils de sécurité permettant d'examiner les bagages des voyageurs dans les aéroports. Jusqu'à présent, cette entreprise a réussi à vendre ses appareils sur le marché local, mais elle compte désormais les vendre sur les marchés étrangers. Une stratégie de ciblage par expansion ne serait pas particulièrement appropriée dans ce cas, compte tenu du fait que le marché des États-Unis pour ce genre d'appareils est extrêmement concurrentiel et que plusieurs fabricants étrangers y œuvrent déjà. L'entreprise aura donc avantage à s'orienter vers d'autres pays pouvant constituer de meilleurs débouchés et décidera de se tourner vers l'Europe et l'Asie. L'application d'un premier filtre servira à établir le nombre d'aéroports importants dans ces régions afin d'évaluer la demande de ces appareils. Un deuxième filtre consistera à examiner les données économiques des principaux pays situés sur ces deux continents (la balance des paiements de chacun des pays examinés, leur productivité et d'autres indicateurs économiques). L'entreprise ne conservera dans sa liste que les pays qui ont une bonne santé économique et qui offrent un potentiel de ventes intéressant. Un troisième filtre repérera les barrières (les barrières tarifaires et non tarifaires, les concurrents présents, etc.). Finalement, l'entreprise retiendra la région où le nombre de concurrents est limité, où le prix de son produit sera concurrentiel, où la promotion se fera dans une langue connue, où les barrières à l'entrée seront réduites au minimum et, surtout, où la demande sera forte. L'application d'une stratégie de ciblage par contraction aura permis à l'entreprise de cibler le marché comportant les meilleures chances de succès pour ses appareils de sécurité.

L'étude de ces marchés devra tenir compte autant de la segmentation[5] géographique (dans quels aéroports se trouve la demande ?) que de la segmentation de la clientèle (qui est responsable des achats de ces appareils dans les aéroports ou ailleurs ?). Une stratégie de ciblage par contraction suppose donc les activités suivantes :

- On procède en allant du général au particulier, c'est-à-dire en partant de plusieurs marchés pour aboutir à un seul, et ce, par élimination.
- On met en place un système de filtres.
- On précise certains critères.

---

5. « Le principe de segmentation force l'entreprise à faire une analyse systématique des différentes sortes de besoins qui composent son marché. » (Colbert et Fillion, 1995, p. 88.)

Les principaux critères retenus dans ce système de filtrage impliquent l'analyse des éléments suivants, de façon aussi objective que possible :

- la situation géographique et politique de chaque région visée ;
- les risques politiques ;
- le potentiel des marchés et des segments ;
- les facteurs culturels (comment doit-on présenter le message et le produit ? nécessitent-ils des changements pour s'adapter à ces nouveaux marchés ? à quel prix ?) ;
- les taux de croissance, de chômage, de change, de productivité, de revenu de chacune des régions visées ;
- les échanges avec le Canada (des échanges privilégiés comme un accord de libre-échange avec Israël ou avec les États-Unis ou des ententes commerciales telles que Québec-Wallonie en Belgique ou Québec-Rhône-Alpes en France) ;
- les pratiques commerciales (peut-on composer avec des pratiques commerciales très différentes de celles du marché local ?).

Ces critères, typiques d'une façon de procéder par élimination, peuvent aussi être mis en œuvre dans toute autre stratégie de ciblage. On comprendra également que ces critères ne sont pas les seuls que l'on puisse utiliser. On les choisit selon le genre de produit offert ou selon les caractéristiques propres à chaque industrie. En somme, l'entreprise essaie d'obtenir les meilleurs renseignements possible afin de disposer de tous les éléments nécessaires pour pénétrer son nouveau marché cible.

La figure 6.2 illustre les deux stratégies de ciblage ; le ciblage par expansion est orienté vers les marchés voisins à partir du marché local, tandis que le ciblage par contraction considère au début un nombre important de marchés possibles, puis ne retient que le marché semblant offrir le meilleur potentiel.

FIGURE 6.2

Deux stratégies de ciblage orientées vers les marchés

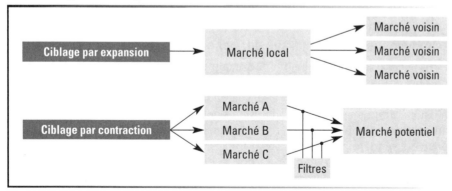

Comme nous le constatons, le ciblage par expansion et le ciblage par contraction sont tous deux liés au marché. Voyons maintenant les deux types de ciblage axés sur le produit.

Le développement de marché par diffusion

Une stratégie de ciblage par diffusion est indiquée dans le cas d'un produit ou d'une composante d'un produit vendu à une autre entreprise qui l'incorporera dans un article manufacturé mieux connu. Comme il s'agit d'un produit industriel vendu par une entreprise à une autre entreprise, on qualifiera cette vente de B2B ou *business to business*. Bien que ces marchés comptent peu de clients, chacun d'eux offre un potentiel intéressant. On parle ici d'une stratégie de niche ou d'une stratégie concentrée sur un secteur précis d'une industrie.

Ce marché présente toutefois des caractéristiques différentes de celles du marché des consommateurs. En effet, les acheteurs des grandes entreprises en quête de composantes recherchent le meilleur prix possible et les meilleurs délais de livraison. De plus, les commandes sont influencées par l'état de la demande globale du produit. Par exemple, les attentats terroristes du 11 septembre 2001 aux États-Unis ont réduit fortement la demande de services aériens, réduisant du même coup le carnet de commandes d'avions de Bombardier Aéronautique. Le degré d'industrialisation des différents pays est un autre facteur qui a une incidence sur le commerce interentreprises. Ainsi, un pays en voie de développement aura des besoins en télécommunication, en énergie et en construction, alors qu'un pays industrialisé recherchera davantage des produits de haute technologie.

Par ailleurs, la notion de qualité est différente sur le marché interentreprises. En effet, plusieurs entreprises exigent de leurs fournisseurs des garanties de qualité élevées. Les normes ISO 9000 ont du reste été créées pour répondre à cette demande. Ces normes concernent la certification du système de qualité de l'entreprise basée sur des standards reconnus mondialement. La certification ISO ne s'applique donc pas à un produit spécifique mais au programme de qualité de l'entreprise, ce qui lui permet d'offrir à l'acheteur l'assurance qu'elle fabrique des produits de qualité.

Enfin, le service après-vente prend une dimension importante dans les ventes industrielles. La livraison rapide, le remplacement des pièces défectueuses, l'installation des équipements, la formation des utilisateurs et le soutien technique sont des éléments déterminants dans le choix d'un fournisseur.

Le développement de marché par concentration

Dans le cas d'un produit de grande consommation, qui peut donc intéresser un nombre important de clients potentiels, l'entreprise aura avantage à choisir une autre stratégie de ciblage : le développement de marché par concentration. Ainsi, l'entreprise peut rejoindre un plus grand nombre de consommateurs sur un seul marché où existe une forte demande potentielle. Par exemple, l'entreprise qui vend un produit de consommation courante (comme des aliments en conserve ou des jouets) adoptera une approche axée sur un territoire réduit, mais où les coûts de commercialisation seront plus élevés à cause d'une plus forte concurrence, compte tenu des nombreux clients potentiels que comporte ce territoire.

Par exemple, lorsque la firme montréalaise Wrebbit, un fabricant de casse-têtes à trois dimensions, a décidé de pénétrer le marché américain, elle a opté pour

FIGURE 6.3

Deux stratégies de ciblage axées sur le produit

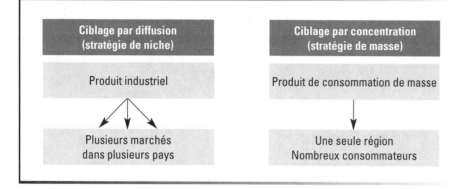

une double stratégie de ciblage : par expansion et par concentration. Au début, Wrebbit a choisi le marché des boutiques spécialisées de jouets situées à New York et dans d'autres villes à proximité du Québec. Son objectif premier était de se concentrer exclusivement sur ce genre de points de vente afin de rejoindre très rapidement le plus grand nombre d'acheteurs. Puis, à la suite d'une entente conclue avec un puissant distributeur de jouets américain, Wrebbit offre maintenant ses Puzz 3-D® sur tout le territoire des États-Unis. Par conséquent, un produit de consommation de masse est offert à un large éventail d'acheteurs qui se trouvent tous dans une région proche de l'exportateur québécois.

La figure 6.3 montre les stratégies de ciblage axées sur le genre de produit que l'entreprise désire exporter. Pour un produit industriel, plusieurs marchés seront visés, tandis que pour un article de grande consommation, l'entreprise se concentrera sur une seule région bien définie qui compte un grand nombre de consommateurs éventuels.

EXEMPLE 6.3   Deux stratégies de ciblage

En ciblant le Japon et ses fabricants de chauffe-eau électriques, Métallco utilise une stratégie de niche et concentre ses efforts de vente sur cet unique secteur. Le choix du marché japonais s'est fait suivant une stratégie de ciblage par diffusion, mais, vu la complexité du marché japonais et son énorme potentiel, une seule région a été retenue. Pour ce faire, Métallco a examiné plusieurs facteurs : les caractéristiques du produit à exporter, les dimensions du marché cible et les ressources de l'entreprise.

De nombreuses raisons ont motivé cette décision de la firme, et la stratégie de ciblage par contraction mise en place tenait compte, pour son développement international, de la demande dispersée de ses produits à vocation industrielle (un développement de marché par contraction). Dans ce cas, Métallco recourt à deux approches, car elle veut exporter des produits industriels qui requièrent une stratégie de niche, mais elle doit au départ choisir le marché présentant le meilleur potentiel. L'utilisation de filtres a permis de considérer le Japon comme le marché le plus prometteur pour ses produits.

On se souviendra qu'une entreprise sera en mesure d'adopter la bonne stratégie de ciblage uniquement après que des études portant sur les environnements économique, culturel et concurrentiel des marchés visés auront été menées. Les études de marché ont pour but de déterminer avec précision les conditions économiques, commerciales et culturelles des marchés cibles. Toute entreprise doit procéder ainsi afin de bien connaître les différentes caractéristiques de telle ou telle région. La somme de ces caractéristiques et leur analyse détermineront en définitive sur quel marché étranger l'entreprise doit concentrer ses efforts en premier.

Les études de marché

Les études de marché permettent à l'entreprise de saisir les enjeux des nouveaux marchés, la conjoncture économique, le potentiel de la demande de son produit et, surtout, de déterminer les principaux défis à relever : les barrières (tarifaires et non tarifaires) et les stratégies de marketing des concurrents[6]. Traditionnellement, on procède à deux séries d'études. La première série d'études concerne les environnements géographique, économique, commercial et culturel de la région. L'analyse du marché du pays donne alors une idée plus claire des avantages et des inconvénients du pays ciblé. La seconde série d'études est beaucoup plus pointue. On procède alors à une analyse du marché du produit qui permettra de situer d'une manière précise la demande, la segmentation des acheteurs à cibler et les meilleures stratégies de marketing à mettre en œuvre.

Une étude de marché comporte cependant des limites se rapportant au temps et aux coûts. Avant de procéder à celle-ci, il importe de bien définir les objectifs recherchés par l'étude. Il peut s'agir d'une étude visant à analyser le marché global ou d'une recherche précise conduite dans le but de confirmer une décision majeure. Dans les deux cas, il faut préalablement déterminer les données primaires et secondaires à recueillir ainsi que la méthodologie. Ces deux derniers aspects auront un impact sur les coûts. Par exemple, une recherche documentaire ne nécessite pas les mêmes ressources qu'une enquête menée auprès des clients potentiels. En effet, les études documentaires peuvent être effectuées par l'entreprise elle-même, et l'on peut obtenir gratuitement de nombreuses études auprès d'organismes publics. Pour ce qui est des enquêtes, elles nécessitent normalement l'engagement d'une firme spécialisée dont les coûts varient en fonction du type d'étude réalisée (sondage, groupe de discussion ou *focus group,* tests de produit, tests d'une campagne publicitaire). Chacune de ces analyses comporte de nombreux éléments que nous présenterons plus loin.

---

6. Il faut bien connaître le type de concurrents susceptibles d'être présents sur le marché visé : il peut s'agir soit de concurrents directs offrant des produits similaires, soit de concurrents indirects offrant des produits non similaires qui utilisent le revenu disponible du consommateur. En outre, l'entreprise qui exporte un produit vers un marché étranger retrouvera probablement son concurrent direct local sur ce marché. De plus, l'entreprise doit composer avec les concurrents nationaux déjà implantés solidement sur leur territoire et avec la concurrence internationale en provenance d'autres pays industrialisés (l'Union européenne ou l'Asie).

L'analyse du marché dans le pays d'exportation

L'analyse du marché dans le pays d'exportation permet à l'entreprise de relever plusieurs éléments importants qui l'informeront sur les caractéristiques générales de la région ciblée. Les éléments les plus pertinents pour l'entreprise exportatrice sont les suivants :

- l'*environnement économique* ou les *signes vitaux* du pays, qui indiquent la santé de la conjoncture, soit le produit intérieur brut (PIB) par habitant, le taux d'inflation, le taux de chômage, le taux de change ainsi que la balance commerciale et la balance des paiements[7] ;
- l'*environnement politique,* à savoir le type de gouvernement en place, la stabilité de ce gouvernement et le niveau de risque politique ;
- l'*environnement géographique,* qui comprend les centres d'activité économique et industrielle, les accès (ports et aéroports), les infrastructures de transport intérieur (voies ferrées, routes), les services de télécommunication (télécopieur, téléphone, Internet) et les conditions climatiques ;
- l'*environnement socioculturel,* soit la composition de la population que révèlent le niveau d'urbanisation, d'éducation et de revenus, de même que les langues parlées et les caractéristiques culturelles (religion, valeurs) ;
- l'*environnement commercial,* c'est-à-dire le fait pour le pays d'être membre de l'OMC ou d'autres regroupements de nations, la réglementation en matière de commerce international (les restrictions douanières ou les barrières non tarifaires générales), la protection des brevets et des marques de commerce, le contrôle des changes et les autres aspects commerciaux relatifs aux conditions de commercialisation.

Lorsque les conditions environnementales d'un pays sont favorables, l'entreprise procède à une seconde analyse, orientée cette fois sur des données précises concernant le produit qu'elle désire y vendre.

L'analyse du marché pour le produit d'exportation

Les données requises par l'analyse du marché pour le produit d'exportation sont en général d'ordre pratique. Lorsque l'entreprise prend connaissance de cette analyse, cela lui permet d'élaborer une stratégie de marketing mieux définie. Voici les principales activités que comporte cette recherche plus poussée :

- On procède à une analyse d'un segment précis de la clientèle cible afin de bien situer les besoins et de trouver la manière la plus efficace d'y répondre.
- On évalue le positionnement du produit ; il faut alors déterminer à quelle phase de son cycle de vie se trouve ce produit sur le marché visé.
- On détermine les adaptations que nécessite le produit pour être accepté dans ce nouvel environnement culturel.
- On décide des adaptations qui doivent être effectuées pour que le produit soit conforme aux normes en vigueur dans le pays visé.

---

7. La balance commerciale d'un pays comprend la valeur des exportations et des importations de biens tangibles faites par ce pays, selon les données de l'OMC. Quant à la balance des paiements, elle concerne, ainsi que le préconise le FMI, toutes les rentrées et sorties de fonds faites par les résidants d'un pays.

- On se renseigne sur les restrictions douanières qui s'appliquent à ce produit, principalement les taxes douanières et les droits punitifs.
- On repère les concurrents présents sur ce nouveau marché et l'on étudie les stratégies de marketing employées par ces derniers.
- On choisit la manière optimale de distribuer et de promouvoir le produit, et d'en fixer le prix de vente.
- On estime la consommation apparente du produit sur plusieurs marchés afin de s'assurer que le choix du marché cible est le meilleur.

Les agences internationales et les gouvernements du Canada, du Québec et de plusieurs pays fournissent un nombre impressionnant de données secondaires sur les populations, sur l'économie, sur les marchés et sur d'autres sujets d'intérêt. Cependant, certaines données sont formulées dans des langues étrangères, tandis que d'autres présentent des problèmes de fiabilité. Ainsi, il est fort probable que certains points demeureront obscurs, ce qui forcera l'entreprise à recourir à des données primaires pour éviter les erreurs stratégiques. Les différentes données peuvent provenir des représentants des ventes, des distributeurs, des intermédiaires ou des clients actuels et potentiels. Les questions que les entreprises se posent le plus souvent portent sur les comportements, les opinions, les intentions, les attitudes, les motivations et les caractéristiques démographiques des clients potentiels en relation avec les facteurs socioculturels.

Par ailleurs, le réseau Internet constitue un terrain de recherche de plus en plus fertile. La majorité des organismes internationaux, des agences publiques et privées et des gouvernements offrent gratuitement dans Internet une variété de banques de données secondaires et d'études scientifiques. Internet sert de plus en plus à tester de nouveaux concepts de produits et de publicités. Devant la quantité renversante de données qu'on trouve sur la Toile, le plus grand défi de l'entreprise consiste à sélectionner celles qui sauront répondre à son questionnement et aux objectifs de son étude de marché.

En somme, une entreprise qui veut pénétrer les marchés extérieurs se doit de trouver et de colliger toutes ces données. Cette exploration lui permettra de mieux connaître l'environnement dans lequel elle désire s'engager.

Dans plusieurs cas, et pour de multiples raisons, une analyse plus fine s'avérera nécessaire. On procédera alors à l'estimation de la consommation apparente du produit sur trois marchés potentiels. Cette estimation sera très utile si l'entreprise hésite entre quelques marchés (idéalement trois) qui, de prime abord, semblent offrir chacun un potentiel intéressant. Rappelons que l'entreprise qui débute dans l'exportation devrait se concentrer sur un seul marché cible. Connaître un marché à fond, ses caractéristiques, ses barrières et bien d'autres données essentielles est beaucoup plus important que d'essayer de pénétrer plusieurs marchés simultanément. En effet, la dispersion dans plusieurs pays risque d'être néfaste pour la PME qui possède peu de ressources et qui affronte de nombreux obstacles. Il vaut donc mieux cibler uniquement un marché et le faire correctement, en évitant la multiplication des difficultés. L'estimation de la consommation apparente (voir l'encadré 6.1) permet de dénicher rapidement le marché qui présente le meilleur potentiel de consommation pour un produit. Cependant, il arrive fréquemment que les données recherchées ne

L'évaluation de la consommation apparente

L'évaluation de la consommation apparente comporte de nombreux éléments, à savoir des données sur la production, sur les exportations et sur les importations du produit. Il est nécessaire de quantifier ces données de façon semblable (en valeur, soit en dollars américains, et en volume) sur une période de trois ans afin de permettre aux tendances de ressortir. Les tendances sont très souvent révélatrices, car elles peuvent indiquer, par exemple, une hausse de la production et un déclin des importations, ce qui signifierait alors que le pays devient autosuffisant et ne sera pas enclin à accepter de nouvelles importations.

L'estimation de la consommation apparente s'effectue selon cette équation :

$$X - E + I = CA$$

X = production   E = exportations   I = importations   CA = consommation apparente

soient pas accessibles ou ne soient pas fiables. On peut effectuer une estimation de la consommation apparente lorsqu'on trouve aisément les renseignements relatifs à la production, aux exportations et aux importations d'un produit sur un marché.

Comme il s'agit d'estimer et de comparer la consommation apparente d'un produit sur trois marchés différents, il est important d'utiliser une échelle de valeur commune aux trois pays pour représenter chacun des éléments de l'équation (la production, les exportations et les importations). Dans la plupart des cas, on se servira de valeurs quantifiées en dollars américains — souvent celles qui sont préparées par l'Organisation mondiale du commerce, l'Organisation des Nations unies ou les services de statistiques officielles des pays en cause. Le pays qui présente la meilleure consommation apparente devient une cible logique, mais il faut porter particulièrement attention aux tendances. Pour cette raison, toutes ces données doivent être étudiées sur une période d'au moins trois ans afin que puissent se dégager les tendances à la hausse ou à la baisse. Ainsi, les tendances à la hausse sont susceptibles d'amener l'entreprise à choisir un pays plutôt qu'un autre, et ce, malgré une consommation apparente inférieure. On doit toutefois être conscient du fait que cette méthode n'est pas infaillible. Tout d'abord, les données requises sont parfois difficiles à trouver. De plus, les données obtenues pour chaque pays ne sont pas toujours établies selon la même base. Enfin, dans bien des cas, ces données sont déjà périmées. Cette méthode d'évaluation est un outil que l'entreprise peut utiliser pour approfondir son choix et s'assurer de l'existence d'une demande suffisante sur un marché ; bien entendu, il faut que les données soient accessibles et fiables.

Le tableau 6.2 (voir la page 176) illustre comment une entreprise peut estimer la consommation apparente (CA) sur trois marchés afin de trouver celui qui offre le meilleur potentiel. Le signe de dollar ($) indique la valeur de la production (X), des exportations (E) et des importations (I), tandis que le dièse (#) indique le volume pour chacun de ces éléments. Ainsi, pour chaque pays, on cherche à obtenir des données portant sur trois années consécutives, ce qui

TABLEAU 6.2

Grille d'estimation de la consommation apparente

	Japon						Chine						Malaisie					
	20X6		20X7		20X8		20X6		20X7		20X8		20X6		20X7		20X8	
	$	#	$	#	$	#	$	#	$	#	$	#	$	#	$	#	$	#
X																		
E																		
I																		
CA																		

permettra d'observer les tendances : les exportations sont-elles à la hausse ou la production se maintient-elle à un niveau stable ? Ce genre d'information est crucial si l'on veut estimer les chances de réussite sur un nouveau marché. De toute évidence, si l'un des trois marchés démontre une tendance à la hausse quant aux importations, il s'agira d'un marché prometteur, mais sur lequel on trouvera également une concurrence accrue.

EXEMPLE 6.4   **L'estimation de la consommation apparente**

En appliquant une stratégie de ciblage par diffusion, Métallco s'est aperçue que plusieurs pays d'Extrême-Orient présentaient un énorme potentiel. Il était clair pour les administrateurs qu'en s'appliquant à examiner un pays à l'aide du ciblage par diffusion, où l'on s'intéresse à peu de clients dans chaque pays, Métallco devait, en principe, pénétrer plusieurs marchés à la fois pour rentabiliser ses exportations. Cependant, la population de tous les pays d'Asie est considérable, et les coûts de pénétration y sont fort élevés. Métallco a alors compris qu'il faut, au départ, choisir un seul pays. Mais lequel ? L'estimation de la consommation apparente de chauffe-eau électriques au Japon et dans deux autres pays cibles donnerait une idée plus précise du marché (pays) à conquérir en premier.

Une fois toutes les données recueillies, deux éléments essentiels résument les principaux points à vérifier avant de procéder au choix du marché cible : les conditions commerciales d'un marché et les avantages concurrentiels de l'entreprise exportatrice.

Le choix du marché cible

L'approche préconisée ici repose sur le principe suivant : une entreprise qui commence sur les marchés extérieurs doit se concentrer sur un seul marché, même si ses produits peuvent se vendre sur plusieurs. En effet, il est plus prudent qu'elle s'implante sur un marché et qu'elle consolide sa situation avant de se lancer sur d'autres marchés. Comme le choix d'un marché cible est extrêmement important, il doit reposer sur des études bien faites qui donnent une information précise sur les conditions de commercialisation dans le nouvel

TABLEAU 6.3

Le choix du marché cible

Attraits du pays	Avantages concurrentiels
Dimension du créneau et potentiel de croissance	Potentiel adéquat du marché
Conditions concurrentielles	Produit bien adapté culturellement et image reconnue
Réglementation et barrières	Qualité de la distribution et du service

environnement. La démarche qui précède le choix final est sans contredit fondamentale pour l'entreprise qui envisage l'exportation.

En résumé, le choix du marché cible se fait en fonction des attraits du pays et des avantages concurrentiels présentés dans le tableau 6.3. Ces derniers représentent les éléments des stratégies de ciblage ainsi que ceux de l'analyse du marché dans le pays d'exportation et de l'analyse du marché pour le produit d'exportation, qui ont été faites au préalable.

L'entreprise qui décide de pénétrer un marché donné doit donc très bien saisir les caractéristiques de ce marché, c'est-à-dire les barrières qu'il comporte, la réglementation qui a cours de même que la place qu'elle occupe face à la concurrence. C'est pourquoi l'étude de marché et la recherche d'information incluront ces éléments. Or, où peut-on trouver ces données indispensables? La connaissance des sources de données les plus fiables représente un défi que tout entrepreneur désireux de percer sur un nouveau marché doit être en mesure de relever. Grâce aux nombreuses études publiées par les différentes autorités gouvernementales, à l'abondance de renseignements accessibles dans Internet et aux relations que possèdent les conseillers commerciaux en poste au Québec ou à l'étranger, l'entreprise a l'embarras du choix!

En somme, il importe que l'entreprise se pose quatre questions :

1. De quelle information avons-nous besoin?
2. Où trouverons-nous cette information?
3. L'information que nous avons trouvée est-elle pertinente et fiable?
4. Comment devons-nous utiliser cette information?

La préparation d'une étude de marché nécessite beaucoup de réflexion. L'entreprise doit, au préalable, savoir exactement le genre de renseignements dont elle a besoin pour élaborer sa stratégie de ciblage. Alors seulement, elle pourra déterminer les sources où elle pourra puiser l'information essentielle. Cette étape est la plus ardue pour la majorité des entreprises ayant peu d'expérience sur les marchés étrangers. Compte tenu du nombre de statistiques, de rapports et d'études déjà disponibles, le simple fait de dénicher les données qui procureront à l'entreprise l'information lui permettant de faire un choix éclairé est parfois un processus long et pénible. En revanche, l'entrepreneur peut avoir recours à des conseillers gouvernementaux ou à des consultants qui le dirigeront vers les sources de données les plus utiles. Une fois ces données obtenues, il lui restera à trouver la manière de les utiliser efficacement. L'information ainsi accumulée fournira à l'entreprise les outils nécessaires à l'élaboration de son plan de marketing. En somme, avant d'entreprendre une étude de marché, l'entreprise doit définir avec soin ses objectifs de manière à s'assurer de rechercher les données qui y sont liées directement.

Les sources de données

Comme nous l'avons vu précédemment, il existe une quantité astronomique de données concernant les pays et les marchés, les secteurs industriels et les segments d'une population. Le problème auquel fait face l'entreprise n'est pas de trouver des données, mais de trouver celles qui portent précisément sur ce qu'elle cherche. C'est pourquoi il est important de distinguer les différents types de données.

- Les *données primaires* sont les données qu'on obtient directement d'individus ou d'entreprises, et qui répondent expressément à un besoin d'information précis. Par exemple, un sondage téléphonique (ou en personne) mené auprès de plusieurs centaines de personnes permet de trouver une information détaillée concernant leurs préférences face à tel ou tel produit. Les résultats de ce sondage (ou des renseignements tirés directement du public sollicité) sont colligés. Ces données primaires peuvent être publiées par la suite.

- Les *données secondaires* sont disponibles sous de multiples formats (papier, Internet, rapports, études, etc.). Ces données sont les plus répandues parce que l'information originale obtenue (données primaires) a été colligée, révisée et publiée. Ce type de données est le plus couramment utilisé.

- Les *données internes* se trouvent au sein de l'entreprise même. Au cours des années, une entreprise accumule de l'information concernant ses marchés et ses clients. Cette information fait partie du capital informationnel de toute entreprise.

- Les *données externes* se trouvent à l'extérieur de l'environnement d'une entreprise. Il peut s'agir de données primaires ou de données secondaires, et c'est ce type de données que l'entreprise doit recueillir pour élaborer ses stratégies.

Lorsqu'une entreprise veut pénétrer un nouveau marché situé à l'extérieur de son marché local, les données nécessaires peuvent provenir de plusieurs sources. Les principales sources sont les suivantes :

- les *bases de données officielles* qui fournissent des statistiques, comme Statistique Canada, l'OMC ou l'ONU ;

- les *périodiques* concernant un segment industriel donné ou d'autres publications à caractère commercial, comme le journal *Les Affaires,* les revues *Commerce* ou *PME* ;

- les *délégués commerciaux du Québec et du Canada* en poste au Québec ou à l'étranger (pour trouver leurs adresses, consulter [http://www.gouv.qc.ca] ou [http://www.infoexport.gc.ca] ;

- les *ambassades des pays étrangers* situées à Ottawa ou les consulats de ces pays dispersés à travers le Canada, mais principalement dans les grandes villes (Consulat général de France à Montréal et à Québec, Consulat général des États-Unis à Montréal et à Québec, etc.) ;

- les *centres d'information* créés spécialement pour venir en aide aux exportateurs :
  - Info entrepreneurs à Montréal : [http://www.infoentrepreneurs.org] (25 janvier 2008) ;
  - Infoexport à Ottawa : [http://www.infoexport.gc.ca/] (25 janvier 2008) ;
  - Canadexport à Ottawa : [http://international.gc.ca/canadexport] (25 janvier 2008) ;
  - Équipe Canada inc. : [http://www.exportsource.ca] (25 janvier 2008) ;
- *Internet* demeure une source incontournable ; l'entrepreneur des années 2000 fera une recherche dans Internet où foisonnent les données, avant de valider l'information recueillie au moyen d'une seconde recherche axée sur des données secondaires accessibles auprès d'organismes reconnus.

Il est fortement recommandé de consulter plusieurs sources. On ne se fiera jamais à une seule source de données. Aussi faut-il systématiquement en explorer une seconde qui, parfois, confirmera en tout ou en partie la première information, ou même, dans bien des cas, la modifiera considérablement. La difficulté n'est pas de trouver des données, mais de s'assurer de leur fiabilité. La collecte de données comporte de nombreuses embûches ; l'entrepreneur qui fait une étude de marché doit être conscient de ce fait.

Les problèmes relatifs à la collecte de données

Les données commerciales sont colligées par nombre d'organismes, d'associations, d'entreprises et d'individus. C'est dire que les techniques de recherche utilisées ne sont pas similaires et que les résultats qui en découlent ne sont ni égaux ni semblables. Ainsi, l'entreprise qui accède à de multiples sources concernant plusieurs marchés aura énormément de mal à établir une corrélation entre ces séries de données. Alors, comment est-il possible de comparer deux sources et de prendre une décision éclairée ? Il suffit de s'assurer que les sources utilisées sont fiables et de demeurer conscient des lacunes de celles-ci. Les principaux problèmes découlent des faits suivants :

- Les données secondaires ne sont pas toujours comparables d'un pays à l'autre.
- Les données ne sont pas toujours cohérentes d'une année à l'autre.
- Les données manquent souvent de cohérence d'une région à l'autre.
- Les catégories de produits ne sont pas toujours identifiées de façon identique dans les statistiques.
- Les produits innovateurs ou récemment créés ne sont pas tous mentionnés dans les statistiques.
- La fiabilité des données de certains pays est parfois discutable.

Une difficulté majeure demeure toutefois l'interprétation des données primaires. En effet, les différences culturelles peuvent susciter une certaine confusion dans l'interprétation des questions et des résultats, en particulier pour ce qui est de l'interprétation des concepts, des attitudes, des opinions et des valeurs. Par exemple, dans certains pays, les femmes refusent de répondre à toute

TABLEAU 6.4

Les étapes de la préparation d'une étude de marché

Étape	Description
Première étape	*Décision d'exporter* Il faut analyser les ressources de l'entreprise et la motivation des dirigeants. Le choix doit être éclairé et la décision d'exporter doit être considérée par l'entreprise comme la voie menant à la croissance.
Deuxième étape	*Évaluation du produit à exporter* Le produit doit comporter des avantages concurrentiels précis, il doit être exportable et, de plus, il doit être adaptable.
Troisième étape	*Détermination des marchés extérieurs* Plusieurs méthodes sont proposées selon les objectifs de l'entreprise : une approche opportuniste ou une approche planifiée, cette dernière impliquant le choix d'une stratégie de ciblage par expansion ou par contraction, ou le développement de marché par diffusion ou par concentration. Mise en place du concept couple produit-marché.
Quatrième étape	*Détermination planifiée de trois marchés cibles* L'entreprise débutant dans l'exportation envisagera un seul marché cible ; l'estimation de la consommation apparente est recommandée (si les données requises sont accessibles).
Cinquième étape	*Analyse des données internes et secondaires* L'entreprise doit recueillir l'information nécessaire afin d'élaborer une stratégie de marketing bien ciblée.
Sixième étape	*Choix du marché cible : l'analyse du marché du pays et l'analyse du marché du produit* Il faut considérer deux éléments : • les attraits du pays, soit le potentiel de ventes, les conditions concurrentielles et la réglementation ; • les avantages concurrentiels en fonction de la stratégie de marketing.
Septième étape	*Vérification des données avec une expertise externe et confirmation avec une seconde source* Afin de bien fonder ses stratégies, l'entreprise doit puiser à plusieurs sources de données pour s'assurer une marge d'erreur minimale dans son évaluation d'un marché cible.

forme d'enquête, laissant l'espace public à leur mari qui répond à leur place. Il devient alors hasardeux de prêter des intentions à ce segment de marché que représentent les femmes dans ces pays. Il faut prévoir d'autres difficultés concernant la disponibilité des moyens de rejoindre les clientèles cibles. En effet, dans plusieurs pays, les cartes routières, les répertoires téléphoniques et de rues ainsi que les données provenant des recensements sont inexistants ou ne sont pas à jour. Dans d'autres pays, les systèmes de télécommunication et les services postaux sont peu développés, ce qui rend impossible les enquêtes par la poste, par télécopieur ou par téléphone. En résumé, les données abondent, mais le chercheur doit prêter attention à leur origine, à leur fiabilité, à la description des produits et à la cohérence des données, année après année.

Pour terminer ce chapitre, nous vous proposons de préparer une étude en vue d'établir une stratégie d'exportation. Les étapes illustrées dans le tableau 6.4 constituent un rappel et peuvent être modifiées ; leur ordre peut également varier selon les besoins de l'entreprise et les particularités des produits à offrir sur un marché étranger.

- En prenant la décision d'exporter, les responsables d'une entreprise doivent s'assurer que le produit à exporter est vraiment exportable et qu'il peut, au besoin, être adapté aux caractéristiques du pays visé sans requérir des coûts trop élevés.

- Un deuxième préalable réside dans la clarté des objectifs de l'entreprise qui veut exporter, soit la volonté de croître, la recherche de la rentabilité et le désir de minimiser les risques afin de ne pas compromettre la sécurité de l'entreprise.

- Une fois ces étapes franchies, l'entreprise doit cibler un marché. Son approche peut être opportuniste ou planifiée. Une commande non sollicitée, reçue d'un acheteur situé à l'extérieur du pays, placera l'entreprise qui accepte cette commande dans une situation réactive ou opportuniste. Cependant, pour bien contrôler les activités d'exportation, il importe d'adopter une approche planifiée. L'entreprise se met alors dans une situation proactive, et choisit d'après des critères précis le marché offrant le meilleur potentiel de ventes.

- Suivant l'approche planifiée, les types de marchés visés et le type de produits à exporter, l'entreprise exportatrice dispose de différentes stratégies de ciblage. Celle-ci pourra adopter un ciblage par expansion ou un ciblage par contraction, selon qu'elle vise un seul ou plusieurs marchés. De même, elle pourra opter pour un ciblage par diffusion, dans le cas d'un produit industriel, ou pour un ciblage par concentration, dans le cas d'un produit de consommation générale.

- Après avoir déterminé une stratégie de ciblage, l'entreprise devra conduire des études portant sur le contexte des marchés visés. Elle procédera à une analyse du marché dans le pays d'exportation portant sur les caractéristiques du pays (environnements économique, politique, commercial et culturel) et, de façon plus pointue, à une analyse du marché pour le produit d'exportation relativement aux contraintes, aux règlements, aux barrières, à la concurrence et, s'il y a lieu, aux adaptations du produit que l'entreprise veut exporter. Si elle veut évaluer le potentiel de ventes et si les données sont aisément accessibles et fiables, elle peut effectuer une estimation de la consommation apparente.

- Le choix du pays cible reposera essentiellement sur deux éléments qui résument les renseignements obtenus grâce aux deux types d'analyses précédents : les attraits du pays et les avantages concurrentiels du produit à exporter.

1 Il semble que Métallco voit dans le Japon sa prochaine cible pour la vente de certains de ses produits. Mettez-vous à la place du directeur des ventes internationales de l'entreprise et expliquez l'approche que Métallco a retenue et celle que la firme aurait dû adopter avant de choisir le Japon. Pensez au couple produit-marché.

2 Une entreprise québécoise de jus de pomme, Jusbec inc., veut faire une percée sur les marchés extérieurs. L'entreprise a une situation concurrentielle avantageuse sur le marché local et, d'après le diagnostic export fait par le PDG, Denis Tremblay, elle est prête à exporter. Les marchés limitrophes du Québec sont évidemment des cibles de choix. Par contre, la consommation de jus de fruits est très importante dans les États du sud des États-Unis (comme la Floride, la Géorgie et le Mississippi). Enfin, l'entreprise achète déjà ses concentrés de jus de fruits exotiques à un fournisseur thaïlandais qui a informé l'entreprise de la possibilité de vendre des jus frais en conserve sur son marché.

D'après vous, quelle démarche Jusbec devrait-elle suivre pour se lancer dans l'exportation ? Quel marché l'entreprise devrait-elle cibler et de quelle façon ? Établissez les priorités de marché en utilisant le concept podium-potence.

3 Quels sont les principaux points qu'une entreprise doit examiner dans une analyse du marché pour le produit ?

4 Une entreprise manufacturière de maisons préfabriquées désire exporter ses produits en Pologne. Quelles sources de données devrait-elle consulter pour élaborer son plan de marketing ?

RÉFÉRENCES BIBLIOGRAPHIQUES

COLBERT, F. et M. FILLION, dir. (1995), *Gestion du marketing*, 2e édition, Boucherville, Gaëtan Morin Éditeur.

DAVID, Jean-Paul, (2007), *Comment développer les marchés internationaux*, Éditions Transcontinental.

SITES WEB

Agence canadienne de développement international (ACDI)
[http://www.acdi-cida.gc.ca]

Centre de commerce international (CCI)
[http://www.intracen.org]

Centre des occasions d'affaires internationales (COAI) / International Business Opportunities Centre (IBOC)
[http://www.e-leads.ca]

Groupe d'analyse des marchés internationaux (GRAMI)
[http://www.hec.ca/grami/index.html]

Guide pas à pas de l'exportation (dans la rubrique *Les premières étapes*)
[http://www.exportsource.ca]

Ce guide, conçu pour mieux faire comprendre les réalités de l'exportation, fournit des renseignements sur la manière d'évaluer les capacités d'exportation d'une entreprise.

Info entrepreneurs
[http://www.infoentrepreneurs.org]

Source canadienne d'information en direct sur l'exportation
[www.exportsource.ca]

ExportSource constitue une source intéressante d'information sur les exportations au Canada: préparation à l'exportation, recherche de renseignements sur les secteurs et les marchés, marketing et financement, acheminement de produits ou prestation de services à leur destination, prévention et résolution des problèmes et compréhension du marché mondial.

Ministère des Affaires étrangères et du Commerce international du Canada
[http://www.international.gc.ca]

Le Service des délégués commerciaux du Canada
[http://www.infoexport.gc.ca]

Statistique Canada
[http://www.statcan.ca]

CHAPITRE 7

La promotion et la prospection des marchés étrangers

PLAN

- **Les étapes de la prospection des marchés étrangers**
- **La préparation du voyage d'affaires**
- **Le rôle des missions commerciales**
- **La participation à une foire commerciale à l'étranger**
- **La promotion**

OBJECTIFS

- Comprendre le processus de prospection des marchés étrangers.
- Planifier un voyage d'affaires à l'étranger.
- Indiquer les éléments essentiels d'une participation à une foire commerciale à l'étranger.
- Utiliser les différents moyens de promotion sur un marché extérieur.
- Consulter les différents programmes d'aide offerts aux exportateurs.

Après avoir réalisé ses études de marché, si elle a choisi de lancer son produit sur le marché extérieur, l'entreprise doit déléguer une personne qui se rendra sur place, ce qui permettra de mieux comprendre l'environnement concurrentiel dans lequel l'entreprise évoluera. En somme, le marché cible doit être visité pour que l'entreprise puisse connaître toutes les caractéristiques principales de ce nouvel environnement et élaborer sa stratégie de marketing. Dans une perspective d'exportation, on appelle cette activité la *prospection*. Il s'agit de la dernière action à entreprendre avant de commencer à vendre. La prospection constitue également un moyen d'assurer le suivi des stratégies élaborées pour un marché. Dans la première section de ce chapitre, nous verrons les différentes étapes de la prospection des marchés.

On ne fait pas de l'exportation en se cantonnant dans son marché local : il faut se déplacer pour étudier le comportement du client dans son environnement. C'est seulement ainsi que l'entreprise peut comprendre les stratégies de marketing des concurrents potentiels, saisir la meilleure façon de rejoindre et de convaincre le client d'acheter ses produits ou ses services. La deuxième section traite de la préparation du voyage d'affaires.

Il existe plusieurs moyens de prospecter un marché. Le plus simple demeure évidemment la visite de celui-ci. Toutefois, l'entreprise peut aussi choisir de se joindre à une mission commerciale, ce que nous verrons dans la troisième section, ou de participer à une foire commerciale, ce qui fait l'objet de la quatrième section. En fait, le choix des moyens sera déterminé par les objectifs commerciaux et les ressources financières et humaines de l'entreprise.

Dans la quatrième section, nous décrirons également les nombreux moyens qui sont à la disposition de l'entreprise pour faire la promotion d'un produit dans un environnement étranger. Une PME doit tout d'abord utiliser des outils promotionnels bien conçus. Que l'on parle de site Web, d'une brochure sur l'entreprise, d'un catalogue de produits, d'une liste de prix ou d'une fiche technique, chaque outil doit être offert de préférence dans la langue du marché visé. En outre, un effort de marketing doit être soutenu par une publicité adéquate, bien ciblée, qui peut aisément atteindre le consommateur à un coût raisonnable.

Dans ce chapitre, nous vous signalerons également les principaux programmes d'aide à l'exportation auxquels peuvent faire appel les entreprises qui souhaitent se lancer dans l'exportation. Comme ces programmes d'aide offerts par les différents ordres de gouvernement (provincial et fédéral) sont constamment modifiés, nous vous indiquerons comment trouver dans Internet tous les renseignements qui s'y rapportent.

Les étapes de la prospection des marchés étrangers

Avant d'entreprendre la prospection d'un marché cible, l'entreprise doit faire le point sur les éléments de sa stratégie :

- La réalisation d'un diagnostic export montre que l'entreprise réunit toutes les conditions nécessaires pour se lancer dans l'exportation.

Métallco doit maintenant élaborer sa stratégie de prospection du marché japonais. Il se trouve que, au sein de l'entreprise, peu d'employés parmi ceux qui ont de l'expérience dans le domaine international connaissent le Japon, sa culture et son environnement commercial. Toutefois, un des cadres récemment recrutés par l'entreprise pour s'occuper des marchés européens, Louis Demers, a exprimé le désir, à titre de responsable des ventes internationales, de relever le défi et d'aller visiter le Japon. Ainsi, il pourra mieux repérer les difficultés que Métallco pourrait éprouver dans ses efforts de vente sur ce nouveau marché dont la culture commerciale est différente. Pour ce faire, Louis doit mettre en place une stratégie de prospection très précise.

Cette stratégie est assez simple : il faut visiter ce marché, y établir des relations, peut-être même se rendre à une foire commerciale (il importe alors de vérifier les dates auxquelles une telle foire concernant l'industrie métallurgique se tiendra) et planifier les dates de voyage en conséquence. Louis est très conscient que le fait de visiter un pays pour la première fois nécessite beaucoup de préparatifs. La prospection d'un nouveau marché requiert une connaissance approfondie de ses caractéristiques. C'est pourquoi il s'informera sur le Japon et lira des ouvrages spécialisés sur la culture et les particularités des négociations d'affaires. En outre, il doit déterminer, au cours de son voyage, la dimension des barrières et des contraintes propres à ce marché qui concernent directement l'importation des produits que Métallco a l'intention d'y offrir. Cette recherche débute ici, au Québec, où il faut trouver maintes sources d'information non seulement dans Internet, mais également auprès des conseillers commerciaux du Québec et du Canada.

Comme l'entreprise en est à ses premiers efforts de vente en Asie, elle est admissible à une aide gouvernementale pour faire la prospection d'un marché ou pour participer éventuellement à une foire commerciale au Japon. La recherche d'une aide gouvernementale fait partie du processus de préparation que Louis Demers doit entreprendre avant de partir pour Tokyo.

- Le produit ou le service qu'elle offre est unique ; il présente des avantages concurrentiels et il se démarque d'autres produits ou services similaires.
- Le marché cible a été choisi selon une approche planifiée et selon la stratégie de ciblage appropriée qui tient compte à la fois d'une demande réelle, présente sur le marché visé, et des contraintes de ce marché.
- La stratégie de prospection sera adoptée en fonction des ressources de l'entreprise et de la connaissance de l'environnement du marché cible.

Il existe plusieurs façons de faire la prospection d'un marché étranger. Bien entendu, une entreprise peut être tentée de se limiter à des moyens qui ont fait leurs preuves sur le marché local, comme le marketing direct (le contact avec les clients potentiels par téléphone, par publipostage, etc.). Toutefois, ce type de prospection risque d'être peu efficace dans une négociation internationale. Il sera sans doute utile pour établir une relation avec un client potentiel à visiter au cours d'un déplacement. Ainsi, le type de prospection le plus simple consiste à se rendre sur ce marché. Cependant, il faut s'assurer qu'une telle visite sera rentable, qu'elle permettra à l'entreprise d'obtenir le plus grand nombre de renseignements pertinents sur les conditions de ce marché et que, grâce à l'information ainsi recueillie, elle sera en mesure d'élaborer sa stratégie pour pénétrer le marché.

Il existe plusieurs méthodes de prospection intéressantes :

- Déléguer une personne à l'étranger afin de mieux connaître le nouvel environnement dans lequel l'entreprise veut évoluer.
- Se rendre à une foire commerciale qui se tient sur le marché cible, ce qui permettra à l'entreprise désireuse de percer sur ce marché d'en saisir les enjeux et, surtout, d'identifier ses concurrents directs qui y sont déjà présents.
- Faire participer des cadres supérieurs de l'entreprise à une mission commerciale organisée soit par le gouvernement du Québec ou par **Équipe Canada**[1] ; par exemple, la Chine a reçu une mission commerciale canadienne présidée par l'ancien premier ministre Jean Chrétien en novembre 2000.
- Déléguer une personne à une foire commerciale[2]. Cette méthode, qui peut s'avérer plus coûteuse, est toutefois plus efficace.

Toutes ces méthodes impliquent des déplacements à l'étranger et, par conséquent, la préparation d'un voyage. La préparation d'un voyage d'affaires revêt une importance capitale ; malheureusement, trop peu de gens d'affaires s'y arrêtent vraiment. Très souvent, ce manque de connaissance du marché du pays visé entraîne des coûts additionnels et des erreurs quant aux stratégies adoptées. Somme toute, il faut se préparer pour prévenir des incidents malencontreux. La prochaine section traite de la préparation du voyage d'affaires, des nombreuses étapes qu'elle comporte, des écueils à éviter et des trucs à connaître pour faciliter le déplacement, être en meilleure forme et ainsi pouvoir retirer le maximum d'un séjour dans le pays du marché étranger ciblé.

Équipe Canada

Groupe mis sur pied par le gouvernement du Canada pour fournir des renseignements aux entreprises, leur offrir des services et leur permettre de profiter de débouchés sur les marchés internationaux. Ce groupe est constitué de 20 ministères (dont le ministère des Affaires étrangères et du Commerce international, et le ministère de l'Agriculture) et organismes fédéraux (dont Exportation et développement Canada).

La préparation du voyage d'affaires

Les gens d'affaires qui voyagent pour leur entreprise font face à deux problèmes fondamentaux : les coûts des voyages et le temps qu'il faut y consacrer. C'est précisément pour cette raison que les objectifs d'un voyage doivent être définis avec précision. Quelle est l'utilité des voyages ? À qui faut-il s'adresser ? L'entreprise exportatrice doit tâcher de répondre à ces questions. Pour ce faire, il importe de distinguer les types de voyages suivants.

- **Le voyage d'inspection** se fait au tout début de la démarche visant à conquérir un marché étranger. Par exemple, un entrepreneur fabriquant des portes et des fenêtres part en vacances avec sa famille pour les plages de Cape Cod, aux États-Unis. Au cours du trajet qui l'amène dans la périphérie de Boston, région fort prospère où l'on observe de nombreux projets de construc-

---

1. La principale source d'information d'Équipe Canada se trouve sur le site Web de *ExportSource*, [en ligne]. [http://www.exportsource.gc.ca]. On trouvera sur ce site un guide pour la planification des voyages d'affaires de même qu'un guide pour la planification des foires commerciales.

2. Nous verrons plus loin que, selon la stratégie de pénétration du marché adoptée, plusieurs façons d'aborder une foire commerciale peuvent être recommandées.

tion, la curiosité de l'entrepreneur est piquée. Il ira alors visiter quelques chantiers de construction simplement pour voir si ce marché offre un potentiel intéressant pour la vente de ses produits. Au préalable, le voyage ne comportait pas de but d'affaires. Cependant, l'entrepreneur, qui est aux aguets, a su tirer profit d'une situation, soit ses vacances.

- **Le voyage de prospection** constitue le deuxième voyage que notre entrepreneur fera dans la région de Boston. À son retour de vacances, en effet, cet entrepreneur voudra s'assurer que le potentiel de ventes existe vraiment. À l'occasion d'un voyage de prospection, il vérifiera les possibilités de vente et il repérera les barrières et les contraintes auxquelles il fera face. Une première visite à une foire commerciale lui permettra en outre de découvrir les concurrents déjà sur place, de se familiariser avec les conditions du marché et de préciser les stratégies de marketing à mettre en œuvre pour entrer sur ce marché.

- **Le voyage d'implantation** est une troisième visite qui s'avérera nécessaire pour signer un contrat de distribution, ouvrir un bureau des ventes ou un entrepôt ou encore, conclure une entente de partenariat. Bref, ce genre de voyage confirme la décision de l'entreprise d'exporter vers ce marché et de s'y implanter pour y vendre ses produits. Soulignons que ces trois types de voyages soin loin de se présenter toujours dans cet ordre. Cependant, dans tous les cas, il est essentiel d'avoir un but précis avant d'entreprendre un voyage dans un nouveau marché. Pour bien contrôler les coûts de déplacement, il faut toujours savoir pourquoi un voyage doit être entrepris ! Dans l'exemple de l'entrepreneur de portes et de fenêtres, celui-ci aurait pu visiter d'abord une foire commerciale et décider, une fois l'environnement bien décodé, de s'y implanter et de signer dès cette première visite un contrat de distribution.

- **Le voyage de contrôle** permet à l'entrepreneur de faire un suivi, à travers de fréquents déplacements, pour s'assurer que ses nouveaux clients sont satisfaits ou pour stimuler les ventes. Ce type de voyage se produit une fois que le processus de vente sur un marché étranger est amorcé. Au cours du voyage de contrôle, l'entrepreneur non seulement vérifie la satisfaction de la clientèle, mais il constate sur les lieux le professionnalisme et l'efficacité des distributeurs, des agents ou des partenaires. L'entreprise ne peut ignorer les intermédiaires qui s'occupent de ses ventes sur les marchés étrangers. Il faut rencontrer ces intermédiaires régulièrement. On suggère au moins quatre ou cinq visites par année pour le marché des États-Unis, au moins deux ou trois pour le marché européen et au moins une pour les marchés asiatiques. Le fait que l'entreprise rencontre ses clients et ses distributeurs (agents ou intermédiaires) reflète l'importance qu'elle accorde à ses nouveaux marchés. Cette attention est d'ailleurs très appréciée par la clientèle et les intermédiaires étrangers.

- **Le voyage de promotion** permet de se consacrer au cours d'un même voyage à la double activité du contrôle et de la promotion. En effet, l'entreprise combine deux objectifs dans un seul déplacement : vérifier l'efficacité de ses stratégies de distribution et faire la promotion de ses produits auprès de la nouvelle clientèle. Pour reprendre l'exemple précédent, supposons que l'entrepreneur de portes et de fenêtres se soit implanté en Nouvelle-Angleterre et qu'il

Agent manufacturier
Agent de distribution autorisé à représenter une entreprise pour la vente de produits spécifiques (industriels ou de grande consommation) sur le marché des États-Unis.

ait recours aux services d'un **agent manufacturier** pour vendre ses produits[3]. L'entrepreneur visite ce marché extérieur au minimum une fois tous les trois mois. À cette occasion, il fait le tour de ses nouveaux clients avec son agent manufacturier, ce qui lui permet d'observer les techniques de vente employées par ce dernier, d'apprendre à mieux le connaître et de se familiariser avec les caractéristiques du marché. De plus, il recueille les commentaires de ses nouveaux clients américains sur son produit, ce qui lui permettra d'améliorer sa stratégie de marketing. Rien n'empêche le fabricant de portes et de fenêtres de faire coïncider son voyage avec une foire commerciale et d'en profiter pour dynamiser les ventes et lancer de nouveaux produits. On ne peut minimiser l'importance du voyage de promotion dans la stratégie d'exportation d'une entreprise, car le fait d'assurer le suivi des ventes est aussi important que celui de conclure une première vente[4].

Revenons sur le voyage de prospection, qui s'inscrit dans la stratégie du même nom, et qui permet à l'entreprise de mieux comprendre l'environnement commercial dans lequel elle doit maintenant évoluer. Le voyage de prospection peut se faire à l'occasion de trois types de déplacements :

1. *Une visite faite par un ou plusieurs cadres d'une entreprise* qui ont ciblé un marché particulier et qui ont décidé d'aller constater par eux-mêmes, sur place, de quelle façon l'entreprise pourrait pénétrer ce marché.

2. *Une première visite à une foire commerciale,* qui fournira à l'entreprise des informations pertinentes sur la demande du produit et sur la concurrence sur ce marché, cette visite précédant la participation de l'entreprise à cette foire.

3. *Une participation à une mission commerciale* organisée soit par un organisme gouvernemental (comme la mission commerciale au Mexique pour les industries de la santé, organisée en mars 2008 par le ministère du Développement économique, de l'Innovation et de l'Exportation du Québec [MDEIE] en collaboration avec la Délégation générale du Québec à Mexico), soit par une association sectorielle (telle la Société canadienne d'hypothèque et de logement [SHCL], qui organise des missions commerciales dans divers pays pour faciliter les efforts de vente des fabricants de matériaux de construction).

Tous ces déplacements visent un objectif précis pour l'entreprise : mieux connaître la nature du marché, ses intervenants et ses contraintes. Pour garantir le succès de ces déplacements, il est important de bien les préparer afin de pouvoir obtenir sans trop de mal les renseignements requis pour l'élaboration d'une stratégie de pénétration du marché. Les retards, les inconvénients d'un voyage et surtout, une connaissance insuffisante de la région entraînent souvent des échecs ou des ennuis sérieux pour les personnes qui voyagent par affaires.

---

3. Voir le chapitre 9 sur le rôle de l'agent manufacturier dans une stratégie de distribution destinée à l'exportation.
4. On entend souvent la maxime suivante dans le milieu des vendeurs : « N'importe qui peut vendre n'importe quoi n'importe où à n'importe qui *une fois,* mais *la seconde fois* n'est pas aussi facile: le suivi est essentiel ! »

C'est pourquoi il est utile de préparer un plan de prospection visant à déterminer les personnes à rencontrer, à décrire les tâches à exécuter, à évaluer l'enveloppe budgétaire requise et à faciliter le suivi du voyage. Il est nécessaire d'établir une liste des personnes à rencontrer et des foires à visiter, et de décrire le type de manifestations commerciales ainsi que le profil des partenaires d'affaires éventuels (les différences culturelles, les caractéristiques commerciales, techniques et de gestion). Par la suite, il faut adapter les outils de prospection aux activités planifiées (la documentation, les catalogues de produits, les cartes professionnelles, les conditions de vente et de prix). Avant de partir, l'entrepreneur doit annoncer sa visite. Il choisira alors un moyen de communication pour réaliser un premier contact efficace (téléphone, courrier, télécopie, Internet). Il doit aussi élaborer un emploi du temps flexible prévoyant des périodes pour s'imprégner de l'environnement du pays, le report ou l'annulation de certains rendez-vous ou l'établissement de nouvelles relations sur le terrain. L'entrepreneur a intérêt à posséder une carte des localités prospectées, ce qui lui permettra d'évaluer le temps des déplacements et de fixer les itinéraires optimaux, et d'éviter ainsi de passer trop de temps dans les moyens de transport. La préparation préalable de fiches sur chacun des rendez-vous lui fera également gagner du temps lorsqu'il consignera les détails de l'entretien pour en assurer le suivi. À l'aide de ces fiches, l'entrepreneur peut, par exemple, demander des renseignements supplémentaires ou rédiger une lettre de remerciement personnalisée à l'intention de son interlocuteur en soulignant un détail de l'entretien susceptible de consolider le lien existant entre eux.

Voici les points les plus importants à vérifier avant le départ :

- Planifier le budget du voyage et estimer de manière détaillée les dépenses à engager. Le recours aux services d'un courtier en voyages spécialisé dans le voyage d'affaires permettra à l'entrepreneur de s'assurer des coûts de déplacement raisonnables.

- Vérifier les dates du voyage pour être certain qu'elles ne coïncident pas avec des congés, des fêtes civiles ou religieuses, des périodes de vacances ou des conditions climatiques difficiles (saison des pluies, des ouragans, etc.) dans le pays de destination.

- S'informer de la géographie, des institutions politiques, des caractéristiques culturelles et de la structure économique et commerciale du pays que l'on s'apprête à visiter pour la première fois.

- Entrer en contact avec le conseiller commercial en poste dans le pays où l'on désire vendre ses produits. Ces représentants gouvernementaux[5], nommés par le Canada ou le Québec, sont en mesure de faciliter la tâche des entreprises dans leur recherche de données. Cependant, il est essentiel que les entreprises soient prêtes à exporter et connaissent bien les enjeux et les défis auxquels elles devront faire face.

- Prendre rendez-vous avec les intervenants étrangers et confirmer ces rendez-vous afin de s'assurer que les objectifs des déplacements prévus seront atteints. Ces démarches relèvent de la politesse la plus élémentaire.

---

5. On peut obtenir la liste et les coordonnées des délégués commerciaux du Canada et du Québec aux adresses suivantes : [http://www.infoexport.gc.ca] ; [http://www.mdeie.gouv.qc.ca].

- Fournir aux intervenants une bonne documentation décrivant à la fois les produits offerts par l'entreprise et son historique, si possible dans la langue du pays visité, sinon dans la langue la plus couramment utilisée. Prévoir une bonne provision de cartes professionnelles car, dans la plupart des pays, l'échange de ces cartes précède souvent toute discussion.

- Posséder une bonne connaissance de son entreprise, de ses produits et des conditions de vente, de manière à ne jamais être pris au dépourvu et à pouvoir répondre à toutes sortes de questions, sans hésitation.

Cela complète le tour d'horizon des préparatifs du voyage d'affaires. La personne appelée à voyager pour son entreprise doit bien sûr prévoir une foule d'effets personnels. Il arrive trop souvent qu'un voyage d'affaires se solde par un échec à cause non pas d'erreurs au cours de négociations avec des intervenants étrangers, mais de l'oubli de vêtements ou d'accessoires (des lunettes de rechange ou un parapluie), de malentendus sur le territoire à couvrir (un rendez-vous manqué à cause d'un embouteillage) ou encore d'un visa manquant, d'un passeport périmé et d'autres ennuis fréquents qu'éprouvent les voyageurs internationaux. En conséquence, le voyageur d'affaires doit prêter attention autant à ses préparatifs personnels qu'à l'organisation de ses activités professionnelles.

Nous résumons ci-dessous quelques-uns des préparatifs essentiels au bon déroulement d'un voyage d'affaires.

- Faire ses réservations d'avion et de train bien avant la date prévue pour le départ, de manière à profiter de tarifs avantageux. Cependant, il faut faire attention aux restrictions imposées par les compagnies aériennes sur les billets à tarif réduit, comme l'impossibilité de changer un billet à moins de verser une pénalité assez élevée.

- Faire ses réservations d'hôtels (surtout dans le cas des capitales et des grandes villes) le plus longtemps possible avant la date de départ et obtenir une confirmation écrite de ces réservations.

- S'assurer que son passeport n'est pas périmé si l'on envisage de faire un séjour à l'étranger. De nombreux pays exigent que la date d'expiration du passeport soit au moins six mois après le moment du séjour.

- S'informer des pays qui requièrent un visa pour une visite d'affaires auprès de son agence de voyages et s'assurer d'obtenir les visas nécessaires.

- Se procurer une petite somme d'argent dans la devise du ou des pays de destination (s'il est possible de trouver cette devise dans une institution financière ou un bureau de change) et ne pas oublier ses cartes bancaires (pour les guichets automatiques disséminés partout dans le monde) et ses cartes de crédit reconnues (telles Visa ou MasterCard).

- Prévoir des vêtements appropriés (des complets pour les hommes et des tailleurs pour les femmes), un imperméable et un parapluie[6].

- Emporter, le cas échéant, une quantité suffisante de médicaments pour la durée du séjour, voire une copie valide des ordonnances originales (afin de

---

6. La pluie peut facilement ruiner un complet ou une coiffure si l'on ne se protège pas, et il pleut souvent à des moments inattendus !

pallier toute éventualité s'il devient nécessaire de se procurer des médicaments à l'étranger). De plus, si l'on porte des lunettes, il est prudent de prévoir une paire de rechange.

- Emporter le moins de bagages possible pour faciliter les déplacements par avion et prévoir une mallette pour les documents de voyage et de travail ainsi que d'autres articles essentiels, au cas où les bagages seraient égarés par la compagnie aérienne.

Même si certaines des recommandations qui précèdent vous font sourire, gardez-les en mémoire. Elles sont susceptibles de vous éviter bien des ennuis. En fait, la majorité de ces conseils s'appliquent aussi à la personne qui s'apprête à participer à une mission ou à une foire commerciale.

Le rôle des missions commerciales

La participation à une mission commerciale organisée par un gouvernement permet aux représentants des PME d'établir des relations privilégiées qu'ils ne pourraient nouer au cours d'une mission individuelle. En revanche, les missions commerciales, qui sont planifiées dans les moindres détails de façon à les rendre les plus efficaces possible, laissent très peu de latitude et de temps à l'entreprise qui désire faire une prospection du marché plus approfondie.

Une mission commerciale est un déplacement de gens d'affaires vers un pays étranger, sous le patronage d'une autorité gouvernementale qui vise à promouvoir des échanges commerciaux (entendre des exportations de biens et de services). Les gouvernements fédéral et provinciaux manifestent actuellement un certain engouement pour cette façon de soutenir les produits et les services canadiens sur les marchés étrangers. Les missions «ministérielles», qui regroupent des dizaines d'entreprises de toutes tailles et impliquent une préparation d'envergure, le tout étant médiatisé avant, pendant et après l'opération, sont un phénomène qui remonte aux années 1995-1996.

Une mission commerciale parrainée par une agence gouvernementale représente un excellent moyen de faire connaître les produits d'une entreprise sur les marchés étrangers. Ces voyages de groupe peuvent contribuer à augmenter les exportations de l'entreprise et l'aider à se faire une meilleure place sur les marchés internationaux. Toutefois, ce genre d'efforts promotionnels comporte également des fins politiques. Durant le déroulement d'une mission, les médias annoncent que tel contrat ou tel protocole d'entente aurait été signé. Les enjeux sont gros et les montants mentionnés, impressionnants. Assurément, plusieurs grosses entreprises profitent de ces missions, surtout si celles-ci sont parrainées par un premier ministre, et peuvent ainsi apposer une signature au bas de contrats qui se négocient depuis des mois. Il est tout à fait légitime de se servir ainsi de la couverture médiatique pour annoncer des ententes avec des partenaires étrangers. Dans la même veine, les petites et moyennes entreprises qui parviennent à conclure une entente et à attirer l'attention des médias peuvent certainement profiter d'un avantage promotionnel qu'elles ne sauraient obtenir autrement.

Ainsi, le fait que des premiers ministres et d'autres politiciens utilisent ce moyen pour promouvoir les atouts commerciaux des entreprises de leurs régions respectives n'est pas en soi une mauvaise stratégie. Au contraire, la crédibilité des entreprises faisant partie de cet entourage ministériel s'en trouve augmentée. De plus, les ministères responsables du commerce extérieur du Canada et du Québec organisent depuis de nombreuses années des missions commerciales dans des pays bien ciblés à l'intention d'entreprises ayant des activités communes ou œuvrant dans un même secteur. Les cibles sont normalement déterminées avec précision et les retombées sont toujours rentabilisées de façon efficace.

L'avantage des missions commerciales est que l'entreprise bénéficie, à un coût raisonnable, de nombreuses études menées sur les pays visés et les secteurs clés qui peuvent offrir un potentiel intéressant. Un grand nombre d'employés de la fonction publique sont libérés de leur affectation normale et doivent passer de longues heures à la préparation des différentes composantes de la mission : la logistique, les cahiers des charges, les rencontres, les horaires, les déplacements, etc. Ils rédigent plusieurs communiqués de presse qu'ils envoient aux médias pour les tenir informés des moindres aspects du déroulement de ces préparatifs.

Cependant, il ne faudrait pas croire que la participation à une mission commerciale dégage l'entreprise des activités de préparation et de suivi que nous avons décrites dans la section précédente. Lorsqu'il s'agit de pays où la culture et les pratiques commerciales sont très différentes de celles qu'on trouve au Québec ou au Canada, il appartient aux entreprises d'obtenir les renseignements pertinents. Une petite ou moyenne entreprise habituée à traiter avec des acheteurs américains n'est pas nécessairement prête du jour au lendemain à négocier avec des acheteurs chinois. On suppose que les grandes entreprises allant en mission ont déjà eu plusieurs expériences avec leurs clients étrangers et sont aguerries aux relations d'affaires interculturelles. Peut-on en dire autant des PME qui en sont à leur première aventure commerciale dans un environnement étranger ?

Il faut donc prévoir suffisamment de temps, d'efforts et d'argent pour la préparation d'une mission commerciale. En plus du matériel produit par le gouvernement organisateur, on doit concevoir des brochures explicatives, sans parler des voyages de reconnaissance que font les fonctionnaires affectés à la logistique de ces missions. Bref, il est essentiel de consacrer une quantité considérable d'énergie à la planification. Durant le déplacement, le travail de la PME s'en trouve ainsi facilité. En effet, toutes les entreprises sont encadrées minutieusement par les nombreux fonctionnaires qui les accompagnent durant l'expédition. Les rendez-vous sont confirmés, les rencontres ministérielles sont bien planifiées et les conférences de presse sont programmées. En somme, la petite entreprise qui fait partie de cette mission n'a qu'à suivre les instructions, et elle pourra établir toutes ses relations d'affaires sans aucune difficulté, que ce soit en Amérique latine, en Chine ou en Asie.

Par contre, si l'entreprise n'a pas suivi un plan précis et rempli des fiches d'entretien et de suivi des rencontres, alors, au retour de la mission commerciale, la réalité du monde du commerce international s'imposera. Un gestionnaire spécialiste des ventes internationales sait bien qu'une seule rencontre n'est pas suffisante pour combler toutes les attentes d'un nouveau client étranger. Cette démarche implique un suivi, et certainement une seconde visite. Toutes ces PME pour lesquelles une telle mission fut une première expérience devront être en mesure d'effectuer un suivi rapidement, sans pouvoir, cette fois-ci, jouir de l'assistance logistique et financière du gouvernement.

Une mission commerciale est un exercice de promotion. Comme toutes les activités promotionnelles, il faut par la suite mettre en place une infrastructure pour poursuivre et mener à terme les efforts de commercialisation dans les pays visités. Comme effort promotionnel, la mission commerciale est un moyen pratique d'ouvrir certains marchés étrangers et de donner un appui officiel aux entreprises qui ne pourraient y établir autrement des rapports privilégiés. L'entreprise doit toutefois prêter attention à la préparation et à la rentabilité de telles opérations, et surtout, à l'efficacité du suivi afin de pouvoir en retirer un profit tangible, du moins à moyen terme.

La participation à une foire commerciale à l'étranger

Comme nous l'avons souligné précédemment, la participation à une foire commerciale est sûrement le moyen le plus efficace de prospecter un nouveau marché. Il s'agit cependant de choisir sur le marché cible la foire qui correspond le mieux au secteur d'activité de l'entreprise. Des milliers de foires commerciales se tiennent tous les ans à travers le monde. Il peut s'agir de foires à caractère général ouvertes au public, d'expositions spécialisées regroupant l'offre mondiale d'un secteur particulier, ou de congrès techniques présentant les développements technologiques d'un secteur. Plusieurs de ces foires sont véritablement internationales, en ce sens que leur renommée, leur pouvoir d'attraction sur les entreprises les plus importantes du secteur d'activité et leur statut comme lieu de rencontre privilégié entre acheteurs et vendeurs les rendent incontournables pour toute entreprise voulant s'étendre sur les marchés internationaux. La foire de l'aviation au Bourget près de Paris, High Point, une foire du meuble en Caroline du Nord, ainsi que les foires d'alimentation SIAL à Paris, Shanghai (et même Montréal) et Anuga à Cologne, en Allemagne, constituent des exemples de foires à caractère international. En fait, presque toutes les grandes villes du monde présentent une foire.

Le défi pour l'entreprise qui désire pénétrer un nouveau marché est de trouver la foire qui lui convient, celle qui lui donnera la tribune requise pour lancer son produit sur un nouveau marché. Par conséquent, le choix de la foire dans une stratégie de prospection exige une recherche pour dénicher celle qui correspond le mieux aux objectifs de l'entreprise. D'ailleurs, toute entreprise se doit, avant de participer à une foire, de la visiter afin de s'assurer qu'une éventuelle participation sera rentable.

La foire est en conséquence l'endroit idéal pour établir des relations d'affaires. L'entreprise qui visite une foire pour la première fois veut :

- étudier le marché, c'est-à-dire identifier les différents concurrents et mieux comprendre leurs stratégies de marketing ;
- déterminer et évaluer la demande, à savoir analyser le potentiel du marché (région ou pays) et du secteur visé (segment de clientèle cible).

Une fois que l'entreprise s'est familiarisée avec l'environnement de la foire, le type de clientèle qui la visite, les exposants qui y sont présents et les concurrents qui y participent, elle peut planifier une participation active. Les buts d'une telle participation sont nombreux.

- **S'introduire sur un marché.** En exposant son produit dans un stand, l'entreprise peut observer la réaction d'acheteurs potentiels. Les commentaires spontanés faits par les visiteurs d'un stand sont souvent fort utiles à l'entreprise. Elle peut prendre conscience rapidement des points forts et des points faibles de son produit.

- **Trouver des intermédiaires.** Un nouveau produit sur un marché attire souvent des personnes intéressées à le distribuer. Lorsque Paul Gallant, président-directeur général (PDG) de Wrebbit, a exposé son casse-tête en trois dimensions pour la première fois à la Foire des jouets de New York (New York Toy Fair), de nombreux distributeurs et agents se sont immédiatement intéressés à son produit et ont offert leurs services pour le vendre sur divers marchés américains. Gallant a donc pu retenir le distributeur américain de son choix ! Cette situation est typique. Si l'entreprise a un produit différent ou innovateur, il est fort probable qu'elle trouvera un distributeur, un intermédiaire, un agent ou même un partenaire pendant une première prospection dans une foire commerciale.

- **Promouvoir un produit.** Pour l'entreprise qui lance un nouveau produit sur un marché, il est naturel de le présenter dans une foire. C'est d'ailleurs la stratégie qu'adoptent les grands fabricants d'automobiles (General Motors, Ford Motor, DaimlerChrysler ainsi que Honda, Toyota et autres fabricants internationaux), qui exposent leurs nouveaux modèles à l'occasion du Salon de l'automobile à Montréal, à Toronto et à Detroit. D'ailleurs, on observe que les petites et moyennes entreprises suivent la même stratégie dans leurs premiers efforts de vente sur un nouveau marché. La foire est l'instrument promotionnel le plus efficace et peut-être même le moins coûteux pour faire son entrée dans un pays étranger.

- **Stimuler les ventes de produits existants.** Lorsqu'une entreprise exportatrice a ciblé un marché, qu'elle a un distributeur établi et qu'elle veut maintenir un contact avec sa clientèle actuelle et solliciter de nouveaux acheteurs, elle a tout intérêt à exposer régulièrement dans une foire afin d'atteindre ses objectifs.

La participation à une foire est une activité qui se planifie non seulement sur le plan logistique, mais également du point de vue promotionnel. La foire est pour l'entreprise exportatrice un des meilleurs outils de promotion. Toutefois, la promotion étant une activité à long terme, l'entreprise ne peut se permettre de participer à une foire de façon irrégulière. Sinon, comme nous l'avons vu,

EXEMPLE 7.2 L'utilité de la foire commerciale

Au cours des années, Métallco a acquis une réputation enviable sur le marché américain. Chaque année, l'entreprise participe au Metal Trade Show, à Pittsburgh, afin de soutenir ses efforts de vente, de conserver son image, de promouvoir sa gamme de produits existants et parfois de lancer de nouveaux produits. Ce travail promotionnel est très important dans la stratégie de marketing de l'entreprise; plus encore, une participation constante au cours des années est essentielle pour préserver la notoriété de l'entreprise sur ce marché. Si, pour une raison ou une autre, Métallco ne participait pas à cette exposition annuelle à Pittsburgh, son absence serait certainement remarquée et des rumeurs de problèmes financiers pourraient circuler à son sujet. Un autre inconvénient qu'entraînerait son absence de la foire est que les acheteurs actuels ou potentiels pourraient solliciter de nouveaux fournisseurs.

cela risquera de susciter chez la clientèle de l'entreprise (et chez les concurrents de la firme) bien des questions. Aussi, lorsqu'une entreprise décide de participer à une foire, elle doit tenir compte d'une stratégie de promotion à long terme. Le choix du meilleur endroit pour promouvoir ses produits devient alors crucial. À cet égard, voici les critères les plus souvent cités :

- La *qualité de l'emplacement*. Cet emplacement est-il bien situé ? Dispose-t-il de bonnes installations ? Est-il le meilleur endroit pour rejoindre la clientèle visée ?
- La *qualité des organisateurs*. La foire semble-t-elle bien organisée ? Un soutien promotionnel est-il offert ? L'image et la réputation des organisateurs sont-elles impeccables ?
- La *qualité des exposants*. Les concurrents sont-ils présents à la foire ? Les autres exposants offrent-ils leurs produits ou leurs services à une clientèle analogue à celle de l'entreprise ? L'image des autres exposants est-elle compatible avec celle que l'entreprise veut projeter ?
- La *qualité des visiteurs*. Pour une entreprise qui vise le marché des entreprises (la vente interentreprises), la clientèle prévue est-elle bien celle qu'elle recherche ? Le public est-il admis seulement lorsque l'entreprise offre ses produits à celui-ci ? Dans cette optique, l'accent devrait être mis davantage sur la qualité des visiteurs que sur leur quantité.

En somme, il y a deux types de foires commerciales : les foires fermées où seules les entreprises sont invitées, et les foires ouvertes où le public est admis.

La planification de la participation à une foire ne doit pas être laissée au hasard. L'entreprise peut participer à des salons en groupe. Par exemple, plusieurs éditeurs québécois se retrouvent chaque année dans le même stand et présentent leurs collections au Salon du livre de Paris, sous le patronage d'une agence gouvernementale. Cette formule a l'avantage de décharger l'entreprise de certaines tâches administratives, techniques et logistiques (la location de l'emplacement, la publicité dans le catalogue de la foire, la conception et le transport du stand, les réservations d'hôtels, etc.).

Pour ce qui est des entreprises qui participent à une foire en solo, il est préférable qu'elles commencent leurs préparatifs très tôt, car certaines foires exigent que la location d'un emplacement s'effectue longtemps d'avance, parfois un ou deux ans. De plus, d'autres tâches, en raison d'un budget serré, ne doivent pas être réalisées à la dernière minute. Voici une liste non exhaustive des tâches préparatoires à accomplir :

- la location de l'emplacement ;
- la conception du stand (décoration, préparation du matériel à exposer, logo, articles promotionnels, échantillons, etc.) ;
- la réservation des branchements électriques et d'autres fournitures essentielles (ameublement, téléphone, fleurs, etc.) ;
- la mise au point du transport du stand ;
- le choix des installateurs du stand ;
- la sélection des personnes ou des entreprises qui seront invitées à visiter le stand ;
- la préparation et la traduction de la documentation et de l'animation du stand ;
- l'élaboration d'un plan publicitaire pour couvrir l'événement ;
- l'élaboration d'une liste de prix incluant les tarifs d'exportation ;
- la préparation du voyage (billets d'avion, passeports, hôtels, visas, vaccination, etc.) ;
- la demande d'assurances pour couvrir certains risques liés à la foire ;
- la réservation des services requis pour l'événement (interprètes, stationnement, nettoyage et gardiennage, personnel).

En résumé, la foire commerciale doit être considérée comme prioritaire dans une stratégie de pénétration des marchés extérieurs. Ses principaux avantages pour l'entreprise exportatrice sont les suivants :

- Obtenir de l'information sur les besoins de la clientèle cible et recueillir de précieux renseignements sur la concurrence.
- Diffuser efficacement une information détaillée sur ses produits à un grand nombre de clients et de distributeurs potentiels.
- Faire connaître le produit ou le service, voire en permettre l'essai. Il est important pour l'entreprise qui expose dans une foire de mettre en valeur son produit et de démontrer l'utilité et le fonctionnement de ce produit.
- Engager un dialogue ou peut-être des négociations avec d'éventuels clients. Une foire est un terrain neutre où les vendeurs et les acheteurs peuvent discuter, échanger des commentaires sans aucune contrainte, ce qui n'est pas toujours possible dans un autre environnement.

La participation à une foire commerciale est un élément important d'une stratégie de promotion liée à l'exportation, mais il n'est pas le seul. Pour les entreprises qui en sont à leurs débuts sur les marchés étrangers, la présence à une foire représente leurs premiers efforts promotionnels. Elles devront par la suite mieux faire connaître leurs produits et, par le fait même, se faire mieux connaître elles-mêmes. Ainsi, le plan de promotion s'inscrit dans la stratégie de marketing.

La promotion

Une entreprise qui se lance dans l'exportation doit élaborer un plan de promotion afin de soutenir ses efforts de vente dans un nouvel environnement. Après que la stratégie commerciale de l'entreprise a été élaborée, elle doit mettre en application une politique de marketing. Le produit est conforme aux exigences du marché cible, le prix de vente a été calculé en tenant compte de la concurrence et les canaux de distribution ont été choisis. Le quatrième élément essentiel de la stratégie de marketing est la promotion.

La promotion permet de diffuser l'image de l'entreprise et de donner des précisions sur les caractéristiques du produit. Toute la promotion entourant la commercialisation d'un produit, que ce soit sur le marché intérieur ou à l'étranger, reflète la qualité de l'entreprise et sa réputation de fournisseur sur lequel on peut compter. Suivant le principe de départ, l'entreprise doit vendre son image avant de vendre ses produits. La promotion est un moyen de communication qui aide à réaliser cet objectif. Bref, dans le contexte de l'exportation, la promotion permet :

- de soutenir les efforts de vente ;
- de faciliter le lancement de nouveaux produits ;
- de présenter l'entreprise sur un nouveau marché ;
- d'informer les clients ;
- de contribuer à fidéliser la clientèle ;
- de diffuser l'image de l'entreprise.

Pour que l'exportateur puisse communiquer à ses clients potentiels l'image de son entreprise et ainsi mériter leur confiance, il doit mettre en valeur les avantages concurrentiels de ses produits en utilisant des moyens descriptifs et concrets. Plusieurs outils promotionnels sont mis à profit dans une stratégie de marketing international.

Comme dans le cas des produits, la promotion doit comporter les adaptations que nécessitent les contextes local et international. Le défi demeure toujours de définir, en tenant compte des coûts, ce qui peut être standardisé et ce qui peut être différencié, en fonction du segment de marché visé, du type de

TABLEAU 7.1

La diffusion des outils promotionnels

Lieux de diffusion	Outils promotionnels
Point de vente	Démonstration dans les magasins à grande surface
Médias	Coupons rabais, publicité à la télévision, à la radio, dans les journaux, les revues, etc.
Événements	Commandite d'événements culturels ou sportifs
Activités de relations publiques	Lobbying, relations de presse, remise de bourses d'études, soutien apporté à des fondations, etc.
Marketing direct	Envois par la poste, par télécopieur, par courriel
Vente personnelle	Vente par des représentants, etc.

produits et du degré de pénétration du marché désiré. Il ne faut pas oublier que les risques d'échec en matière de promotion à l'étranger sont souvent attribuables à un manque de connaissance de la culture locale ou du marché cible. S'ajoutent à cela les contraintes légales, les difficultés linguistiques et l'accès limité à certains médias propres à chaque marché.

Tout en gardant en mémoire que la majorité des entreprises québécoises qui exportent sont des PME, nous nous concentrerons sur les principaux moyens dont dispose une stratégie de marketing typique. Ainsi, la PME exportatrice qui désire soutenir ses efforts de vente sur un marché étranger tout en consolidant sa réputation peut recourir à une vaste gamme d'outils promotionnels (voir le tableau 7.1 à la page 197).

- **La brochure** sert avant tout à rehausser l'image de l'entreprise, à établir sa crédibilité; c'est pourquoi elle est très importante. Grâce à cet outil descriptif, l'acheteur étranger peut connaître l'entreprise, son cheminement au cours des années, ses principaux cadres, son marché local et, bien entendu, ses produits. Pour communiquer de façon efficace et crédible, on insistera sur les succès obtenus, la situation professionnelle acquise sur le marché local et l'excellente réputation dont jouit l'entreprise au Canada. Cette brochure, bien illustrée (de préférence en couleur), doit être offerte non seulement en français et en anglais, mais également dans la langue du marché visé si l'anglais ou le français n'y sont pas les langues officielles. Il s'agit souvent de l'outil le plus efficace pour percer sur un nouveau marché. Une foule d'informations pertinentes ainsi que des arguments convaincants rassurent les acheteurs éventuels par rapport à la crédibilité et à la capacité de vente de l'entreprise, ce qui accroît les chances de réussite de sa stratégie commerciale. La brochure peut aussi contenir d'autres renseignements susceptibles de gagner la confiance du client étranger, comme de l'information sur la productivité, la compétence de la main-d'œuvre et l'efficacité du service à la clientèle.

- **Le catalogue de produits,** ou une brochure décrivant en détail les caractéristiques des produits et des services offerts, constitue un autre outil indispensable pour l'entreprise exportatrice. Les illustrations qu'il propose au lecteur permettent de communiquer un message clair et concis. Les produits doivent y être décrits minutieusement (détails techniques et attributs physiques[7]); leurs avantages concurrentiels et toutes les autres caractéristiques pouvant influencer l'achat du produit seront aussi mentionnés. Il va sans dire qu'une telle brochure doit être offerte dans la langue du client.

- **La liste de prix** est un autre document vital dans une stratégie promotionnelle. Cependant, étant donné que les prix sont sujets à changement, il est important que cette liste soit autonome, c'est-à-dire qu'elle ne fasse pas partie du catalogue de produits. Elle doit en outre être datée et avoir une limite de validité.

---

7. La description d'un produit peut être technique (attributs physiques) ou présenter sa valeur symbolique pour l'acheteur (bénéfices perçus).

- **La fiche technique** constitue un autre outil promotionnel indispensable à la bonne utilisation d'un produit. Elle fournit les renseignements nécessaires pour assembler et mettre en marche le produit, le cas échéant. On a trop souvent tendance à négliger l'importance de la fiche technique. Pourtant, lorsqu'elle est mal écrite, mal traduite ou mal conçue, elle risque de détruire l'image de qualité que l'entreprise s'efforce de projeter. Combien d'acheteurs sont frustrés à la vue d'instructions mal écrites ou de l'absence d'une figure simple et facile à comprendre? Une entreprise qui se préoccupe de ses outils de promotion portera une attention spéciale à la fiche technique. Les normes et les systèmes de mesure doivent être pris en considération, et la fiche doit être offerte dans la langue du client.

- **Le site Web** est désormais incontournable pour toute entreprise qui désire percer sur un marché local ou international. De nos jours, il est aussi important qu'une carte professionnelle ou une brochure. Aussi le site sera-t-il conçu et construit avec grand soin, puisque la planète entière peut y avoir accès! L'utilisation de plusieurs langues (l'anglais est indispensable pour atteindre le marché américain et plusieurs autres marchés) est recommandée pour les firmes exportatrices. Cependant, il faut prévoir une mise en garde spécifiant clairement les marchés que l'entreprise est prête à servir.

En dernier lieu, on doit envisager le recours à la publicité afin de soutenir des efforts de vente à l'étranger. Cette décision dépendra bien sûr du produit offert, du marché visé, de la concurrence directe et, surtout, des ressources financières de l'entreprise. Lorsqu'il s'agit de biens industriels (la vente interentreprises), les annonces dans des revues spécialisées se révèlent sans aucun doute le moyen le plus approprié. Par ailleurs, pour ce qui est de la vente de produits de consommation courante, la publicité dans des médias à grande diffusion (les magazines généraux, la radio, la télévision) nécessite souvent un engagement financier impossible à assumer pour la majorité des PME. L'utilisation de la publicité directe constitue souvent une excellente solution de rechange : qu'il s'agisse de la sollicitation par la poste, par le télémarketing ou par le courrier électronique, les coûts sont plus accessibles à la moyenne des entreprises exportatrices. Cependant, avant d'emprunter cette voie, il faut connaître en profondeur ce genre de promotion.

La planification de la variable promotion est un des aspects les plus visibles d'une stratégie de marketing de l'exportation ; cependant, l'entreprise peut facilement s'y embourber si elle ne s'entoure pas d'experts. La principale difficulté consiste à élaborer la meilleure stratégie de promotion pour chaque marché. Puisque l'entreprise veut rejoindre un consommateur vivant dans une culture différente, le message qu'elle transmettra devra être adapté et approprié à ce contexte. Ce sujet sera abordé dans le chapitre 8.

RÉSUMÉ

- Une fois que l'entreprise exportatrice a bien délimité le marché cible, elle peut passer à l'étape de la prospection du marché étranger.

- Il existe plusieurs façons de prospecter les marchés étrangers, la plus simple consistant à visiter ce marché. Il peut s'agir d'une visite dans une foire commerciale, de la participation des cadres de l'entreprise à une mission commerciale ou encore de la participation à une foire commerciale.

- Un voyage d'affaires exige une préparation minutieuse. Que ce soit un voyage d'inspection, de prospection, d'implantation, de contrôle ou de promotion, le responsable devra bien se préparer de manière à atteindre les objectifs fixés.

- Les missions commerciales organisées par les gouvernements permettent aux entreprises d'établir des rapports privilégiés avec des clients potentiels et de faire connaître leurs produits.

- La promotion vise à soutenir les efforts de vente de l'entreprise dans un nouvel environnement. La stratégie de marketing mise en place doit répondre aux exigences du nouveau marché. La promotion permet de communiquer à l'éventuel acheteur l'image de l'entreprise, de présenter le produit et de le décrire.

QUESTIONS

1 À la lecture du cas Métallco, on constate que, parmi les moyens prévus pour établir des rapports avec le marché japonais, Louis Demers envisage la participation de la firme à une foire commerciale. Comment devrait-il se préparer en vue d'une telle participation?

2 Louis Demers vous demande de lui indiquer les dates des prochaines missions commerciales du Québec et du Canada. Pour ce faire, vous pouvez consulter les sites suivants :
[http://www.exportsource.gc.ca] (28 janvier 2008)
[http://www.dfait-maeci.gc.ca] (28 janvier 2008)
[http://www.mdeie.gouv.qc.ca] (28 janvier 2008)

3 Jusbec, une entreprise fabriquant des jus de fruits (surtout des jus de pomme), a ciblé la Nouvelle-Angleterre. À la suite de cette décision, quelle stratégie de prospection le PDG de l'entreprise, Denis Tremblay, devrait-il adopter afin de s'assurer que son choix est le bon?

RÉFÉRENCE BIBLIOGRAPHIQUE

VIGNY, G. (1998), *Comment gagner la course à l'exportation*, Montréal, Les Éditions Transcontinental et les Éditions de la Fondation de l'entrepreneurship.

SITES WEB

ExportSource
[http://exportsource.ca]

Pour obtenir de l'information sur les services offerts par le gouvernement et le secteur privé, sur les marchés et les secteurs d'activité, sur le commerce, les débouchés et les partenaires éventuels.

Service des délégués commerciaux du Canada
[http://www.infoexport.gc.ca]

Pour avoir accès à des centaines d'études de marché et de rapports sur divers pays. Il est possible d'y effectuer des recherches par pays ou par secteur d'activité.

Ministère des Affaires étrangères et du Commerce international du Canada
[http://www.international.gc.ca]

Pour connaître les conférences sur le commerce et les événements à venir. Portail de ExportSource, CanadExport et Commerce international Canada.

World Chambers Network (WCN)
(***disponible en anglais seulement***)
[http://www.worldchambers.com]

Pour les entreprises inscrites seulement. On y trouve des possibilités et des méthodes pour entrer en relation avec d'autres parties intéressées.

SourceCAN (*disponible en anglais seulement*)
[https://www.rfpsource.ca/E/index.cfm]

Portail d'affaires qui indique des débouchés commerciaux aux entreprises canadiennes.

CHAPITRE 8

L'aspect culturel du commerce international

PLAN

- Les enjeux socioculturels
- Les éléments culturels
- La négociation commerciale internationale

OBJECTIFS

- Comprendre l'importance de l'aspect culturel dans la conduite des affaires sur le marché international.

- Décrire les différents éléments qui composent la culture d'un pays.

- Déterminer les variables d'une négociation commerciale internationale.

- Comprendre les stratégies et les techniques de négociation interculturelle.

Une entreprise qui se lance dans l'exportation doit faire face à de nombreux défis. Non seulement doit-elle être prête à exporter et à avoir un produit concurrentiel, mais aussi doit-elle apprendre à connaître le contexte culturel dans lequel elle devra désormais évoluer. En effet, on constate qu'au cours de l'exportation, de nombreux problèmes sont dûs à des erreurs culturelles. De façon instinctive, nous avons tendance à agir sans prendre conscience que nos mœurs peuvent aller à l'encontre de celles des autres. On constate toutefois que la mondialisation a permis de mettre en évidence le fait que *l'autre* était différent, et que le comportement observé ne visait nullement à insulter ou à imposer sa culture. Ainsi, le défi interculturel devient-il l'un des défis les plus importants que l'exportateur doit relever.

Pour bien des PME du Québec, le premier marché étranger visé est celui des États-Unis et, plus précisément, celui de la Nouvelle-Angleterre. La proximité aidant, outre la langue anglaise et certaines caractéristiques propres aux gens d'affaires américains, l'exportateur québécois s'en tire assez bien. Toutefois, beaucoup d'entreprises ont connu un échec au cours de leur première percée sur le sol américain, échec causé dans bien des cas par un manque de préparation et une certaine ignorance du contexte des affaires aux États-Unis. En effet, on entend souvent dire que la culture américaine est semblable à la nôtre et qu'il est facile de traiter avec les Américains. Rien n'est plus faux. Il ne suffit pas d'appeler son interlocuteur par son prénom ou de montrer son habileté à aller droit au but pour faire bonne impression sur un entrepreneur américain et conclure une vente avec lui.

Les États-Unis forment une nation d'immigrants et de descendants d'immigrants. Ce pays contient une diversité culturelle et ethnique dont il faut tenir compte dans les négociations commerciales. Dans ce contexte, il est possible qu'un interlocuteur américain parle une langue et possède une culture différentes de celles de la société américaine de souche. Il faut donc éviter de faire des généralisations lorsqu'on aborde l'aspect culturel d'un pays.

Nous verrons ainsi dans la première section de ce chapitre que la connaissance des enjeux socioculturels doit être une priorité si l'entreprise exportatrice cible un pays où le contexte culturel est radicalement différent du sien. Chaque culture présente des différences sur les plans des valeurs, de la langue, du comportement social et sur plusieurs autres. Ces nombreux éléments culturels sont analysés et expliqués dans la deuxième section.

Faire du commerce, vendre des produits, offrir des services en Asie, en Amérique du Sud et même en Europe, cela exige une méthode axée sur une bonne compréhension de la culture commerciale et des éléments socioculturels de l'interlocuteur étranger avec qui on veut faire affaire. Plusieurs principes fondamentaux sont à la base de toute intervention interculturelle. Ceux-ci sont liés à une meilleure connaissance de sa propre culture, mais également au respect de la culture des autres. Comme nous le constaterons dans la deuxième section, l'aspect linguistique revêt une grande importance dans les négociations internationales. L'idéal serait de pouvoir traiter dans la langue de son client, mais comme cela n'est pas toujours possible, des compromis sont nécessaires de la part des deux parties et pas seulement de la part de l'interlocuteur étranger, comme c'est, hélas, souvent le cas. En effet, pourquoi cet interlocuteur devrait-il parler anglais si vous ne comprenez pas l'allemand ?

Tous ces principes sont à la base d'une négociation commerciale internationale réussie. Nous verrons dans la troisième section les variables de la négociation, les aspects qu'il faut considérer si l'on veut mieux comprendre les comportements et les formulations qu'adopte l'interlocuteur du pays étranger au cours d'une négociation. Par exemple, il existe des différences culturelles importantes dans le langage du corps, le contact visuel et les façons de donner une poignée de main.

À l'étranger, le gestionnaire se retrouve constamment en négociation, que sa présence soit attribuable à la signature d'un contrat, à la conclusion d'un achat ou d'une vente, à des discussions au sujet des clauses d'un contrat de distribution ou d'agence, etc. Il doit donc acquérir, avant son départ pour l'étranger, certaines notions et habiletés de négociateur. Chaque culture perçoit à sa manière le processus de négociation et a une façon de négocier qui lui est particulière. En conséquence, l'exportateur québécois doit bien connaître les caractéristiques les plus importantes de cette autre culture et pouvoir traiter aisément avec des individus appartenant à des cultures différentes. Nous présenterons la méthode de négociation commerciale internationale de même que plusieurs points de repère visant à faciliter la tâche à l'exportateur du Québec.

Comme on le constate dans l'exemple 8.1 (voir la page 206), il est essentiel de connaître le contexte culturel du pays dans lequel l'entreprise doit négocier une vente ou un contrat. Nous allons maintenant voir les enjeux socioculturels qu'il faut maîtriser en vue du processus de négociation.

Les enjeux socioculturels

La culture touche notre vie quotidienne tout comme les fonctions de l'entreprise exportatrice. En effet, la consommation des différents pays est influencée par les habitudes, les coutumes, les rituels, les symboles et les croyances religieuses. Nous avons vu dans le chapitre 5 que la diversité des attitudes et des valeurs oblige l'entreprise à adapter son marchéage (*marketing mix*). Alors que l'adaptation du produit modifie la chaîne de production et les ressources humaines, en particulier s'il faut produire dans un pays étranger, les conditions de financement, de change et de crédit ont quant à elles des incidences sur le service de la comptabilité et des finances. L'entreprise peut contrôler son offre, mais elle n'a qu'une influence limitée sur l'environnement culturel d'un marché cible. Finalement, si l'entreprise ne réussit pas à prévoir les effets de ces éléments incontrôlables ainsi qu'à produire et à vendre d'une manière culturellement acceptable, elle fera face à la résistance ou au rejet dans le pays où elle veut exporter. Ainsi, les résultats sont tributaires d'une bonne réception du message et de son interprétation par les clientèles cibles.

De nombreux auteurs se sont penchés sur la question des enjeux socioculturels. Qu'il s'agisse des recherches originales de Geert Hofstede (1980), de la théorie des cultures à haut contexte ou à bas contexte d'Edward T. Hall (1976) ou

Alors qu'il effectuait le trajet en autobus de l'aéroport Narita au centre-ville de Tokyo, Louis Demers fixait du regard la campagne d'un vert éclatant parsemée de rizières et de petits jardins potagers. Il avait sous les yeux le miracle industriel japonais. Le représentant japonais de Métallco, Misugi Nomira, lui expliquait que l'aéroport était situé à 80 kilomètres de Tokyo et que, bientôt, avec ses 12 millions d'habitants, la ville étendrait ses tentacules jusque là. Louis Demers était surpris et déçu de se retrouver assis dans un autobus, et non dans une voiture de la société ou même dans un taxi. Cela devait être une indication de l'importance qu'accordaient les Japonais à Métallco. Il y voyait donc un mauvais présage quant à la réalisation des objectifs de son voyage[1].

Malgré la recherche menée par Demers sur le Japon avant son départ pour Tokyo, la découverte d'une culture différente et, surtout, le fait de s'apercevoir que certaines de ses attentes n'étaient pas comblées le déstabilisaient. Il lui fallait donc s'ajuster à ce nouvel environnement et constater que les objectifs qu'il s'était fixés (entre autres, conclure une entente de distribution plus serrée et faire en sorte qu'une augmentation de ses ventes sur le sol japonais se produise) seraient maintenant plus difficiles à atteindre. L'attitude de Misugi Nomira le déconcertait. Jusqu'à présent, ce dernier avait vendu des produits de Métallco pour une valeur dépassant le million de dollars, mais il l'avait fait de façon plutôt inconstante. À certains moments, les commandes se succédaient rapidement et devaient toutes être livrées dans un court laps de temps; à d'autres moments, c'était la disette, aucune commande n'était reçue pendant plusieurs mois. Ce comportement avait contribué au climat d'incertitude et de froideur qui régnait dans ses relations avec le représentant japonais.

Louis Demers avait à prendre plusieurs décisions stratégiques. Cependant, à court terme, il devait mieux comprendre l'attitude de son partenaire et, surtout, se familiariser avec l'environnement culturel nippon.

de l'analyse des attitudes et des valeurs de Nancy Adler (1991) qui est professeure à l'Université McGill, toutes ces études soulignent que l'élément culturel dans une perspective de rapprochement international revêt une importance capitale. Mais comment peut-on définir la culture? Selon une définition généralement acceptée, la culture est la somme des valeurs, des croyances, des attitudes et des coutumes qui contribuent à distinguer une société d'une autre. La culture d'une société dicte les règles qui détermineront la façon dont les entreprises s'y prendront pour y faire des affaires. Aussi apparaît-il comme impératif pour l'entreprise qui désire percer sur un marché étranger de comprendre les valeurs, les attitudes, les comportements et les croyances qui ont cours dans ce pays.

Geert Hofstede (1980) définit la culture en se basant sur quatre facteurs de différenciation culturelle: la distance hiérarchique, le contrôle de l'incertitude, l'individualisme et la masculinité versus la féminité. L'encadré 8.1 présente un résumé de ces quatre dimensions.

---

1. Ce paragraphe est la reproduction presque intégrale de l'introduction de l'étude de cas *Canadian Machine Tool Co. (CMT)*, traduite et adaptée par Antoine Panet-Raymond d'un cas original de l'Université de Western Ontario.

1. **La distance hiérarchique** correspond au degré d'inégalité attendu et accepté par les individus. La distribution inégale du pouvoir est l'essence même des entreprises et des organisations. Parmi les pays à distance hiérarchique élevée, nous trouvons les pays latins européens (France, Belgique, Italie, Espagne), les pays d'Amérique du Sud, les pays arabes et les pays d'Afrique noire. Parmi les pays à distance hiérarchique faible, nous comptons les pays germaniques, scandinaves et anglo-saxons.

2. **Le contrôle de l'incertitude** fait référence à la manière dont les membres d'une société abordent le risque. Certaines cultures favorisent la prise de risque, alors que d'autres l'évitent. Parmi les pays avec un contrôle faible de l'incertitude, on retrouve les pays scandinaves et anglo-saxons, le Sud-Est asiatique, les pays en voie de développement, comme l'Inde et les pays africains.

3. **L'individualisme** fait référence au degré d'indépendance et de liberté que peuvent revendiquer les membres d'une société. D'une façon générale, on peut dire que les sociétés communautaires valorisent le temps passé pour le groupe, tandis que les sociétés individualistes valorisent le temps passé par les individus pour leur vie personnelle. Règle générale, on s'entend pour dire que les pays les plus riches sont ceux qui sont devenus les plus individualistes et les pays les plus pauvres sont ceux qui ont conservé une vie plus communautaire. Malgré cette règle générale, on constate que les trois pays jugés les plus individualistes sont les États-Unis, l'Australie et la Grande-Bretagne. Les pays arabes et tous les pays en voie de développement se retrouvent du côté des cultures communautaires.

4. **La masculinité et la féminité** représentent les deux extrêmes d'un continuum définissant l'importance accordée aux valeurs de réussite et de possession (valeurs masculines) et à l'environnement social et à l'entraide (valeurs féminines). La répartition sexuelle des rôles ne se fait pas de la même façon dans toutes les sociétés ; de ce fait, cet élément constitue le fondement de nombreuses normes culturelles. Parmi les pays où l'indice de masculinité est le plus élevé, nous trouvons le Japon, les pays germanophones, les pays caribéens d'Amérique latine (Venezuela, Mexique et Colombie) et l'Italie. Parmi les pays à culture dite féminine, on trouve les autres pays latins (France, Espagne, Portugal, Pérou, Chili), la Yougoslavie et les pays d'Afrique noire, le score le plus élevé appartenant aux pays scandinaves et aux Pays-Bas. En résumé, on pourrait dire que les habitants des pays masculins *vivent pour travailler,* tandis que ceux des pays féminins *travaillent pour vivre.*

Les enjeux socioculturels prennent donc toute leur importance dans les stratégies de commercialisation d'une entreprise exportatrice. Il ne suffit pas pour l'entreprise de traduire les messages dans une autre langue, il faut également qu'elle comprenne les variables culturelles intervenant dans le processus de décision afin d'acquérir une attitude favorable à l'offre qu'elle proposera à ses clients étrangers.

Parmi les nombreuses caractéristiques que présente une culture, mentionnons les suivantes :

- Les comportements adoptés et les connaissances acquises déterminent une culture donnée, et ceux-ci sont appris et transmis d'une génération à l'autre.

- Tous les éléments d'une culture sont liés entre eux, c'est-à-dire qu'ils se reflètent dans l'attitude des entreprises et dans leurs pratiques commerciales.
- La culture est le reflet de forces extérieures qui influencent une société. Ainsi, le comportement des citoyens de l'Allemagne de l'Est, soumis à une idéologie communiste, était complètement différent de celui des citoyens de l'Allemagne de l'Ouest qui, eux, étaient régis par une idéologie capitaliste.
- Les membres d'une société partagent la même culture et ceux qui ne partagent pas cette culture n'appartiennent donc pas à cette société.

La culture d'une communauté détermine la façon dont ses membres communiquent et se comportent. Par conséquent, les entreprises exportatrices doivent connaître les principaux éléments de cette culture afin d'être plus sensibles aux attentes, aux exigences et aux réactions des clients étrangers.

Les éléments culturels

Les principaux éléments d'une culture sont l'organisation sociale, la langue, la communication, la religion, les valeurs, attitudes et comportements, la notion de temps, l'âge, l'éducation et le statut social. L'interaction de ces divers éléments influence l'environnement dans lequel les entreprises vont évoluer. Il importe donc pour l'entreprise exportatrice de se familiariser avec les divers éléments culturels du pays ciblé pour leurs exportations. La figure 8.1 illustre ces principaux éléments.

FIGURE 8.1

Les différents éléments culturels

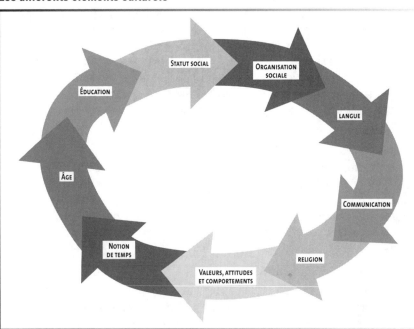

L'organisation sociale

L'organisation sociale consiste en différentes classes sociales fondées sur le lieu de naissance de l'individu et la situation qu'occupe sa famille, sa propre occupation, son éducation et les autres caractéristiques qui désignent sa place dans la société et le définissent. Le statut social d'une personne dépend de ces facteurs selon les coutumes et les lois qui régissent la société dont elle fait partie. Par exemple, au Royaume-Uni, le statut social est souvent déterminé par la qualité de l'anglais parlé et par l'école fréquentée. Un ressortissant du Royaume-Uni qui parle un langage châtié tout en étant diplômé de Cambridge ou d'Oxford[2] fait habituellement partie de la classe supérieure (*upper-class*).

Les institutions sociales comme la famille, la religion, le système d'éducation, les médias, les gouvernements et les entreprises agissent également sur les comportements des individus. Par exemple, le rôle des femmes et des hommes dans les décisions de consommation varie d'une société à l'autre. Chez les Portugais, la femme a tendance à laisser l'espace public à son mari. Elle exerce néanmoins un rôle déterminant dans les décisions discutées à l'abri des regards. L'influence des médias comme la télévision et Internet est aussi remarquable sur les comportements. On retrouve Bart Simpson et sa famille partout dans le monde, et les adolescents ayant accès à la Toile passent de plus en plus de temps devant leur ordinateur.

La langue

La langue est le dénominateur commun d'un peuple parce que c'est le moyen de communication le plus important entre les membres d'une société. Elle est également un des modes de distinction les plus apparents et perceptibles. La langue filtre et organise la pensée et l'expression verbale et écrite de ses utilisateurs. Conséquemment, la langue d'un individu est un indicateur de ses valeurs. Ainsi, l'utilisation du tutoiement ou du vouvoiement dans la langue française caractérise la relation existant entre deux personnes, leur rang social ou la place qu'elles occupent dans une hiérarchie. Au Québec, on a tendance à tutoyer tout le monde. Ce genre de comportement serait moins bien perçu en France où le tutoiement est surtout réservé à la famille et aux amis. Il en va de même dans la langue allemande avec l'utilisation du *du* et du *sie*[3]. La différence dans le contenu d'une campagne publicitaire selon qu'elle s'adresse aux francophones ou aux anglophones du Canada est une autre preuve de la différence dans les échelles de valeurs. Le sens donné à *oui* et à *non* constitue un autre exemple de l'importance de la langue dans le contexte culturel. C'est peut-être cette caractéristique de la culture japonaise qui fut à la source du malentendu entre Louis Demers et Misugi Nomira pendant leurs négociations. Le Japonais ne dira jamais *non* de façon catégorique, de peur de faire perdre la face à son interlocuteur. Il exprimera son refus de façon différente en disant : «oui..., mais...» ou «oui..., cependant, c'est difficile...» L'interlocuteur étranger doit être en mesure de comprendre le sens de ce *oui* atténué.

---

2. Cambridge et Oxford sont les deux universités les plus renommées et les mieux cotées du Royaume-Uni. En France, l'équivalent serait les grandes écoles comme Polytechnique et Saint-Cyr.
3. On l'aura deviné, *du* signifie *tu* et *sie* signifie *vous*.

Malgré tout, la langue représente une des composantes culturelles avec laquelle il faut être très prudent. En effet, les individus et les gouvernements cherchent de plus en plus à protéger leur langue d'origine. Par exemple, pendant longtemps des pays comme la France ou l'Allemagne ont cru que leur culture ne courait aucun risque, mais avec la mondialisation ils sont devenus, comme bien d'autres, des partisans à la fois de la diversité et de la protection culturelles. Toutefois, la force économique des États-Unis et des Chinois fait en sorte que ces derniers sont en mesure d'imposer leur langue et leur culture.

L'utilisation de la *lingua franca* (langue commune), qui est désormais l'anglais, et que l'on appelle aussi *la langue des affaires* constitue un autre élément important. Pour une entreprise québécoise, le développement international nécessite un minimum de bilinguisme anglais-français. Cependant, il importe que le Québécois bilingue songe que son interlocuteur étranger, pour qui, comme lui, l'anglais est une langue seconde, n'a peut-être pas la même facilité à comprendre l'anglais et à s'exprimer aussi clairement dans cette langue qu'un ressortissant anglophone. Il doit donc tenir compte de ce fait en parlant lentement en anglais, en prononçant bien chaque mot, et en écoutant attentivement l'anglais parlé par l'autre partie tout en s'assurant de bien comprendre chaque idée. Il ne faut donc pas hésiter à répéter la phrase sous une forme différente et à demander à son interlocuteur s'il a bien compris.

La langue représente aussi une frontière physique qui sépare les cultures les unes des autres. Au Canada, les francophones et les anglophones constituent deux marchés distincts séparés par la langue. Par exemple, les éditeurs francophones du Québec profitent d'un marché captif de six millions de personnes, protégé par la langue, alors que leurs homologues anglophones font face à la concurrence américaine. En Belgique, on trouve les Wallons, de langue française, et les Flamands, de langue néerlandaise. En Suisse, quatre langues officielles se partagent le territoire (français, allemand, italien et romanche), et ainsi de suite. Certains gouvernements ont mis en place des programmes de protection de la langue, comme c'est le cas au Québec.

La communication

La communication entre individus peut être verbale ou non verbale. Ceux qui partagent une même culture comprennent aisément les signaux qu'ils échangent, qu'ils soient verbaux ou non verbaux. Cependant, dans le contexte d'une négociation mettant en jeu deux cultures, des malentendus peuvent venir du fait que les personnes en question viennent de milieux culturels différents et qu'elles risquent d'être incapables d'interpréter correctement leurs signaux respectifs. Pour les personnes qui participent à la conduite d'affaires internationales, la connaissance des signaux utilisés par des individus de culture différente devient un préalable au déroulement des négociations. Ainsi, un simple hochement de tête de haut en bas signifie chez nous l'assentiment, mais n'a pas nécessairement la même signification dans une autre culture. De même, un Japonais ne répond jamais immédiatement à une question ; il peut même paraître peu intéressé à répondre. En fait, sa réponse ne viendra qu'après un assez long moment. Ces moments de silence doivent être interprétés non comme un refus de répondre ou un manque d'intérêt, mais bien comme un temps de réflexion avant la formulation de la réponse. Il s'agit là d'un phénomène typique du langage non verbal de la culture japonaise.

Au Vietnam, il est déconseillé de faire des gestes trop exubérants, de parler trop vite ou trop fort, de s'emporter ou de hausser le ton. En Asie en général, se laisser aller à la colère, c'est perdre la face. De même, les contacts physiques, comme toucher les épaules de son interlocuteur ne sont pas appréciés.

En plus de la gestuelle, il est important de vérifier la signification symbolique de l'aspect visuel. Comme on le dit souvent, une image vaut mille mots. Par exemple, la couleur rouge est liée, au Japon, à la chance et au bonheur, alors qu'elle représente la passion en Occident. Le chiffre 7 évoque la chance en Amérique et la malchance à Singapour, au Ghana et au Kenya. L'art de vivre *feng shui* est un autre exemple d'une application symbolique qui veut que, lorsque l'architecture et les objets d'une maison sont conçus ou placés en harmonie avec la nature, ils apportent bien-être et fortune à ses occupants. Des associations symboliques peuvent être réalisées à propos des fleurs, des arbres, des plantes, des animaux et des objets. À cet égard, les arts, le théâtre, le cinéma, la danse, la musique et le folklore constituent d'excellents véhicules. Ainsi, l'aspect esthétique des produits, des emballages et de la publicité peut plaire ou choquer selon la culture à laquelle ces produits sont destinés.

Edward T. Hall (1976), dont les recherches portent sur les différences culturelles, propose une classification intéressante. Il existerait des cultures dites *à haut contexte,* dans lesquelles l'attitude au cours des négociations est plus importante que les mots utilisés. L'importance du langage non verbal y est capitale. Les gestes, les regards et la posture d'une personne sont souvent plus remarqués et plus pertinents que les paroles qu'elle prononce. À l'opposé, dans une culture dite *à bas contexte,* l'interlocuteur exprime sa pensée au moyen des mots : tout est verbalisé. Par exemple, Louis Demers, de la firme Métallco, a l'habitude de traiter avec des Américains qui appartiennent plutôt à une culture à bas contexte ; en conséquence, il s'attend à ce que tout soit expliqué clairement et énoncé verbalement. Devant des Japonais (dont la culture est à haut contexte), il comprend mal la situation dans laquelle il se trouve et interprète probablement de façon erronée ce que Misugi Nomira lui communique. La figure 8.2 (voir la page 212) montre où se situent dans l'échelle *haut contexte – bas contexte* les ressortissants de certaines cultures.

On note également d'autres façons de communiquer fort prisées dans certaines cultures : faire des cadeaux à ses partenaires d'affaires, inviter ceux-ci à partager un repas ou un verre, etc. Les échanges d'affaires se font de manière plus décontractée et des liens personnels se tissent entre vendeurs et acheteurs dans un environnement agréable tel un restaurant ou un bar. Dans plusieurs cultures, l'échange de cadeaux est même de rigueur. Divers facteurs influencent cependant cet échange, qu'il s'agisse de l'occasion où il s'effectue ou du statut des intervenants. Dans les cultures bouddhistes, on considère que le cadeau profite davantage au donateur qu'au destinataire. Ainsi, au Japon, la coutume veut qu'on fasse un cadeau dont la valeur ira de pair avec le statut de la personne dans la hiérarchie de l'entreprise. Souvent, l'interlocuteur japonais mettra son cadeau dans un emballage très soigné. La règle veut qu'on n'ouvre

FIGURE 8.2

L'échelle des cultures

Bas contexte (explicite)	Haut contexte (implicite)

Allemands ■ Suisses ■ Scandinaves ■ Américains ■ Anglais ■ Italiens ■ Espagnols ■ Grecs ■ Arabes ■ Japonais ■ Chinois

Source : E.T. Hall (1976), *Beyond Culture,* Garden City, N.Y., Anchor Press.

jamais ce cadeau en présence de la personne qui l'a fait afin d'éviter d'offenser celle-ci si la valeur du cadeau est trop élevée ou trop basse comparativement à la valeur du cadeau qu'on a soi-même fait. Dans la culture japonaise et en Asie en général, il faut empêcher l'autre partie de perdre la face. Cette coutume peut cependant créer des surprises. Ainsi, au cours d'une visite commerciale au Japon, un cadre supérieur canadien reçoit de son homologue japonais un paquet joliment emballé destiné à son épouse. Ce visiteur, selon la coutume, ne l'ouvre pas devant ses hôtes. De retour au Canada, il remet le paquet à son épouse, qui trouve à l'intérieur un magnifique collier de perles, de toute évidence fort coûteux. Que faire? Garder le cadeau ou le rendre? Il n'y a qu'une solution : la coutume exige que, lorsque ce Canadien retournera au Japon, il fasse à son homologue japonais un cadeau de valeur égale. Parfois, cela peut signifier des coûts élevés. Il faut vraiment que le contrat en vaille la peine!

Toujours dans la culture japonaise, on doit en tout temps préserver l'harmonie. Il est fortement conseillé de s'informer au sujet de ces échanges de cadeaux dans un contexte d'affaires dans ce pays. Par exemple, il existe des règles précises quant à l'emballage (certaines couleurs sont à proscrire, comme le blanc, couleur du deuil), au type de cadeau et à sa valeur, etc.

La religion

Éthique protestante
Éthique selon laquelle le travail bien fait, la réussite et un esprit frugal sont des moyens de rendre grâce à Dieu et dont les vertus sont l'épargne, l'efficacité et le réinvestissement des profits pour une meilleure productivité à venir. Elle est à la base de l'économie capitaliste. La majorité des grandes banques canadiennes ont été fondées par des immigrants écossais qui ont mis en pratique ces préceptes, encore en vigueur aujourd'hui. La plupart des banques et des entreprises québécoises ont suivi ce modèle de capitalisme.

Selon les pays, la religion peut influencer grandement l'attitude envers le travail, les rapports sociaux et la responsabilité familiale, ce qui, on s'en doute, influence également le comportement à adopter dans un contexte commercial. Dans certaines cultures, la religion teinte toutes les activités sociales et commerciales. L'exportateur qui veut traiter avec des musulmans doit être conscient de l'importance des dogmes de l'islam concernant la consommation d'alcool ou le rôle de la femme dans la société. Ces règles diffèrent de celles du monde chrétien où les événements religieux (Noël, Pâques, etc.) sont des jours fériés et où les fêtes familiales doivent être respectées. Selon l'**éthique protestante,** par exemple, le respect du travail est essentiel. Le type de religion peut même avoir des répercussions sur les produits achetés et varier selon les pays. Chez nous, la période des fêtes, notamment Noël, implique l'achat de cadeaux pour la famille et les amis; au Japon, c'est à l'occasion du Nouvel An et de certaines fêtes religieuses que l'on échange des cadeaux.

Il arrive parfois que la religion et le système légal se chevauchent ; en effet, dans certains cas, la religion a une incidence capitale sur le déroulement des affaires. Aussi, pour les gens d'affaires qui s'engagent dans les ventes internationales, le respect de ces règles et pratiques est impératif. Par exemple, en Arabie Saoudite, les règles du Coran dictent le moment où il est acceptable de faire des transactions commerciales. En outre, on ne peut faire des affaires durant les heures de prière quotidienne et pendant la période du ramadan[4]. Dans les pays musulmans, la religion a une importance considérable que l'on ne doit pas ignorer et qu'il faut respecter.

Les valeurs, les attitudes et les comportements

La culture reflète les valeurs, les attitudes et les comportements des membres d'une société. Les valeurs sont les normes que cette société s'impose ; ainsi, les comportements, les actions, les pensées et les sentiments découlent de ces valeurs. Le comportement d'une société à propos des notions de temps, d'âge, d'éducation et de statut social traduit ses valeurs et influe sur son attitude face aux opérations commerciales, notamment dans les affaires internationales.

Chez les bouddhistes, le temps n'a pas la même valeur que chez les chrétiens. Il ne faut pas tenter de conclure une affaire de manière précipitée. Les Asiatiques souhaitent avoir des contacts suivis avec une entreprise avant de conclure une entente. Après avoir signé un contrat, et pour s'assurer une position à long terme, il faut garder des contacts réguliers avec son partenaire.

La notion de temps

La notion de temps varie de manière considérable selon le milieu culturel. Ainsi, il faut se présenter à un rendez-vous cinq minutes à l'avance en Allemagne alors qu'en Afrique, le temps d'attente peut passer à une demi-journée. Cette caractéristique culturelle exige une bonne capacité d'adaptation de la part d'un Nord-Américain. Dans un contexte anglo-saxon, par exemple, *le temps, c'est de l'argent :* aussi doit-on être ponctuel et ne faire attendre personne. Dans la vie quotidienne, on entend fréquemment les expressions *ne perds pas ton temps* ou *tu prends trop de temps.* Cela signifie qu'il faut utiliser pleinement chaque minute, que la productivité et, en conséquence, le revenu dépendent de cette attitude.

En revanche, dans les milieux latino-américains, être en retard n'est pas inusité. Toutefois, on s'attend à ce que l'interlocuteur nord-américain soit à l'heure ! Rappelons aux gens qui voyagent dans les pays latino-américains qu'un des mots employés le plus souvent est *mañana,* qui veut dire *demain* ou *plus tard.*

Par ailleurs, dans la plupart des pays arabes, rares sont les réunions d'affaires qui débutent à l'heure fixée ou qui ne sont pas interrompues par l'arrivée d'autres intervenants ou pour quelque autre raison : on parle avec ses amis ou ses collègues en même temps que l'on fait des affaires avec un interlocuteur étranger. Ce dernier ne doit toutefois pas s'en offusquer, car cela ne signifie

---

4. Le ramadan, qui correspond en gros au carême chrétien, est une période de jeûne d'une durée de un mois. Les personnes qui observent le ramadan ne peuvent prendre ni nourriture ni boisson du lever au coucher du soleil.

pas qu'il est ignoré. Ce type de discussions à bâtons rompus est une pratique courante dans ces pays.

Il est normal dans un contexte d'affaires nord-américain non seulement de commencer une réunion à l'heure convenue, mais aussi d'entrer immédiatement dans le vif de la négociation. Dans la majorité des pays arabes, des pays asiatiques et dans d'autres cultures à haut contexte, il faut prendre le temps de se familiariser avec l'autre partie avant d'entreprendre une négociation. On doit d'abord établir un climat de confiance, car on veut mieux connaître son interlocuteur, ses caractéristiques personnelles, son expérience et d'autres aspects de sa personnalité. En somme, une relation interpersonnelle doit se développer ; après, seulement, la négociation peut débuter.

L'âge

L'âge d'une personne engendre des comportements différents selon les cultures. La jeunesse est presque considérée comme une vertu aux États-Unis, où il faut se garder jeune, sinon les occasions d'affaires nous échappent. Un jeune diplômé prometteur se verra confier des responsabilités importantes au sein de nombreuses entreprises. Par contre, les cultures arabes et asiatiques manifestent une nette préférence pour les personnes d'âge mûr. Le statut d'un employé dans une entreprise est étroitement lié à son âge. Ces attitudes diamétralement opposées sont souvent la cause de malentendus entre, par exemple, les gens d'affaires américains (en général assez jeunes) et les cadres chinois. Ces derniers ayant atteint leur compétence et leur statut principalement en raison de leur âge peuvent être choqués de voir des personnes beaucoup plus jeunes qu'eux assumer des responsabilités analogues aux leurs. De façon générale, les Chinois préfèrent traiter avec des interlocuteurs plus âgés et de rang supérieur dans la hiérarchie. Au Japon, la tradition d'entreprise veut que les promotions soient accordées en fonction de l'ancienneté plutôt qu'au mérite. Cependant, au cours des dernières années, ces traditions qui prescrivent l'emploi à vie et un avancement basé sur l'ancienneté sont remises en question par de nombreuses firmes de grande taille : la conjoncture défavorable et la mondialisation sont les deux principales raisons de ce changement d'attitude.

L'éducation

À titre d'institution sociale, le système d'éducation et l'importance qu'on y attache reflètent bien les valeurs culturelles d'un pays. Lorsque l'on compare les programmes universitaires des États-Unis et de l'Angleterre, il semble qu'aux États-Unis, tous les étudiants puissent accéder aux études universitaires, quels que soient leur classe sociale et leur talent. Néanmoins, appartenir à une classe sociale supérieure devient presque un préalable pour pouvoir s'inscrire dans certaines universités prestigieuses. En France et au Japon, seuls les étudiants ayant obtenu des notes très élevées aux examens d'entrée peuvent être admis dans les universités ou les grandes écoles. Ce sont donc eux qui décrocheront les postes supérieurs au sein du gouvernement ou des grandes entreprises privées. Au Québec, on observe que la plupart des jeunes peuvent de plus en plus accéder aux études universitaires.

Le système d'éducation fournit également de précieuses indications sur le développement économique et social d'un pays. Le taux d'alphabétisation, la quantité et la qualité des institutions d'enseignement de même que l'engagement du gouvernement et des habitants dans l'éducation auront un impact sur les stratégies de marketing de l'entreprise exportatrice. Il est plus facile de communiquer avec un marché au moyen de l'écrit qu'en utilisant uniquement des symboles ou des images.

Le statut social

Le statut social d'un individu se définit suivant les valeurs de l'environnement culturel auquel il appartient. En Europe, les nobles et leurs descendants sont encore considérés comme ayant un statut supérieur. Aux États-Unis, un poste très élevé dans une entreprise ou une fortune familiale confère à l'individu qui le possède un statut prestigieux. En Inde, le système de castes est encore bien présent : on naît et on meurt dans sa caste. Au Japon, le statut est lié à la renommée de l'entreprise où travaille une personne. Traditionnellement, au Québec, le fait d'être professionnel (médecin, avocat ou notaire) était associé à un statut élevé dans la société. Actuellement, on note à cet égard un changement d'attitude : on accorde dorénavant une notoriété et un respect plus grands aux chefs d'entreprise. Plusieurs sondages ont d'ailleurs confirmé cette nouvelle tendance chez les Québécois.

Bref, avant d'entamer un processus de négociation en vue d'effectuer une vente ou de conclure tout autre type d'entente contractuelle, la reconnaissance des enjeux socioculturels du pays ciblé constitue un préalable dont les représentants d'une entreprise exportatrice doivent tenir compte. Nous examinerons maintenant le processus de négociation et les étapes à suivre pour s'y préparer.

La négociation commerciale internationale

Les principes qui sous-tendent l'amorce d'une négociation internationale sont sensiblement les mêmes que ceux qui sont à la base de toute forme de négociation avec des partenaires locaux : un contact direct et personnalisé sera privilégié. Connaître son interlocuteur, comprendre son environnement, être au courant des caractéristiques de l'entreprise avec laquelle on négocie, voilà autant d'éléments fondamentaux à maîtriser dans le cadre d'une négociation. Mieux on connaît son interlocuteur et son environnement, plus la négociation est aisée. Toutefois, on se rappellera que le contexte de la négociation peut engendrer des conflits, des malentendus et toutes sortes de surprises. Il faut donc s'attendre à un processus de prise de décision long et ardu, et s'armer de patience pour cultiver des relations fructueuses. C'est pourquoi il importe de se préparer à négocier en adoptant une méthode de négociation.

Si vous êtes acheteur ou vendeur dans un pays étranger, il va sans dire que vous êtes vous-même considéré comme un étranger. Il serait important de retenir les quatre principes suivants :

1. On veut mieux vous connaître.
2. On désire connaître l'entreprise que vous représentez.
3. On s'attend toujours à établir une relation à long terme.
4. On vous compare à vos concurrents.

Cela prouve que, avant d'entamer une négociation, il faut s'y préparer avec soin. Pour ce faire, il importe de faire les choses suivantes :

- *Fixer des objectifs précis aux sujets de négociation.* Il faut savoir ce qu'on veut obtenir, ce qu'on est prêt à concéder et jusqu'à quel point on désire négocier.

- *Établir un ordre du jour détaillé.* Noter sur papier les points dont on veut discuter et qui doivent faire l'objet de la négociation avec ses interlocuteurs. Un ordre du jour bien rempli sert à mieux encadrer la discussion.

- *Prévoir plusieurs scénarios de négociation.* Il faut se mettre à la place de l'interlocuteur et préparer une réponse à ses objections ou à des demandes inusitées ou nouvelles. De même, il faut être prêt à toutes sortes d'éventualités dans un contexte de négociation. Quand on a préparé quelques scénarios de discussion, on se trouve dans un état d'esprit tel qu'on ne sera pas trop surpris si l'interlocuteur s'oppose à ce qu'on avait prévu initialement ou offre quelque chose de différent.

- *Chercher à connaître d'avance ses interlocuteurs.* Il est ainsi tout à fait acceptable de le demander par courriel ou par télécopieur. Cette information peut donner un avantage au moment de la négociation.

- *Tenter de connaître le processus décisionnel de ses partenaires étrangers.* Qui exerce une influence ? Qui prend la décision finale ?

- *Engager un interprète si l'on négocie avec des interlocuteurs qui s'expriment dans une langue qu'on ne maîtrise pas suffisamment.* Il est important d'avoir son propre interprète afin de ne jamais dépendre des interprètes des interlocuteurs.

- *Se familiariser avec les différents éléments et variables d'une négociation internationale.*

L'encadré 8.2 donne quelques explications à ce sujet.

ENCADRÉ 8.2   Les variables d'une négociation

Il faut tâcher de comprendre le principe consistant à négocier dans l'environnement culturel où l'on se trouve. En effet, selon l'environnement culturel, la négociation peut être un jeu, un défi ou une corvée. On doit apprendre au préalable ce que les interlocuteurs étrangers aiment ou n'aiment pas dans un contexte de négociation. Au Maroc, par exemple, négocier est en quelque sorte un sport, tout comme en Chine d'ailleurs. Le Japonais n'aime pas négocier un prix. Le Québécois n'est pas vraiment un négociateur… mais il apprend vite !

Il faut flairer les ambitions des négociateurs. Il peut arriver que l'autre partie confie le mandat à un ou plusieurs membres de son équipe de donner du fil à retordre à ses interlocuteurs canadiens. Il appartient alors à l'équipe canadienne de déceler le rôle véritable de ces intervenants et de trouver une façon de s'attirer leur sympathie et de les mettre en valeur auprès de leurs collègues. Une équipe étrangère de négociateurs comprend souvent plusieurs individus, des jeunes et des personnes plus âgées et expérimentées. C'est au plus jeune que revient souvent le rôle du *méchant*. On peut lui céder (évidemment, lorsque cela fait notre affaire) afin de le valoriser aux yeux de ses supérieurs. Il nous en sera éventuellement reconnaissant et nous rendra la pareille.

▶

Il est important de se renseigner sur le protocole en vigueur dans le pays où l'on négocie. Ainsi, l'utilisation des titres (monsieur, monsieur le docteur, *Herr Doktor, Señor* ou d'autres titres de civilité) est essentielle, tout comme l'est le vouvoiement avec les interlocuteurs francophones.

On doit adopter une démarche personnalisée et sociale. Des rencontres dans un restaurant ou un bar peuvent s'avérer fort utiles pour mieux connaître ses interlocuteurs. Dans le monde des affaires internationales, les repas que prennent ensemble les négociateurs sont presque incontournables, car ils permettent d'observer les personnes dans un contexte moins formel et d'apprendre à les connaître.

Il est très utile de comprendre le langage non verbal, c'est-à-dire de savoir observer et écouter. Il est recommandé d'être au moins deux personnes pendant une négociation sérieuse et difficile; ainsi, l'une écoute tandis que l'autre observe. D'autre part, le langage non verbal peut révéler des détails additionnels susceptibles de s'incorporer à nos arguments de négociation.

Il est nécessaire de soutenir ses arguments au moyen de faits avérés ou de données fiables. Il faut citer ses sources et donner des références solides et reconnues sur les points soulevés au cours de la discussion. Nos interlocuteurs apprécieront nos connaissances et notre recherche, ce qui améliorera notre image. La rigueur est exigée dans les pourparlers d'affaires.

Il faut tenir compte de la notion de temps en vigueur dans le pays visité. Comme nous l'avons souligné, le temps est, selon les cultures, une notion importante ou, à l'inverse, une notion relative ayant peu de valeur. Le fait de bien utiliser le temps dont on dispose et celui de savoir s'arrêter à temps sont des éléments à maîtriser dans le contexte de négociations. Il faut se garder des préjugés selon lesquels les Latino-Américains sont peu ponctuels ou les Suisses sont d'une ponctualité à toute épreuve. On doit comprendre l'importance accordée au temps, mais ne pas être constamment contraint par cette dimension. Un bon négociateur fait preuve de souplesse.

On doit établir une relation de confiance en insistant sur le sérieux de sa démarche et sur son engagement à long terme. La majorité des clients étrangers désirent tisser des relations durables avec leurs fournisseurs, notamment en Chine et au Japon. On a donc tout intérêt à souligner sa volonté de s'engager et, surtout, à agir dans ce sens au cours des années.

Il faut minimiser le facteur de risque, et mettre l'accent par conséquent sur tout ce qui est affirmatif. Il ne s'agit pas d'éliminer la notion de risque, mais de ne pas non plus la mettre en relief. Tout interlocuteur étranger comprend très bien qu'un échange international peut comporter une part de risque, mais il fait partie du mandat du négociateur d'ici de ne pas en faire une barrière insurmontable.

Connaître le processus décisionnel, qui est, selon les cultures, soit hiérarchique, soit consensuel, est primordial. Il importe de savoir laquelle des deux approches est en vigueur dans le pays visité. Par exemple, au Brésil, l'approche hiérarchique est de rigueur, tandis qu'au Japon, la décision se prend en groupe.

Il faut enfin savoir conclure une entente. Le but des négociations est de s'entendre sur quelque chose : après un certain temps, il faut donc arriver à une entente. Il ne faut pas prolonger indûment les négociations ; on doit savoir faire des compromis.

Dans certains cas, l'entrepreneur aurait intérêt à obtenir les services d'un mentor qui l'aidera à se préparer aux négociations. En outre, un truc facile et peu coûteux, lorsque cela est possible, consiste à consulter les journaux locaux de la ville où on aura à négocier afin de discuter avec son interlocuteur des nouvelles du jour et de lui montrer son intérêt pour des sujets faisant partie de son environnement.

En ce qui concerne le comportement à adopter au cours de la période formelle de négociations, si les préparatifs ont été bien faits et si les variables énumérées dans l'encadré 8.2 (voir la page 216) sont maîtrisées, le déroulement des discussions en sera facilité. À cet égard, un grand nombre d'informations sur les comportements à adopter face à différentes cultures sont publiées dans les agences gouvernementales ou dans Internet. Voici quelques points à mettre en pratique dès le début de la rencontre avec la partie opposée :

- **Procéder à l'échange de cartes professionnelles.** Cela permet de reconnaître aisément les personnes, leurs titres et leurs fonctions. On placera les cartes professionnelles devant chaque personne de manière à toujours pouvoir appeler la personne par son nom ou par son titre, selon le cas. L'utilisation du prénom n'est pas recommandée, à moins, bien sûr, que la personne en question ne le souhaite.

- **Apprendre à connaître ses interlocuteurs avant d'entrer dans le vif du sujet.** On peut échanger quelques plaisanteries, vanter les beautés ou d'autres attraits du pays ou, encore, trouver un sujet intéressant pour les deux parties. Il revient à l'interlocuteur d'amorcer les négociations.

- **Écouter, mais aussi observer.** On écoute notre interlocuteur, puis, avant de répondre, on prend quelques secondes de réflexion afin de bien comprendre le sens de ses paroles. Il importe de se concentrer sur chaque mot prononcé par notre interlocuteur afin de mieux saisir sa pensée. Simultanément, on regardera et observera toutes les personnes qui participent aux négociations avec notre interlocuteur. Ce petit exercice permet de déceler l'attitude des autres envers leur porte-parole.

- **Suivre l'ordre du jour.** Si un point n'est pas abordé au moment des négociations, on le soulèvera. Il est judicieux de cocher au fur et à mesure qu'on en discute chaque point mentionné à l'ordre du jour. Cela permet de vérifier que les nombreux éléments des négociations qu'on juge importants ont été traités.

- **Interroger son interlocuteur pour s'assurer qu'on comprend bien sa pensée.** Quand le déroulement des négociations se fait dans une langue avec laquelle on est peu familier (avec le recours à un interprète) ou même en anglais, des malentendus sont souvent occasionnés par une incompréhension partielle ou totale de ce qui a été dit. Il faut alors, sans hésitation mais toujours poliment, faire répéter son interlocuteur ou lui poser une autre question en lui demandant si l'on a bien compris sa pensée. Sinon, un malentendu en entraînant un autre, on risque d'aboutir à une impasse.

- **Toujours se ménager une porte de sortie.** On ne laissera jamais deviner son degré d'autorité avant de sentir qu'on est vraiment satisfait du déroulement des négociations et qu'on est prêt à signer une entente. Sinon, les négociateurs de l'autre partie tireront avantage de la situation et pourront forcer la conclusion d'une entente qui ne nous serait pas profitable. En cas de besoin, on remettra la décision finale entre les mains de son supérieur immédiat (surtout s'il ne se trouve pas sur les lieux des négociations).

- **Ne pas fixer de limite de temps au déroulement des négociations.** Dans certaines cultures, les négociateurs aiment attendre à la dernière minute avant de faire une concession. Si ces derniers constatent qu'on est pressé de mettre fin aux négociations, ils sentiront qu'ils peuvent imposer une entente qui, souvent, nous sera défavorable. Ainsi, il faut prendre son temps et ne pas se sentir soumis à des horaires déterminés ou à un ordre du jour trop rigide. Être souple et détendu sont deux qualités à cultiver si l'on veut devenir un négociateur averti et respecté.

Bien entendu, il est essentiel d'assurer un suivi à toutes les rencontres qui se déroulent à l'étranger, de même qu'aux négociations et aux discussions.

Dans une négociation interculturelle, il faut, par ailleurs, éviter certains pièges si l'on veut obtenir du succès. Un premier piège est de faire preuve d'**ethnocentrisme** devant un interlocuteur étranger. Cette attitude consiste à présumer que le comportement des autres, peu importe leur origine, doit être conforme aux règles et aux valeurs de notre propre culture, et interprété en fonction de celles-ci. Il faut garder à l'esprit le fait qu'une même action peut avoir des significations différentes dans une autre culture. Par exemple, dans la culture nord-américaine, lorsqu'un individu prend trop de temps pour conclure un accord, on suppose qu'il a perdu tout intérêt. En Chine, tant que la personne n'a pas formulé un *non* catégorique, elle demeure toujours intéressée à l'affaire, peu importe le temps que durent les discussions. Ainsi, avant d'abandonner une négociation en raison de longues discussions, on essaiera de déterminer si la personne est vraiment intéressée en lui soumettant une offre finale qui ne laisse la place qu'à un *oui* ou à un *non*.

Un autre piège lié à l'ethnocentrisme est de se conforter dans des stéréotypes basés sur des composantes culturelles. Ainsi, pour pouvoir se sentir en contrôle, on construira des catégories à l'intérieur desquelles on placera chaque individu et chaque culture. Par exemple, selon un stéréotype répandu au Québec, tous les Asiatiques font de brillantes études et sont compétents dans les technologies ; pourtant, la réalité montre que certains Asiatiques possèdent effectivement des diplômes universitaires et parlent anglais et français, mais que d'autres sont peu instruits et même illettrés. Un autre stéréotype veut que, depuis les attentats du 11 septembre 2001 aux États-Unis, tous les Arabes soient devenus des terroristes potentiels.

Il faut donc être particulièrement attentif lorsqu'on est en présence de minorités visibles du pays importateur. On peut croire qu'un interlocuteur d'origine chinoise n'est pas assimilé à la société américaine et pense comme un Chinois, alors qu'en fait, il est de la troisième génération d'immigrants, s'est complètement dissocié de son héritage *national* et adhère aux valeurs et aux comportements des Américains de souche. La même erreur peut se produire à Hong-Kong, en République populaire de Chine, lorsqu'on se trouve en présence d'un individu d'origine anglaise qui a délaissé depuis longtemps le mode

Ethnocentrisme /
Ethnocentrism
Conviction d'un individu ou d'un groupe selon laquelle son groupe culturel ou ethnique est supérieur aux autres.

de négociation anglais pour adopter celui des Chinois. Des différences peuvent également apparaître chez les citoyens d'origine américaine selon qu'ils habitent en Californie, au Dakota du Sud ou à New York. Il est faux de croire que tous les Américains de race blanche adhèrent au même système culturel, peu importe leur lieu de naissance. Il est donc impératif de séparer la connaissance des particularités culturelles des interlocuteurs étrangers des notions bien ancrées qui ont été formées à la suite d'expériences vécues, de rumeurs ou en raison de l'influence des médias. Cet exercice n'est possible que si, d'une part, on prend le temps de connaître les comportements et les valeurs qui caractérisent d'autres cultures et, d'autre part, on s'efforce d'être conscient des éléments de notre propre culture qui orientent notre perception et nos interprétations des comportements des autres.

RÉSUMÉ

- Apprendre à connaître le contexte culturel du pays où l'entreprise se prépare à exporter constitue sans doute le défi le plus important qu'elle doit relever.

- La connaissance des enjeux socioculturels, c'est-à-dire de l'élément culturel dans une perspective de rapprochement international, est primordiale dans le contexte du commerce international.

- La culture est la somme des valeurs, des croyances, des attitudes et des coutumes d'une société. Elle détermine la façon dont on y fait des affaires.

- Les différents éléments d'une culture sont l'organisation sociale, la langue, la communication, la religion, les valeurs, attitudes et comportements, la notion de temps, l'âge, l'éducation et le statut social.

- Pour mener avec succès des négociations internationales, l'entrepreneur doit se familiariser avec les différents principes et variables qui s'y rapportent. Il doit en particulier prendre conscience du fait que les valeurs et les attitudes qu'on trouve dans une culture donnée ne sont pas forcément les mêmes que dans sa propre culture, et conséquemment éviter de faire preuve d'ethnocentrisme. À cet égard, l'écoute et l'observation sont des outils indispensables.

1 Au cours de sa deuxième visite à Tokyo, Louis Demers, qui est responsable des ventes internationales de Métallco, a rencontré un cadre supérieur d'une grande société de commerce (*sogo shosha*) avec laquelle il comptait traiter. Comme il était mieux informé du contexte culturel japonais, il s'était procuré avant son départ une sculpture inuit qu'il allait offrir au cadre japonais avec lequel il avait déjà pris rendez-vous. À la fin de fructueuses négociations avec ce dernier, Demers a reçu un paquet emballé avec grand soin d'un papier de soie rouge (signe de chance ou de bonheur). Il s'est empressé d'ouvrir le colis pour y découvrir un magnifique collier de perles que le cadre destinait évidemment à l'épouse de Louis.

Quelles suggestions auriez-vous faites à Louis Demers si vous aviez participé à cette rencontre?

2 Au Québec, dans ses relations d'affaires, Louis Demers a la réputation de parler beaucoup et vite en gesticulant; en somme, en plus de la parole, il utilise un langage gestuel. Au Japon, le cadre avec lequel il doit négocier a tout de la personnalité réservée: il semble toujours être à l'écoute de son interlocuteur. Il est à ce point impassible que l'on pourrait croire qu'il dort!

Quels éléments culturels risquent de créer des malentendus dans une négociation entre les deux parties? Quels conseils donneriez-vous à Louis Demers pour qu'il puisse négocier avec succès?

3 Denis Tremblay doit aller en Thaïlande pour y négocier l'achat de concentrés de jus pour Jusbec, l'entreprise dont il est le PDG. Bien qu'il ait beaucoup voyagé comme touriste en Chine, en Europe et au Mexique, et qu'il ait connu des environnements culturels différents, il a rarement subi un choc culturel au cours de ses déplacements parce qu'il a toujours bien préparé ses voyages. Néanmoins, il envisage avec une certaine appréhension son voyage dans un pays étranger en tant que négociateur. En fait, il s'agit de son premier voyage en Asie du Sud-Est. Aussi doit-il se préparer à mener avec succès les négociations à venir.

Quelle démarche de préparation Denis Tremblay doit-il entreprendre? Quels conseils lui donneriez-vous pour qu'il puisse mener à terme sa stratégie d'achat de concentrés de jus?

RÉFÉRENCES BIBLIOGRAPHIQUES

ADLER, N. (1991), *International Dimensions of Organizational Behaviour*, 2e édition, Boston, Mass., PWS-Kent.

HALL, E.T. (1969), *The Hidden Dimension*, Garden City, N.Y., Doubleday.

HALL, E.T. (1976), *Beyond Culture*, Garden City, N.Y., Anchor Press.

HOFSTEDE, G. (1980), *Culture's Consequences: International Differences in Work Related Values*, Beverly Hills, Calif., Sage.

THIEDERMAN, S. (1991), *Profiting in America's Multicultural Marketplace. How to Do Business Across Cultural Line*, Lexington, Mass., et Toronto, Lexington Books et Maxwell Macmillan Canada.

SITE WEB

Executive Planet
[http://executiveplanet.com]

Site présentant les aspects culturels de plusieurs pays.

PARTIE IV

La stratégie d'entrée sur les marchés étrangers

La vente directe et la vente indirecte

OBJECTIFS

- Distinguer les concepts de logistique et de distribution.
- Décrire les principaux modes d'entrée sur les marchés d'exportation.
- Comprendre le rôle d'un agent manufacturier.
- Comparer le travail d'un distributeur avec celui d'un vendeur.
- Indiquer les fonctions d'une maison de commerce.

L'activité de distribution est l'une des facettes les plus importantes d'une stratégie de marketing. C'est en effet à cette étape que l'entreprise choisit la façon de mettre son produit ou son service à la disposition de son client potentiel. Son défi consiste à mener son produit au bon endroit le plus rapidement possible, dans des conditions salubres, de le présenter convenablement aux clientèles cibles à un prix abordable et de le vendre de manière dynamique. Deux aspects du concept de distribution seront traités dans ce manuel : les modes de vente feront l'objet du présent chapitre, tandis que l'aspect logistique (le cheminement des marchandises) sera examiné dans le chapitre 11.

Dans la première section de ce chapitre, nous établirons la distinction entre les modes d'entrée et la logistique. En ce qui concerne les modes de vente dans une entreprise exportatrice, la variable «distribution» du marchéage ou logistique commerciale (*marketing mix*) est influencée par trois éléments :

1. le *prix* : combien d'intermédiaires y aura-t-il entre le fabricant ou le producteur et le consommateur ?
2. le *produit* : faut-il modifier le produit pour satisfaire l'intermédiaire ?
3. la *promotion* : qui la contrôle, le fabricant ou l'intermédiaire ?

Nous aborderons l'influence de ces éléments externes sur les types de canaux qui s'offrent à l'entreprise exportatrice. Comme dans le cas de ces trois éléments, les stratégies de distribution qui ont du succès sur le marché local ne sont pas nécessairement celles qui fonctionneront à l'étranger. La deuxième section traitera de l'importance de la distribution.

Une entreprise qui désire pénétrer un marché étranger dispose de trois modes d'entrée possibles. Nous examinerons dans la troisième section la vente directe au consommateur, qui s'effectue sous le contrôle total de l'entreprise qui exporte, et la vente indirecte, qui implique que l'entreprise recourt à des intermédiaires qui achètent et revendent aux clients étrangers. Le chapitre 10 traitera du troisième mode d'entrée, soit la vente en partenariat, qui peut prendre plusieurs formes selon l'importance de l'investissement fait par l'entreprise intéressée aux marchés étrangers.

À chacun de ces modes d'entrée sont associés plusieurs canaux de distribution. Nous illustrerons dans ce chapitre et le suivant ces trois modes d'entrée en décrivant les canaux de distribution qui y sont rattachés. Nous prêterons attention aux trois canaux les plus utilisés par les entreprises exportatrices du Québec, soit l'agent manufacturier, dont le rôle est particulièrement important aux États-Unis, le distributeur, qui tient le rôle d'intermédiaire qui achète au fabricant (ou au producteur) et revend soit à d'autres intermédiaires ou à sa propre clientèle, et la maison de commerce, dont nous soulignerons les fonctions et son rôle dans la vente sur les marchés étrangers des produits de base (*commodities*), tels que les produits agricoles, forestiers et miniers. Le choix d'un canal de distribution ou d'un mode d'entrée sur un nouveau marché doit se faire sur la base de certains critères que nous décrirons également.

Métallco a déjà vendu ses produits sur le marché japonais par l'entremise d'un représentant, Misugi Nomira. En analysant la manière dont ces ventes ont été réalisées, Louis Demers, qui est maintenant responsable du développement du marché japonais chez Métallco, constate que l'entreprise a jusqu'ici adopté une approche réactive: elle attendait les commandes et se contentait d'y donner suite. Aucune forme de marketing ne semblait avoir été adoptée, et personne chez Métallco n'avait auparavant visité le Japon. En somme, malgré son potentiel énorme, le marché du Japon ne paraissait pas être une priorité pour l'entreprise.

En dépit de son peu d'expérience des marchés asiatiques, mais fort de l'expérience européenne qu'il a acquise avant de se joindre à Métallco, Louis Demers a, dès son entrée en fonction, mis en place une stratégie de prospection et visité une première fois le Japon afin de mieux connaître ses caractéristiques et son environnement culturel. Il a ainsi pu constater la complexité des canaux de distribution japonais. Il ne parvenait pas à saisir qui faisait quoi, et comment, en définitive, on parvenait à vendre à un client industriel. De plus, son représentant, Misugi Nomira, parlait difficilement l'anglais, et Louis avait un peu perdu confiance en son efficacité et sa loyauté. Néanmoins, il a compris que, pour Métallco, le choix d'un vrai canal de distribution nécessiterait une recherche intensive et qu'il se devait de mieux connaître les méandres des canaux utilisés au Japon.

Au cours d'une deuxième visite à Tokyo, Louis Demers a pris rendez-vous avec le délégué commercial du Canada en poste à Tokyo. Il a ainsi pu obtenir des conseils sur la manière de procéder dans le choix d'un représentant, d'un distributeur ou d'un autre intermédiaire. Il a alors décidé d'engager un interprète, de s'assurer de la collaboration de Misugi Nomira (en lui faisant miroiter la possibilité d'une récompense financière), et il s'est lancé dans la recherche du canal de distribution susceptible de répondre le mieux à ses besoins et à ses objectifs de vente sur le marché japonais.

Dans la quatrième section, nous passerons en revue les responsabilités qu'une entreprise exportatrice doit assumer relativement à la gestion de ses réseaux de distribution et à la gestion quotidienne de ses différents agents, distributeurs, intermédiaires ou partenaires. Il est essentiel qu'un contrôle rigoureux soit exercé sur la performance de ces canaux afin d'assurer un rendement proportionnel à l'investissement consenti.

La logistique et le mode de vente

Chaque marché et chaque pays possède sa propre structure de distribution, qui fait passer les marchandises du producteur au consommateur. L'interprétation du concept de distribution peut entraîner une certaine confusion: s'agit-il de la livraison proprement dite de la marchandise ou bien de l'acte de vendre la marchandise à un client potentiel? Afin d'éliminer toute ambiguïté, il importe de définir précisément chacune de ces activités.

La logistique concerne le transport des marchandises vers l'acheteur, l'entreposage (lorsqu'il est requis) et le contrôle des stocks. Il s'agit d'opérations matérielles qui impliquent le recours à des experts en transport international. Ces experts peuvent également conseiller sur les modes de transport les plus appropriés par rapport à l'efficacité, à la rapidité et au coût. En outre, le calcul des coûts de transport et, de manière générale, des activités de gestion qu'une entreprise doit effectuer dans ce domaine fait partie de la logistique.

Nous verrons dans la section suivante que les modes de vente sont en quelque sorte la façon de mettre sur le marché (directement ou indirectement) des produits ou des services destinés à un acheteur. L'activité de distribution comprend donc le choix du réseau d'intermédiaires convenant le mieux au produit à vendre compte tenu du marché choisi, la gestion des réseaux et le contrôle du rendement des intermédiaires ou des intervenants[1].

Le présent chapitre portera exclusivement sur les modes d'entrée qui s'offrent à une entreprise pour pénétrer un marché étranger et sur les différents canaux de distribution par lesquels cette entreprise peut atteindre un client potentiel et conclure une vente. Dans le chapitre 11, nous étudierons l'aspect logistique de la distribution, soit les modes de transport que l'entreprise peut utiliser pour expédier sa marchandise de son entrepôt à celui de son client situé sur un marché étranger.

La distribution selon le type de produits

L'itinéraire par lequel un produit parvient à l'utilisateur varie selon qu'il s'agit d'un bien ou d'un équipement destiné à un usage professionnel ou individuel. Dans le commerce international, on constate souvent que le volet « distribution » prend de plus en plus d'importance, et ce, parfois au détriment de l'entreprise productrice, surtout en ce qui a trait aux produits de consommation de masse. Ainsi, les grandes surfaces, les supermarchés et les magasins à prix réduits ont souvent un impact plus déterminant que celui que pourrait avoir l'entreprise. Comme le consommateur québécois est familier avec Réno-Dépôt, Wal-Mart, Canadian Tire, Costco et Zellers, ces grandes surfaces, en raison de leur énorme pouvoir d'achat, influencent le marketing des entreprises qui désirent utiliser leurs points de vente. Cette domination s'exerce autant sur le prix ou la promotion que ces intermédiaires imposent que sur le type de produits qu'ils veulent offrir à leurs clients.

En revanche, dans le domaine de la distribution de produits industriels, soit le commerce interentreprises, communément nommé *B2B* (*business to business*), le rôle des intermédiaires revêt beaucoup moins d'importance. De manière générale, une entreprise exportatrice de produits industriels contrôle mieux ses modes d'entrée et maintient un suivi assez serré de sa mise en marché, que le produit soit vendu directement ou indirectement.

---

1. Voir plus loin les descriptions du rôle d'un intervenant dans la vente directe et de celui d'un intermédiaire dans la vente indirecte.

Cependant, il faut signaler que la part de l'activité de distribution est aussi importante dans la stratégie de marketing d'un fabricant de produits industriels que dans celle d'un fournisseur de produits de consommation de masse. En somme, la réussite sur un marché étranger dépendra non seulement de la qualité et des avantages concurrentiels d'un produit, mais aussi du mode de distribution adopté.

En ce qui concerne la prestation de services, la variable « distribution » est tout aussi essentielle, car lorsqu'on offre un service, on doit se rendre chez le consommateur ou le fournir à distance. Les cours donnés à la Télé-université sont un bon exemple de prestation d'un service à distance. La distribution se fait directement puisque la Télé-université envoie elle-même à l'étudiant les documents de cours. La logistique dans ce cas-ci sera faite par la poste, par téléphone ou par Internet.

Le commerce électronique

La vente directe effectuée par le biais du télémarketing ou par le commerce électronique constitue un développement dans le domaine de la distribution. De plus en plus, les entreprises manufacturières veulent promouvoir leurs produits directement en joignant un client potentiel par téléphone. Le commerce électronique, qui est en pleine croissance, prend une ampleur considérable et devient presque incontournable dans une stratégie de marketing. Nous avons vu dans le chapitre 7 que le commerce électronique fait partie intégrante d'une stratégie de promotion en vue de l'exportation. L'entreprise qui s'intéresse aux marchés étrangers doit avoir un site Web afin de se faire connaître à l'échelle mondiale.

Le défi de taille du commerce électronique international est celui de la distribution. Quelles sont les options qui s'offrent à une entreprise en ligne pour expédier des marchandises à un client? Les auteurs Ricker et Kalakota[2] présentent cinq solutions fort différentes :

1. *Mettre sur pied de nombreux centres de livraison.* Cette option s'appuie généralement sur les établissements que possède déjà un commerçant traditionnel dans diverses régions géographiques.

2. *Créer un partenariat avec un opérateur.* Il s'agira généralement d'un fournisseur avec qui vous nouez une entente à long terme. Cette forme d'alliance demeure fragile, car si elle a du succès, votre partenaire sera tenté de faire cavalier seul.

3. *Mettre en place un centre de distribution unique.* L'entreprise de commerce électronique Amazon.com a opté pour cette approche, coûteuse à implanter, mais qui s'avère très rentable si le volume de ventes est important et régulier.

4. *Conclure une entente contractuelle avec un centre de distribution spécialisé.* Il existe, surtout aux États-Unis, des firmes dont le rôle est d'offrir des services de logistique et d'entreposage sur une base contractuelle. Ces établissements

---

2. F.R. Ricker et R. Kalakota (1999), « Order Fulfillment: The Hidden Key to E-Commerce Sucess », *Supply Chain Management Review*, vol. 3, n° 3, p. 60-70.

n'ont généralement aucun intérêt à entrer en concurrence et offrent un service de qualité.

5. *Fabriquer sur commande.* Cette stratégie est évidemment réservée aux fabricants qui recrutent leur clientèle en ligne. Le cas le plus connu est évidemment celui du fabricant d'ordinateurs Dell dont le processus de production est parfaitement intégré à son site Web. Ainsi, il est possible de suivre la progression de votre commande et de connaître à tout moment le statut de l'ordinateur que vous avez commandé : pré-production, chaîne d'assemblage, entreposage, expédition.

De plus, trois grandes questions doivent trouver réponse lorsque vous envisagez la mise en œuvre d'un commerce électronique :

1. Quelles sont les principales étapes du système de livraison prévu dans le projet ? Pour répondre à cette question, il faut d'abord définir de façon chronologique toutes les tâches qui devront être accomplies pour satisfaire les besoins des clients. Voici la liste des tâches que doit exécuter votre entreprise de vente au détail spécialisée en commerce électronique :

- Concevoir, tester, déployer et mettre à jour un site Web.
- Élaborer un système d'achat, de préparation des marchandises et d'expédition.
- Établir un processus de facturation.
- Prévoir un système de retour des marchandises, de réparation, et de traitement des plaintes.
- Analyser les informations recueillies sur la clientèle pour améliorer vos processus d'entreprise.

2. Quelles tâches seront accomplies au sein de votre entreprise et lesquelles seront confiées à des partenaires d'affaires ? Même les plus grandes entreprises choisissent d'accomplir certaines tâches qu'elles jugent cruciales et confient d'autres tâches à des partenaires d'affaires. Par exemple, Amazon.ca travaille étroitement avec Postes Canada qui assure le service d'expédition des livres vendus. Cela n'aurait aucun sens pour Amazon.ca d'effectuer elle-même cette opération.

Dans le cas des petites entreprises (ou des petits projets au sein d'entreprises), les ressources sont généralement limitées. Le recours à des partenariats n'est généralement pas un choix, mais bien une nécessité pour concentrer les efforts sur les tâches les plus distinctives. Prenons l'exemple d'une entreprise qui réalise elle-même la conception de son site Web et qui confie l'hébergement de ce dernier à une firme spécialisée. Il est primordial pour cette entreprise d'avoir un site Web accessible sans délai et sans encombre, car ses clients pourraient être tentés d'aller visiter le site d'un concurrent.

3. Quelles sont les ressources nécessaires pour que votre entreprise accomplisse directement les tâches ? Il faut d'abord estimer l'effort qui devra être investi directement au sein de l'entreprise. Pensons entre autres à la conception d'un site Web, à la création d'un logiciel ou encore, à la mise en place d'un système de facturation ; ce ne sont là que quelques exemples faisant partie du processus d'entreprise. En premier lieu, il est nécessaire de distinguer les tâches qui seront effectuées une seule fois au début du projet (l'aménagement des bureaux) des tâches qui seront répétitives (l'expédition d'un colis à un client). Les premières sont considérées comme des tâches d'investissement et les secondes, comme des tâches de fonctionnement.

En second lieu, comme dans le cadre du commerce international «traditionnel», il importe aussi de vérifier si le produit a un statut légal dans le pays où il sera expédié, d'indiquer la devise utilisée pour fixer le prix et les frais de douanes ou de taxes qui s'ajouteront, d'instaurer un système de paiement sécuritaire, d'offrir les garanties et le service à la clientèle, de s'assurer que les documents d'expédition seront complétés adéquatement, etc.

Il devient donc évident que chaque catégorie de produit requiert un type de distribution particulier. Mais avant de penser à distribuer son produit sur un marché, une entreprise doit décider du mode d'entrée qu'elle choisira pour le présenter sur ce nouveau marché. Dans la section qui suit, nous verrons les différents moyens dont dispose l'entreprise qui débute sur un marché étranger pour le pénétrer et y vendre ses produits ou ses services à sa clientèle cible.

Les modes d'entrée sur un marché étranger

Dans le domaine de l'exportation, le mode d'entrée et le canal de distribution sont des notions complémentaires. Par exemple, une entreprise qui commence à exporter doit établir sa stratégie et choisir un mode d'entrée (vente directe, vente indirecte ou vente en partenariat) sur le marché étranger retenu, mode qui lui permettra d'atteindre sa clientèle cible. En fait, le premier canal de distribution choisi est le mode d'entrée de l'entreprise sur un nouveau marché. Le canal, ou réseau de distribution, est constitué d'établissements commerciaux, d'**agents** commerciaux et de divers intermédiaires. Toutefois, rien n'empêche l'entreprise de changer de canal de distribution une fois qu'elle a pénétré le nouveau marché ou, encore, de choisir plus d'un canal. Aussi, une entreprise désireuse de percer un marché étranger peut s'orienter de trois façons. Ces modes d'entrée sont illustrés dans le tableau 9.1 (voir la page 232), de même que leurs différents canaux de distribution.

Agent / *Agent*
Représentant à l'étranger qui, moyennant commission, essaie de vendre un produit sur un marché cible, sans toutefois en prendre possession ou en assumer la responsabilité.

Volontairement, nous n'approfondissons pas le commerce électronique parmi les modes d'entrée que nous vous présentons ici. La raison n'est pas que le commerce électronique manque d'intérêt ou de potentiel commercial, mais que les internautes forment un marché distinct, multinational et multiculturel, qui comporte des frontières virtuelles (voir «Le commerce électronique», page 229). Ainsi, parallèlement à ses activités internationales, une entreprise peut décider de concevoir un site transactionnel permettant à ses clients d'acheter directement, sans passer par un intermédiaire. Cependant, ce genre d'activité nécessite des stratégies d'entreprise et de marketing ainsi que des connaissances spécifiques très différentes de celles qu'exige le commerce international, tout en étant aussi complexes qu'elles. Nous recommandons aux lecteurs qui désirent se lancer dans le commerce électronique d'approfondir leur démarche au moyen de manuels spécialisés sur ce sujet. Dans le cadre de ce livre, retenons que le commerce électronique est un moyen parmi d'autres de vendre des produits

TABLEAU 9.1

Les modes d'entrée et leurs canaux de distribution			
Mode d'entrée	**Vente directe (intervenants)**	**Vente indirecte (intermédiaires)(partenaires)**	**Vente en partenariat**
Canaux de distribution	Représentant	Maison de commerce	Alliance stratégique
	Agent manufacturier	Distributeur	Coentreprise (*joint venture*)
	Licencié sous contrôle	Licencié sans contrôle ou indépendant	Consortium
	Succursale		Sous-traitant
	Filiale		Groupement d'exportateurs

directement au consommateur, et que ce moyen ne convient pas à toutes les entreprises. Plusieurs entreprises ne font pas de commerce électronique. Par contre, elles mettent en place des stratégies liées au commerce international et possèdent un site Web informationnel pour des raisons stratégiques. Ainsi, les PME québécoises auraient avantage à se constituer un site informationnel pour leurs clients internationaux.

Le tableau 9.1 présente les différents modes d'entrée d'une entreprise sur un marché étranger ainsi que leurs canaux de distribution.

Voyons maintenant plus en détail chacun de ces modes d'entrée, les canaux de distribution qui y sont associés et les implications qui en découlent.

Les différents modes d'entrée

Une entreprise désirant vendre ses produits ou ses services sur un marché étranger peut le faire de trois façons :

1. La *voie directe*. L'entreprise vend directement au consommateur final par l'entremise d'intervenants.
2. La *voie indirecte*. L'entreprise vend à des intermédiaires qui peuvent soit revendre directement au consommateur final, soit revendre à d'autres intermédiaires, et ce, jusqu'à l'acheteur final.
3. Le *partenariat*. L'entreprise exportatrice se trouve un partenaire avec lequel elle collabore pour vendre au client à l'étranger.

La figure 9.1 illustre le moment où s'effectue le transfert de propriété de l'entreprise à son client. C'est à ce moment que l'entreprise exportatrice perd le contrôle de son produit. Nous verrons plus loin, lorsque nous définirons les critères pour choisir un canal de distribution (soit le mode d'entrée initial sur un marché extérieur ou ultérieurement, l'utilisation du même canal de distribution ou d'un nouveau canal), que la notion de contrôle qu'une entreprise exerce sur son produit peut être jugée plus ou moins importante pour une firme exportatrice.

Dans cette figure, on voit que, dans le cas d'une vente directe, la propriété du produit passe sans intermédiaire de A à B, c'est-à-dire seulement lorsque le

FIGURE 9.1

Les trois façons de pénétrer un marché étranger

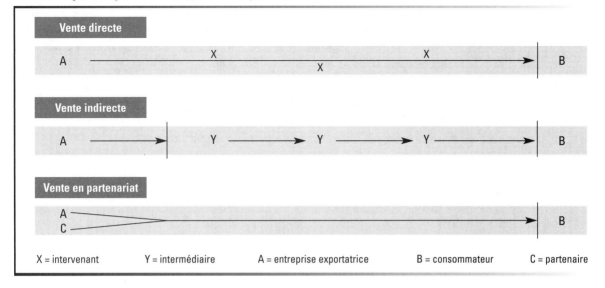

produit est vendu à B et livré chez B. Dans le cas d'une vente indirecte, le transfert de propriété s'effectue au moment de la vente au premier intermédiaire. Dans une transaction mettant en présence un partenaire, le transfert de propriété a lieu au moment où le produit est vendu à B par les deux partenaires. Le partenaire peut résider soit dans le pays de l'entreprise exportatrice, soit dans le pays du client étranger, ou peut même se trouver dans un troisième pays. Nous verrons dans le chapitre 10, qui porte sur les différents types de partenariats, que selon les circonstances et les particularités d'un partenariat, toutes ces options sont possibles.

Le tableau 9.1 montre qu'une entreprise qui désire s'implanter sur un marché étranger a le choix entre plusieurs modes d'entrée. Chacun de ces modes (direct, indirect ou en partenariat) comprend une variété de canaux dont on doit connaître les particularités afin de faire un choix éclairé. En outre, l'entreprise doit tenir compte de facteurs liés au type de produits à exporter et considérer plusieurs autres éléments déterminés préalablement : la sélection des marchés cibles, les objectifs de marketing touchant au volume, à la part de marché et aux profits, le niveau d'investissement, le nombre de personnes affectées à l'exportation de même que les caractéristiques des canaux de distribution disponibles.

Le choix du mode d'entrée

Plusieurs facteurs peuvent influencer le choix du meilleur mode d'entrée pour atteindre le client potentiel situé sur un marché étranger. Le degré de variété des canaux disponibles est différent d'un marché à l'autre. Le niveau des coûts rattachés au mode d'entrée, et engendrés notamment par le transport, l'entreposage, les bris, le crédit et la publicité, aura un impact sur le prix de vente à l'utilisateur final. Les ressources financières de l'entreprise et son expérience dans le domaine de l'exportation pourront faire la différence entre, par exemple, l'utilisation de sa propre force de vente et le recours à un intermédiaire expérimenté. Le contrôle que l'entreprise veut conserver sur le territoire en question, la pénétration des marchés, les prix, le volume et la promotion seront également examinés. Cependant, le type de produit (produit industriel ou produit de consommation) et la façon d'atteindre l'acheteur d'un service demeurent les plus importants.

Pour un produit industriel, plusieurs facteurs doivent être pris en considération dans le choix du mode d'entrée et du canal de distribution :

- Le produit est fait sur mesure dans de nombreux cas.
- Un service direct, rapide et efficace est requis.
- Les frais de transport sont fréquemment inclus dans le prix de vente.
- Le client exige de ses fournisseurs des installations d'entreposage et une livraison juste-à-temps.
- Le service après-vente est parfois essentiel.

Chacun de ces facteurs peut influencer le choix du mode d'entrée. Par exemple, si un produit nécessite un service après-vente important, l'entreprise pourra être tentée de le distribuer en utilisant un intermédiaire qui possède le personnel ainsi que les installations pour entreposer les pièces de rechange sur place afin de répondre à la demande.

Le cas d'un produit de consommation de masse suppose un nombre considérable de clients potentiels ; aussi un intermédiaire est-il presque toujours incontournable. On s'oriente alors vers un mode d'entrée indirect. De ce fait, l'ascendant qu'exerce l'intermédiaire sur le fournisseur prend de l'importance. En conséquence, le producteur exportateur devra tenir compte de cette situation au moment d'élaborer sa stratégie de marketing. De plus, dans la plupart des grandes surfaces, les gestionnaires exigent des fournisseurs de produits des frais additionnels[3] pour mettre leurs produits en vedette sur les tablettes ou sur des présentoirs.

Le dernier élément important, dont l'impact sur le choix du mode d'entrée (et éventuellement du canal de distribution) ne peut être négligé par le fournisseur de produits de consommation générale, se trouve dans la diversité de la clientèle à atteindre. En effet, servir une clientèle fragmentée peut requérir plusieurs modes d'entrée, chacun comportant les éléments nécessaires pour atteindre de façon efficace une partie de ces nombreux clients.

Quand il s'agit de vendre un service, les modes d'entrée, tout comme les canaux de distribution employés, doivent correspondre aux caractéristiques du service offert. En général, un service possède les caractéristiques suivantes :

- *Il est intangible.* Vendre un service est plus ardu que vendre un produit, car un service est plus difficile à décrire de façon concrète. En outre, aucun transport n'est nécessaire. Par exemple, une transaction à la banque représente un service financier offert par une banque à son client.

---

3. Communément appelés *listing fees.*

- *Il est sujet à interprétation.* Le fournisseur d'un service conçoit celui-ci d'une certaine façon, tandis que le client qui le reçoit peut très bien en avoir une perception différente.
- *Il est périssable.* Un service ne peut être entreposé. Par exemple, si les places du vol d'Air Canada partant vendredi soir de Montréal pour Paris ne sont pas toutes vendues, les sièges restants ne seront jamais occupés. Leur vente est perdue pour de bon.
- *Il peut être offert et reçu simultanément.* Un professeur donne son cours en classe alors que les étudiants reçoivent l'enseignement au même moment. Lorsqu'on va au restaurant, on commande un repas, il est préparé et servi et on le déguste. Toutes ces activités se passent dans un laps de temps très court. Si l'on va à la banque pour faire un retrait ou un dépôt, le préposé s'occupe de cette transaction devant nous. Il en est de même au cours d'une transaction effectuée au guichet automatique. Dans ce dernier cas, le service est offert à distance, mais la production et la consommation sont synchrones.

Selon le produit que l'exportateur veut lancer et le contact qu'il désire entretenir avec son client, il choisit un mode d'entrée (direct, indirect ou en partenariat) pour conquérir son nouveau marché. Cependant, comme nous l'avons vu dans le tableau 9.1 (voir la page 232), à chaque mode d'entrée correspondent plusieurs canaux de distribution. Comme le succès commercial d'un produit est intimement lié au choix du canal de distribution, il est essentiel de faire le bon choix. Dans la section qui suit, nous proposerons plusieurs critères permettant de faire un choix éclairé.

Les critères pour choisir un canal de distribution

De toute évidence, les critères servant au choix d'un canal de distribution sont indissociables des facteurs qui influent sur le choix du mode d'entrée. On peut même dire que l'étude des critères retenus pour le choix du canal de distribution peut conduire à une modification du mode d'entrée sur le nouveau marché. En effet, le choix doit tenir compte de l'environnement dans lequel l'entreprise évolue. Il est également fixé en fonction de l'objectif concernant l'image et le positionnement à l'intérieur des segments de marché visés. La détermination d'un mode d'entrée performant et d'un canal de distribution approprié est une tâche qui exige une bonne connaissance des avantages concurrentiels de l'entreprise ainsi que de ses forces et de ses faiblesses. Il est donc important que cet exercice soit fait selon les indications fournies dans le chapitre 3.

On optera pour un canal de distribution en tenant compte de plusieurs éléments selon que l'entreprise veut recourir aux services d'un intervenant (mode d'entrée direct), d'un intermédiaire (mode d'entrée indirect) ou d'un partenaire (mode d'entrée en partenariat), et ainsi atteindre son client et lui offrir son produit ou son service. Nous verrons plus loin qu'une entreprise peut choisir entre plusieurs types d'intervenants et d'intermédiaires, chacun remplissant un rôle particulier et comportant des avantages et des inconvénients. La liste qui suit permettra de s'assurer qu'on fait le meilleur choix possible.

1. Le produit ou le service offert. Si l'entreprise désire vendre un produit primaire (produit agricole, métal ou autre matière première), le choix devrait s'avérer assez simple, car un intervenant ou un intermédiaire familier avec les aléas de l'exportation peut facilement en assurer la vente à l'étranger. En revanche, un produit sophistiqué, tel qu'un logiciel ou une autre composante de haute technologie, requiert non seulement des connaissances dans le domaine de la vente internationale, mais aussi des compétences techniques pour l'installation et l'entretien de ce produit de pointe, de même que pour la formation. Dans le cas présent, le canal le plus approprié serait un agent ou un **distributeur** expert dans ce domaine. En outre, plus une entreprise dispose d'une gamme de produits étendue, plus elle doit exiger un canal de distribution pouvant couvrir tout un territoire et adoptant une approche de vente unifiée. Par ailleurs, une entreprise qui offre des services d'ingénierie utilisera certainement sa force de vente, soit un représentant ingénieur pouvant allier un savoir-faire dans la vente et des connaissances techniques. Ainsi, dès le début, le produit déterminera le choix du canal de distribution.

2. La connaissance du marché extérieur. Une entreprise familière avec l'environnement du marché extérieur qu'elle a ciblé utilisera probablement une approche directe pour entrer en contact avec ses clients potentiels. Autrement dit, elle affectera à ce marché ses propres représentants de vente. On parlera alors de vente directe. Toutefois, une entreprise qui perçoit un potentiel intéressant sur un marché cible peu connu ou fort éloigné et où la culture est totalement différente de celle de son marché local pourrait retenir les services d'intermédiaires pour atteindre cette clientèle. Dans ce cas, il s'agirait de vente indirecte. Une entreprise peu habituée à exporter qui veut cibler le Japon ou la Chine sera quant à elle portée à utiliser au début de ses activités de vente internationale une **maison de commerce** ou une autre forme d'intermédiaire. Rappelons que la structure de distribution du Japon a longtemps été considérée comme l'une des barrières non tarifaires les plus efficaces du marché japonais. Le système japonais se caractérise, en effet, par une structure dominée par plusieurs petits intermédiaires qui font affaire avec de petits détaillants, par le contrôle des canaux de distribution par les fabricants, par une philosophie d'affaires élaborée à partir d'une culture unique et par des lois qui protègent les fondations du système, soit le petit détaillant[4].

3. La concurrence. Voilà un autre facteur important dont on doit tenir compte dans le choix d'un canal de distribution. Une entreprise astucieuse observera de quelle façon ses concurrents atteignent leurs clients sur le marché cible, ce qui l'aidera à déterminer son canal de distribution. Lorsque l'entreprise exportatrice offre un produit innovateur et ne semble pas avoir de concurrence directe sur ce nouveau marché, le choix peut s'avérer plus ardu. Un exportateur de meubles s'informera sur les méthodes de vente de ses concurrents sur le marché qu'il a ciblé et adoptera un canal assez similaire. En somme, à quoi bon réinventer la roue! À l'inverse, l'exportateur d'un nouveau produit de haute technologie, d'une innovation sur le marché cible, devra s'assurer de faire un choix éclairé, car, faute de concurrence, il ne dispose d'aucun repère.

Distributeur / *Distributor*
Société étrangère qui accepte d'acheter un ou plusieurs produits d'un exportateur et se charge ensuite de les entreposer, de les mettre en marché et de les vendre.

Maison de commerce / *Trading house*
Société, œuvrant localement ou dans un pays tiers, qui est spécialisée dans l'exportation, l'importation et le commerce de biens et de services fournis par d'autres parties. La société offre des services liés à ces activités.

---

4. Voir F. Alpert, et autres (1997), p. 401.

4. Une planification à long terme. Lorsque l'entreprise conclut une entente avec un agent, un distributeur ou un autre canal de distribution, elle doit songer à son évolution sur ce nouveau marché. Il ne faut pas oublier que les conditions commerciales sont susceptibles de changer au cours des ans, et que la productivité des intermédiaires ou des intervenants peut varier. En conséquence, une entente couvrant une trop longue période pourrait être néfaste aux progrès de l'entreprise sur son nouveau marché. Un choix qu'on effectue aujourd'hui doit être aussi valable et rentable pendant les années à venir. Par exemple, un exportateur signe un contrat de distribution et s'aperçoit quelques mois plus tard que le distributeur choisi n'atteint pas les résultats escomptés. Si l'entente conclue porte sur une période relativement courte, l'exportateur peut attendre la fin du contrat et trouver ensuite un distributeur plus performant.

5. Les fonctions de l'intermédiaire. Avant d'examiner plus en détail les différentes responsabilités qui incombent à un intermédiaire, soulignons que, dans le choix d'un canal de distribution, ces responsabilités tiennent une place importante. Où se trouve cet intermédiaire? Quels services de soutien à la vente offre-t-il? Quels efforts promotionnels peut-il garantir? Peut-il faire preuve de constance dans la prestation de ses services? Les réponses à ces questions influenceront grandement le choix d'un canal de distribution.

6. Le contrôle désiré. Selon que l'entreprise choisit un mode de vente directe ou un mode de vente indirecte, le contrôle qu'elle exerce sur le marketing de son produit peut être délégué à un degré plus ou moins élevé à son intervenant ou à son intermédiaire. Beaucoup d'entreprises tiennent à contrôler toutes les étapes de l'acheminement du produit à partir du lieu de production jusqu'au consommateur final, et ce, pour être en mesure de déterminer de manière précise et directe chaque phase du cheminement. C'est le cas des sociétés pétrolières qui contrôlent l'exploration du pétrole brut, son exploitation, son transport, son raffinage et la vente au détail de l'essence qui en a résulté. En revanche, en raison d'un manque de ressources financières ou humaines, de nombreuses PME confient la vente de leurs produits à des distributeurs ou à des maisons de commerce. Ces entreprises n'exercent alors aucun contrôle sur le choix du marketing employé pour atteindre le consommateur.

7. Les objectifs de l'entreprise. Il est question ici des objectifs de vente et de rentabilité de l'entreprise. Une entreprise peut se fixer comme objectif de vendre un important volume de produits tout en acceptant un faible profit sur chaque article. Lorsqu'une entreprise vend des produits qui s'adressent à un large public, comme des casseroles, elle fixe un prix peu élevé. Étant donné que le profit sur chaque casserole vendue est minime, l'entreprise doit en vendre de grandes quantités pour que cette activité soit rentable. Dans le cas inverse, une entreprise qui vend des produits industriels et qui sert une clientèle éparse et peu nombreuse doit enregistrer un profit plus élevé sur chaque produit vendu.

C'est le cas de Métallco, qui vend des anodes de magnésium qu'on installe dans les chauffe-eau électriques. Puisque le nombre de fabricants de chauffe-eau électriques est limité, Métallco doit prévoir une marge de profit élevée sur ses produits afin de maintenir sa rentabilité. Chaque entreprise adoptera donc une stratégie de distribution différente afin de tenir compte de ses objectifs.

FIGURE 9.2

Les types de canaux de distribution

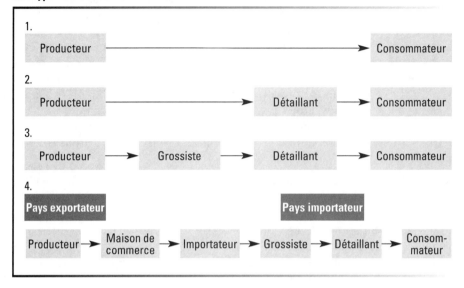

Voyons maintenant de plus près comment une entreprise gère sa stratégie de distribution et comment le choix d'un canal se concrétise dans la pratique. En fait, un canal de distribution peut être plus ou moins long selon la nécessité ou le besoin de recourir à des intervenants ou à des intermédiaires entre le producteur et le consommateur. La figure 9.2 illustre quatre cas typiques de canaux de distribution. Un canal sera choisi selon que le producteur (ou le fabricant ou le fournisseur) veut atteindre son client potentiel par la vente directe, c'est-à-dire par l'entremise de son propre vendeur ou d'un agent[5], ou par la vente indirecte, soit à travers un grossiste ou un distributeur, qui revendra à un détaillant, qui, par la suite, revendra au consommateur.

Lorsque la vente doit se faire sur un marché étranger, le canal de distribution peut être beaucoup plus long (voir les points 3 et 4 de la figure 9.2). Parfois, une maison de commerce peut agir au nom de l'entreprise manufacturière et peut cibler un marché à l'étranger qui offre un potentiel intéressant. La maison de commerce sise à l'intérieur du pays du producteur sollicitera donc un importateur situé dans le pays ciblé et lui vendra les produits. Ensuite, l'importateur revendra ces produits à un grossiste qui, à son tour, les revendra à des détaillants, qui, eux, atteindront finalement les clients potentiels.

Le choix éclairé d'un mode d'entrée sur un marché étranger exige également une bonne connaissance du fonctionnement de chaque canal de distribution et des intervenants auxquels on recourra. La section suivante décrit les responsabilités de chacune des personnes engagées dans une transaction commerciale sur un marché étranger.

---

5. Voir plus loin dans ce chapitre les rôles de l'agent manufacturier, du grossiste et du distributeur.

Les responsabilités liées aux transactions sur un marché étranger

Comme nous l'avons vu dans le tableau 9.1 (voir la page 232), si l'entreprise opte pour un mode de vente directe, elle peut choisir entre plusieurs canaux de distribution comportant divers intervenants. Il en va de même pour la vente indirecte et le partenariat. Le choix du mode d'entrée et du canal de distribution implique l'intervention de personnes qui auront des responsabilités, des droits et des devoirs. Les pages qui suivent ont pour but de vous familiariser avec chacun de ces aspects.

Les intervenants dans la vente directe

La vente directe implique un contact direct avec le client. La propriété du produit est transférée au client soit au moment de l'achat du produit, soit au moment du paiement fait par le client directement à l'entreprise. On peut recourir à plusieurs intervenants pour joindre le consommateur. Toutefois, retenons un point essentiel dans le cas d'une vente directe : le contrôle du marketing repose entièrement sur l'entreprise. C'est elle qui fixe le prix de vente, qui détermine quel produit doit être vendu et à quel client. Aussi est-elle pleinement responsable de ses stratégies de promotion. Quant aux intervenants, ils doivent s'assurer d'atteindre le client et de lui vendre le produit de l'entreprise exportatrice.

Le représentant

Employé de l'entreprise exportatrice, il peut être rémunéré sur la base d'un salaire, de commissions ou des deux. Il rencontre le client pour négocier avec lui la vente du produit ; par le fait même, il est le représentant le plus direct de l'entreprise. Cette personne respecte les directives et les politiques de l'entreprise, met en place les éléments de la stratégie de marketing de l'entreprise et, de plus, obtient une rétroaction immédiate du client. Le représentant international se familiarise avec son nouveau marché et informe son entreprise des différentes conditions économiques, politiques et commerciales de cet environnement ainsi que des activités de la concurrence. Son rôle est crucial à l'égard d'une gestion efficace des ventes à l'étranger. Cependant, ses coûts sont élevés, sa présence dans un contexte culturel différent peut être contre-productive et son efficacité, amoindrie.

Sur le marché des États-Unis, de nombreuses entreprises québécoises ont recours à leurs propres représentants, tandis que d'autres préfèrent vendre leurs produits par l'entremise d'un agent manufacturier. Ce choix s'appuie sur les compétences de leurs propres vendeurs et sur leur connaissance du comportement des acheteurs américains. Plus ces entreprises sont familières avec le marché des États-Unis, plus elles maîtrisent la langue anglaise, et plus elles sont enclines à faire appel aux services de leurs propres représentants-vendeurs.

L'agent manufacturier

Cette personne autonome, pouvant représenter plusieurs entreprises, sollicite et obtient des commandes pour l'entreprise qu'elle représente sur un territoire bien défini et reçoit une commission comme rémunération. L'entente contractuelle qui lie l'agent manufacturier[6] à l'entreprise exportatrice doit être d'une durée limitée. Cet agent peut vendre les produits de l'entreprise de façon exclusive, c'est-à-dire qu'il n'aura pas le droit d'offrir quelque autre produit concurrentiel sur le même territoire. En revanche, l'entreprise s'engage à lui payer une commission pour toutes les ventes faites sur ce territoire, même si l'agent n'a pas réalisé lui-même ces ventes.

Comme les États-Unis sont le premier partenaire commercial du Canada et que l'agent manufacturier constitue le principal intervenant dans nos échanges avec nos voisins du Sud, il est important d'approfondir ses fonctions et son rôle.

Un agent manufacturier est un intervenant autonome qui agit dans un mode de vente directe. L'entreprise qui utilise ses services peut faire affaire avec un seul individu ou avec une agence regroupant plusieurs agents. Les principales caractéristiques de cet agent sont les suivantes :

- Il réside et travaille sur le territoire visé.
- Il sollicite et obtient des commandes.
- On lui octroie un territoire bien défini[7].
- Il reçoit un pourcentage de ses ventes (commission).
- Il a un contrat d'une durée limitée.
- Il peut vendre de façon exclusive ou non.
- Il ne fait pas crédit aux clients.
- Il ne possède pas d'entrepôt et ne fait pas de livraison.

Un agent manufacturier est en quelque sorte les yeux et les oreilles de l'entreprise sur le marché étranger. Très souvent, dans un premier temps, l'entreprise fera appel à sa propre force de vente, mais sur le marché américain, mieux vaut être américain soi-même pour réussir à vendre à des Américains. Il est donc préférable de recourir à un agent résidant sur le territoire ciblé (la Nouvelle-Angleterre, la Californie ou toute autre région bien délimitée). Aussi la sélection d'un agent représente-t-elle une étape importante dans la stratégie de distribution d'une entreprise exportatrice. En conséquence, il est essentiel de comprendre les avantages et les inconvénients de ce mode d'entrée. Habituellement, les entreprises qui débutent sur le marché américain recourent aux services soit d'un agent manufacturier ou d'un distributeur. Dans le cas d'une entente avec un distributeur étranger, celle-ci est souvent à long terme sur la base d'une relation étroite et continue. L'entreprise doit en premier lieu considérer sa propre situation, le type de produits qu'elle désire exporter, ses res-

---

6. Aux États-Unis, on appelle souvent l'agent manufacturier *manufacturer's agent* ou, plus communément, *rep* (pour *representant*). Il ne faut pas confondre l'agent manufacturier avec le représentant de l'entreprise, qui est un employé de l'entreprise exportatrice.

7. Voir le chapitre 13 sur les clauses contractuelles liant une entreprise exportatrice à son agent manufacturier. La dimension du territoire ainsi que le taux de commission sont le résultat d'une entente entre ces deux parties.

sources et son engagement financier avant de faire un tel choix. Rappelons que ce choix doit tenir compte de l'évolution du marché.

Il arrive parfois qu'une entreprise exportatrice constate que les frais de transport sont élevés ou que les taxes douanières imposées à l'entrée du marché sont coûteuses. Sa rentabilité en est alors compromise. La solution consisterait donc à fabriquer le produit sous licence sur le marché cible et à le vendre en contrôlant la stratégie de marketing.

Le licencié sous contrôle

Une entreprise peut faire appel à un licencié sous contrôle lorsqu'elle est déjà connue sur le marché, qu'elle est familière avec les particularités du territoire mais qu'elle fait face à une exportation trop coûteuse. Le licencié, qui est situé sur le marché cible, fabrique le produit selon les exigences de l'entreprise, puis le vend sur ce même marché tout en respectant à la lettre les directives commerciales de l'entreprise. Par exemple, un laboratoire pharmaceutique est soudainement placé devant une augmentation draconienne des taxes douanières. De plus, il s'attend à ce que les coûts du transport maritime des produits entre le pays exportateur et le pays importateur montent en flèche d'ici peu. L'entreprise confie alors la production de ses médicaments à un licencié, qui le fabrique selon le procédé en vigueur dans le pays d'origine. Par la suite, ces médicaments sont vendus par le licencié dans son pays, mais l'approche de marketing est conçue et contrôlée par le laboratoire pharmaceutique qui en détient les brevets. Le licencié n'a aucune latitude, il est en fait un sous-traitant de l'entreprise. Il ne détient aucun droit de propriété sur le produit, même s'il en est le producteur.

La succursale

Située sur le marché extérieur ciblé, elle est probablement la façon la plus efficace de vendre directement aux clients potentiels. Lorsqu'une entreprise devient très active sur les marchés extérieurs et qu'elle désire mieux contrôler ses ventes et se rapprocher de sa clientèle, elle ouvre une succursale. Dans la majorité des cas, la succursale est un bureau de ventes où se retrouvent plusieurs représentants-vendeurs[8].

La filiale

La **filiale** est responsable de tous les aspects du marketing sur son territoire. Bien qu'elle soit une entité autonome répondant aux lois et aux règlements du pays d'accueil, elle dépend de son siège social pour mettre en place les politiques de commercialisation énoncées par celui-ci. Par exemple, Métallco pourrait peut-être transformer sa succursale de Pittsburgh en une filiale autonome, qui deviendrait ainsi responsable de toutes les ventes de l'entreprise sur le marché américain, tout en respectant les politiques générales établies par le siège social.

Filiale / *Subsidiary*
Unité de production décentralisée, juridiquement indépendante, dotée d'une complète autonomie de gestion, mais placée sous la direction de la société mère qui possède la majorité de ses actions.

---

8. Comme nous l'avons vu au début de ce manuel, Métallco avait à Pittsburgh un bureau responsable des ventes sur le marché américain, dont tous les vendeurs étaient Américains, ce qui facilitait la vente de leurs produits aux États-Unis.

La deuxième façon de pénétrer un marché consiste dans la vente indirecte, soit le recours à des intermédiaires, qui achètent la marchandise au producteur ou fabricant, et qui la revendent à d'autres intermédiaires qui, eux, atteignent le consommateur final.

Les intermédiaires et la vente indirecte

Effectuer une vente indirecte signifie que l'entreprise ne vend ni au consommateur ni au client. L'entreprise exportatrice, dans le cas de la vente indirecte, utilise les services d'un intermédiaire qui achète le produit à l'entreprise d'origine et le revend soit à d'autres intermédiaires, soit au client (voir le tableau 9.1, page 232). Le rôle de chacun des intermédiaires engagés dans une vente indirecte peut varier selon plusieurs facteurs. Nous décrirons maintenant les fonctions d'une maison de commerce ainsi que les avantages et les inconvénients d'un distributeur. Dans le commerce international, l'entreprise qui veut réussir doit saisir le rôle de chacun de ces intermédiaires et comparer ensuite les avantages qu'un intervenant pourrait offrir dans sa stratégie de distribution. Lorsqu'elle choisit bien son canal de distribution, l'entreprise a plus de chances de connaître du succès sur un marché étranger.

La maison de commerce (*trading house*)

Active dans l'exportation et l'importation de produits provenant de tierces sources, la maison de commerce est l'intermédiaire typique entre l'acheteur et le vendeur. Elle peut trouver une clientèle pour un fabricant, repérer des fournisseurs pour un acheteur ou acheter des produits d'un producteur et les revendre à ses clients. Sa fonction est d'assurer la circulation sans encombre de la marchandise d'un point à l'autre.

Une maison de commerce peut être située dans le pays de l'exportateur. Elle a toutefois la possibilité d'exercer ses fonctions dans un pays étranger et de travailler pour le compte d'un acheteur intéressé à se procurer des produits d'autres pays. Ici, la maison de commerce a pour rôle de trouver des sources d'approvisionnement[9] pour le bénéfice de ses clients et, par la suite, d'assumer l'importation des produits requis. En bref, une maison de commerce peut être située n'importe où, soit dans le pays de l'exportateur, soit dans celui de l'importateur ou dans un pays tiers. Son efficacité comme mode d'entrée est étroitement liée à sa polyvalence, à sa souplesse et, surtout, à ses relations à travers le monde.

Les différentes fonctions d'une maison de commerce sont liées au commerce et aux échanges (*trade*). Une marge de profit est retenue sur toutes les transactions qu'elle effectue, que ce soit d'acheteur à vendeur ou de vendeur à acheteur. Cette marge indemnise la maison de commerce des coûts de transport, d'assurances, etc., en plus des risques de perte, de dommages à la marchandise ou simplement d'annulation de la transaction. Dans plusieurs pays, la majorité des échanges internationaux de biens se font par l'entremise de maisons de commerce. En Allemagne, près de 50 % des échanges effectués hors

---

9. Dans le langage courant des négociants (*traders*), cette fonction se nomme la *recherche de sources d'approvisionnement* (*sourcing*).

de l'Union européenne sont réalisés par des maisons de commerce. La ville de Hambourg, située près de la mer du Nord, est un important port engagé dans le commerce international depuis des siècles. La plupart des maisons de commerce allemandes y sont situées et ont été fondées il y a plusieurs centaines d'années. Cette tradition se perpétue encore de nos jours. Mais c'est surtout au Japon que les maisons de commerce (**sogo shosha**) jouent un rôle de premier plan. Les principales entreprises japonaises dans les domaines de l'électronique, de l'automobile et de la machinerie sont rassemblées dans une sorte de famille appelée **keiretsu**. Toutes ces entreprises sont détenues sensiblement par les mêmes actionnaires ; des liens étroits les unissent d'ailleurs. Ainsi, les ventes et les achats à l'étranger des entreprises japonaises se font par l'intermédiaire de *sogo shosha,* qui sont parfois membres d'un même *keiretsu*. Pour l'exportateur canadien qui vise le marché du Japon, le dédale des réseaux de distribution est souvent une barrière difficile à contourner. Il faut donc découvrir la bonne *sogo shosha*, c'est-à-dire celle qui pourra faciliter la percée sur ce marché lointain et ardu mais combien lucratif !

Sogo shosha
Sociétés commerciales japonaises, de taille importante et d'intérêts diversifiés.

Keiretsu
Important groupe industriel japonais, dont les nombreuses entreprises gravitent généralement autour d'une société commerciale et d'une banque nationale.

Le distributeur

Le distributeur représente une entreprise indépendante et autonome qui se spécialise dans la distribution de produits similaires ou même directement concurrentiels. Il est situé sur le territoire cible et possède déjà une clientèle établie. Outre le fait de vendre des produits, il peut rendre plusieurs services : appliquer la garantie, offrir le service après-vente, maintenir des installations d'entreposage et même faire la livraison chez les clients. Il assume parfois certains risques financiers et, comme il achète et revend, il est responsable des comptes clients.

Par exemple, Bombardier Produits récréatifs (BRP International) a recours à des distributeurs pour vendre ses Skidoo® et ses Seadoo® à travers le continent nord-américain. Certains de ces distributeurs sont indépendants et achètent leurs produits à Bombardier pour ensuite les revendre à leur clientèle.

Un distributeur peut vendre les produits d'un seul fabricant. Par exemple, certains distributeurs de BRP ne vendent que les produits fabriqués par Bombardier Produits récréatifs. D'autres, par contre, se spécialisent dans une gamme de produits et peuvent distribuer les produits de plusieurs fabricants de biens semblables. Ainsi, un distributeur d'accessoires d'éclairage distribue des ampoules, des lampes, des lanternes en plus de nombreux autres produits connexes. Il existe plusieurs types de distributeurs.

- **Le grossiste** achète au producteur et revend à des détaillants. Par exemple, un grossiste situé sur le marché cible se procure des meubles pour les revendre à un grand magasin, qui les offre aux consommateurs dans sa salle d'exposition.

- **L'importateur**, comme son nom l'indique, importe d'un producteur ou d'un fabricant étranger des produits dans le but de les revendre à des distributeurs, qui, à leur tour, les revendront à des détaillants, qui les proposeront finalement aux consommateurs. À titre d'exemple, citons l'importateur de vaisselle faite en Chine, qui achète la vaisselle directement au fabricant chinois et la revend à des chaînes de distribution (Canadian Tire, Zellers ou Réno-Dépôt), qui, elles, l'offrent aux consommateurs.

- **Le courtier en alimentation** importe des fruits et des légumes de Floride pour les vendre au Marché central de Montréal, qui les vend à des épiciers, qui, eux, les offrent aux consommateurs.

Ces différents types d'intermédiaires remplissent sensiblement les mêmes fonctions qu'un distributeur. Ils interviennent entre le producteur ou le fabricant et le client-utilisateur-consommateur. Il s'agit toujours de vente indirecte.

Plusieurs raisons peuvent motiver une entreprise à concéder une licence de fabrication et de vente à un tiers à l'étranger. Que ce soit pour éviter des frais de transport trop élevés, des barrières tarifaires, ou simplement pour accéder à un marché éloigné et complexe, une licence doit être concédée par un contrat en bonne et due forme qui protège la propriété intellectuelle de l'entreprise originale. Nous verrons dans le chapitre 13 les clauses essentielles d'un tel contrat.

Le licencié

Dans une licence sans contrôle, l'entreprise propriétaire du brevet, de la marque de commerce ou du savoir-faire transféré accorde à une entreprise tierce située dans un pays étranger des droits de fabrication et de mise sur le marché en échange de redevances. Lorsqu'il s'agit d'un licencié indépendant ou sans contrôle, cela signifie que le propriétaire original ne détient aucun pouvoir de mise sur le marché. Les composantes du marketing (les variables « produit », « prix », « promotion » et « distribution ») sont maintenant entièrement transférées au licencié. Cependant, il est important de bien délimiter le territoire sur lequel ce licencié peut vendre ses produits fabriqués sous licence. Ce point doit figurer dans le contrat de licence.

Pour la majorité des entreprises qui font leurs débuts dans l'exportation, le choix de l'intermédiaire en vente indirecte se résume à un distributeur ou, en vente directe, à un agent manufacturier. Le tableau 9.2 permet de clarifier la distinction entre l'agent manufacturier et le distributeur. Ce tableau met en parallèle les avantages et les inconvénients de ces deux modes de distribution. Une entreprise exportatrice sérieuse doit procéder à une telle analyse avant de choisir un canal de distribution. Non seulement elle évaluera chacun des critères énumérés précédemment, mais elle comparera plusieurs canaux en distinguant bien leurs avantages et leurs inconvénients au regard des objectifs de marketing de l'entreprise.

La dernière option concernant le choix d'un mode d'entrée ou d'un canal de distribution est la vente en partenariat.

La vente en partenariat

Comme la vente en partenariat est une forme de vente assez complexe, nous l'étudierons dans le chapitre 10. Cependant, afin de vous donner un aperçu des différents modes d'entrée et des canaux de distribution, nous décrirons brièvement les types de partenariats les plus répandus.

TABLEAU 9.2

La comparaison entre un agent manufacturier et un distributeur			
Avantages		**Inconvénients**	
Agent manufacturier	**Distributeur**	**Agent manufacturier**	**Distributeur**
Bonne connaissance du marché visé	Bonne connaissance du marché visé	Entreprise peu présente, donc possibilité de retours non justifiés et de plaintes	Risques de non-paiement ou de retards
Risques de coûts minimes	Entreprise s'engage à fournir les produits à temps	Pas de service après-vente	Perte du contrôle du marketing
Plein contrôle du marketing	Aucune barrière culturelle ni linguistique	Peu de contrôle sur le comportement de l'agent	Adaptation coûteuse du produit parfois requise par le distributeur
Aucune barrière culturelle ni linguistique	Ventes immédiates à une clientèle établie	Priorités de la clientèle souvent non respectées	Marge de profit diminuée
Ventes immédiates à une clientèle établie	Entreprise doit fournir un minimum d'efforts de vente		Peu de rétroaction du client final et de la concurrence
Pas de commissions sans ventes			
Rétroaction sur la situation du marché			

Source : Adapté d'un document de Élaine Lamontagne, chargée de cours, HEC Montréal.

- **Le sous-traitant** est un fournisseur d'une autre entreprise qui exporte les produits ainsi obtenus vers un client situé à l'étranger. Pour une entreprise qui n'a pas les ressources nécessaires pour effectuer elle-même ses ventes en pays étranger, la sous-traitance constitue un débouché fort intéressant. Imaginons que, pour de multiples raisons, une entreprise manufacturière d'équipements médicaux ne puisse (ou ne désire) exporter. Elle peut cependant vendre ses produits à une entreprise locale (telle que SNC-Lavalin ou Tecsult) qui a obtenu dans un pays étranger un **projet clés en main**. Ce projet consiste à ériger pour une agence gouvernementale de ce pays un hôpital et à en fournir l'équipement requis. Ainsi, grâce au fait qu'elle soit sous-traitante d'une autre entreprise exportatrice, cette petite entreprise manufacturière d'équipements médicaux verra ses produits utilisés par les consommateurs étrangers sans avoir besoin de les exporter. Plusieurs PME québécoises ont ainsi réussi à vendre leurs produits sur les marchés internationaux, en devenant des fournisseurs de plus grosses entreprises déjà présentes à l'étranger.

- **Le groupement d'exportateurs** se forme lorsque différentes entreprises d'un secteur donné ne disposent pas individuellement des ressources nécessaires pour aller offrir leurs produits à l'étranger. On observe parfois ce type de partenariat chez les entreprises de haute technologie (fabricants de logiciels) ou même chez des entreprises manufacturières, concurrentes au niveau local, mais partenaires sur les marchés internationaux (fabricants de meubles, de jouets, d'équipements forestiers, etc.). Mentionnons toutefois que, dans l'éventualité de la réussite d'une des PME d'un tel groupement, cette dernière choisira souvent de poursuivre seule son cheminement vers le marché d'exportation.

**Projet clés en main /
*turnkey project***
Projet dans lequel le contrat stipule que l'entreprise s'engage à exécuter entièrement les travaux et à remettre littéralement les clés au client contractant.

- **L'alliance stratégique** s'établit, la plupart du temps, entre deux entreprises ayant chacune quelque chose à offrir à l'autre dans un domaine précis. Par exemple, deux PME peuvent former une alliance stratégique pour vendre leurs produits sur un marché étranger lorsque l'une a les connaissances nécessaires de mise sur le marché, tandis que l'autre offre des produits complémentaires aux produits de la première. Si une entreprise manufacturière de robinetterie veut exporter, mais ne peut le faire seule, elle aura avantage à s'allier à une autre entreprise engagée dans le domaine de la plomberie qui connaît bien le marché extérieur cible. Il s'agit donc d'un accord de coopération.

- **La coentreprise** (*joint venture*) est une entreprise formée par deux entreprises ayant des intérêts communs dans un domaine donné et dont l'objectif principal est de veiller à la réalisation de ces intérêts communs. Par exemple, un producteur d'enregistrements musicaux désire vendre ses produits sur les marchés internationaux, mais il n'a pas les relations nécessaires ni les moyens d'en faire la promotion. Pour arriver à ses fins, il créera en copropriété une nouvelle entreprise avec une autre société disposant de l'expertise en promotion et possédant également une clientèle établie. Cette nouvelle entité pourra désormais offrir les produits de l'une en utilisant les moyens promotionnels de l'autre afin de cibler la clientèle établie de cette dernière. Il s'agit d'un exemple typique de coentreprise qui peut réussir[10].

Consortium / *Consortium*
Association ou partenariat de plusieurs organisations (entreprises ou institutions) qui ont une identité formelle et un objectif international commun, et qui sont désireuses de prospecter un marché défini et de monter des projets clés en main ou autres pour une durée de temps limitée.

- **Le consortium** est un type de partenariat auquel on a recours pour obtenir un contrat important sur les marchés internationaux. Trois entreprises ou plus s'unissent temporairement pour la vente de produits ou de services dans des cas très précis. Le projet clés en main illustre bien la notion de consortium. Pour reprendre un exemple précédent, un hôpital doit être construit et équipé dans un pays étranger. Des entreprises de construction, d'ingénierie, de fournitures médicales, de formation du personnel, etc., constitueront un consortium pour mener à bien ce projet. Une fois le projet arrivé à son terme, soit la construction d'un hôpital tout équipé, le consortium se dissout.

En terminant, soulignons que les principaux canaux de distribution utilisés par les entreprises québécoises dans leur stratégie d'exportation sont l'agent manufacturier, le distributeur et la maison de commerce.

---

10. Cet exemple est inspiré des ententes de distribution sur les marchés mondiaux conclues entre Deutsche Grammophon GmbH et Time-Life Records Inc.

- Il existe une distinction entre le concept de logistique, qui touche le transport des marchandises, et le concept de distribution, qui concerne la vente de produits à un acheteur étranger.

- La vente directe effectuée par le biais du télémarketing ou du commerce électronique constitue un développement dans le domaine de la distribution. Le commerce électronique est en pleine croissance et fait partie d'une stratégie de promotion en vue de l'exportation.

- Cinq options s'offrent à une entreprise en ligne pour expédier des marchandises à un client étanger :
  - les centres de livraison multiples ;
  - le partenariat avec un opérateur ;
  - la mise sur pied d'un centre de distribution unique ;
  - l'entente contractuelle avec un centre spécialisé ;
  - la fabrication sur commande.

- Dans le domaine des produits de consommation de masse, le volet « distribution » subit souvent une pression importante de la part des grands magasins qui acceptent d'offrir ces produits sur leurs tablettes. La puissance de ces grands magasins est telle qu'ils peuvent exercer une influence sur le prix demandé et les campagnes de promotion organisées pour stimuler la vente de ces produits.

- L'intermédiaire a moins d'emprise sur la distribution de produits industriels. L'entreprise exportatrice contrôle mieux ses modes d'entrée lorsqu'il s'agit de ce type de produits.

- Une entreprise qui débute dans l'exportation doit avant tout choisir un mode d'entrée sur le marché visé. Une fois ce choix effectué, elle devra privilégier un canal de distribution. Selon la situation, le mode d'entrée et le canal de distribution pourront être un seul et unique moyen.

- Il y a trois modes d'entrée sur un marché étranger : la vente directe, la vente indirecte et la vente en partenariat.

- À chacun des modes d'entrée sur un marché étranger correspondent des canaux de distribution :
  - pour la vente directe : le représentant, l'agent manufacturier, le licencié sous contrôle, la succursale et la filiale ;
  - pour la vente indirecte : la maison de commerce, le distributeur (grossiste, importateur, courtier) et le licencié sans contrôle ou indépendant ;
  - pour la vente en partenariat : le sous-traitant, le groupement d'exportateurs, l'alliance stratégique, la coentreprise et le consortium.

- Avant de fixer son choix sur un mode d'entrée et sur le canal de distribution qui en découle, une entreprise exportatrice doit prendre en considération plusieurs critères, notamment le type de produits, le service après-vente nécessaire et les frais de transport.

- Les trois principaux canaux de distribution employés par les entreprises québécoises sont l'agent manufacturier, le distributeur et la maison de commerce.

QUESTIONS

1 Jusbec, un producteur de jus de fruits établi au Québec depuis 30 ans, désire s'implanter sur le marché du Midwest américain, plus précisément dans la région de Chicago. L'entreprise est déjà présente en Nouvelle-Angleterre et vend ses produits par l'entremise d'un courtier en alimentation (en somme, un distributeur). Jusqu'à maintenant, les ventes sont minimes, et Jusbec n'a pas réussi à acquérir une part de marché satisfaisante, d'où sa décision de s'attaquer à un nouveau marché.

Quel sera le mode d'entrée le plus efficace sur ce nouveau marché cible ? Quels facteurs influenceront le choix de Jusbec ?

2 Jusbec a décidé de vendre son jus de pomme en conserve de cinq litres sur le marché de Chicago. Ce choix a été fait en raison d'un surplus de jus de pomme et compte tenu du fait que le marché de Chicago est surtout un marché de vrac (comme l'ont démontré les études faites par l'entreprise). C'est le secteur des hôtels, des restaurants et des institutions (HRI) qui est visé par l'entreprise parce que la concurrence y est moins présente et que les acheteurs, énormément sollicités, exigent un service rapide et personnalisé.

Dans cette situation, quels critères détermineront le choix d'un canal de distribution ?

3 En prenant en considération les réponses apportées aux questions 1 et 2, quel mode d'entrée devrait choisir Jusbec pour la vente de ses produits dans le secteur des hôtels, des restaurants et des institutions de Chicago : un intermédiaire ou un intervenant ? Quel canal de distribution choisira-t-elle : un agent manufacturier, un distributeur ou le propre représentant de Jusbec ?

RÉFÉRENCES BIBLIOGRAPHIQUES

ALPERT, F., et autres (1997), « Retail Buyer Decision Making in Japan: What U.S. sellers Need to Know », *International Business Review,* vol. 6, n° 2, p. 91-104, dans CATEORA, P.R. et J.-L. GRA-HAM (2004), *International Marketing,* New York, McGraw-Hill Irwin.

RAYPORT, J.F. et B.J. JAWORSKI (2003), *Commerce électronique,* Montréal, Chenelière/McGraw-Hill.

RICKER, F.R. et R. KALAKOTA (1999), « Order Fulfillment: The Hidden Key to E-Commerce Success », *Supply Chain Management Review,* vol. 3, n° 3, p. 60-70.

Le partenariat

OBJECTIFS

- Comprendre la nécessité de former un partenariat.
- Différencier les formes de partenariats.
- Indiquer les caractéristiques des accords industriels.
- Décrire le commerce de contrepartie.

Comme nous l'avons vu dans le chapitre 9, une entreprise qui veut percer un nouveau marché étranger a l'embarras du choix pour ce qui est du mode d'entrée et du canal de distribution qu'elle adoptera. Afin de s'assurer d'opter pour le mode d'entrée qui la guidera le plus efficacement vers la réalisation de ses objectifs de vente, cette entreprise fondera son choix sur des critères d'évaluation. Parfois, les caractéristiques du produit ou l'étendue de la gamme de produits justifient le choix d'un mode d'entrée. Il peut aussi arriver que le manque de connaissance de l'environnement culturel du pays cible ou des techniques d'exportation fasse pencher l'entreprise vers le recours à des intermédiaires (maisons de commerce ou distributeurs) pour assumer la vente de leurs produits en terre étrangère. En revanche, dans bien des cas, par suite de l'implantation de l'entreprise sur un marché donné et compte tenu de l'influence de certains facteurs externes, un changement de canal de distribution peut être requis. Souvent, on constate que le besoin ou même la nécessité de trouver un partenaire s'avère prioritaire.

Dans la première section de ce chapitre, nous verrons que les entreprises exportatrices d'expérience tendent à s'associer à un partenaire pour pénétrer un nouveau marché extérieur. Dans les faits, un partenariat peut s'imposer pour des motifs financiers ou commerciaux et parfois même politiques. Ce chapitre vise à faire l'inventaire des différentes formes de partenariats et des raisons qui en expliquent le choix.

Les formes de partenariats comprennent notamment l'alliance stratégique (voir la deuxième section), la coentreprise ou entreprise en copropriété (*joint venture*) (voir la troisième section), le récent phénomène de la délocalisation qui incite à une nouvelle forme de partenariat (voir la quatrième section) et le consortium (voir la cinquième section). Ces types de partenariats reposent sur un climat de confiance entre les partenaires. C'est pourquoi nous verrons dans la sixième section l'importance de choisir un bon partenaire. Puis, nous examinerons d'autres formes de partenariats, soit les accords industriels et les transferts de technologie (voir la septième section), ainsi que les investissements directs à l'étranger (IDE) (voir la huitième section). En somme, chaque type de partenariat comporte des avantages, des inconvénients et des caractéristiques qui répondront à des exigences particulières.

Enfin, dans la neuvième section, nous étudierons les différentes formes du commerce de contrepartie (ou les formes de troc) qui sont de plus en plus utilisées par les entreprises exportatrices ciblant certains pays en développement.

L'utilité du partenariat comme mode d'entrée

L'entreprise exportatrice a recours au partenariat pour des motifs qui ne sont pas toujours de son ressort. Voici différentes raisons qui sont susceptibles d'entraîner la création d'un partenariat :

1. Les exigences du pays d'accueil. La réglementation de certains pays (ou un certain nationalisme) exige parfois qu'une entreprise étrangère désireuse de faire affaire sur ce territoire le fasse en association avec une entre-

Maintenant que Métallco a résolu ses problèmes de distribution sur le marché japonais en recourant aux services d'une *sogo shosha* spécialisée dans le commerce des métaux, Louis Demers pourra se concentrer sur l'autre marché important de l'entreprise : l'Australie.

L'Australie est le marché le plus important et le plus lucratif pour les anodes de magnésium (utilisées dans les chauffe-eau électriques) fabriquées par Métallco. Actuellement, les anodes vendues au Canada transitent par une maison de commerce située à Toronto et sont vendues chez les clients australiens par Bram Pollack, le représentant qui achète ces produits à la firme torontoise. Au cours d'une première visite au bureau de Bram Pollack à Sydney, Louis décide de vendre dorénavant ses anodes directement à Bram et, ainsi, contourner la maison de commerce de Toronto. Précisons que cette décision découle d'une conversation qui s'est tenue entre Bram et Louis dans un pub où les deux hommes, après avoir bu quelques excellentes bières australiennes, ont reconnu que la firme de Toronto n'était pas une barrière incontournable. En outre, ils ont remarqué que Louis vendait ses produits à Toronto à un prix trop bas et que Bram les achetait à un prix trop élevé. La solution s'imposait donc d'elle-même : ils devaient cesser de faire affaire avec la maison de commerce de Toronto et commencer à traiter ensemble directement !

Il s'agit donc de réorganiser la distribution en Océanie et en Asie. L'entreprise de Bram Pollack, la Australian Magnesium Anodes Pty Ltd. (AMAP), avec l'appui de sa banque, propose à Métallco de former une alliance stratégique ayant comme principal objectif le marketing des produits de Métallco sur les marchés de l'Australie, de la Nouvelle-Zélande, de Singapour et de la Malaisie. Les deux partenaires contribueront de façon équitable à l'alliance : Métallco offrira ses produits de qualité qui sont en demande et l'AMAP fournira sa connaissance des marchés cibles et une clientèle acquise. Cette nouvelle association peut faciliter une augmentation des ventes de l'entreprise québécoise tout en présentant, grâce à l'AMAP, une image locale d'entreprise australienne.

prise locale. Par exemple, les entreprises étrangères voulant s'implanter sur l'île de Chypre doivent savoir que seul un citoyen chypriote peut y effectuer la vente de produits étrangers. D'autres pays interdisent aux ressortissants étrangers d'y posséder des biens immobiliers. Ainsi, dans un passé récent, une entreprise canadienne voulant construire une usine en Chine devait se trouver un partenaire chinois qui était propriétaire du terrain et de l'immeuble, tandis que l'entreprise du Canada se chargerait de la production et du marketing des produits fabriqués dans cette usine.

2. Des coûts de production moins élevés. Plusieurs fabricants canadiens préfèrent confier en sous-traitance à des entreprises situées dans des pays en développement la production de leurs biens afin de profiter des coûts de production qui y sont beaucoup moins élevés. Il est facile de constater que, dans le secteur du vêtement, la majorité des chemises, des cravates, des chandails, etc., qu'on trouve dans les boutiques de partout à travers le Québec sont fabriqués à Taiwan, en Thaïlande, en Chine ou en Malaisie. Par ailleurs, la PME québécoise qui vend ses produits à une autre entreprise québécoise plus importante, engagée dans un projet d'envergure à l'extérieur du pays, fait appel à une autre forme de sous-traitance.

3. Des coûts de transport trop élevés. Dès qu'une entreprise exportatrice de produits manufacturés ayant pour cible les marchés internationaux se rend compte de l'importance des coûts de transport par rapport à sa compétitivité et, surtout, à sa rentabilité, elle songe à fabriquer ses produits à l'étranger. Bref, elle envisage un partenariat. La concession de licence, dont nous traiterons un peu plus loin dans ce chapitre, constitue une solution de remplacement à la sous-traitance avec un partenaire inactif au point de vue de la commercialisation. Il est évident que, en transférant la production d'un bien qui était fabriqué au Canada à un licencié dans le pays où ce bien sera vendu, l'effet immédiat sera une réduction des coûts de revient puisque tous les frais de transport seront éliminés.

4. Le contrôle de la concurrence. Une stratégie maintenant très répandue consiste à s'allier avec son concurrent sur un marché extérieur. Dans bien des projets clés en main d'une certaine envergure, cette stratégie est adoptée simplement parce qu'une grande quantité de ressources et plusieurs types de compétences sont nécessaires à leur réalisation. Ainsi, des entreprises habituellement concurrentes décident de s'unir pour mener un projet à bon port. Par exemple, la construction du métro aérien de Kuala Lumpur, en Malaisie, a été confiée aux firmes d'ingénierie SNC-Lavalin (du Québec) et Bechtel (des États-Unis). D'autres circonstances peuvent inciter une entreprise à faire l'acquisition de son concurrent afin, entre autres, de consolider sa situation dans un domaine donné. C'est le cas de la firme Aliments Carrière, une entreprise de Saint-Denis-sur-Richelieu, qui a fait l'acquisition de plusieurs de ses concurrents directs pour augmenter sa part de marché.

5. L'acquisition d'une technologie. Le partenariat peut aussi être vu comme un moyen simple et rapide d'avoir accès à la technologie d'un partenaire étranger sur son territoire. Lorsqu'un transfert de technologie s'effectue, l'entreprise détenant ces connaissances doit prêter attention aux objectifs réels (souvent non exprimés) du partenaire étranger. L'inverse est aussi vrai : l'alliance avec une entreprise venant de l'étranger peut permettre de mettre à profit les connaissances de cette dernière sur le marché québécois.

6. Une expérience limitée dans l'exportation. Pour nombre d'entreprises qui ont peu d'expérience dans les stratégies et les techniques d'exportation, le fait de s'associer à un partenaire déjà engagé sur le marché international peut s'avérer une solution judicieuse. Grâce à ce type de partenariat, l'entreprise débutant dans l'exportation peut acquérir des compétences qui lui permettront plus tard de cheminer seule. Toutefois, dans un tel cas, le choix du partenaire et une répartition équitable des responsabilités et des risques revêtent une importance capitale.

7. Le partage des risques. Dans un projet d'envergure ou qui implique un enjeu financier considérable, les entreprises exportatrices ont tout intérêt à signer un accord de partenariat. L'activité d'exportation exige de solides ressources financières ; aussi, une entreprise peut avoir de la difficulté à mener à terme un projet à l'étranger. Dans un tel cas, une solution s'impose : se trouver un partenaire prêt à partager les risques. Le consortium est une forme de partenariat à laquelle on peut alors songer. Par exemple, un projet clés en main de prospection pétrolière dans un pays étranger nécessite des investissements majeurs, souvent trop élevés pour une seule firme. En conséquence, plusieurs sociétés pétrolières s'uniront pour la réalisation de ce projet. Le projet canadien Hibernia, au large des côtes de Terre-Neuve, constitue un bon exemple de consortium. En effet, ce projet, qui représente des investissements de plusieurs milliards de dollars, regroupe plusieurs sociétés pétrolières (incluant Petro-Canada), qui en partagent les risques financiers.

8. L'acquisition d'une identité culturelle locale. Il arrive parfois qu'une entreprise canadienne désirant s'implanter sur un marché étranger doive faire face à une certaine résistance locale, découlant du fait qu'elle est étrangère. Le ressentiment exprimé face aux investissements américains en terre étrangère est connu de tous. Pour contrer cette situation, les Américains ont adopté une stratégie qui consiste à s'allier à une entreprise locale pour offrir l'image d'une entreprise du pays. On trouve au Canada de nombreuses entreprises que l'on croit d'origine canadienne mais qui découlent en réalité d'un partenariat avec une entreprise provenant d'ailleurs. Prenons l'exemple du fabricant de cigarettes Imperial Tobacco : cette entreprise résulte d'un partenariat entre des intérêts canadiens et britanniques. Et dire que la majorité d'entre nous a toujours cru que cette entreprise était à 100 % canadienne !

De toutes les formes de partenariats, la plus courante, mais aussi la plus méconnue et la plus mal interprétée, est l'alliance stratégique. En effet, cette expression recouvre une multitude d'ententes. Dans la section qui suit, nous verrons les différents modèles d'alliances stratégiques.

L'alliance stratégique

On s'accorde généralement pour définir l'alliance stratégique comme une entente d'affaires par laquelle deux ou plusieurs entreprises décident de coopérer afin de répondre à des besoins mutuels, de partager les risques et de retirer des avantages. Une telle coopération entre entreprises internationales peut prendre diverses formes : l'échange de licences, le partage d'installations manufacturières, le financement commun en matière de recherche et de développement (R et D) ou le marketing des produits de chacune des entreprises à travers leurs canaux de distribution respectifs. Dans une alliance stratégique, les entreprises peuvent regrouper leurs activités de recherche et de développement, leur expertise en marketing et leurs compétences en matière de gestion. Par exemple, Kodak et Fuji, deux entreprises hautement concurrentielles dans le domaine des pellicules photographiques, ont formé en 1992 une alliance stratégique avec les fabricants d'appareils photo Canon, Minolta et Nikon afin d'établir de nouveaux standards pour les appareils photo et les pellicules.

Pour qu'il y ait une alliance stratégique, la présence des cinq caractéristiques suivantes est essentielle :

1. Elle est formée de deux ou plusieurs partenaires.
2. Les apports de chaque entreprise à l'alliance doivent être complémentaires.
3. Les parties d'une telle alliance conservent leur indépendance juridique et financière en dehors de l'alliance.

FIGURE 10.1

Les bénéfices d'une alliance stratégique

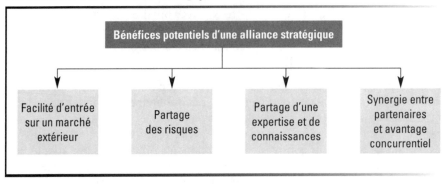

4. L'alliance vise des objectifs précis, soit un secteur déterminé, soit un marché cible.

5. Une alliance doit apporter aux partenaires des avantages précis.

Comme le montre la figure 10.1, les quatre principaux bénéfices que les partenaires d'une alliance stratégique comptent retirer de leur partenariat sont la facilité d'entrée sur un marché extérieur, le partage des risques, le partage d'une expertise et de connaissances et, finalement, la synergie engendrée chez les partenaires et leur avantage concurrentiel.

À présent, nous décrirons les bénéfices d'une alliance stratégique pour chaque entreprise qui s'y engage. On constate une grande concordance entre les bénéfices retirés d'une alliance stratégique et les raisons qui en ont motivé la création.

1. La facilité d'entrée sur un marché extérieur. Il est pratiquement impossible pour une entreprise désirant se lancer sur un marché extérieur de le faire sans devoir surmonter des obstacles majeurs : une concurrence intense déjà implantée sur ce marché, une réglementation gouvernementale complexe, etc. En établissant un partenariat avec une firme locale, l'entreprise d'un autre pays peut ainsi contourner ces barrières. Dans d'autres cas, l'entreprise peut espérer des économies d'échelle en ayant recours à de nouveaux réseaux de distribution et à une expertise acquise qui lui permettra d'effectuer un effort de vente plus efficace. Par exemple, une entreprise canadienne veut vendre ses produits d'éclairage d'urgence sur le marché américain, mais elle se heurte à d'innombrables barrières, entre autres le refus des clients potentiels d'acheter autre chose que des produits américains. Afin de contourner cette difficulté, l'entreprise canadienne repère une entreprise américaine qui fabrique des équipements pour combattre les incendies. Ces deux produits présentent une certaine compatibilité et le fabricant américain se montre intéressé à se lancer sur le marché canadien. Une alliance est rapidement conclue entre les deux, et les produits canadiens sont exportés puis vendus aux États-Unis sous la marque de commerce de l'entreprise américaine. À l'inverse, les produits américains sont exportés puis vendus au Canada sous la marque de commerce de l'entreprise canadienne. Il s'agit ici d'une alliance stratégique parfaite, en ce sens qu'il y a compatibilité entre les deux entreprises et indépendance des entreprises qui continuent d'exploiter leur propre marché local[1]. L'objectif de l'alliance est très précis et des avantages en découlent pour les deux parties.

2. Le partage des risques. Une entreprise, désireuse de pénétrer un nouveau marché où la concurrence est intense, peut chercher à conclure un accord afin de minimiser et de contrôler ses propres risques. Ainsi, lorsque Bombardier Aéronautique a décidé de concevoir son premier jet régional, elle s'est associée à une firme japonaise pour la fabrication des moteurs afin de diminuer ses risques financiers. Le partage des risques n'est pas totalement sans dangers puisque la firme japonaise dont il est question ici (Mitsubishi) est devenue une nouvelle concurrente de Bombardier. En mars 2008, Mitsubishi a décidé de fabriquer elle-même un jet régional en compétition directe avec celui de Bombardier. De même, une des raisons ayant motivé l'alliance Kodak-Fuji réside dans le besoin de s'assurer que la nouvelle pellicule mise sur le marché par Kodak ne serait pas immédiatement concurrencée par Fuji. L'alliance a donc permis à Kodak non seulement de partager les risques, mais aussi de lui garantir un certain contrôle de Fuji, son concurrent, qui aurait de toute façon lancé un nouveau type de pellicule pour rivaliser avec Kodak.

3. Le partage d'une expertise et de connaissances. De nombreuses entreprises s'allieront de façon temporaire à une autre entreprise déjà installée sur le marché convoité, et ce, tout simplement pour obtenir une information précise sur les conditions de ce marché. Par exemple, une entreprise québécoise pourrait, dans un premier temps, vendre ses produits sur le marché des États-Unis par l'entremise d'un distributeur américain. Ayant pris connaissance des particularités de ce marché difficile, elle pourrait, dans un deuxième temps, s'implanter aux États-Unis en faisant l'acquisition de son distributeur. Les premiers efforts d'exportation des petits gâteaux de Culinar sur le marché de la Nouvelle-Angleterre par l'intermédiaire d'un distributeur n'ont pas donné les résultats escomptés. Par contre, Culinar a si bien appris de son alliance avec son distributeur sur tout ce qui a trait aux besoins et aux goûts du consommateur américain que, après un certain temps, elle a acheté son distributeur ! Culinar contrôle désormais sa propre distribution. Si la firme québécoise était restée seule, elle aurait peut-être investi des sommes considérables sans pouvoir atteindre un seuil de rentabilité raisonnable, alors que, en s'alliant à une entreprise locale, elle a beaucoup appris sur les caractéristiques du marché américain des petits gâteaux. Bombardier Transport a fait la même chose lorsqu'elle a obtenu son premier contrat du métro de Montréal. À ce moment, peu de gens croyaient que le virage stratégique de Bombardier, une entreprise spécialisée dans les véhicules récréatifs, pouvait avoir du succès. Elle s'est alors associée à une entreprise française pour acquérir l'expertise et le soutien technique nécessaires à la transformation de son usine de motoneiges de La Pocatière en une usine de fabrication de wagons de métro. L'expertise des Français a été la bougie d'allumage qui a permis à Bombardier de réussir son premier contrat et de devenir ensuite un leader mondial dans le transport ferroviaire.

---

1. La première entreprise possède quelque chose que la seconde veut obtenir et cette dernière possède quelque chose que la première désire également !

4. La synergie entre partenaires et l'avantage concurrentiel. Des entreprises peuvent former des alliances stratégiques pour créer une synergie et acquérir un avantage concurrentiel. Le bénéfice qui en découle constitue en fait la somme des trois types de bénéfices que nous venons de décrire. Le but d'une entreprise est d'être compétitive sur le marché. En s'alliant pour conquérir un nouveau marché, en partageant les risques et en échangeant de la technologie, chacune des firmes devient plus concurrentielle et efficace. Les avantages d'une alliance sont de loin supérieurs à ceux qu'une entreprise obtiendrait en tentant de pénétrer seule un nouveau marché.

L'établissement d'une alliance stratégique implique une gestion difficile, en particulier lorsque les partenaires montrent des différences dans leurs stratégies, leurs pratiques d'exploitation et leur culture organisationnelle. Il peut arriver qu'une alliance stratégique créée dans un but précis ne procure pas suffisamment de sécurité aux entreprises en cause ou ne comble pas leurs besoins financiers qui trouveraient une solution uniquement dans une alliance plus formelle, plus permanente. Ainsi, une alliance stratégique peut évoluer avec le temps et se transformer en une nouvelle entreprise formée uniquement pour atteindre de façon plus efficace les objectifs fixés.

Cette transformation donnera naissance à une nouvelle entreprise, soit une coentreprise. Cette nouvelle entité sera la propriété des entreprises qui auparavant formaient une alliance stratégique. Les types de coentreprises et leurs fonctions font l'objet de la prochaine section.

La coentreprise

Une coentreprise ou entreprise en copropriété (*joint venture*) est une forme d'alliance stratégique entre deux ou plusieurs entreprises qui acceptent de travailler ensemble et qui, conjointement, participent à la création d'une nouvelle entreprise, juridiquement séparée et distincte de celles desquelles elle dérive. Le contrôle de cette entreprise en copropriété peut être partagé également ou inégalement. Comme une coentreprise a sa propre identité légale, elle doit avoir son propre conseil d'administration et ses gestionnaires.

Une coentreprise présente six caractéristiques :
1. Il s'agit d'une nouvelle entreprise.
2. En règle générale, deux partenaires sont à l'origine de cette nouvelle entreprise.
3. Chacun des deux partenaires apporte quelque chose en complément.
4. La responsabilité de la gestion est assumée par une seule partie.
5. La durée de vie de la nouvelle entreprise est, par principe, indéfinie.
6. La nouvelle entreprise peut poursuivre des objectifs multiples, particuliers ou généraux.

Dans le contexte actuel de la mondialisation, on constate que les entreprises ont tendance à former des alliances stratégiques et, surtout, à créer des coentreprises. Les motifs cités précédemment poussent les entreprises exportatrices à s'allier avec des entreprises d'un pays étranger ciblé afin d'être plus

TABLEAU 10.1

Type	Définition
Les principaux types de coentreprises	
1	Création d'une nouvelle entreprise dans le pays de l'un des partenaires.
2	Création d'une nouvelle entreprise dans un pays tiers.
3	Création d'une nouvelle société à propriété partagée entre un État et le secteur privé (*mix venture*).

compétitives face à une concurrence plus acharnée et intense. Comme l'indique le tableau 10.1, il existe trois types de coentreprises.

L'association entre Siemens (entreprise allemande) et Phillips (entreprise néerlandaise), qui étaient conjointement propriétaires de Polydor International (maintenant Polygram) dans les années 1970-1980, est un exemple de coentreprise de type 1. Le siège social de cette entreprise se situait à Hambourg, en Allemagne, et à Baarn, aux Pays-Bas.

Les coentreprises provenant de Polydor International (Hambourg) et Time-Life Records (New York) et visant à commercialiser les enregistrements de la première auprès des abonnés de la seconde étaient, quant à elles, présentes non seulement en Allemagne et aux États-Unis (type 1), mais également au Royaume-Uni, au Canada, au Japon et dans plusieurs autres pays (type 2).

Finalement, Motorola, qui désire installer en Chine des stations terrestres de satellites pour téléphonie cellulaire mais qui doit, pour atteindre cet objectif, s'associer à une entité gouvernementale chinoise avant de pouvoir utiliser un terrain (qui appartient à l'entité chinoise) et construire ses installations, compose avec l'État chinois une coentreprise (type 3).

En règle générale, une entreprise en copropriété se forme dans son pays d'origine. Dans certains cas, pour retirer des avantages légaux ou fiscaux, l'entreprise peut s'installer dans un pays tiers. Les Bahamas semblent un endroit prisé par plusieurs coentreprises américaines et canadiennes. Retenons qu'une coentreprise est une entité autonome disposant de son propre personnel et de ses propres stratégies de commercialisation. Les grandes et les moyennes entreprises ont davantage recours à cette forme de partenariat que les PME. Cependant, ses avantages sont tels que de plus en plus de PME y font appel dans leurs plans de développement international.

Le contexte de la mondialisation nous amène à observer un nouveau phénomène dans les grandes entreprises, soit la délocalisation de certaines de leurs activités. Compte tenu de l'importance que prend ce phénomène, nous avons jugé nécessaire de nous pencher sur celui-ci.

La délocalisation

La délocalisation — aussi connue sous les termes *impartition*, *outsourcing*, *offshoring* — constitue un phénomène assez récent. Au sens strict, elle désigne le déplacement vers l'étranger des activités de production d'une entreprise afin d'importer, pour satisfaire la consommation nationale, des biens ou des services jusqu'alors produits localement. En règle générale, l'impartition est surtout associée au fait qu'une activité rattachée aux opérations internes d'une entreprise — par exemple, la production d'un bien ou la prestation d'un service — soit confiée à un fournisseur externe. La délocalisation est un phénomène en progression qui répond à une contrainte de gestion : produire là où les coûts sont moins élevés, et vendre là où le pouvoir d'achat est assuré.

Plusieurs entreprises québécoises et canadiennes ont récemment délocalisé certaines de leurs activités manufacturières ou de prestation de services. Celles-ci prennent souvent la forme soit d'une alliance stratégique entre deux entreprises — l'une québécoise et l'autre étrangère — soit d'une entreprise en copropriété dont le but est de fabriquer des produits ou d'offrir des services à meilleurs coûts.

La délocalisation n'est pas sans causer des effets négatifs sur les systèmes industriels et sociaux des régions touchées. Cette situation se vit au Québec, en particulier dans le secteur manufacturier où la délocalisation réduit la demande pour des emplois peu qualifiés. Comme nous l'avons mentionné, la délocalisation consiste en une extension internationale de l'impartition qui vise soit à déplacer une unité de production à l'étranger, soit à confier à une entreprise externe située à l'étranger la production de produits ou la prestation de services en vue de réduire les coûts d'exploitation.

Dans le domaine des communications, nous pouvons évoquer l'exemple de Bell Canada qui a attribué, il y a déjà quelques années, tout ce qui concerne la réparation des lignes téléphoniques à une firme externe. On constate par ailleurs que les entreprises manufacturières ont de plus en plus tendance à confier à une firme de services en technologie de l'information tous leurs besoins en services informatiques. C'est ainsi que plusieurs entreprises québécoises et canadiennes ont fait de CGI, IBM ou EDS des fournisseurs exclusifs de services en technologie de l'information et des communications.

Dans le secteur aéronautique, Bombardier a déplacé la fabrication de certaines composantes de ses aéronefs à réaction d'affaires vers l'étranger. Elle possède maintenant des usines de fabrication de matériel de transport aux États-Unis, au Mexique et en Irlande du Nord, et a des partenaires dans plusieurs autres pays, notamment en Europe de l'Ouest, au Japon, en Russie, et en Chine ; ce qui représente une forte proportion de son carnet de commandes. Dans le secteur automobile, Toyota est un autre exemple de fabricant influencé par le phénomène de la délocalisation.

L'industrie du meuble ainsi que celle du textile sont aussi directement touchées par ce phénomène, car les coûts de fabrication sont beaucoup moins élevés en Chine ou dans d'autres pays du Sud-Est asiatique qu'ils ne le sont au Québec. Voilà pourquoi nous avons assisté, au cours des dernières années, à de nombreuses fermetures d'usines dans plusieurs régions du Québec. Seules les entreprises offrant un produit haut de gamme, original et unique réussissent à survivre à ce phénomène que l'on peut observer même dans le domaine de la technologie. La vigueur du dollar canadien en 2007 ne fait qu'exacerber ce phénomène. Ainsi, on constate que plusieurs entreprises québécoises (par exemple, CGI) ont pris la décision de délocaliser des activités informatiques en les confiant à un pourvoyeur de services en Inde. Il en est de même pour Air Canada qui y a ouvert plusieurs centres d'appels.

Par ailleurs, on dit que la délocalisation est une des conséquences de la mondialisation, qui veut que les entreprises cherchent à réduire leurs coûts de production afin de faire face à une concurrence de plus en plus mondiale. Que ce soit Bombardier, CGI ou Air Canada, ces entreprises sont en concurrence directe avec des entreprises étrangères qui offrent des produits ou des services similaires à des prix compétitifs. Pour réussir dans ces différents domaines, il faut donc adopter les mêmes stratégies de production, ce qui nécessite la plupart de temps quelques délocalisations d'unités de production ou de services.

Voyons maintenant les règles de formation de la forme de partenariat la plus courante, soit le consortium.

Le consortium

Un consortium est une forme de partenariat entre plusieurs organisations — entreprises ou institutions — ayant une identité formelle et un objectif international commun, désireuses de prospecter un marché défini, de monter des projets clés en main ou d'autres types de projets, pour une durée limitée. La formation d'un consortium est motivée principalement par la nécessité de regrouper plusieurs entreprises ayant des compétences complémentaires pour atteindre un objectif précis.

Un consortium comporte cinq caractéristiques :

1. Il s'agit d'une entité autonome qui contrôle sa propre gestion, indépendamment des parties à l'origine de sa création.
2. Un minimum de trois partenaires est requis pour la formation d'un consortium. Quand il y a moins de trois partenaires (c'est-à-dire deux entreprises), on parle plutôt d'une alliance stratégique.
3. Le but d'un consortium est soit de conquérir un ou plusieurs marchés cibles, soit de mener à bien un projet clés en main ou tout autre objectif défini avec précision.
4. Les partenaires peuvent être des concurrents directs ou ils peuvent offrir des produits ou des services complémentaires.
5. La durée du consortium est limitée ; en effet, dès que le projet est accompli, que les marchés sont conquis ou que les ressources naturelles sont épuisées, le consortium est dissous.

Il existe plusieurs modèles de consortiums, mais tous sont créés pour regrouper des entreprises concurrentes ou complémentaires afin de réaliser des objectifs de commercialisation internationale communs. On observe quatre modèles principaux de consortiums.

1. Le consortium qui vend des produits concurrents sur un marché étranger. Par exemple, il y a quelques années dans la baie des Chaleurs, en

Gaspésie, coexistaient plusieurs pêcheries autonomes qui vendaient, de peine et de misère, leurs produits à des acheteurs de Boston et de Nouvelle-Angleterre à des prix dérisoires et selon de piètres conditions. Les gouvernements provincial et fédéral ont alors uni leurs efforts pour favoriser la création d'un consortium autonome, dont les partenaires seraient ces différentes pêcheries, l'objectif étant d'obtenir de meilleures conditions de vente pour les pêcheurs. Le consortium a ainsi augmenté son pouvoir de négociation et pouvait dorénavant escompter des gains supérieurs à ceux que réalisait dans le passé chacune des pêcheries indépendantes. Néanmoins, ces pêcheries continuaient d'être des concurrents sur le marché local québécois où elles conservaient leur autonomie et leur indépendance.

2. Le consortium qui exécute un projet clés en main. Dans ce cas, chaque entreprise apporte ses compétences pour la réalisation du projet. Par exemple, lorsque le gouvernement d'un pays en développement veut faire construire un hôpital, il procède à un appel d'offres, sollicitant ainsi toutes les entreprises susceptibles d'être intéressées à lui faire une proposition. L'appel d'offres comprend le modèle de conception (*design*), la construction, la fourniture d'équipements médicaux, la formation du personnel et la gestion pendant un certain nombre d'années. Le candidat retenu doit livrer entièrement ce qui fait l'objet du contrat. Manifestement, la réalisation d'un tel projet est beaucoup trop ambitieuse pour une seule entreprise. C'est alors que l'on songe à la création d'un consortium regroupant plusieurs entreprises qui disposent de compétences complémentaires, à savoir des architectes, des ingénieurs, des fabricants d'équipements médicaux, des formateurs et des gestionnaires. Le travail de tous ces intervenants sera encadré par le consortium qui gère le projet du début à la fin (voir le chapitre 9). Une fois le projet terminé, le consortium peut en assurer la gestion pendant plusieurs années, puis en transférer la responsabilité à l'organisme gouvernemental qui est à l'origine du contrat[2].

3. Le consortium qui exploite des ressources naturelles. Les coûts astronomiques engendrés par l'exploitation de ressources naturelles, comme le pétrole, les minerais ou les produits forestiers, donnent souvent lieu à la création d'un consortium. Le projet Hibernia, situé au large des côtes de Terre-Neuve, en est un bon exemple. En effet, le consortium formé par plusieurs sociétés pétrolières, dont Petro-Canada ainsi que Mobil et Chevron, a le mandat d'exploiter le pétrole brut à partir d'une plate-forme située à environ 600 kilomètres des côtes terre-neuviennes. Aucune de ces sociétés pétrolières n'était prête à risquer les sommes considérables requises (plus de 6 milliards de dollars américains) pour l'exploitation du pétrole brut sur une période de 15 à 20 ans, soit la durée estimée jusqu'à l'épuisement des réserves. Le motif du partenariat conclu ici est très clair : la nécessité de partager les risques d'exploitation et le financement du projet.

4. Le consortium qui réunit des banques ou des institutions financières. Le besoin de fonds est ici la raison de la mise sur pied d'un consortium par une institution ou un organisme public ou privé. Les sommes d'argent sont

---

2 Le projet clés en main décrit ici est appelé *projet BOT*, ce qui signifie *build, operate and transfer* ou *construire, gérer et transférer.*

obtenues par le biais du consortium, qui procède à une nouvelle émission d'actions ou d'obligations chez des courtiers ou d'autres intermédiaires financiers dans le but d'obtenir le financement. Prenons le cas fictif suivant : Rio Tinto Alcan désire construire une aluminerie au Brésil et estime qu'elle a besoin de plusieurs millions de dollars pour mener à exécution ce projet. La société se tourne alors vers plusieurs banques canadiennes et étrangères qui forment un consortium dont l'unique but est de trouver le montant requis sur les marchés financiers. Une fois le montant amassé, le consortium est dissous. La dissolution du consortium est l'une des caractéristiques importantes de celui-ci.

L'alliance stratégique, la coentreprise et le consortium sont trois types de partenariats qui supposent un climat de confiance entre les partenaires. Il est donc important pour l'entreprise de bien choisir son ou ses partenaires avant de conclure une entente d'association. Nous examinerons dans la prochaine section les exigences dont il faut tenir compte au moment du choix d'un partenaire et les conflits qu'une telle association est susceptible de provoquer.

Le choix du partenaire

Pour former une bonne équipe, il s'agit à la fois de trouver le bon partenaire et d'être soi-même un bon partenaire ! Une équipe pourra être durable et surmonter les embûches si chacun de ses membres respecte les exigences suivantes :

- *Détenir des compétences techniques et disposer de ressources complémentaires.* Voilà sans doute l'élément essentiel au succès d'un partenariat. Il faut qu'un des partenaires apporte quelque chose que l'autre n'a pas, et vice-versa, qu'il s'agisse de fonds ou de compétences additionnelles.
- *Répondre à un besoin mutuel.* Chacun des partenaires doit voir ses besoins comblés et, conséquemment, tirer satisfaction de l'association.
- *Posséder des ressources financières suffisantes.* Les partenaires doivent être financièrement stables et, surtout, ne pas compter sur le partenariat pour combler leur déficit ou leur manque de liquidité.
- *Réunir des entreprises de dimensions assez semblables.* Un partenariat formé de partenaires ayant une taille équivalente a de meilleures chances de réussite que celui où une entreprise est plus importante que l'autre. Le danger dans ce dernier cas est que l'entreprise plus importante prenne les décisions de façon unilatérale.
- *Viser des objectifs communs et privilégier les mêmes stratégies pour les atteindre.* Les entreprises engagées dans un partenariat doivent nécessairement partager la même vision et avoir les mêmes objectifs, sinon des conflits peuvent menacer l'entente.
- *Partager des politiques d'exploitation compatibles.* Les systèmes et les opérations (informatiques, comptables ou de gestion) doivent pouvoir fonctionner les uns avec les autres sans causer trop de désaccords.
- *Avoir des équipes de gestion compatibles.* Les employés et les cadres des entreprises engagées dans un partenariat doivent être aptes à travailler de concert. Dans la mesure du possible, il faut éviter les conflits interpersonnels.

- *Minimiser les risques de concurrence.* On doit s'assurer que le risque que le partenariat se transforme en concurrence est inexistant (excepté dans le cas du consortium). Une certaine égalité entre les entreprises s'avère donc nécessaire.

Même si l'on a la conviction que le partenaire choisi répond à tous ces critères, cela ne garantit pas que certains conflits ne puissent surgir.

Les conflits entre partenaires

L'expérience montre que, dans un partenariat, même quand on a les meilleures intentions du monde, certains conflits sont susceptibles de survenir entre les partenaires. En prenant connaissance des conflits suivants, qui sont les plus courants, il sera peut-être plus facile pour l'entreprise de les éviter.

- *le paiement de dividendes.* La répartition des dividendes d'une entreprise en copropriété doit être déterminée au début du partenariat.
- *le prix de transfert entre entreprises.* Lorsqu'il y a échange de biens entre entreprises au sein d'un partenariat, les prix des produits échangés doivent être fixés à un taux acceptable pour tous.
- *les politiques d'exportation.* La personne responsable des exportations doit être rapidement identifiée. On doit également parvenir à une entente concernant le choix des produits issus du partenariat pouvant être exportés et les marchés visés. Si ces considérations ne sont pas clarifiées dès le départ, elles deviendront rapidement des sources de litiges.
- *la sélection des projets et les priorités.* Il faut parvenir à un consensus afin de déterminer quel projet doit être mis en route en premier.
- *la répartition de l'apport financier.* La question de l'apport financier (qui finance quoi?) doit être réglée dès la formation du partenariat si l'on veut éviter que cette question n'entrave sa bonne gestion.
- *les conditions de rupture et de désinvestissement.* Une entente contractuelle bien négociée comprend toujours des clauses de résiliation. Cela est primordial dans un partenariat.
- *le choix des fournisseurs du consortium.* Des politiques communes d'approvisionnement et de vente sont également essentielles au bon fonctionnement de toute association d'entreprises.
- *le taux de croissance et le rendement de l'investissement attendus.* Il faut établir des objectifs précis en cette matière dès l'entente initiale.
- *les rôles respectifs des partenaires dans la gestion de chaque projet.* Chaque partenaire doit connaître précisément ses responsabilités et ses obligations. C'est une condition fondamentale de réussite.

Ces différents thèmes montrent à quel point un partenariat, peu importe sa forme, doit être négocié avant la conclusion d'une entente formelle. La contribution, les obligations et les fonctions des entreprises faisant partie d'un partenariat doivent être formulées précisément avant qu'un contrat ne soit signé. Les causes de conflits entre les parties sont nombreuses et il faut apporter une grande attention à la négociation d'un partenariat et au choix des partenaires. Le fait de choisir un partenaire sans en connaître vraiment les forces et les faiblesses et sans avoir déterminé les objectifs du partenariat peut s'avérer une décision fatale pour l'entente.

L'alliance stratégique, la coentreprise et le consortium ne sont pas les seules formes de partenariats. Nous nous pencherons maintenant sur d'autres formes portant principalement sur des transferts de technologie. Que ce soit dans le contexte d'une entreprise en copropriété ou dans celui d'une alliance stratégique, les transferts de technologie impliquent la cession de connaissances, de savoir-faire et souvent de brevets ou de marques de commerce. Cette transmission de compétences ou d'avoirs se fait au moyen d'accords industriels.

Les accords industriels et les transferts de technologie

Un **accord industriel** peut se définir comme une entente signée entre deux parties pour une durée limitée et portant sur plusieurs domaines, dont les **transferts de technologie**. Il peut être renouvelable dans la mesure où les parties s'en déclarent satisfaites. Selon un tel accord, les deux entreprises restent financièrement indépendantes l'une de l'autre. Un accord industriel comprend notamment le processus de transfert de technologie, qui peut englober un ou plusieurs des éléments suivants : la concession d'une licence, la cession d'un brevet, la transmission d'une marque de commerce, le transfert de savoir-faire ainsi que le franchisage. La concession d'une licence regroupe souvent dans une seule entente ces différents aspects d'un transfert de technologie.

- **La concession de licence** est une entente conclue entre deux entreprises dont l'une transmet sa technologie à l'autre en lui accordant le droit d'utiliser son savoir-faire, son brevet ou sa marque de commerce, en échange de quoi des redevances (*royalties*) sont payables par le licencié à l'entreprise qui détient la technologie. Cette formule permet à l'entreprise de rentabiliser ses produits et d'avoir accès à des marchés difficiles ou fermés sans devoir investir des sommes énormes dans des moyens de production ou de distribution. Nous verrons dans le chapitre 13 les précautions que l'entreprise doit prendre au cours de la négociation du contrat de concession de licence afin de contrôler les conditions de fabrication, l'utilisation des marques et des comptes du licencié pour que l'entreprise qui fait la concession puisse protéger sa propriété intellectuelle et son image de marque. Beaucoup de concessions de licences concernent les brevets.

- **Un brevet** est un titre de propriété, confirmé et délivré par un État, qui porte sur une nouvelle invention ou sur un nouveau procédé de fabrication et qui confère au titulaire un monopole pour l'exploitation. Autrement dit, aucune autre personne ou entreprise n'est autorisée à fabriquer ou à vendre un produit similaire. Au Canada, un brevet est valide pour une période de 20 ans.

  Un brevet déposé auprès des autorités gouvernementales est d'ordre public, c'est-à-dire que n'importe qui peut consulter les éléments et les conditions de ce brevet. En conséquence, de nombreuses entreprises de haute technologie désirant garder secrète leur technologie refusent de breveter leurs innovations. Toutefois, elles n'ont aucun recours légal en cas de contrefaçon,

Accord industriel /
Industrial agreement
Processus de transfert de technologie qui se réalise par la cession d'un brevet, la concession d'une licence, le franchisage et même parfois, par la sous-traitance et le transfert de savoir-faire.

Transfert de technologie /
Technology transfer
Transmission entre entreprises, organismes ou pays des connaissances scientifiques ou techniques, du savoir-faire, des technologies et des méthodes de production ou de distribution nécessaires à la fabrication d'un produit, à l'application d'un procédé ou à la prestation d'un service.

TABLEAU 10.2

Les avantages et les inconvénients du brevet	
Avantages	**Inconvénients**
Monopole légal pour l'exploitation d'une innovation pendant 20 ans	Procédure complexe et coûteuse
Concession de licences avec paiement de redevances	Absence de brevet international
Outil de défense contre les contrefacteurs devant les tribunaux	Dépôt pays par pays
Obtention de conseils en matière de propriété intellectuelle	Vérification des conditions d'exercice du brevet appliquées à la situation de l'entreprise avant d'intégrer un brevet dans sa stratégie

Source : *MOCI* (juillet 1998).

ce qui implique un court cycle de vie pour leurs produits et la nécessité d'innover constamment afin d'en accélérer l'obsolescence pour conserver une longueur d'avance sur les concurrents susceptibles d'imiter leur produit. La firme Coca-Cola n'a jamais breveté le concentré fabriqué exclusivement à l'usine de Coca-Cola à Atlanta, dans l'État de la Géorgie, aux États-Unis. Ce concentré est par la suite expédié aux embouteilleurs de Coca-Cola à travers le monde qui préparent à partir du concentré la boisson connue de tous. Le tableau 10.2 présente les avantages et les inconvénients d'un brevet.

- **La marque de commerce** peut être un nom, un slogan, un signe, une combinaison de couleurs ou tout simplement les caractéristiques d'un produit ou d'un service qui permettent de les différencier d'autres produits ou services similaires. Le rouge et le blanc sont associés à Coca-Cola ainsi que le mot *Coke*. La bouteille verte et sa forme distinctive permettent de reconnaître l'eau minérale Perrier. L'arche de McDonald's est également une marque de commerce. Ces marques doivent être enregistrées auprès de l'État pour qu'une entreprise puisse en détenir l'exclusivité. Comme dans le cas du brevet, l'enregistrement d'une marque de commerce se fait pays par pays. Aucun enregistrement ne peut s'effectuer à l'échelle mondiale.

Savoir-faire / *Know-how*
Ensemble de connaissances techniques se rapportant à un procédé de fabrication ou à un produit (breveté ou non) ayant un caractère secret ou de nouveauté.

- **Le savoir-faire** (*know-how*) est un ensemble de connaissances techniques se rapportant à un procédé de fabrication ou à un produit (breveté ou non). Lorsque les techniciens d'une entreprise québécoise se rendent à l'étranger pour expliquer à leurs homologues les opérations d'un procédé de fabrication, ils effectuent un transfert de savoir-faire. Comme un savoir-faire se transmet normalement de personne à personne, la confidentialité est fort précaire et difficile à contrôler. Autrement dit, il est extrêmement difficile de protéger ce type de propriété intellectuelle.

Franchisage / *Franchising*
Concession de techniques ou de méthodes de commercialisation (ou de gestion), relatives à un produit ou service particulier et qui permet d'en faire l'exploitation (de façon exclusive ou non) dans un territoire donné.

- **Le franchisage** est également un transfert de savoir-faire en gestion que l'on trouve surtout dans le domaine des services. Tout le monde est familier avec les franchises dans les domaines de la vente au détail (les magasins Dans un Jardin, Yves Rocher, les pharmacies Jean Coutu) et de la restauration (les restaurants McDonald's, Harvey's, les Rôtisseries St-Hubert, Valentine). Dans la majorité des cas, le franchisé (la personne qui a acheté la franchise au franchiseur, le propriétaire du savoir-faire) doit acheter les produits qu'il vend dans son établissement directement au franchiseur ou se conformer aux normes établies par le franchiseur lorsqu'il offre son service à sa clientèle. C'est dire que toute franchise comporte des obligations précises édictées par le franchiseur et auxquelles le franchisé doit se conformer. Par ailleurs, le franchiseur a des obligations à l'égard de ses franchisés : il doit les soutenir en leur offrant une formation et une promotion adéquates.

En somme, ces différents accords industriels ou transferts de technologie constituent d'autres formes de pénétration sur les marchés étrangers ou, en d'autres termes, des modes d'entrée. Un exportateur peut exporter des biens tangibles directement ou indirectement ou avec l'aide de partenaires, mais il peut aussi exporter des biens intangibles. Ces derniers consistent souvent en des services exportés par le truchement de franchises. Dans le cas des procédés de fabrication, des connaissances techniques, des dessins ou d'un design original, on a recours aux concessions de licences. Dans nombre de cas, ce type de transaction implique également la transmission d'un brevet et d'une marque de commerce. Compte tenu du caractère intangible du transfert de technologie, l'entreprise exportatrice doit être vigilante pendant la négociation du contrat de licence.

Les entreprises qui disposent de ressources financières abondantes ont la possibilité de faire un investissement substantiel dans le pays étranger visé pour en conquérir le marché. Nous allons maintenant voir ces investissements directs à l'étranger (IDE).

Les investissements directs à l'étranger

Un investissement direct à l'étranger correspond à l'acquisition d'intérêts étrangers dans le but de participer à leur contrôle. Selon la tradition nord-américaine, un contrôle s'exerce lorsqu'une entreprise a une participation d'au moins 10 % dans une entreprise. Un investissement direct à l'étranger se fait de trois manières différentes : par acquisition, par fusion ou par un investissement immobilier. Ce sont surtout des multinationales qui utilisent ce mode d'entrée sur un nouveau marché international. Une telle approche requiert des études approfondies du territoire ciblé, une analyse des risques politiques et commerciaux, de même que des ressources financières suffisantes pour faire ce genre d'investissement.

L'acquisition

L'acquisition se produit lorsqu'une entreprise en achète une autre et en prend entièrement le contrôle. Certaines acquisitions sont faites dans un but strictement financier ; on les qualifie alors d'*acquisitions financières*. Dans ce cas, l'entreprise acquise constitue un achat d'intérêts qui doit donner à court et moyen terme un certain rendement de l'investissement. Cette façon de faire est celle des conglomérats qui, pour se diversifier, regroupent sous leur bannière des entreprises de différents calibres dans divers domaines. Il y a quelques années, Bell Canada Entreprises (BCE) a adopté cette stratégie. Elle a procédé à l'acquisition de plusieurs compagnies, dont des oléoducs et des détaillants de matériaux de construction. Ces diverses acquisitions n'avaient aucun lien avec les télécommunications, le secteur d'activité de BCE. Depuis, la stratégie de cette dernière a évolué et toutes ses acquisitions représentent des *acquisitions stratégiques*. Vidéotron est un autre exemple d'entreprise qui utilise une stratégie de convergence. Le **holding** BCE investit désormais dans des entreprises qui sont toutes liées au domaine des télécommunications ou à des secteurs connexes. Cette stratégie porte le nom de **convergence**.

Par ailleurs, on peut faire une *acquisition partielle* (un contrôle inférieur à 100 %) ou une *acquisition totale* (un contrôle à 100 %). Depuis quelques années, les entreprises ayant des visées internationales procèdent plutôt à l'achat d'entreprises où elles peuvent exercer un contrôle absolu. On parle dans ces cas d'*acquisitions totales*.

La fusion

C'est une forme de partenariat poussée à l'extrême. On parle ici de deux entreprises ayant des dimensions semblables, des ressources équivalentes et des intérêts communs qui décident de fusionner afin de mieux atteindre des objectifs communs. Par définition, une fusion se fait entre des partenaires égaux. Le processus consiste généralement en un échange d'actions et la gestion de l'entreprise ainsi créée est partagée entre les cadres venant des entreprises qui sont à l'origine de la fusion. L'entente intervenue entre les brasseries Molson et Coors en juillet 2004 serait un bon exemple de fusion. Il peut parfois être difficile pour l'observateur extérieur de déterminer si l'on fait face à une fusion ou à une acquisition. La manière dont les entreprises évoluent et les stratégies qu'elles mettent en œuvre indiquent souvent que les cadres d'une entreprise exercent plus de contrôle que ceux de l'autre entreprise. En mai 2001, lorsque la société Biochem Pharma de Laval a été acquise par Shire (entreprise pharmaceutique britannique), il devait en principe s'agir d'une fusion. Avec le temps, on a cependant pu constater qu'il s'agissait plutôt d'une acquisition. Le nom *Biochem* est disparu de l'immeuble abritant l'entreprise à Laval, où n'apparaît désormais que le nom *Shire,* et la gestion canadienne est sous le contrôle de la firme pharmaceutique britannique.

L'investissement immobilier (*greenfield*)

Cette stratégie de pénétration de marché implique un investissement à l'étranger dans un nouveau domaine et sans partenaire ; c'est donc un nouvel investissement. L'image d'un champ vert où une installation manufacturière sera éventuellement construite est donc à la source du nom donné à ce mode d'entrée. L'entreprise adoptant ce mode d'entrée achète ou loue un terrain, construit ses propres installations, engage du personnel et lance une nouvelle activité en terre étrangère. Bombardier a choisi ce type de stratégie lorsqu'elle a construit une usine d'assemblage dans l'État du Vermont afin de pouvoir s'implanter sur le marché américain et obtenir un contrat pour vendre ses rames de métro à la New York City Transit Authority.

Holding
Entreprise mère dont dépendent plusieurs entreprises autonomes sous une direction générale commune, mais qui ne gère pas ces entreprises au quotidien.

Convergence
Stratégie propre aux entreprises de télécommunications qui désirent non seulement contrôler les médias de distribution, mais également le contenu des émissions présentées. Par exemple, le réseau CTV pourrait diffuser des nouvelles provenant du *Globe and Mail*.

Malgré le fait que ce sont surtout les grandes entreprises qui utilisent cette stratégie, des entreprises québécoises de petite taille telles que Lassonde (producteurs de jus de fruits) et Cari-All (fabricant de chariots de supermarchés) ont aussi effectué ce type d'investissements immobiliers en Chine.

Il peut arriver qu'une entreprise désire percer un marché situé dans un pays en développement ou dans un pays à court de devises fortes (comme le dollar américain). Une façon simple satisfaisant le pays placé dans cette situation réside dans les échanges. Il s'agit d'accepter à titre de rémunération des produits (parfois très différents) en échange des produits que l'entreprise exportatrice veut y vendre. Ce type d'échange se nomme *commerce de contrepartie*.

Le commerce de contrepartie

Les opérations d'échange, qui sont connues sous plusieurs noms dont la *contrepartie* et la *compensation*, sont parfois exigées par les politiques de certains pays en matière de commerce extérieur. Dans d'autres cas, le manque de devises fortes (le dollar américain, l'euro ou le yen) peut amener un pays qui a besoin de produits stratégiques ou essentiels à recourir à la contrepartie pour s'approvisionner. Le **commerce de contrepartie** peut prendre plusieurs formes, dont les suivantes :

- **Le troc** (*barter*) est un type de contrepartie dans lequel une entreprise vend des biens ou une prestation de services à une entreprise étrangère qui, en retour, offre immédiatement des biens ou des services de valeur équivalente. Ce troc n'est pas pratiqué seulement par des pays en voie de développement ; il se fait aussi entre le Canada et les États-Unis. Par exemple, la province de la Saskatchewan produit de la potasse en très grande quantité, mais son système hospitalier a des besoins pressants en équipements d'imagerie par résonance magnétique. Dans ce cas-ci, un fournisseur américain livre des équipements médicaux en échange d'une expédition de potasse de valeur équivalente de la part de la Saskatchewan. Cet échange s'effectue par l'intermédiaire d'une maison de commerce, ce qui permet d'écouler la potasse canadienne sur les marchés américains et d'obtenir un montant d'argent suffisant pour payer le fournisseur des équipements médicaux. Le troc comporte deux inconvénients majeurs. Le premier inconvénient est lié au choix des produits susceptibles d'être acceptés dans l'échange et vendus par l'entreprise consentant à un troc ou par un tiers (une maison de commerce). Le second inconvénient réside dans la difficulté à déterminer le prix des produits échangés en contrepartie, dans la mesure où ces produits sont d'origine et de nature différentes.

- **La compensation** se réalise dans la vente d'un produit conclue avec une entreprise étrangère qui, en contrepartie, échange des produits pour une portion de la valeur des produits achetés et donne la différence en devises. Supposons que le Brésil importe du pétrole brut d'Arabie Saoudite pour une valeur de trois millions de dollars. Il compensera cet achat en partie par un envoi de café en Arabie Saoudite d'une valeur de deux millions plus un paiement en argent de un million.

Commerce de contrepartie ou commerce de compensation / *Countertrade*
Opération de troc, c'est-à-dire échange de marchandises excluant l'emploi de monnaie. Méthode habituellement utilisée par des pays qui éprouvent des difficultés de balance de paiements ou qui contrôlent les changes.

Troc / *Barter transaction*
Échange direct et simultané de marchandises ne donnant pas lieu à un paiement monétaire entre acheteur et vendeur.

Compensation / *Countertrade*
Transaction internationale qui implique que l'achat d'un produit ou d'un service par une entreprise ou un pays est lié à un achat en contrepartie de troc, de compensation ou de substitution.

Métallco, qui désire combler ses besoins en minerai de chrome destiné à ses usines de ferrochrome, achète à l'Albanie du minerai pour une valeur de trois millions de dollars américains et paie son fournisseur albanais par crédit documentaire (document attestant l'engagement de paiement d'une banque). Metalimpex (l'organisme paragouvernemental albanais mandaté pour traiter les achats et les ventes de produits miniers de ce pays) encaisse le crédit et émet immédiatement son propre crédit documentaire pour un montant égal au premier en faveur de Métallco. Cela permet de couvrir l'achat par Metalimpex de charbon pouvant être transformé en coke (utilisé dans la production d'acier) d'une valeur de trois millions de dollars américains.

On remarque dans cet exemple que la devise et le montant des transactions sont semblables, et que les transactions s'effectuent de façon simultanée.

- **Le contre-achat** consiste, pour une entreprise, à vendre des produits à une autre entreprise à l'étranger, laquelle s'engage à acheter à la première des produits pour une valeur équivalente à la première transaction. Il s'agit ici de deux ventes simultanées, l'exportateur de la première vente devenant l'importateur de la seconde.

Rachat de production /
Buy-back
Produits de contrepartie fabriqués au moyen de l'équipement exporté.

- **Le rachat de production** (*buy-back*), qui est assez semblable au contre-achat, est un mode de contrepartie qu'utilisent surtout les entreprises qui veulent investir dans des pays où se trouve une main-d'œuvre moins coûteuse et effectuer des transferts de technologie. Par exemple, une entreprise investit dans une usine dans un pays étranger et accepte d'acheter les produits de cette usine pour les revendre sur son propre marché ; cela lui permet d'obtenir une marge de profit plus élevée qui compense une partie de l'investissement initial. C'est ainsi que Levi-Strauss (le fabricant de jeans) investit en Hongrie et construit une usine de jeans, lesquels sont par la suite rachetés par la firme américaine et vendus sur le marché américain.

La contrepartie peut prendre plusieurs autres formes très complexes qui entraînent des risques et nécessitent le recours à des intermédiaires pour effectuer les transactions. Certes, les PME n'ont ni les ressources financières ni les compétences requises pour se lancer dans ce genre de ventes. L'utilisation de ce mode d'entrée exige une grande expérience des différentes techniques administratives de l'exportation, tels les paiements par crédit documentaire (que nous verrons dans le chapitre 12), ainsi que des relations auprès de maisons de commerce sérieuses qui servent d'intermédiaires dans la majorité de ces échanges. Même si les risques entourant le rachat sont grands, ce mode d'entrée sur des marchés difficilement accessibles peut s'avérer extrêmement rentable pour une entreprise audacieuse qui détient les connaissances nécessaires. L'entreprise doit par conséquent bien analyser les risques inhérents à ce genre de transaction avant de s'y aventurer.

- De nombreuses raisons peuvent entraîner la création d'un partenariat entre entreprises, notamment les exigences du pays d'accueil, la diminution des coûts de production, la réduction des coûts de transport, le contrôle de la concurrence, le besoin d'acquérir une technologie, le manque d'expérience dans l'exportation et le partage des risques.

- Un partenariat peut prendre plusieurs formes : une alliance stratégique, une copropriété (*joint venture*), un consortium, un accord industriel, un investissement direct à l'étranger ou un commerce de contrepartie.

- Une alliance stratégique présente cinq caractéristiques : elle doit être formée d'au minimum deux partenaires ; les entreprises doivent se compléter ; les parties conservent leur indépendance juridique et financière en dehors de l'alliance ; l'alliance vise un but précis ; elle doit comporter des avantages pour les deux partenaires.

- L'alliance stratégique présente quatre avantages : la facilité d'entrée sur un marché extérieur, le partage des risques, le partage d'une expertise et de connaissances de même qu'une synergie et un avantage concurrentiel.

- Autre forme de partenariat, la coentreprise implique la création d'une nouvelle entreprise juridiquement séparée des entreprises qui la créent. Elle doit posséder les caractéristiques suivantes : ce doit être une nouvelle entreprise ; elle doit avoir au départ au moins deux partenaires ; chacun d'eux doit apporter un complément à l'autre ; la responsabilité de la gestion est assumée par une seule partie ; la durée de vie de la nouvelle entreprise est indéfinie ; la nouvelle entreprise peut poursuivre des objectifs multiples.

- La délocalisation est un phénomène en progression qui touche de plus en plus les entreprises québécoises et canadiennes. Ce phénomène prend la forme d'un partenariat stratégique entre deux entreprises, l'une québécoise ou canadienne et l'autre étrangère, et consiste à délocaliser à l'étranger certaines activités manufacturières ou de prestation de services dans le but de réduire les coûts d'exploitation.

- Le consortium, qui peut prendre plusieurs formes, est créé pour regrouper des entreprises, concurrentielles ou complémentaires, qui veulent réaliser un projet précis sur le marché international. Un consortium peut viser la vente de produits concurrents, un projet clés en main, l'exploitation de ressources naturelles ou la constitution d'une mise de fonds importante.

- L'engagement dans un partenariat implique de la part des deux partenaires le respect de certains critères, notamment répondre à des besoins, posséder des ressources financières adéquates et avoir des équipes de gestion comparables.

- Malgré toutes les précautions qu'une entreprise peut prendre, des conflits peuvent survenir. Pour tâcher d'éviter les situations fâcheuses, il faut mener de longues négociations avant d'en arriver à une entente formelle de partenariat.

- Les accords industriels et les transferts de technologie constituent un autre type de partenariat, mais qui porte cette fois davantage sur des biens intangibles, notamment les connaissances techniques et les procédés de fabrication.

- Les investissements directs à l'étranger (IDE) sont une forme de partenariat qui consiste à acquérir des intérêts étrangers dans le but de participer à leur contrôle. Un IDE peut se matérialiser de trois façons : par acquisition, par fusion ou par investissement immobilier. Compte tenu des montants importants qui sont en jeu, ce mode d'entrée sur un marché étranger est presque exclusivement utilisé par les multinationales.

- Le commerce de contrepartie consiste en des opérations d'échange entre pays. Ce mode d'entrée exige une très grande expérience des techniques d'exportation.

1 Jusbec ltée décide de lancer une nouvelle gamme de jus de fruits exotiques afin de mettre en œuvre sa stratégie de diversification. Déjà présente sur le marché de la Nouvelle-Angleterre et dans le Midwest américain, l'entreprise vise maintenant l'Allemagne. Le consommateur allemand est toutefois reconnu pour préférer les produits allemands. Cette caractéristique peut causer certains problèmes à Jusbec, qui devra faire preuve d'imagination pour faire accepter ses produits québécois. C'est pourquoi le cadre responsable des exportations choisit une firme allemande productrice de fruits en conserve avec laquelle il conclut une entente de partenariat. Cette entente repose principalement sur un échange de produits entre l'entreprise allemande et l'entreprise québécoise.

De quel type d'entente de partenariat s'agit-il ici? Énumérez les conditions essentielles pour que cette entente se réalise avec succès.

2 Polygram et Reader's Digest forment un partenariat pour offrir les produits de la première société à travers les canaux de distribution de la seconde dans plusieurs pays. Les enregistrements de musique classique de Polygram sont donc offerts aux lecteurs de *Sélection du Reader's Digest* par le biais du publipostage. Selon les lois de certains pays, ce genre de partenariat ne peut exister que si une nouvelle entreprise est créée.

S'agit-il dans ce cas d'une alliance stratégique, d'une coentreprise ou d'un consortium?

3 Quels sont les éléments requis pour la création d'un consortium? Celui-ci peut-il être dissous par l'un ou l'autre des deux partenaires? Recommanderiez-vous à Jusbec de former un consortium pour la vente de ses produits en Allemagne ou d'appliquer l'entente décrite dans la question 1?

4 Ayant observé une demande assez importante depuis la disparition du seul concurrent présent sur le marché algérien, soit une entreprise française, Métallco décide de vendre ses anodes de magnésium en Algérie. Toutefois, les conditions sont difficiles car l'organisme paragouvernemental algérien qui contrôle les achats importés exige désormais que l'exportateur accepte en contrepartie le paiement en valeur équivalente de rails d'acier.

Considérez-vous ce type de transaction comme risqué pour Métallco? Sinon, quelles seraient les étapes à suivre pour que cet échange soit avantageux? Une acquisition ou un IDE en Algérie seraient-ils des solutions plus acceptables pour Métallco?

5 Par suite d'un changement de stratégie, Métallco prend une autre direction: elle décide de conclure une concession de licence par laquelle elle transfère sa technologie à une entreprise algérienne. Quelles précautions Métallco doit-elle prendre afin de conserver la propriété intellectuelle de son brevet et de sa marque de commerce?

RÉFÉRENCE BIBLIOGRAPHIQUE

GRIFFIN, Ricky W. et Michael W. PUSTAY (2005), *International Business*, 4ᵉ édition, Upper Saddler River, N.J., Prentice Hall.

PARTIE V

L'administration et les techniques d'exportation

La logistique de l'exportation

OBJECTIFS

- Décrire les différents modes de transport.
- Calculer les coûts de transport.
- Énumérer les documents qui sont exigés pour l'exportation et ceux qui sont requis occasionnellement.
- Décrire les différents services offerts par le transitaire.

L'exportation de marchandises nécessite évidemment l'utilisation de moyens de transport. Dans le chapitre 9, nous avons distingué deux interprétations possibles du concept de distribution : la vente et la logistique. Le présent chapitre nous permettra de nous familiariser avec les différents aspects de la logistique internationale. Il s'agit d'une étape cruciale dans une transaction internationale, puisque les coûts qui y sont rattachés ont un effet direct sur la compétitivité de l'entreprise exportatrice désireuse de pénétrer un nouveau marché.

Comme nous le verrons dans la première section, afin de rester compétitive et de minimiser ses coûts de transport, une entreprise doit élaborer une stratégie de transport qui tienne compte de toutes les facettes de cette opération, tels le type de produit, la destination et le budget disponible.

Les différents modes de transport qui s'offrent à l'exportateur feront l'objet de la deuxième section. Chaque mode de transport possède des caractéristiques qui le rendent approprié à certains produits ou à certaines destinations. Il importe donc de comprendre les avantages et les inconvénients de chacun d'eux.

De plus, l'exportateur doit être conscient des variations de coûts qu'entraînent les différents modes de transport : ainsi, un envoi par avion est beaucoup plus coûteux qu'un envoi par bateau. Quand le responsable du transport au sein d'une entreprise choisit un mode plutôt qu'un autre, il doit tenir compte non seulement du produit, mais aussi des coûts qui y sont associés comme les assurances, l'emballage et la manutention. Le calcul de ces coûts sera examiné dans la troisième section.

Compte tenu des récents développements dans le domaine de l'informatique, il peut paraître étonnant que l'utilisation du papier reste encore la norme dans le transport international. C'est pourquoi il faut savoir quels documents utiliser (et ils risquent d'être nombreux !) et s'assurer d'y inclure toute l'information requise, de manière à éviter des retards ou d'autres embûches. Chacun de ces documents sera décrit dans la quatrième section.

En règle générale, les grandes entreprises choisissent de s'occuper de leur propre logistique. À l'opposé, la plupart des petites et moyennes entreprises font appel à un transitaire. Ce dernier est un expert en transport international soit pour l'exportation, soit pour l'importation. Lorsque l'entreprise recourt aux services d'un transitaire, elle se libère de la préparation de documents, du choix du mode de transport et de bien d'autres tâches souvent considérées comme ingrates et qui prennent beaucoup de temps. Dans la dernière section de ce chapitre, vous prendrez connaissance du rôle du transitaire et des services qu'il offre.

L'élaboration d'une stratégie de transport

De nombreuses questions d'ordre logistique se posent à l'exportateur qui doit expédier sa marchandise à l'extérieur du Canada. Comment expédier ses produits le plus rapidement possible, de façon sécuritaire et à des coûts raisonna-

Maintenant que Métallco a résolu ses problèmes de distribution sur le marché japonais en recourant aux services d'une *sogo shosha* spécialisée dans le commerce des métaux, Louis Demers pourra se concentrer sur l'autre marché important de l'entreprise : l'Australie.

Au cours des ans, Métallco a développé un marché assez considérable en Australie. Elle y vend non seulement des anodes de magnésium pour les chauffe-eau électriques, mais aussi d'autres métaux non ferreux. Comalco, une société productrice d'aluminium qui crée des alliages d'aluminium et de magnésium pour la fabrication de cannettes de bière et de boissons gazeuses, est l'un de ses principaux clients. Une usine de Comalco, située en Tasmanie (une grande île au sud de l'Australie), fabrique un alliage spécial destiné à l'industrie automobile. Cet alliage aluminium-strontium (ce dernier métal est produit par Métallco) sert à la fabrication des étriers de freins pour tous les types de véhicules motorisés. Le strontium est un métal léger et durable, mais lorsqu'il est à l'état pur, il réagit violemment à l'air et à l'humidité. C'est dire que son emballage exige des soins particuliers et que le transport pose de sérieux problèmes sur le plan de la sécurité. Comalco achète deux ou trois barils de strontium chaque année. Lors de la réception de la première commande, personne chez Métallco n'avait prévu les problèmes liés à l'expédition du strontium de Montréal à Lauceston, en Tasmanie. Heureusement, son **transitaire** a été en mesure de prendre en charge la logistique de ces expéditions de matières dangereuses.

Il a fallu créer un emballage sécuritaire. On a alors inséré le métal brut dans une enveloppe faite d'un plastique imperméable et résistant à l'air dans laquelle on a soufflé un gaz inerte. On a glissé le tout dans un sac en papier métallique bien arrimé à l'intérieur d'un baril de taille standard (45 gallons impériaux).

Par la suite, le transitaire s'est renseigné au sujet du mode de transport le plus rapide et le plus avantageux par rapport aux coûts, et il s'est occupé de la documentation requise. Il a procédé à l'expédition par voie aérienne (de Montréal à Lauceston, en passant par Francfort, Bombay et Sydney).

Ces différentes étapes se sont déroulées sans anicroches, car Métallco a profité des services d'un transitaire compétent qui a su mener à bien cette expédition à un prix raisonnable. Compte tenu de la complexité d'une telle expédition, n'eût été l'habileté du transitaire, il est fort probable que Métallco aurait dû renoncer à ce client plutôt que de s'exposer à des ennuis majeurs relativement au transport, à l'emballage et au choix de l'itinéraire.

Transitaire / *Forwarding agent* **ou** *freight forwarder*
Personne qui surveille et facilite les opérations lors du passage d'un mode de transport à un autre dans les ports ou les aéroports.

Juste-à-temps / *Just-in-time* **(JIT)**
Mode de gestion qui s'appuie sur une planification précise de la production. Dans la production juste-à-temps, la livraison doit se faire à une heure précise afin que le produit puisse être immédiatement utilisé sur la chaîne de production. Cela permet à l'entreprise d'éliminer le stockage de pièces et les frais d'inventaire. Habituellement, une entreprise manufacturière qui adopte une telle politique signe des ententes avec ses fournisseurs pour s'assurer que les livraisons seront faites selon un échéancier précis. Les grandes entreprises de l'industrie automobile ont été les premières à mettre en pratique ce mode de gestion.

bles ? Il peut aussi arriver que le client étranger détermine des délais de livraison précis pour les produits en provenance du Canada. Dans d'autres situations, pour être en mesure de livrer rapidement ses produits à ses clients et de se conformer ainsi à leur politique de production **juste-à-temps**, l'acheteur peut demander au vendeur de se charger de l'entreposage des produits une fois ces derniers arrivés à destination.

Des entreprises manufacturières peuvent aussi exiger des livraisons à une fréquence hebdomadaire ou mensuelle. Cela implique, pour l'exportateur, la nécessité de mettre en place une stratégie de transport particulière qui, pour remplir les conditions de livraison fixées par le client, devra tenir compte du mode de transport, du temps requis pour expédier la marchandise vers la destination étrangère selon la fréquence désirée et, naturellement, des frais afférents. Ainsi, une stratégie de transport doit prendre en considération chacun des éléments suivants :

- la destination ;
- l'itinéraire à suivre ;
- le mode de transport ;
- les délais de livraison ;
- les dates de départ du pays d'origine ;
- les coûts du transport.

De plus, l'expéditeur (aussi appelé *exportateur* ou *vendeur*[1]) doit tenir compte du type de produit à exporter dans l'élaboration de sa stratégie. Ainsi, selon que le produit à expédier est périssable, fragile, de grande valeur, en petite ou en grande quantité ou considéré comme une matière dangereuse, le mode de transport, l'emballage et la stratégie de transport devront être adaptés. Le lieu où la responsabilité du vendeur canadien face aux biens expédiés est transférée à l'acheteur étranger constitue un autre élément important de la stratégie. Ce moment précis, qu'on nomme *terme de vente,* détermine le transfert de responsabilité et sera abordé plus loin dans ce chapitre. Retenons pour l'instant que le terme de vente convenu entre le vendeur et l'acheteur est un aspect à examiner de près dans la définition d'une stratégie de transport.

Le choix du mode de transport doit également se baser sur les risques de perdre ou d'endommager le produit, qu'il s'agisse de vol ou de bris. Le dernier point majeur demeure les coûts du transport. Nous verrons dans ce chapitre la manière de calculer les coûts pour chaque mode de transport ; mentionnons dès maintenant que la quantité est un élément essentiel pour déterminer les frais de transport. Plus la quantité de produits à exporter est grande, plus le coût unitaire de transport est avantageux pour l'expéditeur.

L'encadré 11.1 présente la liste des facteurs à considérer dans une stratégie de transport international. Certains sont plus importants que d'autres, mais un exportateur avisé prêtera attention à tous ces facteurs afin de s'assurer qu'il opte pour le meilleur mode de transport au meilleur coût. De même, il devra établir des priorités entre ces différents facteurs.

Les différents modes de transport

La logistique est une des fonctions de la gestion internationale qui touche au transport, et sa composante principale porte sur les modes de transport accessibles à l'exportateur. Il faut savoir également que, compte tenu de sa situation

---

1. Ces trois synonymes sont couramment utilisés dans le domaine du commerce international.

La liste des facteurs importants dans une stratégie de transport

- Nature du produit
- Valeur du produit
- Dimensions du produit (volume et poids)
- Emballage du produit
- Risques de dommages au produit
- Quantité à exporter

- Destination
- Itinéraire
- Mode de transport
- Date de livraison
- Fréquence de livraison
- Terme de vente
- Coûts

géographique, l'exportateur canadien peut choisir entre de nombreux modes de transport. Plusieurs facteurs peuvent influencer le choix d'un mode de transport. Parmi ceux-ci, nous pensons aux fluctuations du prix de l'essence, aux encombrements dans certains ports, sur certaines routes ou sur certains tronçons ferroviaires, soit en raison de grèves ou d'une augmentation régulière de la demande, à des événements comme l'élargissement prévu du canal de Panama, à l'essor de l'industrie manufacturière en Inde et en Chine, à la tendance à recourir à des porte-conteneurs de plus forte jauge ; voilà autant de facteurs qui favorisent l'élaboration de nouvelles stratégies au chapitre de la chaîne d'approvisionnement.

Chaque mode de transport a ses propres caractéristiques et comporte des avantages et des inconvénients. L'encadré 11.2 présente tous les modes de transport qui sont à la disposition de l'exportateur canadien.

Chacun de ces modes de transport fera l'objet d'une analyse détaillée. En premier lieu, voyons les particularités du mode de transport le plus utilisé en Amérique du Nord, soit le transport routier. Dans la mesure où un camion peut se

ENCADRÉ 11.2

La liste des modes de transport disponibles en Amérique du Nord

- Transport routier ou camionnage
- Transport ferroviaire
- Transport intermodal[2] ou ferroutage (*piggyback*)
- Transport maritime :
  - fluvial
  - océanique

- Transport par conteneur
- Transport aérien
- Messageries
- Service postal

---

2. Il ne faut pas confondre *transport intermodal* avec *transport multimodal*.

TABLEAU 11.1

Les avantages et les inconvénients du transport routier	
Avantages	**Inconvénients**
Disponibilité du service partout en Amérique du Nord	Risques de dommages liés à la manutention
Majorité des produits acceptés	Risques de perte des petits colis[b]
Toutes dimensions et tous poids sont acceptés[a]	Coûts élevés pour le chargement partiel (LTL)
Toutes destinations desservies	Manque de fiabilité dans le cas de certaines destinations
Livraison relativement rapide	
Couverture d'assurance raisonnable	
Coûts raisonnables	

a   Certains objets dont les dimensions sortent de l'ordinaire nécessitent l'utilisation d'un camion spécialement équipé pour la manutention et la livraison.
b   Un exportateur de petits colis utilise de préférence des services de messageries, tels que Purolator, UPS, FedEx, etc.

rendre presque n'importe où sur le continent, il demeure le moyen de transport privilégié par les exportateurs.

Le transport routier

En Amérique du Nord, la majorité des expéditions se font par transport routier. En fait, le camion comme mode d'expédition de la marchandise à un client américain s'impose de plus en plus comme la norme. Les coûts modérés, le nombre croissant de compagnies de camionnage qui offrent des avantages concurrentiels et la facilité d'expédition ont rendu ce mode de transport très populaire. On notera cependant que, depuis que le camionnage a été déréglementé, chacun peut s'improviser camionneur. L'exportateur doit donc s'assurer de la fiabilité de son transporteur routier. Il existe peu de limites quant aux types de produits qu'on peut exporter par transport routier : il peut s'agir de très petits colis ou de caisses beaucoup plus volumineuses, de même que de matières dangereuses. La plupart des destinations à travers le continent étant desservies par un service routier, les nombreuses possibilités qu'offre le camionnage ont certainement contribué à sa cote de popularité au Canada, aux États-Unis et au Mexique. Par contre, on constate qu'un chargement partiel (LTL ou *less than truckload*) sera plus coûteux qu'un chargement complet (FTL ou *full truckload*). Dans le cadre d'une stratégie de transport, cet élément peut se révéler déterminant dans le choix du mode de transport.

Le tableau 11.1 indique les nombreux avantages de même que certains inconvénients que comporte le transport routier.

Notons que la plupart des exportations qui transitent par voie maritime exigent aussi l'utilisation du transport routier pour l'acheminement de la marchandise au port d'embarquement. Le principal avantage de la livraison par camion réside dans le fait que le transporteur prend la marchandise à l'endroit où se trouve le vendeur et la transporte directement chez l'acheteur en traversant parfois tout le continent nord-américain à des coûts raisonnables et dans un laps de temps acceptable. Les personnes engagées dans des transactions internationales apprécient grandement ce type de service domicile à domicile (*door to door*).

Malgré tous les avantages que présente le transport routier, l'exportateur qui doit expédier une grande quantité de produits en vrac (blé, liquide, alcool, minerai, etc.) aura, pour sa part, avantage à se servir du transport ferroviaire pour acheminer sa marchandise à destination.

Le transport ferroviaire

Nous avons tous, un jour ou l'autre, dû nous arrêter à un passage à niveau et regarder passer très lentement 50, 60 et même 80 wagons ! Peut-être avons-nous été étonnés par la diversité des wagons, leurs formats, leurs contenus, mais, à part la frustration du moment, peu d'entre nous ont trouvé dans le passage de ce convoi matière à réflexion. C'est dire que le transport ferroviaire, tout comme le transport routier, fait partie de notre vie quotidienne. Les gens qui voyagent en automobile sur les autoroutes nord-américaines croisent des dizaines de camions qui sont de plus en plus gros. Pourquoi alors choisir le transport ferroviaire plutôt que le transport routier ?

De nombreux expéditeurs doivent répondre à cette question chaque jour. La concurrence entre ces deux modes de transport s'accentue et les coûts qui y sont rattachés diminuent. On peut donc se demander quels facteurs une entreprise québécoise devant exporter des produits vers les États-Unis ou le Mexique examinera au cours de l'élaboration d'une stratégie de transport.

Nous avons déjà mentionné que le transport ferroviaire attire surtout les exportateurs d'importantes quantités de produits traditionnels (bétail, automobiles, conteneurs pour les expéditions maritimes) ou de matières en vrac (céréales, produits liquides, minerai, bois). Dans le cas d'importantes quantités de produits traditionnels, on utilise des conteneurs pour le **transport multimodal** : on se sert du rail pour expédier le conteneur jusqu'au port d'embarquement d'où il partira vers une destination outre-mer (*voir plus loin en quoi consiste le transport par conteneur*).

Transport multimodal
Utilisation de plusieurs modes de transport l'un à la suite de l'autre, par exemple camion, rail, navire, rail (le conteneur est transporté par camion, par train, par bateau et par train jusqu'à destination).

La raison de ce choix est fort simple : les coûts sont plus concurrentiels que ceux du transport routier. Cependant, l'expéditeur doit s'attendre à des délais de livraison plus longs, car les trains circulent lentement ! Le tableau 11.2 (voir la page 280) compare les avantages et les inconvénients du transport ferroviaire.

En somme, à part les services combinés camion-rail offerts par le Canadien National et le Canadien Pacifique entre Montréal et Toronto, la majorité des exportateurs qui utilisent le transport ferroviaire sont de grosses entreprises se spécialisant dans l'expédition de marchandises en vrac ou en grande quantité (papetières, constructeurs d'automobiles, sociétés pétrolières, marchands de bétail, etc.). Une tendance semble toutefois s'intensifier depuis quelques années, à savoir la concurrence entre le camion et le train. Les services de **transport intermodal** qui, autrefois, n'étaient disponibles qu'entre le Canada et les États-Unis, sont maintenant possibles entre Montréal et Toronto. Ce type de service intermodal combine les avantages du transport routier avec les coûts plus bas du transport ferroviaire. Il est encore trop tôt pour affirmer que ce

Transport intermodal
Utilisation de deux modes de transport simultanément, par exemple camion sur rail (on met le camion entier ou mieux sa remorque sur un wagon plat).

TABLEAU 11.2

Les avantages et les inconvénients du transport ferroviaire	
Avantages	**Inconvénients**
Approprié à un gros volume de produits	Embranchement ferroviaire nécessaire près du point d'expédition
Grande variété de wagons spéciaux	Transport par camion requis jusqu'au terminal
Essentiel au transport intermodal	Lenteur du train
Plus économique sur une longue distance	Nombre de destinations limité
Infrastructure portuaire accueillante pour le rail	Peu approprié aux petits colis et aux expéditions de détail (LCL)[a]
Peu de risques de dommages	
Coûts de transport modérés	
Frais d'assurance minimes	

a   LCL (*less than carload*) chargement partiel (moins qu'un wagon plein)

nouveau genre de service entraînera une diminution du nombre de camions sur les routes, mais il sera intéressant d'observer cette tendance. De nombreux exportateurs visant le marché américain sont des habitués du transport intermodal, mais soulignons que ce mode n'est pas à la portée de tous, car le volume de marchandises à expédier doit être assez considérable pour justifier le chargement complet de conteneur (*full container load*). Le transport par camion fait dorénavant partie de notre vie ; sa rapidité et sa polyvalence en font toujours le mode favori des PME exportatrices. Cependant, il faut désormais se pencher sur les avantages du transport ferroviaire pendant l'élaboration d'une stratégie de transport efficace et rentable.

Malgré les coûts importants qu'il comporte, le transport aérien est un autre mode de transport qui jouit d'une certaine popularité auprès des exportateurs. Malheureusement, il est souvent utilisé en dernier ressort, c'est-à-dire lorsque la livraison du produit vendu accuse un retard. L'expédition de la marchandise par la voie des airs représente alors la solution la plus rapide et la plus efficace. Toutefois, comme nous le verrons maintenant, le fret aérien n'a pas que des avantages et son utilisation doit répondre à des besoins précis.

Le transport aérien

La plupart des grands aéroports internationaux accordent de plus en plus d'espace et d'attention au fret aérien pouvant être transporté dans la soute à bagages des avions de passagers, dans des avions mixtes et des avions tout-cargo. Étant donné que le transport du fret aérien intérieur est assuré dans un milieu déréglementé, aucune limite n'est imposée aux trajets, à la capacité ou à la tarification. Les services de fret aérien transfrontaliers et internationaux sont offerts dans le cadre d'accords bilatéraux de transport aérien, d'accords internationaux et de politiques nationales. Il n'y a actuellement aucun transporteur canadien sur le marché des vols tout-cargo internationaux (non transfrontaliers), même si les avions à passagers transportent du fret dans leurs soutes.

Au Québec, les avions tout-cargo[3] sont de plus en plus présents, et cela autant aux aéroports Pierre-Elliott-Trudeau et de Mirabel, à Montréal, qu'à l'aéroport Jean-Lesage, à Québec. On voit de plus en plus fréquemment des exportateurs expédier leur marchandise par la voie des airs. Un des avantages de ce mode de transport est que la marchandise ne prend que quelques jours, souvent un seul, à se rendre à destination. L'exportateur conciencieux qui élabore une stratégie de transport bien équilibrée doit tout de même tenir compte des frais élevés qui y sont associés. En fait, le transport aérien est recommandé seulement pour certaines expéditions de marchandises qui répondent aux critères suivants :

- *Des colis de petit volume contenant de la marchandise à haute valeur ajoutée.* Le calcul du coût de transport aérien est basé davantage sur le volume du colis que sur son poids. C'est l'exiguïté de la soute de l'avion qui dicte cette règle. Ainsi, les expéditions de documents importants, de métaux précieux, de bijoux et de vêtements griffés se font par avion.

- *Des marchandises périssables comme des fromages ou du poisson importés d'Europe ou d'ailleurs.* Au printemps, l'aéroport de Mirabel devient une plaque tournante pour l'importation, en provenance des Pays-Bas, de tulipes qui sont par la suite réexpédiées à travers le continent nord-américain.

- *Le besoin d'envoyer la marchandise le plus rapidement et le plus directement possible.* Il est alors important de s'assurer que les lignes aériennes choisies pour ces expéditions ont des vols directs vers les destinations requises.

- *La possibilité de répondre aux exigences de l'acheteur étranger.* Dans une telle éventualité, l'exportateur doit calculer dans son prix de vente les frais de transport. Il peut aussi expédier le produit à l'acheteur avec la mention « fret payable à l'arrivée ». L'acheteur devra alors payer les frais d'expédition à la réception de la marchandise.

- *La possibilité d'éviter un retard.* Bien que l'utilisation du transport aérien ne soit pas recommandée pour rattraper un retard dans la livraison, ce mode de transport peut à l'occasion permettre de respecter un délai et de satisfaire un client.

L'exportateur qui songe à se servir du transport aérien doit connaître les avantages et les inconvénients de celui-ci. Le tableau 11.3 (voir la page 282) illustre les données essentielles dont l'entreprise doit se rappeler quand elle utilise le fret aérien pour l'expédition de sa marchandise.

Avant de fixer son choix sur le transport aérien pour expédier sa marchandise à l'étranger, l'exportateur doit en estimer les coûts afin d'éviter de mauvaises surprises à la réception de la facture. Par ailleurs, de trop nombreuses entreprises se servent du fret aérien pour pallier leurs retards de livraison et ne semblent pas se rendre compte de l'impact financier de ce choix sur leur rentabilité. Le transport aérien est pratique, rapide et sécuritaire mais coûteux.

---

3. Il existe au Canada plusieurs exploitants qui assurent des vols tout-cargo. En 2002, les recettes générées par le fret aérien ont représenté 6 % des recettes totales d'Air Canada. Air NorTerra et First Air exploitent également des services aériens tout-cargo dans le Grand Nord, aux côtés de nombreux autres petits exploitants. Voir le site Web de *Transport Canada*, [en ligne]. [http://www.tc.gc.ca] (7 mars 2008)

TABLEAU 11.3

Les avantages et les inconvénients du transport aérien	
Avantages	**Inconvénients**
Rapidité de la livraison	Limitation du volume des colis
Vols fréquents vers les principales destinations (États-Unis, Europe, Asie et Amérique latine)	Coûts relativement élevés
Sécurité : peu de risques de vol	Délai lié au processus de dédouanement à l'aéroport
Prime d'assurance raisonnable	Seulement trois aéroports internationaux au Québec
Frais d'emballage moins élevés, le produit pouvant être expédié dans son emballage d'origine	Service d'aéroport à aéroport uniquement
Frais d'inventaire moins élevés, la livraison rapide ne nécessitant pas l'utilisation d'entrepôts	

Peu importe le mode de transport choisi — camion, train, avion ou navire —, une stratégie de transport bien pensée s'avère essentielle. L'exportateur avisé prévoit ses livraisons à l'avance et peut ainsi déterminer le meilleur mode de transport au meilleur prix.

Malgré tous les avantages des modes de transport que nous avons vus jusqu'à présent, le transport maritime, qui est un des plus anciens, demeure le plus utilisé par les exportateurs pour les expéditions de marchandises destinées à des clients outre-mer. Les Phéniciens de l'Antiquité (situés sur le territoire actuel du Liban) étaient à la fois des commerçants et des négociants aguerris. Ils vendaient et achetaient des produits dans les pays du pourtour de la Méditerranée tout en étant de fiers navigateurs. Plus tard, les Vénitiens ont importé des épices, des bois et métaux précieux de l'Asie et de l'Afrique, et le transport se faisait sur les mers. Plus près de nous, l'Angleterre a étendu son hégémonie à travers le globe grâce à la puissance de sa flotte. C'est de l'époque de l'apogée de l'Empire britannique que date le transport maritime moderne, avec son vocabulaire propre et ses traditions. L'utilisation du transport maritime requiert une bonne connaissance de ses particularités.

Le transport maritime

Lorsque l'exportateur opte pour le transport maritime, plusieurs options s'offrent à lui, selon le type de cargaison, le délai de livraison requis et les coûts du transport qu'il est prêt à payer. Les différents types de transport maritime sont présentés dans le tableau 11.4.

Plusieurs termes spécifiques du transport maritime sont utilisés dans ce tableau. Chacun de ces mots a une signification précise sur laquelle nous nous attarderons.

Les lignes maritimes

De façon générale, quand on parle de ligne maritime, on désigne un service de cargo qui transporte presque exclusivement de la marchandise et fait la navette

TABLEAU 11.4

Les différents types de transport maritime

Type de transport	Caractéristique
Lignes maritimes	• Conférence • Hors conférence • Affrètement
Types de cargaisons	• Conteneurs de 20 et de 40 pieds • Cargo en vrac • Cargo en chargement unitaire
Types de navires	• Régulier pour le vrac avec ou sans grue • Porte-conteneurs • Ro-ro (*roll-on/roll-off*) • Spécialisé (pinardier, pétrolier, etc.)

entre un port de mer (ou un port fluvial dans le cas des ports de Montréal et de Québec) et un autre port de mer. Ainsi, un exportateur québécois charge, au port de Montréal, sa marchandise sur un navire qui la transportera jusqu'à destination, disons le port de Rotterdam, aux Pays-Bas. Il existe plusieurs types de transporteurs maritimes, mais la ligne maritime la plus utilisée est celle qui appartient à une conférence. Une conférence est une association d'armateurs ou de transporteurs offrant des services réguliers de transport entre des ports situés de part et d'autre d'une mer ou d'un océan (par exemple, entre l'Amérique du Nord et l'Europe ou l'Asie). Les principales caractéristiques d'une conférence sont l'offre d'un service à une fréquence régulière (hebdomadaire ou bihebdomadaire), des taux de transport fixes et similaires pour toutes les lignes appartenant à la conférence ainsi que des navires modernes et sécuritaires[4]. Compte tenu du trafic important entre le Canada et l'Europe, la conférence la plus utilisée par les exportateurs est celle qui comprend les lignes maritimes entre les ports de Montréal ou de Halifax et les ports de l'Atlantique Nord en Europe, soit Le Havre, Anvers, Rotterdam, Southampton et Hambourg.

Un exportateur qui opte pour un transport par bateau peut traiter avec un transporteur faisant partie d'une conférence qui offre des services réguliers entre différents ports, avec une ligne maritime dite *hors conférence* couvrant des destinations qui ne sont pas desservies par les lignes de conférences, ou simplement affréter son propre navire. En effet, on compte aussi cinq ou six autres lignes maritimes hors conférence offrant plusieurs destinations qui ne sont pas desservies par les lignes qui appartiennent à la conférence. L'avantage d'utiliser une ligne hors conférence tient au fait que les tarifs de transport sont

---

4. La Canada United Kingdom Freight Conference et la Canadian Continental Eastbound Freight Conference, qui ont leurs bureaux à Montréal, regroupent chacune quatre lignes maritimes offrant des services vers le Royaume-Uni et les ports européens de l'Atlantique Nord (Canada Maritime, Cast, Hapag-Lloyd et OOCL). En outre, la Mediterranean Canadian Conference regroupe quatre lignes maritimes canadiennes offrant des services vers l'Italie, l'Espagne et le Sud de la France. Pour plus de détails (en anglais), consulter leur site Web, [en ligne]. [http://www.canconf.com] (7 mars 2008)

beaucoup moins élevés que ceux des lignes régulières. Néanmoins, les départs peuvent être retardés ou même annulés si le navire n'a pu recueillir une cargaison suffisante pour justifier le voyage. On se souviendra donc qu'une ligne hors conférence ne comporte pas vraiment de départs à horaire fixe. L'exportateur qui désire à la fois contrôler ses coûts de transport et s'assurer d'une livraison rapide et fiable devra tenir compte de ces éléments dans le choix de son transporteur maritime.

Une autre option s'offre à l'exportateur de grandes quantités de marchandises ou de vrac : affréter son propre navire. En effet, les grandes entreprises utilisent souvent ce mode de transport maritime. Le fait d'affréter son navire et d'être capable de l'utiliser à plein rendement donne à l'entreprise exportatrice beaucoup plus de souplesse dans les destinations à atteindre et, parfois (si l'affrètement est bien géré), réduit avantageusement les coûts. Cependant, avant de se lancer dans ce genre de location, il est absolument nécessaire d'avoir de l'expérience dans l'affrètement de navires. Ce processus est fort complexe, les conditions d'affrètement ne sont pas toujours favorables et il faut posséder les connaissances qui permettront d'estimer correctement les coûts afférents. Une erreur dans le calcul du temps d'affrètement ou des retards en cours de voyage en raison de tempêtes ou d'autres imprévus peuvent transformer cette option de transport en un cauchemar très coûteux ! Il est donc préférable pour une PME d'avoir recours à des services de transport maritime réguliers et fiables, quitte à payer un prix plus élevé ; elle aura ainsi la garantie que la marchandise se rendra à temps et sûrement chez le client étranger. Le choix de la ligne maritime peut aussi être influencé par le type de cargaison à exporter.

Les types de cargaisons

Il existe trois types de cargaisons : la marchandise est mise à l'intérieur d'un conteneur, la marchandise est mise dans un colis (chargement unitaire), la marchandise dépasse les limites d'un conteneur et est envoyée telle quelle (par exemple, les matières premières expédiées en vrac).

Le transport maritime par conteneurs et les chaînes d'approvisionnement internationales constituent un des fondements de l'économie canadienne et mondiale. Un conteneur est rempli à l'usine, expédié par rail jusqu'au port, puis chargé à bord d'un navire se dirigeant outre-mer, et acheminé à sa destination finale à nouveau par rail ou par camion. Le transport par conteneur date des années 1950. Ce mode de transport, associé au développement des équipements des ports et des quais spécialisés, a révolutionné les échanges commerciaux internationaux en offrant une façon plus efficace et plus rationalisée de transporter les biens. Les villes portuaires deviennent ainsi les plaques tournantes d'expédition de marchandises dans le monde entier. Aujourd'hui, une forte proportion des marchandises et produits de consommation transitent d'un pays à l'autre dans des conteneurs uniformisés transportés par bateau. Ces biens sont ensuite acheminés par train et camion jusqu'aux principaux centres de distribution des villes qui, à leur tour, les expédient aux détaillants.

Grâce à la progression économique de la Chine, de l'Inde et de la plupart des pays de l'Asie du Sud-Est, le transport de conteneurs par bateau est en constante expansion. De 1990 à 2003, le volume mondial a triplé[5]. Dans le cas de la route Asie-Amérique du Nord, les volumes ont augmenté depuis de 8 % à 10 % par année, et l'on s'attend à ce que cette croissance se poursuive. Il n'est donc pas étonnant que parmi le palmarès des ports dans le monde ayant le plus fort volume, on en retrouve six en Asie : Singapour, Hong Kong (Chine), Shanghai (Chine), Shenzhen (Chine), Busan (Corée du Sud), Kaoshiung (Taiwan), Rotterdam, Hamburg, Dubai et Los Angeles.

Les réseaux d'artères et les infrastructures maritimes se sont développés, permettant le transport à très longue distance à un coût minime par produit. La dimension originale de la caisse standard est devenue la norme ISO et est connue sous l'appellation *Équivalent vingt pieds* (un EVP).

Un conteneur mesurant 20 pi × 8 pi × 8.5 pi = 1 EVP.

Au cours des vingt dernières années, la dimension des conteneurs a augmenté pour atteindre une dimension standard de deux EVP soit 40 pi × 8 pi × 8.5 pi, dimension qui est maintenant plus courante à l'échelle mondiale que la caisse de 20 pieds. On retrouve également, mais en plus faible pourcentage, des caisses qui font 45 pieds et 48 pieds de longueur.

Le conteneur utilisé dans le transport maritime n'a rien à voir avec la boîte de métal que l'on voit sur les camions ou sur les trains. Selon la description officielle, un conteneur peut avoir deux dimensions : celui de 20 pieds[6] mesure 20 pieds de long sur 8 pieds de large et 8,5 pieds de haut ; celui de 40 pieds mesure 40 pieds de long sur 8 pieds de large et 8,5 pieds de haut. Ces dimensions sont standardisées dans le monde entier, ce qui facilite la manutention par grue dans la majorité des installations portuaires. Les conteneurs maritimes (de 20 et de 40 pieds) appartiennent aux lignes maritimes. Par exemple, l'exportateur qui désire expédier ses produits à Rotterdam se mettra en contact avec la ligne maritime, qui lui confirmera les dates de départ du navire et lui enverra un conteneur ; l'exportateur verra lui-même à arrimer sa marchandise à l'intérieur du conteneur et y apposera des scellés. Par la suite, le conteneur sera expédié au port par camion et mis à bord du navire appartenant à la ligne maritime retenue pour l'expédition. Précisons qu'un conteneur de 20 pieds peut recevoir un poids maximal de 18 tonnes métriques, tandis que celui de 40 pieds peut recevoir un poids maximal de 26 tonnes métriques. Le conteneur est considéré comme un volume du navire dans lequel on met la marchandise ; il ne doit pas être utilisé comme une boîte. C'est dire qu'on doit bien arrimer la marchandise mise à l'intérieur d'un conteneur afin d'éviter qu'elle ne se déplace ou ne se brise durant le voyage en mer. Soulignons que le roulis et le tangage peuvent causer des dommages considérables non seulement au conteneur lui-même, mais particulièrement à ce qui se trouve à l'intérieur. C'est pourquoi un exportateur avisé arrime solidement sa marchandise à l'intérieur des

---

5. CONSEILLERS IMMOBILIERS GWL, *Chaînes d'approvisionnement mondiales, transport maritime de conteneurs et besoins en matière de terrains immobiliers industriels au Canada de 2007 à 2010*, [en ligne]. [http://www.gwlra.com] (7 mars 2008)

6. Comme les États-Unis ont été les premiers à populariser l'utilisation du conteneur pour le transport maritime, le système impérial de mesure est toujours utilisé pour les dimensions du conteneur à travers le monde, même dans les pays ayant adopté le système métrique.

Métallco achète du minerai de chrome en Russie et en Albanie pour approvisionner ses usines productrices de ferrochrome. Le minerai est transporté uniquement en vrac, car chaque expédition comporte un poids approximatif de 20 000 à 25 000 tonnes métriques de minerai. Les navires servant au transport de ce minerai de l'Albanie à La Nouvelle-Orléans (où le minerai est transbordé sur des barges qui, finalement, apporteront le produit à l'usine de Memphis, au Tennessee) disposent de plusieurs cales étanches. Au départ du port de Durrës, en Albanie, le minerai est mis sur un convoyeur qui l'achemine à bord du navire et le déverse dans chacune des cales, jusqu'à sa capacité maximale. Vu la quantité de minerai acheté et l'absence de transport maritime entre l'Albanie et les États-Unis, Métallco a dû affréter un navire. En fait, comme tous les gros importateurs ou exportateurs de produits en vrac, Métallco considérait comme normal de procéder à l'affrètement, car cette façon de faire permet une plus grande flexibilité et une certaine réduction des coûts dans la mesure où l'entreprise gère tout le cheminement du lieu de production au lieu de consommation.

conteneurs et s'assure que celle-ci est bien emballée et qu'elle résistera aux mouvements causés par les vagues.

On peut aussi utiliser des boîtes pour expédier la marchandise, mais ces dernières doivent être solides et sécuritaires. Toutefois, si des objets sont trop volumineux pour être emballés (camions, automobiles, réservoirs, etc.), on les arrimera à même le sol de la cale du navire. Ce type d'expédition se nomme *cargaison en chargement unitaire* et implique que les coûts de transport sont calculés en fonction du poids et du volume du colis ou de la marchandise mis à bord du navire.

Comme la location d'un conteneur est soumise à un tarif forfaitaire, il ne faut pas s'étonner que les conteneurs gagnent de plus en plus la faveur des exportateurs. Ils sont très sécuritaires (ils comportent peu de risques de bris ou de vol), leurs coûts sont fixes (il est facile de les estimer) et ils peuvent être déplacés directement du lieu où se trouve le vendeur au lieu où se trouve l'acheteur (*door to door*).

Quant aux exportateurs de matières premières (bois, minerai, céréales), ils disposent de cargos en vrac. Ils n'utilisent donc ni colis ni boîtes puisque la matière première est tout simplement mise dans la cale de navires spécialement conçus à cet effet.

L'exportateur ou l'importateur disposent de plusieurs types de navires pour procéder au transport des marchandises. Encore une fois, on s'assurera de faire un choix judicieux.

Les types de navires

Les quatre principaux types de navires sont le navire avec ou sans grue pour transporter du vrac (matières premières), le porte-conteneurs qu'utilise la majorité des exportateurs, le ro-ro (*roll-on/roll-off*) pour le chargement de voitures, de camions ou de tout autre équipement motorisé et, finalement, les navires spécialisés pour le transport d'un seul type de marchandise (les pinardiers pour le vin en vrac, utilisés par la Société des alcools du Québec, les pétroliers, etc.).

Avant de passer au calcul des coûts du transport, nous ferons un survol de quelques autres modes de transport qui s'offrent à l'exportateur.

Les autres formes de transport

Le transport par messageries (comme Purolator, FedEx ou UPS) occupe une place importante dans les modes d'expédition des petits colis et des documents. Ce type de service est rapide, efficace, sécuritaire et relativement peu coûteux. L'expéditeur désirant envoyer un échantillon, des documents de transport ou des brochures promotionnelles aura avantage à choisir ce genre de transport pour sa facilité d'accès (les services sont offerts de domicile à domicile) et surtout pour sa rapidité (les messageries utilisent presque exclusivement le transport aérien pour leurs envois). Par ailleurs, en plus de ses services réguliers de livraison postale, Postes Canada offre des services de messageries semblables à ceux qui viennent d'être décrits.

L'exportateur de petits colis a donc l'embarras du choix et peut atteindre n'importe quel client n'importe où. Avant de choisir un mode de transport, la règle d'or pour établir une stratégie sans faille demeure la même : procéder à une estimation des coûts.

Selon les destinations, une vente à l'étranger est susceptible d'entraîner des coûts de transport considérables qui peuvent, dans certains cas, représenter jusqu'à près de 40 % du prix de vente[7]. Aussi, dans son calcul du prix de vente, l'exportateur doit bien connaître les coûts de chacun des modes de transport et en faire une estimation précise. Une estimation sérieuse est essentielle à l'élaboration d'une stratégie de transport qui préconise rapidité et sécurité à des coûts raisonnables. Un calcul adéquat des coûts d'une expédition par transport maritime ou aérien permet de réaliser des exportations rentables.

Le calcul des coûts de transport

Pour bien comprendre la composition d'un tarif de transport, il suffit de se rappeler que le poids brut et le volume de la marchandise dans son emballage d'exportation sont les deux éléments servant à établir le coût de l'expédition. Ces notions de poids et de volume restent les mêmes pour toute forme de transport (routier, ferroviaire, aérien et maritime). Plus simplement, on peut exprimer cette règle de la façon suivante : les transporteurs (compagnies de camionnage, lignes ferroviaires, aériennes et maritimes) exigent des frais sur la base de ce qui rapporte le plus. Ainsi, le coût de l'expédition d'une tonne de plomb (volume minime, poids important) sera établi sur la base du poids. Cependant, le prix de l'expédition d'une tonne de plumes (même poids mais très gros volume) sera fixé sur la base du volume.

---

7. Il s'agit du pourcentage des coûts de transport d'une expédition de produits de consommation courante exportés du Québec au Japon.

Retenons également la notion d'expédition à plein contenant (TL, CL[8]) et la notion de chargement partiel (LCL, LTL[9]). Dans le premier cas, les coûts unitaires sont plus avantageux, tandis qu'un chargement partiel est plus coûteux.

Pour être en mesure de calculer correctement les coûts d'une expédition, l'exportateur doit connaître de façon précise le poids brut de chaque colis ainsi que son volume[10]. Traditionnellement, les coûts pour chacun des modes de transport tiennent compte des éléments suivants :

- le poids brut ;
- le volume ;
- la valeur du produit ;
- le type de produit ;
- la destination ;
- le mode de transport.

Il faut néanmoins tenir compte d'une différence fondamentale dans le calcul des prix entre le transport maritime et le transport aérien : le ratio poids/volume est basé sur l'espace de cargo réel. Un navire peut transporter des colis ayant un volume plus gros que celui d'un avion. Un avion a une soute de dimensions restreintes et les questions de volume présentent beaucoup plus d'importance. Les exemples qui suivent vous aideront à comprendre cette notion.

Dans le transport maritime, la tarification est basée sur l'unité payante, ce qui signifie qu'une tonne métrique équivaut à un mètre cube de volume ou $1 \text{ tm} = 1 \text{ m}^3$.

Par exemple, une entreprise désire exporter un produit vers la France. On lui facture des frais de 100 $ l'unité payante. Son colis pèse 3 tonnes métriques brutes et a un volume de 6 mètres cubes. Ses frais de transport maritime seront alors de 600 $, car l'unité payante pour le transporteur maritime est déterminée à partir du volume, puisque le volume est plus payant que le poids brut. La dimension extérieure du colis est primordiale. Les transporteurs calculent le volume en tenant compte de ce qui est soit le plus haut, soit le plus large ou le plus long (voir la figure 11.1).

Ainsi, en optant pour le transport maritime, il est essentiel de contrôler le volume car les conséquences d'un mauvais calcul peuvent s'avérer fort coûteuses. Le volume revêt une importance encore plus grande lorsqu'il s'agit du transport aérien, compte tenu de l'espace restreint attribué à la marchandise dans la soute. Le poids brut est également important, surtout quand on sait que les lignes aériennes facturent au kilo. Cette expression courante prête cependant à confusion parce que, pour le calcul des coûts du transport aérien, le ratio poids/volume est différent de celui du transport maritime, puisqu'on

---

8. TL : truckload (plein camion) ; CL : *carload* ou *containerload* (plein wagon ou plein conteneur).
9. LCL : *less than carload* ou *less than containerload* ; LTL : *less than truckload* (chargement partiel par camion, wagon ou conteneur).
10. Le poids brut d'un colis est la somme du poids net du produit emballé dans une boîte (dont le poids se nomme *tare*) : Poids brut = Poids net + Tare. Le volume est le produit de la hauteur par la longueur et par la profondeur d'un colis : Longueur (L) x Largeur (l) x Hauteur (H) = Volume (V) ou L x l x H = V.

FIGURE 11.1

Un exemple de la dimension considérée pour évaluer les coûts de transport

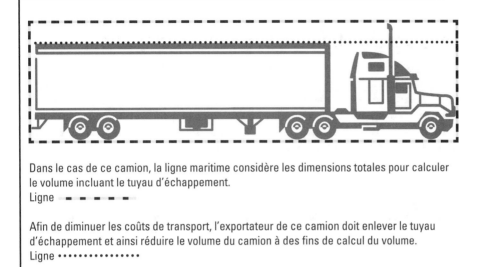

Dans le cas de ce camion, la ligne maritime considère les dimensions totales pour calculer le volume incluant le tuyau d'échappement.
Ligne ▬ ▬ ▬ ▬ ▬

Afin de diminuer les coûts de transport, l'exportateur de ce camion doit enlever le tuyau d'échappement et ainsi réduire le volume du camion à des fins de calcul du volume.
Ligne ••••••••••••••••

accorde au volume une part beaucoup plus considérable. Ce ratio se traduit par l'équation suivante: 1 kg = 6 000 cm^3. Par exemple, une entreprise expédie par avion un colis pesant 100 kilos et dont les dimensions sont de 150 cm × 90 cm × 90 cm ou 1 215 000 cm^3. Pour le calcul des coûts, on divise le volume total par 6 000 afin de trouver la quantité de kilos *payants*.

Dans cet exemple, il y a un poids brut de 100 kilos dont l'équivalent en volume est de 1 215 000 cm^3 divisé par 6 000, soit 202,5 kg payants. Dans ce cas, le volume est beaucoup plus important que le poids, et le prix du fret aérien pour cette expédition (à 2,50 $/kilo) sera de 506,25 $ (202,5 × 2,50 $). De plus, ce tarif ne couvre que les services d'aéroport à aéroport ; il faut donc prévoir des coûts additionnels pour la cueillette au point de départ et la livraison de l'aéroport au point d'arrivée chez le client.

Lorsqu'il s'agit de conteneurs, le coût du transport maritime se limite à un montant forfaitaire qui comprend les déplacements du conteneur de domicile à domicile, c'est-à-dire de l'emplacement de l'expéditeur-exportateur à l'emplacement du destinataire-importateur. Ce type de tarification est très avantageux pour l'exportateur, car il comprend toute la manutention dont fait l'objet le conteneur d'un pays à l'autre, incluant le chargement à bord d'un navire et le déchargement au port d'arrivée. L'exportateur doit cependant s'assurer que le tarif forfaitaire consenti par la ligne maritime est un tarif *tout compris* entre les deux points[11].

---

11. La majorité des lignes maritimes font des propositions de tarifs en dollars américains pour le transport de conteneurs, ce qui peut donner lieu à des malentendus coûteux pour l'exportateur qui ne tient pas compte de ce fait.

Tous les modes de transport sont soumis à une réglementation nationale et internationale, ce qui implique de devoir remplir plusieurs documents, comme nous le verrons dans la section qui suit.

La documentation requise pour l'exportation

Le processus d'exportation requiert déjà plusieurs documents pour satisfaire aux exigences de l'Agence des douanes du Canada et de l'agence des douanes du pays étranger ainsi que pour facturer le client. En outre, d'autres documents doivent accompagner une expédition tout au long des diverses étapes du transport. Le tableau 11.5 énumère les documents les plus courants d'une transaction de vente sur les marchés internationaux.

TABLEAU 11.5

Les documents relatifs à l'exportation

Documents obligatoires	Documents parfois requis
Facture commerciale de l'entreprise	Facture consulaire
Liste de colisage (bordereau d'expédition)	Certificat sanitaire
Connaissement	Certificat d'origine (obligatoire pour les expéditions vers les États-Unis[a])
Certificat d'assurance	Certificat d'inspection
Formulaire B-13	

a Depuis juin 2002, pour contrer le bioterrorisme, un avis préalable est exigé par la Food and Drug Administration (FDA) concernant les exportations vers les États-Unis de produits alimentaires et de médicaments.

Nous présenterons les documents obligatoires, puis nous passerons en revue les autres documents occasionnellement requis.

Les documents obligatoires

Il y a cinq documents que l'exportateur doit absolument produire :

Facture commerciale /
Commercial invoice
Document, émis par l'exportateur, qui est requis par l'acheteur pour prouver son droit de propriété et régler les sommes qu'il doit à l'exportateur.

1. La facture commerciale de l'entreprise, qui est préparée et délivrée par l'entreprise exportatrice, indique à l'acheteur le montant à payer, la devise utilisée pour le montant à payer, la quantité expédiée, la description du produit, les modalités de vente[12], le pays d'origine et toute autre information que l'acheteur veut y inscrire.

---

12. Pour ce qui est des ventes outre-mer, les Incoterms (règles internationales d'interprétation résumées en sigles, acronymes et abréviations) sont utilisés. Pour les ventes aux États-Unis, on indique FOB suivi du lieu où le transfert de responsabilité des marchandises se fait (qui assume les frais de transport et de couverture d'assurance). Voir le chapitre 12.

2. La liste de colisage (*packing list*) indique pour chaque colis le contenu, le poids brut, le volume et les marques de la marchandise. Par exemple, la description d'une boîte de Bidules™ qui est destinée à un client de Hambourg et qui fait partie d'une expédition maritime comptant un total de huit boîtes sera inscrite comme suit dans la liste de colisage:

Boîte $^1/_8$, 25 Bidules – poids brut: 5 kilos, volume: 2 m^3

Marques ABC, HAMBURG via Montréal

Product made in Canada

Liste de colisage / ***Packing list***
Document préparé par l'exportateur ou le transitaire, qui fait ressortir la quantité et les types de colis compris dans une expédition.

3. Le connaissement est un document délivré par le transporteur qui confirme la réception de la marchandise de l'expéditeur et sa mise à bord du véhicule du transporteur (camion, wagon, avion, bateau, etc.). Il constitue également un contrat qui engage le transporteur à envoyer la marchandise du point de réception à la destination convenue. Il existe un connaissement pour chacun des modes de transport. Voici la liste des connaissements avec leur équivalent anglais[13]:

Connaissement / ***Bill of lading*** **(B/L)**
Reconnaissance écrite, émise par un transporteur et attestant la réception de marchandises qu'il s'engage à livrer à un endroit déterminé, à une personne désignée ou à l'ordre de celle-ci. Le connaissement peut être négociable ou non négociable.

• **Le connaissement routier** (*truck bill of lading*) constitue à la fois un reçu et un contrat de transport qui indique la quantité de marchandises contenue dans le colis, son poids brut total, son volume total, la nature du produit et sa destination.

• **Le connaissement ferroviaire** (*rail waybill*) contient le nombre de colis, le numéro du wagon, la ligne ferroviaire, l'itinéraire et la destination, le poids brut total, le volume total, la nature et la valeur totale du produit ainsi que les marques des colis.

• **La lettre de transport aérien** ou LTA (*air waybill*) constitue un reçu des autorités aéroportuaires de l'aéroport de départ (et non du transporteur aérien) et la confirmation que la marchandise sera mise à bord d'un avion vers la destination convenue. Les détails de l'expédition sont semblables à ceux qui ont été cités précédemment[14].

• **Le connaissement maritime** (*ocean bill of lading* ou *marine bill of lading*) est certainement le document le plus important parmi tous les documents utilisés dans le commerce international. Pour tout envoi par transport maritime, il constitue non seulement un reçu du transporteur précisant la mise à bord de la marchandise et un contrat de transport, mais aussi un document négociable qui transfère la propriété de la marchandise décrite à la personne qui le détient. Dans le chapitre 12, nous verrons de quelle façon il est utilisé dans une transaction de paiement par crédit documentaire. L'encadré 11.3 (voir la page 292) présente les particularités de ce document essentiel à toute expédition par transport maritime.

---

13. Comme l'usage de l'anglais dans le transport international est fort répandu, la dénomination anglaise pourra vous être utile.

14. Le numéro apparaissant sur ces documents (il en est de même pour tout connaissement, quel que soit le mode de transport) sert à repérer la marchandise expédiée lorsqu'un suivi est effectué.

Le connaissement maritime

Le connaissement maritime, délivré en trois originaux et trois copies, doit être signé par un représentant de la ligne maritime qui a mis la marchandise à bord, et il doit porter la date de départ du navire du port d'embarquement[15]. Ce document est toujours requis dans les paiements par crédit documentaire en provenance d'outre-mer lorsqu'il s'agit d'un transport maritime. On y inscrit la condition de la marchandise mise à bord telle que l'a perçue le représentant du capitaine du navire. La mention « net à bord » (*clean on board*) est presque toujours requise par le destinataire, qui veut s'assurer que la marchandise (en apparence du moins) est en bon état. On émet normalement le connaissement maritime au destinataire, mais le plus souvent il est rédigé « à l'ordre de l'expéditeur » (*order of shipper*). Afin de transférer le titre de propriété de la marchandise, le consignataire doit endosser ce document (les trois originaux) et le remettre soit au destinataire, soit à la banque pour être payé. Au même moment, celui qui détient le document endossé peut réclamer la marchandise comme étant sienne.

Certificat d'assurance /
Insurance certificate
Document préparé par l'exportateur ou le transitaire pour attester que les biens d'exportation sont assurés en cas de perte ou d'avarie.

4. Le certificat d'assurance indique que l'exportateur assume la couverture d'assurance de la marchandise et qu'il en paie la prime ; ce document doit donc être inclus avec les autres pièces documentaires qui accompagnent l'expédition. Le certificat d'assurance est obligatoire dans une transaction comportant la modalité de vente CIF[16] (*cost, insurance and freight*).

5. Le formulaire B-13 est exigé par l'Agence des douanes du Canada pour toute exportation de marchandises ou de vrac. Les informations inscrites sur ce document sont utilisées par Statistique Canada qui comptabilise le type de produits exportés, la quantité, la valeur, la province d'origine et le pays de destination. Il revient donc à l'exportateur de s'assurer que les données qu'il doit inscrire sur ce formulaire sont correctes et précises. Le site Web de l'Agence des douanes [http://www.ccra-adrc.gc.ca] donne plus de détails à propos de ce formulaire.

Les autres documents parfois requis

• **La facture consulaire** permet à certains pays de contrôler leurs importations dès le départ du pays exportateur. Ils exigent donc de valider une copie conforme de la facture commerciale émise par l'entreprise exportatrice. Cette dernière doit en conséquence présenter ces factures au consulat du pays importateur (ou à l'ambassade, selon le cas) situé dans son pays pour les faire valider et payer le montant requis (entre 50 $ et 100 $ par facture[17]).

---

15. Toutes ces caractéristiques du connaissement maritime datent de l'époque du transport par voilier ; cette tradition maritime britannique se poursuit aujourd'hui avec les trois originaux et les autres traits distinctifs en dépit des progrès de l'informatique et de l'électronique.
16. Voir le chapitre 12.
17. De nombreux exportateurs considèrent que ce processus est plutôt une taxe additionnelle et ils en tiennent compte dans leur prix de vente.

- **Le certificat sanitaire** est souvent exigé par les autorités de la santé du pays importateur dans le cas d'exportations de produits agroalimentaires, de bétail ou d'autres produits comestibles. Ce certificat atteste la bonne condition du produit ou du bétail exporté. Notons que c'est l'Agence canadienne d'inspection des aliments, un département d'Agriculture et Agroalimentaire Canada, qui détient la compétence dans ce processus. Afin d'éviter des complications à l'arrivée des produits agroalimentaires dans le pays importateur, l'exportateur de ces produits doit toujours s'assurer, si un certificat sanitaire est requis, que celui qui est délivré au Canada sera accepté.

- **Le certificat d'origine** a pour but de rassurer certains importateurs étrangers au sujet de l'origine exacte de la marchandise achetée. Ainsi, un importateur qui achète un produit au Canada peut exiger un certificat d'origine validé par des autorités gouvernementales. Une attestation de la chambre de commerce locale est la plupart du temps suffisante. Il existe un formulaire spécial (certificat d'origine d'un pays de l'ALENA (*NAFTA Certificate of Origin*[18]) qui est obligatoire pour toutes les exportations vers les États-Unis et qui, de plus, doit être rédigé en anglais.

- **Le certificat d'inspection** est un document requis lorsque l'importateur en fait la demande dans son bon de commande ou dans le crédit documentaire qu'il fait émettre pour le paiement de son achat. Il peut aussi être exigé par l'importateur qui désire s'assurer que la marchandise achetée est conforme aux spécifications transmises à l'exportateur (soit la qualité ou la composition du produit, soit la quantité ou tout autre élément). Normalement, ce certificat doit être délivré par des laboratoires ou des autorités indépendantes[19] qui procèdent à un échantillonnage des produits à exporter selon les normes d'usage, les analysent et délivrent un certificat confirmant le résultat de leur analyse. Les coûts de cette analyse peuvent être très élevés; aussi l'exportateur vérifiera-t-il, au cours des négociations de vente, qu'un tel certificat sera requis par son acheteur afin d'en tenir compte dans son prix de vente ou de partager ces coûts avec ce client étranger. Dans l'exemple 11.3 (voir la page 294), nous voyons comment Métallco s'y prend pour s'assurer de la qualité du minerai acheté en Albanie avant son embarquement à bord d'un navire.

Pour beaucoup d'exportateurs, et plus particulièrement pour les petites et moyennes entreprises, ces exigences et connaissances diverses touchant à la logistique peuvent être très difficiles à gérer. C'est ici que l'expertise du transitaire est particulièrement appréciée par les entreprises qui ont à faire face à l'aspect administratif du processus d'exportation. Le transitaire est un expert qui s'occupe du transport de la marchandise du point d'origine à sa destination finale. Les fonctions que le transitaire assume et les services qu'il offre à l'exportateur sont énumérés dans la prochaine section.

---

18. Certificat d'origine de l'ALENA.
19. Deux sociétés qui comptent des laboratoires et des experts dans la plupart des ports de mer sont accréditées pour effectuer l'analyse de produits et délivrer les certificats d'inspection; il s'agit de la Société générale de surveillance ou SGS (dont le siège social est à Genève) et le Bureau Veritas (dont le siège social est à Paris). Ces deux sociétés ont des laboratoires au Québec.

Comme nous l'avons vu, la firme Métallco fabrique du ferrochrome à son usine de Memphis, au Tennessee, à partir de minerai de chrome qu'elle se procure dans plusieurs pays étrangers. Son principal fournisseur est Mineralimpeks, société productrice de minerai de chrome située en Albanie. Ce pays est reconnu pour la teneur très élevée en oxyde de chrome de son minerai. Cette qualité est fort prisée par les utilisateurs de ce produit, car lorsque le minerai est utilisé dans la fonderie, le produit fini de ferrochrome se révèle de qualité supérieure, et ce, à des coûts avantageux. C'est dire que Métallco achète de très grandes quantités de minerai à l'Albanie.

Cependant, le prix fixé par les Albanais est en fonction du pourcentage d'oxyde de chrome que contient le minerai. Par exemple, pour une teneur en oxyde de chrome de 34 %, le prix du minerai brut est de 11 $US la tonne métrique ; pour une teneur de 33 %, le prix est de 10 $US ; pour une teneur de 35 %, le prix est de 12 $US ; et ainsi de suite. Comme chaque achat correspond à environ 20 000 tonnes métriques, le prix à payer pour une teneur en oxyde de chrome plus ou moins élevée revêt une grande importance. Métallco demande donc, pendant les négociations d'achat avec les Albanais, un certificat d'inspection qui constituera le document officiel sur lequel le prix de chaque expédition de minerai sera fixé.

Après de longues heures de discussions, une entente est conclue : ces coûts seront partagés à parts égales entre le fournisseur et l'acheteur. Il s'agit d'une très bonne chose, car dès la première expédition, la facture de la Société générale de surveillance s'est chiffrée à plus de 10 000 $US, incluant les honoraires de deux experts venus expressément pour effectuer cette analyse, plus leurs frais de déplacement et de séjour, etc. Pendant plusieurs années, ce processus se répétait chaque fois que Métallco achetait du minerai à l'Albanie. En somme, cette dépense a fait l'affaire des deux parties, car certaines expéditions avaient une teneur en oxyde de chrome plus élevée que d'autres, et comme le prix était fixé selon ce pourcentage, personne ne se sentait lésé.

Le rôle du transitaire

Le transitaire (*freight forwarder*[20]) est l'intermédiaire expert essentiel au bon cheminement d'une expédition vers une destination étrangère. Qu'il s'agisse d'une PME ou d'une multinationale, les services offerts par le transitaire s'avèrent presque toujours indispensables. Au Québec, la profession de transitaire est assez récente, mais depuis le développement et l'augmentation des exportations québécoises, de plus en plus de sociétés offrent des services de transitaire. Chez les entreprises québécoises, les services de courtage en douanes proposés aux importateurs ont précédé ceux de transitaire. Depuis la Seconde Guerre mondiale, les transitaires présents au Québec étaient surtout de grandes firmes étrangères, en majorité européennes. Mais au cours des trente dernières années, la profession de transitaire s'est développée, et maintenant plusieurs compagnies québécoises sont présentes à l'échelle mondiale.

---

20. Il ne faut pas confondre le transitaire avec le transporteur (*carrier*), qui est la personne ou la compagnie qui s'engage à effectuer un transport par rail, route, mer, air ou une combinaison de ces divers modes de transport.

Les différents services offerts par un transitaire sont les suivants :

• **Il donne des conseils sur le transport.** Le transitaire conseille l'entreprise exportatrice pour tout ce qui a trait au transport de marchandises, peu importe le mode de transport choisi. Une entreprise qui a conclu une vente avec un client étranger a recours au transitaire pour acheminer la marchandise vendue, et elle s'attend à ce que ce dernier s'assure que la marchandise en question parviendra à destination le plus rapidement possible, de la manière la plus efficace et la plus sécuritaire, et ce, à des coûts raisonnables. Plusieurs multinationales disposent de leurs propres services de transitaire, mais elles font également appel à des transitaires de l'extérieur pour obtenir des conseils sur des expéditions difficiles ou des destinations éloignées. Le cas de Métallco, cité en début de chapitre, qui devait expédier une matière dangereuse à un client situé à l'autre bout du monde, constitue un bon exemple du type de services rendus par un transitaire. C'est le transitaire qui a trouvé, pour le compte de Métallco, les moyens d'expédier la marchandise.

• **Il réserve l'espace à bord du transporteur et négocie les coûts de transport.** Le rôle du transitaire est analogue à celui de l'agent de voyages qui réserve pour des clients des places à bord d'un avion et qui leur obtient les tarifs les plus avantageux. Le transitaire établit le contact avec la ligne maritime, commande le conteneur afin qu'il soit à la date convenue chez l'exportateur et fait les arrangements nécessaires pour le chargement de l'expédition à bord d'un navire vers la destination voulue. En outre, il peut obtenir un taux de transport concurrentiel car, vu sa position d'expert-conseil auprès de nombreuses entreprises, il est en mesure d'offrir à la ligne maritime plusieurs expéditions venant de ses autres clients.

• **Il planifie l'itinéraire (*routing*).** Le transitaire connaît la voie la plus courte et la plus rapide pour que la marchandise fasse le trajet du lieu de départ à la destination à l'étranger en évitant autant que possible les transbordements ou les opérations de manutention. Le changement de mode de transport ainsi que le chargement et le déchargement aux ports sont parfois la cause du bris ou du vol des marchandises. Le transitaire planifie un cheminement aussi direct que possible et utilise sa connaissance des ports, des gares, des douanes et des modes de transport pour protéger les marchandises dont l'entreprise lui a confié le transit.

• **Il prépare toute la documentation requise.** Un bon transitaire est un professionnel du transport, familier avec tous les types de documents qui peuvent être exigés pour une expédition. Il est donc en mesure, avec les données fournies par le client exportateur, de remplir les différents formulaires, factures et certificats mentionnés dans ce chapitre. Ce travail est des plus appréciés par les entreprises exportatrices qui n'ont pas toujours les ressources humaines pour accomplir cette tâche. Le transitaire peut également aider l'entreprise dans sa demande d'un crédit documentaire et dans la préparation des documents exigés par ce crédit lorsqu'il est émis par la banque de l'acheteur et qu'il doit être négocié avec la banque du vendeur. Toutes ces étapes feront l'objet du chapitre 12, qui traite de l'aspect financier de l'exportation et des modalités de paiement.

- **Il assume le suivi des expéditions.** Il arrive souvent que l'acheteur (ou le vendeur) s'inquiète du cheminement de la marchandise en transit. Le transitaire assume le rôle de limier qui essaie de déterminer l'endroit exact où se trouve l'expédition. Qu'il s'agisse d'une expédition par conteneur, par camion ou par avion, il est assez courant que la trace du conteneur, du camion ou de l'avion soit perdue. Il appartient alors au transitaire de localiser exactement cette expédition. Il a les relations voulues, il sait comment s'y prendre, il cherche et il trouve. Selon le cas, il en avise l'acheteur ou le vendeur.

- **Il est un conseiller en emballage et en entreposage.** Certains produits à exporter nécessitent un emballage spécial (comme ce fut le cas de Métallco pour l'exportation de son strontium). Le transitaire a l'expertise requise pour recommander le meilleur type d'emballage pour n'importe quel genre de produits. Il est familier avec la réglementation concernant les matières dangereuses ; aussi, dans l'éventualité du transport de telles matières (comme le strontium), il saura conseiller le vendeur. Depuis l'avènement de la livraison juste-à-temps, plusieurs entreprises préfèrent stocker des produits à l'étranger afin de pouvoir les livrer rapidement à date et à heure fixes. Un bon transitaire prend en charge tous les aspects de cet entreposage et de la livraison juste-à-temps.

- **Il offre des services de groupage (*consolidation*).** Une entreprise peut vouloir exporter une petite quantité de produits chez un client étranger sans avoir suffisamment de marchandises pour remplir un conteneur. Le transitaire peut alors réserver lui-même un conteneur et voir à le remplir au moyen de plusieurs petits chargements en provenance de diverses entreprises. Ces marchandises seront destinées à des clients se trouvant tous dans la même région. Chaque exportateur peut ainsi profiter d'un tarif moindre que celui qui est normalement exigé pour une expédition LCL. Le transitaire s'occupe de réunir les marchandises et de les expédier à leurs destinataires respectifs à l'arrivée.

- **Il offre des services de courtier en douane.** Nous savons déjà que la plupart des transitaires ont débuté comme courtiers en douanes. Ils peuvent donc toujours assumer cette fonction pour les importateurs et, de plus, ils connaissent des courtiers qui sont en mesure d'offrir les mêmes services aux exportateurs dans plusieurs pays étrangers.

- **Il donne de précieux conseils sur les modalités d'assurance (contre les risques de vol ou de perte).** Le transitaire connaît les avaries qui peuvent survenir au cours d'une expédition. Son rôle est essentiellement de diriger l'exportateur vers un courtier d'assurances de transport qui saura lui offrir la couverture appropriée au type d'expédition retenu.

Le rôle du transitaire est semblable à celui des autres experts qui travaillent en coopération avec l'entrepreneur exportateur, notamment le banquier pour les transactions financières ou l'avocat pour les ententes contractuelles. Ainsi, les aspects financier et juridique de l'exportation sont les thèmes des deux derniers chapitres de ce livre.

RÉSUMÉ

- Pour élaborer une stratégie de transport efficace, l'expéditeur doit tenir compte d'une multitude de facteurs, en particulier la destination, l'itinéraire, la nature du produit, sa valeur et ses dimensions, les risques de dommages, la quantité à exporter, la date et la fréquence de livraison, le mode de transport, les délais et les coûts.

- L'exportateur québécois dispose d'un vaste choix de modes de transport : le camion, le train, le transport intermodal, le transport maritime, le transport par conteneur, l'avion, les messageries et le service postal.

- Chaque mode de transport répond à des critères précis et les facteurs qui seront pris en considération en influenceront le choix.

- Une certaine concurrence prend forme entre le transport routier et le transport ferroviaire, mais le transport intermodal constitue un bon compromis, puisqu'il tire parti de la complémentarité des deux modes de transport.

- L'exportation implique un nombre important de documents. Certains sont obligatoires (la facture commerciale, la liste de colisage, différents types de connaissements, le certificat d'assurance et le formulaire B-13), alors que d'autres sont requis occasionnellement (la facture consulaire, le certificat sanitaire, le certificat d'origine et le certificat d'inspection).

- Bien que, au Québec, la profession de transitaire soit assez récente, le transitaire constitue un intermédiaire essentiel au bon fonctionnement d'une expédition vers l'étranger.

QUESTIONS

1 Jusbec a maintenant conclu une entente avec un agent manufacturier. Ce dernier s'avère fort efficace et, déjà, il a obtenu plusieurs commandes importantes. En effet, l'entreprise vient de recevoir une grosse commande d'un établissement hôtelier de Chicago qui veut acheter environ 250 boîtes de jus de pomme (chaque boîte pèse 4 kilos et a un volume de 90 cm^3). L'entreprise doit expédier cette marchandise le plus rapidement possible.

Quel mode de transport recommanderiez-vous à Jusbec pour cette expédition ?

2 Aidée par son distributeur Trinkesaft GmbH[21], Jusbec a réussi à percer son nouveau marché en Allemagne. L'entreprise reçoit, peu après la signature de l'entente de distribution, une commande assez considérable de plusieurs hôtels et institutions de Bavière. Cette commande, d'une valeur d'au-delà de 55 000 $US, doit être expédiée le plus rapidement possible chez le distributeur qui offre un service d'entreposage dans ses locaux de Munich.

Cette commande comprend environ 13 000 boîtes de jus (chaque boîte pèse 4 kilos et a un volume de 90 cm^3). L'emballage d'exportation permet de mettre 100 boîtes dans un contenant en bois (ou environ 10 m^3 avec un poids brut de 405 kilos).

Trois options de transport maritime s'offrent à Jusbec. Selon la première option, l'entreprise peut expédier le tout au moyen d'un conteneur de 20 pieds. Le tarif par conteneur de 20 pieds domicile à domicile est de 2500 $US pour le trajet Montréal-Munich via Rotterdam. La deuxième option consiste à utiliser le conteneur de 40 pieds, dont le tarif domicile à domicile est de 4000 $US. La troisième option est le chargement unitaire, dont le tarif par unité payante est de 7,50 $US.

En tant que responsable de cette expédition, dites quel moyen de transport vous recommanderiez et pour quelles raisons.

---

21. GmbH est l'équivalent en Allemagne de l'abréviation française ltée, soit *compagnie à responsabilité limitée*.

Access Transport
[http://www.accesstransport.ca]
Pour le marché du fret au Québec, ce site offre un point de rassemblement virtuel pour les expéditeurs et les transporteurs qui désirent offrir ou trouver les services appropriés gratuitement.

Air Canada
[http://www.aircanada.ca/f-home.html]

Bureau Veritas
[http://www.bureauveritas.com]

IATA (International Air Transport Association) qui représente plus de 270 compagnies aériennes
[http://www.iata.org/index.htm]

Mediterranean-Canadian Freight conference
[http://www.canconf.com]

Société générale de surveillance
[http://www.sgs.com]

Transport Canada
[http://www.tc.gc.ca]

Transport Québec
[http://www.mtq.gouv.qc.ca]

Transportweb
[http://www.transportweb.com]

U.S. Food and Drug Administration
[http://www.fda.gov]

Ministère des Affaires étrangères et Commerce international Canada
[http://www.infoexport.gc.ca]
Ce site est dédié au transport international et vous pouvez y consulter deux guides particulièrement utiles : *Arrimage sécuritaire* et *Emballage à l'exportation*. En outre, ce site prodigue des conseils judicieux en matière de transport :

- Choisir un mode de transport – liste de vérification ;
- Assurer votre cargaison ;
- Négocier les taux et les services.

CHAPITRE 12

L'aspect financier de l'exportation

PLAN

- **Les conditions internationales de vente (Incoterms)**
- **Le calcul du prix de vente pour l'exportation**
- **Les différentes modalités de paiement**
- **Le crédit documentaire et ses exigences**
- **Les risques de change étranger**
- **Le rôle d'Exportation et Développement Canada**

OBJECTIFS

- Comprendre la signification des conditions internationales de vente (Incoterms).
- Calculer un prix de vente pour l'exportation.
- Utiliser les différentes modalités de paiement et décrire les risques qui en découlent.
- Expliquer les exigences du crédit documentaire.
- Décrire les risques de change encourus par l'exportateur.
- Décrire le rôle d'Exportation et Développement Canada (EDC).

Depuis de nombreuses années, on note une certaine confusion sur le sens attribué aux conditions internationales de vente utilisées dans les échanges commerciaux (par exemple, le sigle *FOB* employé dans les transactions internationales). Dans le but de clarifier la terminologie et d'éliminer les malentendus, la Chambre de commerce de Paris (CCI) s'est penchée sur ce problème et a procédé en 2000 à une révision de la signification de chacun des sigles utilisés pour préciser les conditions internationales de vente. Elle les a réunis sous l'acronyme *Incoterms*.

La première section de ce chapitre souligne l'importance capitale des Incoterms dans l'exportation des marchandises, peu importe leur destination. Une des principales questions financières relatives à l'exportation, le calcul du prix de vente, est abordée dans la deuxième section, illustrée par plusieurs exemples. Pour beaucoup d'entreprises, le calcul du prix de vente sur le marché international est souvent établi sur la base du prix de vente sur le marché local, que l'on ajuste selon la devise utilisée pour l'exportation (habituellement le dollar américain). Un prix de vente pour l'exportation doit cependant tenir compte de tous les frais engagés, ce qui peut inclure non seulement les coûts du produit, mais aussi les commissions versées aux agents, le bénéfice prévu, les frais de transport, etc. Plusieurs exemples de calcul de prix seront fournis dans ce chapitre.

Une fois la vente effectuée, l'entreprise exportatrice doit veiller à se faire payer. Comme nous le verrons dans la troisième section, il existe différentes modalités de paiement propres au commerce international, et chacune comporte des risques pour le vendeur. La quatrième section porte quant à elle sur le processus de paiement par crédit documentaire, qui constitue une modalité de paiement sécuritaire, utilisée par une très grande majorité d'exportateurs engagés pour la première fois dans une transaction avec un client étranger.

Vendre sur des marchés étrangers signifie que l'exportateur doit composer avec des devises étrangères, la majorité du temps le dollar américain ou l'euro. Les fluctuations du dollar canadien face aux devises d'autres pays nécessitent à la fois une étude approfondie des risques de change et des moyens de pallier ceux-ci. Ainsi, nous étudierons, dans la cinquième section, les outils bancaires qu'un exportateur peut utiliser pour se protéger contre les risques de fluctuations importantes de notre dollar.

Dans la dernière section, nous présenterons une société d'État dont la responsabilité première est d'aider les exportateurs canadiens : Exportation et Développement Canada (EDC). Un des nombreux services offerts par cette société, l'assurance crédit à l'exportation, permet à l'entreprise de se protéger contre les risques de non-paiement. Ce service est sans contredit le plus pertinent pour les PME du pays. Nous examinerons également tous les services offerts aux exportateurs et qui permettent à plusieurs d'entre eux d'être plus concurrentiels sur les marchés étrangers.

À la suite de son voyage au Japon, Louis Demers a décidé de continuer à recourir aux services de Misugi Nomira pour la vente de lingots de magnésium, car cet intermédiaire a établi, au cours des années, d'excellentes relations avec plusieurs grands utilisateurs de ce métal. Cependant, Louis doit trouver, en priorité, d'autres débouchés pour les anodes de magnésium destinés aux fabricants de chauffe-eau électriques.

Au cours des dernières années, quelques ventes ont été conclues au Japon par l'entremise du représentant australien Bram Pollack. En effet, une fois par année, ce dernier séjourne dans ce pays, surtout pour maintenir ses relations, mais comme il représente également d'autres fournisseurs étrangers, il n'a pas vraiment le temps de faire la promotion des produits de Métallco. Louis Demers doit donc trouver une solution rapide pour accroître les ventes d'anodes de magnésium. Au cours d'un deuxième voyage, il entre en contact avec une petite *sogo shosha* qui lui semble dynamique et qui connaît bien l'industrie. Dès son retour, il reçoit plusieurs demandes de prix pour différentes quantités de produits. Louis doit d'abord élaborer une stratégie de transport (comment expédier sa marchandise), puis calculer plusieurs prix de vente pour l'exportation selon les quantités requises.

Pour Louis, la première décision à prendre porte sur le choix des modalités de vente à proposer à son client japonais : une vente FOB (port de Montréal) ou une vente CIF (port de Yokohama). Partant du principe que le client veut un service efficace, rapide et sans tracas, Louis décide de vendre ses produits au Japon sur la base de l'Incoterm CIF (port de Yokohama). Il conserve ainsi une certaine souplesse et il peut choisir la ligne maritime, faire une expédition à la date la plus opportune pour la planification de sa production et, peut-être, négocier des coûts de transport avantageux. Il est conscient que, s'il donne un prix FOB Montréal, ce sera le client japonais qui imposera son navire, sa date de départ et couvrira les coûts du transport maritime.

Au cours des mois suivants, il s'avère que Louis a pris la bonne décision, car son partenaire japonais s'est dit enchanté d'avoir un prix en devises américaines. Il est content que la marchandise lui ait été livrée dans un port japonais et qu'il n'ait pas eu à s'occuper de la couverture d'assurance. Plus tard, Louis apprend qu'il était le seul fournisseur étranger de la *sogo shosha* à offrir des modalités de vente CIF et que cela avait en fait favorisé le choix des produits de Métallco plutôt que ceux d'un concurrent américain.

Les conditions internationales de vente (Incoterms)

L'acronyme **Incoterms** provient de l'anglais *INternational COmmercial TERMS* (conditions internationales de vente). L'importance des Incoterms découle du fait qu'ils déterminent les obligations et les responsabilités du vendeur et de l'acheteur dans une transaction internationale. Les exportateurs d'expérience utilisent de plus en plus fréquemment les Incoterms, car leur emploi facilite les échanges internationaux (sauf aux États-Unis, comme nous le verrons plus loin) et élimine les risques de malentendus tout en donnant une indication précise de l'endroit où le transfert de responsabilité de la marchandise s'effectue. Il est important de retenir que l'utilisation des Incoterms ne signifie jamais, en soi, un transfert de propriété. Le transfert de propriété s'effectue d'une autre

Incoterms (*INternational COmmercial TERMS*) / Conditions internationales de vente
Ensemble de sigles servant à déterminer les obligations du vendeur et de l'acheteur dans les contrats de commerce international. Régis par la Chambre de commerce internationale (CCI) située à Paris, les Incoterms définissent avec exactitude les responsabilités des partenaires commerciaux. Voir le site Web de la *CCI*, [en ligne]. [http://www.iccwbo.org/incoterms]

FIGURE 12.1

Les Incoterms au départ

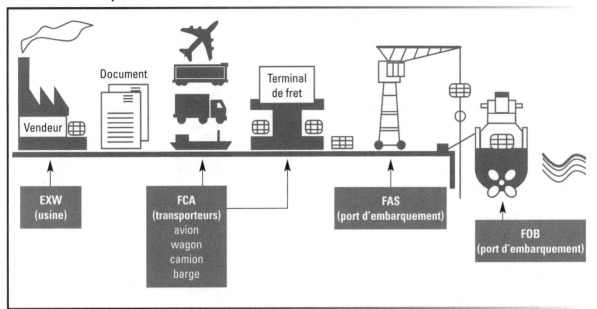

EXW (*EX Works* ou à l'usine)

Incoterm indiquant que la marchandise est mise à la disposition de l'acheteur dans les locaux du vendeur (usine, entrepôt, etc.). Le vendeur n'est pas responsable du chargement de la marchandise dans le véhicule fourni par l'acheteur ou de son dédouanement à l'exportation, sauf indication contraire. L'acheteur supporte tous les risques et frais inhérents à l'acheminement de la marchandise des locaux du vendeur à sa destination.

FCA (*Free CArrier* ou franco transporteur)

Incoterm indiquant que le vendeur a remis la marchandise dédouanée à l'exportation au transporteur désigné par l'acheteur à l'endroit convenu. Si aucun endroit n'est mentionné par l'acheteur, le vendeur peut choisir le lieu où le transporteur prendra la marchandise. Lorsque la pratique commerciale exige le concours du vendeur pour conclure le contrat avec le transporteur, le vendeur agit aux frais et risques de l'acheteur.

manière, comme le transfert d'un connaissement maritime ou l'obtention de la mainlevée à la douane (voir le chapitre 4). De plus, ces conditions de vente concernent uniquement les parties contractantes, c'est-à-dire le vendeur et l'acheteur. À aucun moment, le transporteur n'est en cause dans l'utilisation des Incoterms. Les figures 12.1 et 12.2 (voir la page 304) illustrent l'endroit précis de ce transfert de responsabilité (et non de propriété) entre le lieu de vente et le lieu d'achat. Nous expliquerons aussi la signification des Incoterms les plus couramment utilisés dans les transactions entre le Canada et les pays d'outre-mer[1].

- **EXW** (*EX Works* ou à l'usine) suivi du lieu convenu est applicable à tout mode de transport (y compris le transport multimodal) que le vendeur met à la disposition de l'acheteur dans ses propres locaux. L'acheteur a donc la responsabilité de venir chercher chez le vendeur la marchandise en question. Dans un tel cas, le vendeur n'assume aucune responsabilité envers l'acheteur, sauf celle de l'aviser que la marchandise est prête à être récupérée.

Cela pourrait être le cas de Métallco dans une vente faite à une maison de commerce qui, au nom d'un de ses clients étrangers, déciderait de s'occuper de toutes les étapes de l'expédition de l'usine de Métallco jusque chez son client à l'étranger.

- **FCA** (*Free CArrier* ou franco transporteur) suivi du lieu convenu est applicable à toute expédition par navire, avion, camion ou rail. Ici, le transfert de responsabilité, incluant les risques et les coûts de transport, s'effectue dès la remise de la

---

1. L'utilisation des Incoterms avec des clients américains n'est pas courante. L'emploi du FOB américain est la norme.

marchandise au transporteur. À partir de ce double transfert, le vendeur qui se sert de l'Incoterm FCA n'a plus la responsabilité de la marchandise. Comme nous l'avons précisé dans le chapitre 11, dans le cas d'une expédition qui doit se faire par avion, le transfert de responsabilité est effectif dès la remise de la marchandise aux autorités aéroportuaires.

Par exemple, un exportateur désire envoyer un colis à Paris par avion. Comme il s'agit d'une vente FCA (aéroport de Montréal), sa responsabilité prend fin lorsqu'il reçoit de l'aéroport Pierre-Elliott-Trudeau (ou de Mirabel) un reçu confirmant que sa marchandise a bien été acceptée pour la mise à bord d'un avion en direction de Paris. Plus tard, la ligne aérienne qui transporte le colis émettra une lettre de transport aérien (LTA) qui est le connaissement décrit dans le chapitre 11.

- **FAS** (*Free Alongside Ship* ou franco le long du navire), suivi du nom du port d'embarquement, est un Incoterm de vente au départ et il ne s'applique qu'aux expéditions par transport maritime. Dans ce cas, le vendeur doit s'occuper des formalités douanières de l'exportation (formulaire B-13) et il met la marchandise à la disposition de l'acheteur, à la date spécifiée par ce dernier, sur le quai le long du navire choisi par l'acheteur. Cet Incoterm peut cependant causer des ennuis si le navire est en retard ou si le vendeur apporte la marchandise trop tôt au quai. Si le retard dépasse 48 heures, le vendeur peut être soumis à des frais de surestarie (*demurrage*) facturés par les autorités portuaires. Il importe donc que l'entente entre le vendeur et l'acheteur prévoie les charges pouvant découler d'un retard du navire au port d'embarquement.

Par exemple, Métallco décide d'expédier à un nouveau client allemand un premier chargement par conteneur. Selon les conditions du contrat, dans ce cas imposées par l'acheteur allemand, l'entreprise doit expédier ses produits FAS (port de Montréal). Ainsi, dès que le chauffeur du camion de Métallco a remis la marchandise aux autorités du port de Montréal à une date précise et sur le quai spécifié par le client allemand, il reçoit un accusé de réception et Métallco est alors déchargé de la responsabilité de la marchandise.

- **FOB** (*Free On Board* ou franco à bord), suivi du nom du port d'embarquement, indique que le transfert de risques, donc de la responsabilité et des frais, se fait lorsque la marchandise passe au-dessus du bastingage du navire ou de la rambarde du pont (*over the ship's rail*). On ne doit pas confondre l'Incoterm FOB tel qu'il est décrit dans les règles de la Chambre de commerce de Paris avec le FOB utilisé aux États-Unis (voir la page 306). Comme le montre sa définition, l'Incoterm FOB s'utilise exclusivement pour le transport maritime. Les responsabilités douanières à l'exportation sont à la charge du vendeur, qui doit cependant recevoir de l'acheteur, au préalable, le nom du navire et les dates de chargement au port d'embarquement. Le vendeur a la responsabilité de mettre la marchandise à bord du navire et d'obtenir de la ligne maritime le connaissement maritime pertinent.

Tout comme dans l'exemple précédent, Métallco doit livrer la marchandise au port de Montréal pour qu'elle soit mise à bord du navire choisi par l'acheteur allemand. Mais dans ce cas, puisqu'il s'agit d'une vente FOB (port de Montréal), Métallco est libérée de sa responsabilité dès que le conteneur passe au-dessus du bastingage du navire ancré au port. À cet instant, l'acheteur allemand assume la responsabilité de l'expédition.

FAS (*Free Alongside Ship* ou franco le long du navire)
Incoterm indiquant que la marchandise a été placée par le vendeur le long du navire sur le quai ou dans les allèges. L'acheteur doit, à partir de ce point, supporter tous les frais et risques de perte ou d'avarie et doit aussi dédouaner la marchandise à l'exportation. FAS ne doit pas être utilisé quand l'acheteur ne peut pas accomplir directement ou indirectement les formalités nécessaires à l'exportation. Il ne peut être employé que pour le transport maritime.

Les Incoterms à l'arrivée

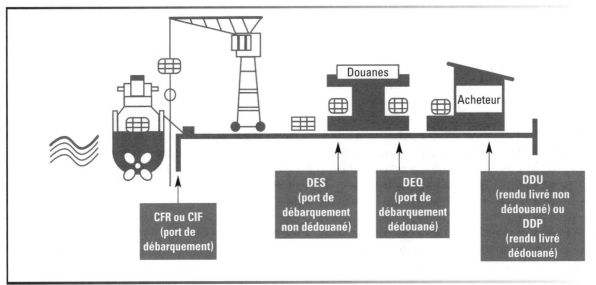

Dans le cas du transport par bateau, il peut toutefois arriver que le transfert de responsabilité se concrétise uniquement après la traversée. La figure 12.2 contient les conditions de vente utilisées à l'arrivée, soit de l'autre côté de l'océan. Notons au passage que, dans le cas des Incoterms CFR et CIF, le transfert de risques s'effectue au même endroit que dans le cas de l'Incoterm FOB, c'est-à-dire dès que la marchandise passe au-dessus du bastingage du navire au *port d'embarquement*, ce qui avantage le vendeur. D'après les règles de la Chambre de commerce de Paris qui régit les Incoterms, CFR et CIF sont vraiment des Incoterms de vente au départ, mais, pour faciliter la compréhension et simplifier les figures, nous les avons placés au port de débarquement.

• **CFR** (*Cost and FReight* ou coût et fret), suivi du nom du port de débarquement, indique que le transfert de risques se fait lorsque la marchandise passe au-dessus du bastingage du navire au port d'embarquement. Dans le cas d'une vente CFR, le *vendeur* choisit la compagnie maritime, réserve l'espace, fixe une date de départ, assume les frais du transport maritime jusqu'au port de destination et s'occupe des formalités douanières de l'exportation. Pour sa part, l'acheteur veille à obtenir une couverture d'assurance pour la cargaison dont il est responsable dès son départ du port d'embarquement.

• **CIF** (*Cost, Insurance and Freight* ou coût, assurance et fret), suivi du nom du port de débarquement, indique que le transfert de risques du vendeur à l'acheteur s'effectue, comme dans le cas d'une vente CFR, lorsque la marchandise passe au-dessus du bastingage du navire au port d'embarquement. Le vendeur, dans ce cas, a les mêmes responsabilités de transport maritime (choix du mode de transport, paiement des coûts afférents et formalités douanières de l'exportation) et, de plus, il veille à obtenir la couverture d'assurance maritime du port d'embarquement au port de débarquement. Ce fait avantage le vendeur dans

Maintenant que Louis Demers, représentant chez Métallco, comprend mieux les avantages des Incoterms, il décide de vendre ses produits à ses clients européens sur la base de l'Incoterm CFR (port de Rotterdam) ou de l'Incoterm CIF (port de Rotterdam). Ce dernier Incoterm est utilisé lorsque l'acheteur désire que la prime d'assurance maritime soit à la charge de l'exportateur. Comme nous l'avons expliqué, Métallco est libérée de sa responsabilité, dans ces deux cas, au port de Montréal, c'est-à-dire dès que le conteneur passe au-dessus du bastingage du navire. Cela constitue un avantage indéniable pour l'entreprise exportatrice qui a choisi la ligne maritime lui convenant le mieux sur le plan de la tarification et de la date de départ du port de Montréal.

la mesure où il peut choisir le mode de transport et la date de départ, et il n'est pas responsable des risques liés à la marchandise.

Les quatre Incoterms qui suivent et qui commencent par la lettre D présentent des situations où les responsabilités de l'acheteur sont déterminées par des activités qu'exige le pays étranger. Cela peut causer de sérieux problèmes si une supervision étroite, de la part de l'acheteur ou de son représentant, n'est pas exercée lorsque ces activités se déroulent. Par conséquent, il faut prendre certaines précautions avant d'accepter une modalité de vente débutant par un D- (D pour danger !).

• **DES** (*Delivered Ex Ship* ou rendu au débarquement), suivi du nom du port de débarquement, est utilisé exclusivement pour le transport maritime de marchandises en vrac (minerai, grains, pétrole) et nécessitant un transbordement du navire vers une barge ou une péniche. Ainsi, le vendeur a mis à la disposition de l'acheteur au port de destination et à bord du navire la marchandise non dédouanée. L'Incoterm DES est semblable à l'Incoterm CIF à cette différence que, dans ce dernier cas, c'est le vendeur et non l'acheteur qui assume la responsabilité de la marchandise expédiée jusqu'au port de débarquement.

• **DEQ** (*Delivered Ex Quay* ou rendu à quai), suivi du nom du port de débarquement, implique les mêmes règles et commentaires que pour l'Incoterm précédent, mais avec une exception importante : l'*acheteur* doit payer les frais douaniers applicables et assumer la responsabilité d'obtenir une licence d'importation (si cela est requis).

• **DDU** (*Delivered Duty Unpaid* ou rendu droits non acquittés), suivi du lieu de destination convenu chez l'acheteur, est employé pour tout mode de transport, y compris le transport multimodal. Dans le cas d'une vente DDU, le vendeur doit s'assurer qu'un véhicule livre la marchandise chez l'acheteur, et c'est ce dernier qui s'occupera du déchargement et du dédouanement.

• **DDP** (*Delivered Duty Paid* ou rendu droits acquittés), suivi du lieu de destination de l'acheteur, présente une seule différence avec l'Incoterm précédent, à savoir que le vendeur doit acquitter les frais de douanes de l'importation et assumer les coûts de transport jusque chez l'acheteur.

DES (*Delivered Ex Ship* ou rendu au débarquement)

Incoterm indiquant que le vendeur doit supporter tous les frais et risques inhérents au transport jusqu'à ce que la marchandise, non dédouanée à l'importation, soit à bord du navire au port convenu. Il doit dédouaner la marchandise à l'exportation. DES ne peut être utilisé que pour le transport maritime.

DEQ (*Delivered Ex Quay* ou rendu à quai)

Incoterm indiquant que le vendeur doit supporter tous les frais et risques inhérents au transport jusqu'à ce que la marchandise, dédouanée à l'importation, soit sur le quai (débarcadère) au port convenu. DEQ ne doit pas être utilisé si le vendeur ne peut pas obtenir directement ou indirectement la licence d'importation.

DDU (*Delivered Duty Unpaid* ou rendu droits non acquittés)

Incoterm indiquant que le vendeur doit supporter tous les frais et risques, y compris les formalités douanières, inhérents au transport de la marchandise jusqu'au lieu convenu dans le pays d'importation (à l'exclusion des droits, taxes et autres charges officielles). L'acheteur doit assumer les frais supplémentaires et les risques s'il n'a pas dédouané à temps la marchandise à l'importation. DDU peut être utilisé quel que soit le mode de transport.

DDP (*Delivered Duty Paid* ou rendu droits acquittés)

Incoterm indiquant que le vendeur doit supporter tous les risques et frais, y compris les droits, taxes et autres charges, liés à la livraison jusqu'à ce que la marchandise, dédouanée à l'importation, soit rendue au lieu convenu dans le pays d'importation. DDP ne doit pas être utilisé si le vendeur ne peut obtenir directement ou indirectement la licence d'importation. Il peut être employé quel que soit le mode de transport.

On retiendra donc que, dans le cas d'une vente EXW, toute la responsabilité du transport de la marchandise du point d'origine jusque chez l'acheteur repose sur ce dernier. À l'inverse, dans le cas d'une vente DDP, toute la responsabilité du transport de la marchandise du point d'origine jusque chez l'acheteur est à la charge du vendeur. Dans les deux cas, on doit également ajouter tous les autres frais qui peuvent être engagés (douanes, dédouanement, documentation, etc.) entre le point de départ et le point d'arrivée.

FOB aux États-Unis

Les Incoterms sont peu utilisés aux États-Unis, où les *Revised American Foreign Trade Définitions*, rédigées en 1919 et révisées en 1941, sont encore en vigueur. Le FOB américain (qu'il ne faut pas confondre avec le FOB des Incoterms) est utilisé pour signifier tout endroit situé entre les locaux du vendeur et ceux de l'acheteur. Ainsi, FOB (usine du vendeur) aux États-Unis serait l'équivalent de l'Incoterm EXW (2000), tandis que FOB (usine de l'acheteur) aux États-Unis serait l'équivalent de l'Incoterm DDP (2000). Pour l'exportateur québécois négociant avec un client américain, il est préférable d'utiliser le FOB américain, tout en s'assurant que les deux parties savent exactement qui est responsable des frais de transport et de dédouanement.

Comme nous allons le voir dans la section qui suit, selon les conditions de vente conclues entre le vendeur et l'acheteur, le calcul du prix de vente devra inclure certains coûts, dont les coûts liés au transport de même que les frais afférents à la logistique (frais de documentation, honoraires du transitaire, etc.). Dans un prix de vente pour l'exportation calculé correctement, tous les coûts doivent être détaillés et clairement indiqués.

Le calcul du prix de vente pour l'exportation

Avant d'établir son prix de vente, l'exportateur doit avoir une stratégie basée sur certains principes liés à l'environnement dans lequel son produit sera vendu. Par la suite, il doit calculer son prix en tenant compte de tous les frais liés à la production de la marchandise, à sa préparation pour l'exportation, à son transport vers un pays étranger, à la logistique, etc.

Les principes de base

Il est important que l'exportateur formule une stratégie de prix pour la mise en marché du produit. Cette stratégie s'élabore en fonction de six principes de base.

1. Le prix de vente du produit doit tenir compte des objectifs de l'entreprise. En est-elle à ses premiers efforts sur un nouveau marché ? Fait-elle face à des concurrents dynamiques et bien établis sur le territoire visé ? Sa stratégie de marketing vise-t-elle une croissance à long terme ? L'entreprise veut-elle établir sa crédibilité, faire connaître son produit le plus rapidement possible et atteindre une juste part du marché ? L'entrepreneur doit apporter des réponses précises à ces questions avant même de déterminer un prix de vente.

2. Le prix de vente doit tenir compte des frais fixes et des frais variables.
Lorsqu'une entreprise crée et fabrique un produit ou offre un service, elle engage des coûts, soit des frais fixes et des frais variables. Le prix de vente doit englober ces différents coûts qui peuvent dans certains cas être si élevés que la marge de manœuvre devient trop mince pour garantir un bénéfice raisonnable. L'exportation de ce produit n'est alors pas rentable. Il peut aussi arriver que les coûts de fabrication d'un produit soient si élevés que, si l'on y ajoute les frais de transport et de promotion, il sera impossible de le rendre concurrentiel sur un marché étranger. Un calcul serré des frais fixes (ou frais d'administration) et des frais variables liés directement à la fabrication du produit est essentiel.

3. Le prix de vente doit tenir compte de la concurrence présente sur le marché cible. En effet, une entreprise pénétrant un nouveau marché étranger ne peut ignorer les stratégies de prix mises en place par ses concurrents directs. Le prix de vente fixé ne peut être supérieur à celui des concurrents à moins que l'image et la qualité du produit ne le justifient. Une autre approche, dite *d'écrémage,* permet de fixer un prix élevé avec une importante marge de profit du fait qu'aucun concurrent n'offre un produit similaire et qu'en outre, le produit de l'exportateur est innovateur et unique.

4. Le prix de vente doit tenir compte de l'offre et de la demande. Ce principe fondamental dans le calcul du prix est également en vigueur dans le commerce international. Si la demande est élevée, un prix élevé sera justifié ; inversement, pour stimuler une demande, on affichera un prix modique.

5. Le prix de vente doit tenir compte de l'image et de la qualité du produit offert. Traditionnellement, pour les produits de consommation, plus on rehausse l'image d'un article, plus on peut fixer un prix élevé. Dans un tel cas, la notion de qualité est primordiale. Un produit non seulement doit offrir une image de marque ou une notoriété supérieure, mais sa qualité doit justifier cette image de marque ou cette notoriété. Par exemple, les produits cosmétiques de marque Lise Watier sont vendus au Québec et ailleurs à un prix comparable à celui d'autres marques de produits de beauté ayant déjà établi leur image tels que Clinique ou Chanel. Le fait d'adopter la même gamme de prix indique au consommateur que les produits Lise Watier se comparent à ceux de ses concurrents. Fixer un prix plus bas risquerait de donner du produit une tout autre image.

6. Le prix de vente doit tenir compte de l'estimation du résultat des ventes et de la rentabilité. Ainsi, une entreprise peut vouloir s'imposer rapidement sur le marché et vendre une grande quantité de produits. Pour arriver à ses fins, elle peut aller jusqu'à sacrifier sa marge de profit et ainsi obtenir un plus gros volume de ventes à un prix de vente raisonnable.

Par exemple, lorsque Wrebbit a mis en vente ses casse-têtes à trois dimensions, le prix de vente était fort raisonnable, car les gestionnaires de Wrebbit voulaient conquérir rapidement l'ensemble du marché américain. Conséquemment, la marge de profit sur chaque article vendu était minime, mais le volume considérable de produits vendus la compensait amplement. Cette approche est souvent utilisée pour le lancement de nouveaux produits de consommation de masse. Par ailleurs, pour des produits industriels ou vendus à des entreprises,

ENCADRÉ 12.1

Les facteurs à considérer dans le calcul du prix

Un certain nombre de facteurs doivent être pris en considération dans l'établissement du prix d'un bien destiné à l'exportation, sans quoi l'exercice devient risqué. Ces facteurs viennent appuyer la pérennité de l'exercice d'exportation et offrir une meilleure lecture de la nouvelle situation dans laquelle se trouve l'entreprise.

Au cours de cet exercice qu'est le calcul du prix, l'entreprise est appelée à définir toutes les étapes dans le processus de production et d'acheminement du produit vers le marché étranger. Ceci signifie que l'entreprise doit être en mesure d'établir tous les coûts, fixes comme variables, liés à la production. En fait, l'entreprise devrait alors être en mesure de déterminer, à n'importe quelle étape du processus jusqu'à la livraison sur le marché étranger, les détails des coûts suivants :

1. **Le coût d'achat des matières premières :**

   Prix d'achat des matières premières
   - (+) les coûts directs d'approvisionnement ;
   - (+) les coûts indirects d'approvisionnement ;
   - (−) la partie des droits de douane payés s'il y a lieu.

2. **Le coût lié à l'adaptation du produit s'il y a lieu.**

3. **Le coût lié à la préparation :**
   - Étiquetage ;
   - Emballage ;
   - Marquage ;
   - Emballage pour fin d'expédition.

4. **Les coûts du transport :**
   - Chargement et coûts afférents ;
   - Entreposage ;
   - Acheminement.

5. **Les coûts liés à la documentation :**
   - Préparation de la documentation ;
   - Coût lié à la certification ;
   - Coût lié à l'inspection.

6. **Les coûts des assurances :**
   - Assurance liée au fret ;
   - Assurance liée au défaut de paiement.

7. **Les droits de douane :**
   - Frais de courtage et du transitaire ;
   - Droit de douane ;
   - Frais au port de sortie ;
   - Frais au port d'entrée.

8. **Les coûts du financement :**
   - Frais d'intérêts ;
   - Coûts de l'assurance crédit à l'exportation ;
   - Protection contre les fluctuations.

9. **Les coûts reliés au marketing et à la promotion :**
   - Coûts de représentation ou de distribution ;
   - Coûts reliés à la publicité et aux relations avec les médias ;
   - Coûts reliés au matériel publicitaire ;
   - Frais de déplacement et de voyage sur le marché cible.

10. **Autres coûts**

Source : Belgacem Rahmani, chargé de formation, HEC Montréal.

on vise des créneaux précis et les prix sont fixés différemment : comme le volume s'avère limité, la marge de profit doit être assez importante, et donc le prix sera plus élevé.

Cette approche est celle que Métallco a choisie pour fixer le prix de ses anodes de magnésium à l'étranger : un nombre de clients restreint, une niche de mar-

308 | **PARTIE V** *L'administration et les techniques d'exportation*

ché, un prix élevé avec une marge de profit également élevée. Grâce à une telle approche, il est possible d'atteindre les objectifs de vente et de rentabilité de l'entreprise.

Ces différents principes de base permettent de calculer un prix de vente dans lequel entrent en ligne de compte tous les coûts afférents. Nous sommes maintenant en mesure de préciser quelle est la meilleure méthode pour établir le prix d'un produit. En règle générale, les entreprises exportatrices se basent sur une des quatre méthodes suivantes :

1. Le prix fixé selon les coûts réels (*cost-plus*) représente la somme de tous les coûts engagés pour fabriquer le produit, pour le préparer à l'exportation et pour le transporter. Il comprend aussi les commissions payables, le bénéfice prévu et les frais de financement.

2. Le prix du marché est établi selon des études de marché effectuées par l'exportateur, lesquelles doivent fournir une description de l'environnement concurrentiel du marché. Ainsi, le prix de vente tiendra compte de la demande du produit et du prix que le client potentiel considère comme raisonnable, compte tenu du niveau de qualité de la marchandise. Ce ratio prix-qualité sert souvent de barème au consommateur au moment où il prend sa décision. En pratique, l'entreprise perçoit rapidement l'étendue d'une fourchette de prix compétitive sur le marché visé, qu'on nomme le *prix du marché*.

3. Le prix concurrentiel représente le prix de vente fixé en fonction de celui du concurrent direct.

4. Le prix fixé par le gouvernement est le prix de vente au consommateur qu'une autorité gouvernementale, dans plusieurs pays, est chargée d'établir pour certains produits. Le prix fixé est ainsi sous le contrôle d'une agence gouvernementale et ne peut en aucune façon être modifié par le fabricant. Par exemple, au Québec, la Société des alcools contrôle entièrement le prix de vente de ses produits importés. Le producteur de vins, qu'il soit situé au Chili, en France ou en Espagne, n'a aucun droit de regard sur le prix offert au consommateur. Il vend ses produits à la Société des alcools du Québec (SAQ), qui y ajoute ses frais et son bénéfice pour fixer le prix final selon ses propres critères. Il est clair qu'une situation de monopole favorise cette façon de faire.

Avant de décider du prix, le producteur doit évaluer toutes les composantes liées à l'expédition et calculer le coût unitaire de chacune d'elles. Au moment d'une expédition, il faut prendre en considération les éléments suivants :

• Les *frais fixes* et les *frais variables* comprennent les frais d'administration et les frais liés directement au produit (les coûts de la main-d'œuvre, des matières premières et de l'énergie). L'indication du pays d'origine doit se trouver sur tout produit exporté[2] et implique des frais dont il faut tenir compte.

---

2. Ainsi, un produit manufacturé portera la mention « Fait au Canada » ou *Made in Canada*, et les matières premières, la mention « Produit du Canada » ou *Product of Canada*. Il existe des exigences similaires pour les imprimés publicitaires, qui doivent porter la mention « Imprimé au Canada » ou *Printed in Canada*.

- Les *frais de vente, de promotion et de publicité* sont susceptibles de comprendre les salaires des employés travaillant exclusivement à l'exportation, les coûts de participation à des foires, les frais de déplacement à l'étranger et les frais d'élaboration d'outils promotionnels, tels les brochures et autres imprimés.

- Les *frais d'emballage et d'étiquetage* peuvent parfois être assez élevés étant donné que l'emballage pour l'exportation doit être solide et sécuritaire et que les étiquettes doivent être claires et mises en évidence. Par exemple, pour l'expédition des anodes de magnésium de l'usine de Métallco vers l'Australie, il a fallu concevoir et construire des boîtes en bois, ce qui a occasionné des frais additionnels.

- Les *frais de documentation* sont les coûts parfois importants liés aux factures consulaires et aux certificats d'inspection (voir le chapitre 11).

- La *rémunération du transitaire* comprend les honoraires très raisonnables que celui-ci facturera pour chaque expédition dont il a la responsabilité ; à ceux-ci s'ajouteront des frais pour la préparation de documents et pour d'autres fonctions que l'exportateur lui demandera d'assumer.

- Les *frais de financement* comprennent différentes modalités de paiement qui s'offrent aux intervenants dans le domaine de l'exportation, la plupart des modalités comportant des échéances plus ou moins longues, ce qui entraîne des frais que l'entreprise exportatrice doit couvrir et inclure dans le prix de vente (voir la page 306).

- Les *frais bancaires* englobent les frais de services facturés par les banques : par exemple, le crédit documentaire qui inclut un pourcentage de frais proportionnel au montant total du crédit. Ils incluent également les frais exigés par les banques pour donner une information financière sur un client à la demande d'un exportateur.

- La *commission* est versée pour la vente à l'agent manufacturier ou au représentant qui l'a effectuée, et doit être comptabilisée dans le prix de vente du produit.

- Le *bénéfice prévu* doit être inclus dans le prix de vente, comme il est fortement recommandé à l'exportateur de le faire, contrairement à la pratique courante en comptabilité.

Lorsque chacune des composantes du prix est clairement déterminée et que les coûts de celles-ci sont bien calculés, il est plus aisé, dans le cadre du processus de négociation du prix avec le client, de modifier le prix sachant laquelle des composantes peut supporter une baisse. Au départ, en incluant dans le prix un montant alloué au bénéfice (qui peut être modifié sans trop de difficulté), le négociateur a une marge de manœuvre beaucoup plus grande. Ceci doit être fait en tenant compte de la stratégie de prix la plus appropriée.

La stratégie de prix

La détermination d'une stratégie de prix[3] répond à la réalité du marché et à la capacité de l'entreprise à y faire face. L'entreprise doit prendre en considération la position qu'occupent sur le marché cible les entreprises concurrentes et sa capacité à rivaliser à court, moyen et long terme avec cette concurrence.

---

3. Belgacem Rahmani, chargé de formation, HEC Montréal.

À cette étape de l'exercice, l'entreprise doit se poser un certain nombre de questions, à savoir :

- Quels sont le potentiel du marché et le rythme d'augmentation de la demande ?
- Quel est le prix d'un produit équivalent sur le marché ?
- Où se situe le produit dans son cycle de vie ?
- Quel est le niveau technologique du produit ?

Une fois ces informations obtenues, il appartient alors à l'entreprise d'arrêter son choix sur la stratégie de prix appropriée. En fait, à ce stade, la détermination du prix est plus qu'une opération d'arithmétique ; l'entreprise articule son approche selon des objectifs stratégiques, et toutes les approches stratégiques sont valables à la condition que la stratégie choisie soit celle qui répondra le mieux aux objectifs de l'entreprise.

Quatre stratégies de prix sont universellement connues et chacune d'elle satisfait des objectifs spécifiques :

1. La stratégie du prix fixe. Une telle approche correspond fort bien aux ventes par catalogue (Sears), Internet (eBay) ou par correspondance, directement au consommateur. Elle consiste à proposer un prix identique à tous les clients, auquel on ajoute les frais d'expédition qui sont déterminés pour chaque destination.

2. La stratégie du prix variable. Par cette démarche, l'entreprise vise en réalité une augmentation de sa rentabilité. Elle propose à divers clients un produit identique à des prix différents. Le prix demandé est la plupart du temps en fonction de la position de force et du pouvoir de négociation du client. Il est à noter que l'entreprise exportatrice qui opte pour une telle stratégie devra, tôt ou tard, assumer le mécontentement des clients ayant déboursé un prix plus élevé par rapport à d'autres. Il faut noter également que même les clients ayant bénéficié d'un prix préférentiel éprouveront un certain doute.

3. La stratégie du prix de pénétration. L'entreprise opte pour une telle stratégie afin de permettre une entrée rapide sur le marché cible de ses produits au moyen du prix le plus bas possible. Par cette approche, on vise un volume de vente important qui viendra compenser la faible marge de profit exigée à l'unité.

4. La stratégie du prix d'écrémage. C'est une stratégie qui permet de proposer un produit à un prix, le plus élevé possible, permettant de maximiser les profits à court terme. On peut procéder de la sorte dans le cas où le produit proposé est un nouveau produit ou un produit grandement amélioré et lorsque aucun autre produit n'est offert sur le marché pour le concurrencer. Dans une telle démarche, il est conseillé aux entreprises d'observer attentivement le marché et de procéder à l'examen de la stratégie en question dès l'introduction d'un produit concurrent sur le marché.

Les tableaux 12.1 et 12.2 (voir les pages 312 et 313) présentent deux exemples de calcul de prix. Le premier exemple illustre une vente faite à un client situé aux États-Unis avec une condition de vente FOB (chez le client). Le second

TABLEAU 12.1

Le calcul du prix pour l'exportation avec une condition de vente FOB

Expédition d'un climatiseur commercial vendu à un client de Baltimore, Maryland

1. Coût unitaire	Frais fixes		860,00 $	
	Frais variables (main-d'œuvre, matières premières)		500,00 $	
			1360,00 $	1360,00 $
2. Marque du pays d'origine « Fabriqué au Canada »				10,00 $
3. Moins	a) Taxe fédérale		0,00 $	
	b) Dégrèvement douanier (*drawback*)		68,00 $	
	c) Part des frais fixes non applicables		0,00 $	
Total (a + b + c)			68,00 $	68,00 $
4. Coût de revient net (1 + 2 − 3)				1302,00 $
5. Profit prévu				585,00 $
6. Commission à l'exportation (10 % du prix de vente)				265,00 $
7. Frais de promotion et de vente		105,00 $		
8. Étiquetage				3,00 $
9. Emballage et cerclage		60,00 $		
10. Certificat d'origine, factures consulaires, etc.				20,00 $
11. Rémunération du transitaire		25,00 $		
12. Frais de financement				—
13. Autres frais				—
14. Total (4 + 5 + 6 + 7 + 8 + 9 + 10 + 11 + 12 + 13) Prix de revient à l'usine				2365,00 $
15. Transport par camion (domicile à domicile)				125,00 $
16. Assurance crédit à l'exportation				—
17. Assurance de la marchandise				30,00 $
18. Frais douaniers et de dédouanement (4 % du prix de revient + transport)				100,00 $
19. Total (14 + 15 + 16 + 17 + 18) Prix de vente livré par camion (dédouané)				2620,00 $ ($ CAN à convertir en $ US)

Source : Antoine Panet-Raymond (1999), *La filière de l'exportation*, Québec, Les Publications du Québec, p. 27.

exemple concerne une vente outre-mer comportant une condition de vente CIF (port de débarquement). Ces tableaux montrent de façon pratique l'importance de ces conditions de vente dans le calcul d'un prix pour l'exportation.

Une fois le prix de vente fixé, l'exportateur doit s'entendre avec l'acheteur à propos des modalités de paiement. Plusieurs possibilités s'offrent alors à lui.

TABLEAU 12.2

Le calcul du prix pour l'exportation avec une condition de vente CIF

Expédition d'un plein conteneur de 50 vélos vendus à un client de Hambourg

1. Coût unitaire	Frais fixes		40,00 $	
	Frais variables (main-d'œuvre, matières premières)		40,00 $	
			80,00 $	80,00 $
2. Marque du pays d'origine « Fabriqué au Canada »				—
3. Moins	a) Taxe fédérale			0,00 $
	b) Dégrèvement douanier (*drawback*)		5,00 $	
	c) Part des frais fixes non applicables à l'exportation (50 %)		20,00 $	
Total (a + b + c)			25,00 $	
4. Coût de revient net (1 + 2 − 3)				55,00 $
5. Bénéfice export				12,00 $
6. Commission export (10 % du prix de vente)				8,00 $
7. Frais de promotion				2,00 $
8. Étiquetage				—
9. Emballage et cerclage				1,00 $
10. Certificat d'origine, factures consulaires, etc.				1,00 $
11. Rémunération du transitaire				1,50 $
12. Frais de financement				1,00 $
13. Autres frais				—
14. Total (4 + 5 + 6 + 7 + 8 + 9 + 10 + 11 + 12 + 13) Prix de revient à l'usine				81,50 $
15. Transport maritime (1 conteneur = 50 vélos) (2500 $ CAN/conteneur)				50,00 $
16. Assurance crédit à l'exportation				—
17. Assurance de la marchandise				0,40 $
18. Frais douaniers et de dédouanement (4 % du prix de revient + transport)				—
19. Total (14 + 15 + 16 + 17 + 18) Prix de vente CIF Hambourg exprimé en $ CAN				131,90 $

Source : Antoine Panet-Raymond (1999), *La filière de l'exportation*, Québec, Les Publications du Québec, p. 28.

Les différentes modalités de paiement

Dans le choix de la modalité de paiement la plus appropriée, le rôle du banquier de l'entreprise est primordial. Le banquier est avant tout un conseiller qui peut aider l'entreprise dans l'élaboration de sa stratégie d'exportation. Son expérience permet en effet à l'entreprise exportatrice de choisir la méthode de paiement la plus sécuritaire et la plus pertinente. Les banques jouent un rôle de premier plan dans la négociation du crédit documentaire. En somme, toute entreprise qui veut se faire payer par ses clients étrangers sans trop de retards ou de difficultés a intérêt à recourir aux services de son banquier afin de s'assurer qu'elle opte pour la meilleure modalité de paiement en fonction de la transaction en cours.

Les diverses modalités de paiement qui s'offrent à l'exportateur comportent toutes un risque plus ou moins grand. Il est préférable de déterminer, au moment de l'entente pour la vente, le mode de paiement que l'on retiendra. Le degré de risque pour l'exportateur détermine l'ordre de présentation des modalités de paiement, les premières étant nettement plus risquées que les dernières.

- **La consignation** implique que l'exportateur expédie sa marchandise à un distributeur à l'étranger qui s'occupe de la mettre en vente dans un entrepôt ou une salle d'exposition. L'exportateur original n'est payé que lorsque la marchandise est vendue et payée par le client du distributeur. La marchandise demeure toujours la propriété de l'exportateur, et ce, jusqu'au moment du transfert de propriété qui se fait seulement quand le client prend possession de la marchandise et effectue le paiement au distributeur. Ce dernier remet alors à l'exportateur le montant perçu. On trouve souvent ce genre de vente *retardée* dans le domaine du meuble. Les meubles sont exposés dans une salle d'exposition située en territoire étranger sous la responsabilité d'un représentant, d'un agent ou d'un distributeur, mais ils appartiennent à l'exportateur jusqu'au moment où ils sont vendus à un consommateur.

- **Le compte ouvert**, qui est la modalité de paiement la plus courante, est utilisée aussi bien sur le marché local que sur les marchés étrangers (voir la figure 12.3). Le degré de risque est cependant plus élevé en raison du fait que la marchandise ainsi que la facture sont expédiées au client qui, normalement, doit payer dans les 30 jours suivant la date de facturation. Certains exportateurs québécois ont toutefois beaucoup de mal à se faire payer, notamment par des clients américains (mais ils ne sont pas les seuls) qui ont la fâcheuse habitude de prolonger ce délai de 30 jours, voire d'*oublier* de payer. Il importe donc de se protéger par une couverture d'assurance contre ces risques de non-paiement. D'ailleurs, Exportation et Développement Canada (EDC, autrefois la SEE) offre cette protection (voir la page 321).

- **L'encaissement documentaire** est une modalité de paiement analogue à la précédente. Dans ce cas, la facture est acheminée par l'entremise de la banque de l'exportateur à la banque du destinataire-client de la marchandise (voir la figure 12.4). Le risque de non-paiement s'en trouve ainsi diminué. En effet, l'encaissement documentaire permet de s'assurer que le paiement est exigé du client dès que sa banque lui présente la facture, et que les documents requis pour réclamer la marchandise aux douanes (connaissement, facture payable à vue et **traite tirée sur le client**) ne lui seront remis que lorsqu'il aura effectué le paiement à sa banque. Ce type d'encaissement s'appelle *DOP* (*documents on payment* ou documents contre paiement). L'exportateur peut cependant décider d'accorder à son client un délai de paiement plus long (soit un délai de 30, 60 ou 90 jours après l'émission de la facture) ; l'encaissement est alors considéré comme un DOA (*documents on acceptance* ou documents contre acceptation). Dans cette situation, la marchandise est expédiée au client, mais

FIGURE 12.3

Le compte ouvert

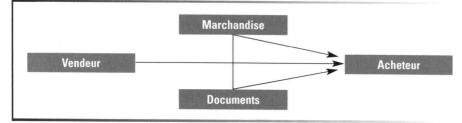

FIGURE 12.4

L'encaissement documentaire

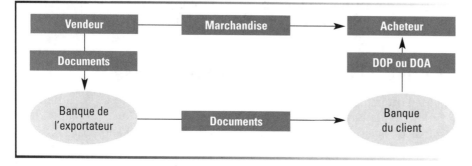

les documents, incluant la facture commerciale payable à terme plus la traite tirée sur le client, le connaissement et d'autres documents, sont transmis à la banque de l'exportateur, qui les retransmet à la banque du client importateur. Cette banque demande donc au client s'il *accepte* de payer la facture selon le délai spécifié (30, 60 ou 90 jours selon le cas). Dans l'affirmative, la banque remet les documents au client, qui peut dorénavant obtenir la mainlevée de la marchandise des autorités douanières de son pays. Par contre, si le client refuse les conditions de l'entente, les documents sont retournés au vendeur, qui doit rapatrier sa marchandise des douanes en pays étranger. Dans le cas d'un encaissement DOA, le danger pour le vendeur réside dans le fait que le client peut accepter le délai de paiement et, à l'échéance, refuser carrément de respecter ses obligations. La banque ne dispose alors d'aucun recours (si ce n'est que de considérer son client comme représentant un risque de crédit). Cela ne compense cependant pas le vendeur, qui a perdu sa marchandise et qui ne sera jamais payé. Comme on peut le constater, le risque associé à cette modalité de paiement est assez élevé, et ce, malgré l'intervention des banques qui, dans les faits, ne s'engagent à rien, sinon à transmettre des documents.

• **Le crédit documentaire** représente sans aucun doute la modalité de paiement la plus utilisée par les entreprises exportatrices et importatrices. Comme ce mode de paiement est assez complexe, il fera l'objet d'explications détaillées plus loin dans ce chapitre.

- **La vente au comptant** est une modalité de paiement qui ne présente aucun risque pour l'exportateur. Dans un tel cas, dès que la marchandise est prête pour l'expédition, le vendeur avise l'acheteur, lequel fait parvenir au premier le paiement de la marchandise. À la réception du paiement, la marchandise est expédiée conformément à l'entente conclue entre les deux parties au sujet des modalités de vente et du mode de transport. Une telle situation offre toutes les garanties au vendeur, mais expose l'acheteur à un certain degré de risque.

En somme, ces différentes modalités présentent un risque plus ou moins élevé pour le vendeur et, inversement, un inconvénient plus ou moins important pour l'acheteur. Une vente en consignation expose le vendeur à un certain risque, mais elle se révèle fort avantageuse pour l'acheteur. Par ailleurs, la vente au comptant s'avère sans risque pour le vendeur, mais elle ne présente aucun avantage pour l'acheteur. Enfin, quelle que soit la modalité de paiement choisie, l'entrepreneur devrait toujours consulter son banquier, expérimenté dans les échanges commerciaux internationaux, afin de faire le choix le plus approprié à la situation de l'entreprise. Par ailleurs, le crédit documentaire est sans aucun doute la modalité de paiement la plus couramment employée dans le domaine des affaires.

Le crédit documentaire et ses exigences

Crédit documentaire ou lettre de crédit / *Documentary letter of credit*
Lettre de crédit émise par une banque (banque émettrice) au nom de son client qui indique qu'elle honorera les traites tirées sur elle-même, jusqu'à une certaine limite et dans les conditions précisées. La lettre de crédit est révocable ou irrévocable et est confirmée par la banque du vendeur. Le bénéficiaire de la lettre de crédit reçoit immédiatement son paiement en échange de ses factures et de ses documents d'expédition.

Tout exportateur doit connaître les moindres détails du **crédit documentaire** (communément appelé *lettre de crédit*). D'une part, le crédit documentaire est le mode de paiement le plus utilisé à travers le monde et, d'autre part, il s'avère le plus sécuritaire à la fois pour l'exportateur et pour l'importateur. Ce type de document comporte deux éléments essentiels : la précision et le respect des exigences. Ces qualités exigent de l'entreprise qui bénéficie d'un paiement par ce moyen qu'elle procède à la vérification de chaque mot, de chaque virgule et de tous les documents requis sur l'avis d'un crédit documentaire. Une erreur ou une omission dans les documents soumis peut entraîner des répercussions négatives, la plus sérieuse étant le refus de paiement.

Cette exigence de la conformité absolue des documents soumis avec les documents requis par la lettre de crédit émane avant tout des banques. Comme ce sont les banques qui s'engagent à payer et qu'aucune vérification de l'expédition n'est faite (puisque celle-ci se fait exclusivement par la lecture de documents), il est essentiel que tout soit conforme avec les instructions. De plus, selon la tradition, une fois que le crédit documentaire est émis, il est considéré comme irrévocable.

La Chambre de commerce internationale est l'organisme qui régit les clauses du crédit documentaire. À partir de la définition qu'en donne cet organisme, on peut établir que le crédit documentaire est une entente écrite dans laquelle sont précisées les conditions de paiement. Cette entente est prise par la banque de l'acheteur (dite *banque émettrice*) en faveur du vendeur (dit *bénéficiaire*) et est livrée par la banque du vendeur (dite *banque notificatrice*, qui peut parfois être également la *banque confirmatrice*). Cette entente est rédigée à la demande de l'acheteur (dit *donneur d'ordres*) et conformément à ses instructions. Elle permet un paiement immédiat (payable à vue) ou à terme (payable à un terme déterminé, soit 30, 60, 90 jours ou plus) contre remise des documents prescrits.

FIGURE 12.5

Les étapes 1 à 4 du cheminement du crédit documentaire

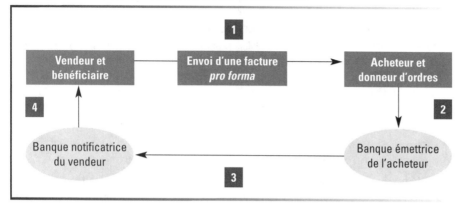

Selon cette définition, le cheminement d'un crédit documentaire implique la présence de quatre acteurs principaux : le vendeur, l'acheteur, la banque de l'acheteur et la banque du vendeur. Dans tous les cas, l'engagement de payer est pris par une banque. Il est donc important de connaître le cheminement du crédit documentaire. La figure 12.5 décrit les quatre premières étapes d'un crédit documentaire.

- **Étape 1.** Le vendeur envoie à son acheteur une facture *pro forma* indiquant exactement tous les renseignements qui se trouveront sur la facture finale : le montant unitaire et total, la devise, la description précise du produit, la quantité qui sera expédiée, la date probable du départ du transporteur de la marchandise décrite par ce document, la date requise pour l'échéance du crédit qui sera ouvert et toute autre information jugée nécessaire.

- **Étape 2.** La banque émettrice transmet un crédit documentaire en faveur du vendeur selon les instructions reçues de l'acheteur. En accomplissant ce geste, la banque s'engage à payer si toutes les conditions sont remplies et si tous les documents requis sont soumis tels qu'ils sont exigés. Il est important de souligner que, à cette étape, la transaction qui s'effectue entre l'acheteur et sa banque ne concerne en rien le vendeur. Si la banque émet le crédit, on suppose qu'elle s'engage à payer.

- **Étape 3.** La banque émettrice envoie un avis à la banque notificatrice du vendeur spécifiant les conditions du crédit documentaire qu'elle vient d'émettre.

- **Étape 4.** La banque notificatrice du vendeur informe ce dernier qu'un crédit documentaire a été émis en sa faveur et lui en remet une copie. Le vendeur analyse avec soin tous les détails de cet avis et s'assure qu'il peut respecter les échéances spécifiées (date de chargement de la marchandise et date de validité du crédit documentaire[4]) ainsi que les documents qu'il doit soumettre afin d'être payé.

---

4. Un crédit documentaire comporte toujours une période de validité limitée, tout comme un chèque certifié avec lequel il a une certaine similitude. Cependant, la période de validité peut être assez courte étant donné que la banque émettrice utilise les fonds de l'acheteur avant d'émettre le crédit. En conséquence, le vendeur doit s'assurer qu'il est capable de répondre à toutes les exigences du crédit avant la date d'expiration du crédit.

Une fois ces étapes franchies, on passe à un second niveau, qui comporte également de nombreuses étapes. Selon les modalités de vente convenues, le vendeur expédie la marchandise, obtient les documents requis et, plus précisément, le connaissement maritime, vérifie le tout et s'assure de la conformité de ces documents avec les exigences du crédit documentaire. Finalement, le vendeur soumet tous les documents à la banque notificatrice qui, après vérification, les transmettra à la banque émettrice pour qu'elle effectue le paiement. La banque de l'acheteur vérifie de nouveau tous les documents fournis et, si tout est conforme, elle effectue le paiement à la banque du vendeur et remet les documents à l'acheteur afin que ce dernier puisse en prendre possession et en acquière la propriété. La figure 12.6 illustre ces différentes étapes.

• **Étape 5.** Le vendeur met la marchandise à bord du navire et obtient le connaissement maritime net à bord (*clean on board*) du transporteur.

• **Étape 6.** Le vendeur vérifie tous les documents et s'assure qu'ils sont conformes aux instructions contenues dans le crédit documentaire. Il prépare la facture commerciale qu'il ajoute aux autres documents requis et, finalement, présente le tout à sa banque pour vérification et envoi à la banque de l'acheteur.

• **Étape 7.** La banque du vendeur vérifie les documents soumis, s'assure que tout est conforme et, par la suite, expédie ces documents à la banque de l'acheteur.

• **Étape 8.** À son tour, la banque de l'acheteur vérifie les documents soumis et, si tout est en règle, remet à l'acheteur les documents qui lui confirment son titre de propriétaire légitime de la marchandise lorsque celle-ci arrive à destination.

• **Étape 9.** Dès la réception des documents et après vérification, la banque de l'acheteur envoie le paiement à la banque du vendeur.

• **Étape 10.** Dès que la banque du vendeur reçoit le paiement de la banque de l'acheteur, ce montant est déposé sans plus de délai dans le compte du vendeur. Cela complète le cycle d'un paiement par crédit documentaire.

Cependant, il est aussi possible que l'exportateur ou vendeur demande un paiement par crédit documentaire *confirmé*. Cette confirmation est exigée lorsque le vendeur désire qu'une banque en laquelle il a peut-être plus confiance et

FIGURE 12.6

Les étapes 5 à 10 du cheminement du crédit documentaire

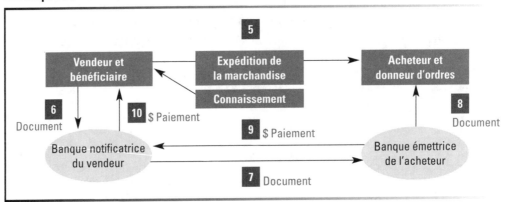

qu'il connaît mieux (ce sera souvent la banque notificatrice qui assumera le rôle de banque confirmatrice) s'engage également à effectuer le paiement en plus de la banque émettrice. Dans ce cas, le déroulement des étapes est analogue à celui qui vient d'être décrit, à une exception près : dès que les documents sont soumis par le vendeur à la banque confirmatrice, le paiement est effectué, dans la mesure où la banque considère les documents soumis en tous points conformes aux exigences du crédit documentaire original. En revanche, ce type de démarche entraîne des frais bancaires sensiblement plus élevés[5].

En somme, le crédit documentaire constitue un arrangement bancaire relatif au règlement de transactions commerciales internationales fondé uniquement sur des documents. Cette modalité donne aux deux parties en cause, le vendeur et l'acheteur, un gage de sécurité quant à la certitude du paiement (pour le vendeur) et à la certitude de la réception de la marchandise selon un échéancier fixé et selon les spécifications requises (pour l'acheteur). Le crédit documentaire se veut aussi une garantie de paiement sous réserve des clauses et des conditions de crédit exigées par l'acheteur. L'encadré 12.2 (voir la page 320) présente une demande d'émission d'une lettre de crédit ou crédit documentaire qui est utilisée par la Banque Nationale du Canada. L'annexe 12.1 (voir les pages 327 à 334) fournit un exemple de la documentation échangée entre les institutions financières. Chacun des champs décrit une information particulière, et la présentation est uniforme dans tous les pays.

Les risques de change étranger

Une bonne stratégie de service à la clientèle en matière de commerce international comporte une facturation dans une devise avec laquelle le client est familier. Cette précision permet à celui-ci de mieux saisir la valeur de ses achats et facilite souvent les transactions. Ainsi, la majorité des multinationales disposant du personnel et de l'expertise requis feront leur facturation dans des devises fortes (le yen, l'euro ou la livre sterling). Cependant, peu de PME peuvent se permettre une telle politique, ce qui explique que ces dernières tendent à facturer leurs expéditions en dollars canadiens. Malheureusement, le dollar canadien est souvent méconnu à l'étranger (surtout aux États-Unis) et les entreprises exportatrices d'expérience préfèrent avoir recours au dollar américain, ce qui entraîne un nouveau risque. En effet, pour les PME qui doivent utiliser la devise américaine, il importe de connaître les différents moyens de se protéger contre les fluctuations du dollar canadien par rapport au dollar américain. Même si, en 2008, la valeur du dollar canadien par rapport au dollar américain favorise l'exportateur canadien, ne pas tenir compte de ces variations et encaisser les paiements en dollars américains sans rien faire d'autre serait une grande erreur. La parité que nous connaissons au début de l'année 2008 peut disparaître n'importe quand et les risques de fluctuation sont toujours présents. Il importe donc de se protéger contre les variations potentielles de notre devise. Le principe qui

---

5. Le montant exact des frais bancaires d'un crédit documentaire confirmé dépend de la fréquence des crédits traités par la banque, du montant de ces crédits, de l'assiduité du vendeur auprès de sa banque, et ainsi de suite. En somme, l'entreprise exportatrice désirant utiliser ce mode de paiement doit négocier au préalable avec sa banque les frais qui lui seront facturés.

Demande d'émission d'une lettre de crédit ou crédit documentaire

DEMANDE D'ÉMISSION D'UNE LETTRE DE CRÉDIT
OU CRÉDIT DOCUMENTAIRE

Banque Nationale du Canada (Au Directeur)   Date _____

_____   _____
Succursale   No. de transit

Par les présentes, le soussigné demande à la Banque Nationale du Canada (ci-après nommée la "Banque") d'émettre une lettre de crédit irrévocable:

☐ Transférable   Date et place de validité : _____   _____
                                                    (Date)   (Place)

DONNEUR D'ORDRE	BÉNÉFICIAIRE
Pour le compte de : (inscrire le nom et l'adresse)	En faveur de : (inscrire le nom et l'adresse)

No. de téléphone. :
No. de télécopieur :

EXPÉDITIONS PARTIELLES   **TRANSBORDEMENT**   **MONTANT** (inscrire le montant et la devise)

☐ permises   ☐ permis

☐ non permises   ☐ non permis   ☐ Maximum   ☐ Variation _____ (%)

DISPONIBLE PAR TRAITE

Expédition de :   à ☐ vue
                                ou

                                à _____ ☐ vue _____ ☐ connaissement
Destination à :   (nombre de jours)   (nombre de jours)

                                sur la   ☐ Banque Nationale du Canada
Au plus tard (date d'expédition) :   ou sur un ☐ Correspondant

Cette lettre de crédit doit être émise relativement à (brève description de la marchandise):

☐ F.O.B. (francobord) port d'embarquement
☐ C.F.R. (coût et fret) port de destination
☐ C.I.F. (coût, assurance, fret) port de destination
☐ Autres   _____

Les documents requis sont :

☐ Factures commerciales en 1 original et _____ copies

☐ Factures des douanes canadiennes en 1 original et _____ copies
☐ Packing list en 1 original et _____ copies

☐ Certificate d'origine en 1 original et _____ copies
☐ Jeu complet de connaissement maritime "reçu à bord" établi à ordre et endossé en blanc,
      marqué fret: ☐ payé d'avance ou ☐ payable à destination
         et notifié à: _____ (nom et adresse de l'acheteur)
         _____

ou
☐ Lettre de transport aérien consignée et adressée à la Banque Nationale du Canada,
      marquée fret: ☐ payé d'avance ou ☐ payable à destination
         et notifiée à: _____ (nom et adresse de l'acheteur)
         _____

ou
☐ Copie de lettre de transport routier dûment signée en original et
      consignée à : _____ (nom et adresse de l'acheteur)
         _____
      marquée fret: ☐ payé d'avance ou ☐ payable à destination
         et notifiée à: _____

☐ Assurance couverte par l'acheteur

☐ Assurance couverte par le vendeur : Police ou certificat d'assurance couvrant tous risques y compris ceux de guerre pour 110% de la valeur des factures
      commerciales. La police ou le certificat doit mentionner que les indemnités sont payables au Canada.

☐ Autres documents, si requis ou instructions spéciales :

Les tirages sur cette lettre de crédit doivent être débités dans les comptes suivants : (INFORMATIONS OBLIGATOIRES)

Avez-vous un contrat de change avec la Banque Nationale du Canada pour acquitter cette lettre de crédit ? ☐ Oui, Réf : _____ ☐ Non

                              NO. DU TRANSIT À DÉBITER
No. de compte $ Canadien :   (TIRAGE)   NO. COMPTE _____

                              (COMMISSION)   NO. COMPTE _____
No. de compte $ Américain :   (TIRAGE)   NO. COMPTE _____
                              (COMMISSION)   NO. COMPTE _____

10387-001 (Révision 2001-01-11)   **Signature du requérant**   (Suite au verso)

soustend cette règle est simple : les coûts engagés par l'entreprise québécoise sont exprimés en devises canadiennes, alors que la facture présentée à l'acheteur est en devises américaines. Dans le but d'avoir une comptabilité saine, l'exportateur doit connaître exactement le taux de change qui servira à convertir les dollars américains reçus en dollars canadiens. En somme, un exportateur qui vend à son client étranger avec un délai de paiement de la facture de 30, 60, 90 jours ou plus peut établir avec sa banque, au moment de la facturation, un contrat qui a pour but de garantir que, à l'échéance du paiement, soit en 30, 60, 90 jours ou plus, le taux de change appliqué au moment de la conversion des dollars américains en dollars canadiens sera le même que celui qui est en vigueur au moment de l'envoi de la facture. Les banques offrent des outils spécialisés pour pallier le **risque de change**, le plus connu étant le taux de change à terme (*forward*).

Risque de change / *Foreign exchange risk*
Risque consécutif à une variation financière due à des mouvements monétaires entre la devise locale et la devise prévue au contrat.

Au moment de l'encaissement et de la conversion du montant reçu pour la facture, ce même exportateur peut également utiliser le taux au comptant (*spot*). Ce taux représente simplement le taux en vigueur au moment de la conversion d'une devise en une autre devise. Il est déterminé chaque jour par les banques, et l'exportateur qui ne désire pas de contrat à terme n'a donc aucune latitude. Il reçoit des dollars américains et les convertit en dollars canadiens au taux en vigueur au moment de la transaction bancaire.

En cas de grandes fluctuations entre les deux devises, comme c'est parfois le cas, le risque peut être considérable. On conseille donc aux exportateurs québécois de consulter leur banquier afin de mieux comprendre l'utilisation des différents outils susceptibles de les protéger contre les fluctuations du taux de change.

Comme les risques de non-paiement sont élevés, particulièrement lorsque la modalité de paiement *compte ouvert* est utilisée dans des transactions internationales, il est important de se servir du crédit documentaire au moment d'une première vente à un client étranger. Toutefois, compte tenu des différents règlements qui régissent le commerce des banques américaines, cette modalité de paiement n'est pas offerte pour les ventes que des exportateurs québécois font à des acheteurs américains. L'exportateur québécois devra donc utiliser soit l'encaissement documentaire ou, mieux encore, le compte ouvert. Même si cette modalité de paiement s'avère très simple, elle expose l'exportateur à des risques très élevés. Ce dernier doit notamment se protéger contre des risques de non-paiement en prenant une couverture d'assurance. Ce type d'assurance est offert par plusieurs compagnies indépendantes, mais l'exportateur canadien peut faire appel à Exportation et Développement Canada (EDC), un organisme gouvernemental qui offre de nombreux services aux exportateurs canadiens.

Le rôle d'Exportation et Développement Canada

Plusieurs pays industrialisés offrent des services d'assistance à leurs exportateurs, et cela, autant sur le plan financier que sur celui du soutien professionnel.

Le 15 avril 2002, Métallco vend à un client américain des anodes de magnésium pour une somme totale de 100 000 $US avec une échéance de paiement de 90 jours. Le cours du dollar américain par rapport au dollar canadien le 16 avril est de 1,5868 dollar canadien pour 1 dollar américain. Par conséquent, si Métallco était payée immédiatement et convertissait en dollars canadiens le montant reçu en devises américaines, elle encaisserait 158 680 $CAN. Comme ce paiement vient à échéance seulement le 15 juillet 2002 (90 jours après la date de facturation), Métallco négocie le même jour avec sa banque un contrat à terme qui stipule le taux du dollar canadien à 1,5909. Ainsi, le 15 juillet, lorsque l'entreprise recevra 100 000 $US de son client, elle pourra convertir cette somme (grâce à ce contrat) en dollars canadiens et obtiendra 159 090 $CAN.

Source : *The Globe and Mail*, 16 avril 2002, données fournies par BMO Nesbitt Burns Capital Markets.

Au Canada, la société d'État Exportation et Développement Canada[6], mieux connue sous son sigle EDC, fournit des services d'assurances, de financement et de cautionnement à l'appui des exportations canadiennes[7]. Cet organisme d'État se compare à des institutions similaires qui existent dans d'autres pays, tels Coface en France, Hermes en Allemagne ou l'Ex-Im Bank aux États-Unis.

Les principaux services d'EDC qui peuvent intéresser les entreprises exportatrices du Québec sont les suivants :

• **L'assurance crédit à l'exportation** (*assurance comptes clients*) est un service offert à toutes les entreprises canadiennes qui exportent, mais les PME exportant pour un montant inférieur à un million de dollars en profitent particulièrement. En effet, cette assurance crédit offre une protection contre les risques de non-paiement ou risques commerciaux ainsi que contre les risques politiques et couvre 90 % du montant de la facture commerciale. Il suffit pour la PME de se mettre en contact avec les bureaux d'EDC afin d'obtenir cette couverture d'assurance contre un montant forfaitaire annuel plus une prime pour chacune des expéditions couvertes.

Depuis plusieurs années, Métallco utilise les services d'EDC afin de se protéger contre les risques de non-paiement de certains de ses clients situés aux États-Unis. Elle doit payer une prime annuelle qui l'assure qu'elle pourra compter sur les services d'EDC pour chaque expédition vers les États-Unis. Un seul coup de téléphone à Ottawa et, le lendemain, l'entreprise a la confirmation qu'elle est protégée et que l'expédition peut se faire sur-le-champ. Si EDC mentionne à une entreprise que des ventes faites à tel ou tel client ne peuvent être couvertes, il est préférable que celle-ci renonce à conclure ces ventes. Si, au bout du compte, le client américain n'honore pas sa dette, sa créance est considérée comme en souffrance et, après un court délai et une enquête rapide, EDC rembourse 90 % de la valeur de cette facture en souffrance.

---

6. L'EDC était, jusqu'au début de 2002, connue sous le nom de Société pour l'expansion des exportations (SEE).
7. Voir le site Web d'*EDC*, [en ligne]. [http://www.edc.ca]

- **L'assurance caution** est surtout utilisée par les entreprises qui offrent des services (ou des produits) dans le contexte d'un projet clés en main. Parfois, les autorités politiques du pays d'où proviennent les demandes de service à l'échelle internationale désirent s'assurer de la stabilité financière et de la fiabilité des entreprises intéressées à faire une soumission. Il est possible également que les autorités exigent une garantie financière assez considérable de la part de la compagnie soumissionnaire. Dans de telles conditions, une entreprise canadienne peut demander à EDC de garantir auprès d'une institution bancaire canadienne l'emprunt du montant requis pour couvrir cette caution de soumission (*bid bond*). EDC offre également une garantie dans le cas d'une demande de caution de bonne fin (*performance bond*), c'est-à-dire dans une situation où l'entreprise canadienne ayant obtenu le contrat doit soumettre une garantie financière qui certifie que le contrat sera honoré selon les exigences requises. L'entreprise canadienne peut obtenir d'EDC un emprunt pour couvrir cette caution de bonne fin.

Ce type de protection est surtout utilisé par les grandes entreprises qui désirent solliciter et qui obtiennent des projets clés en main de l'étranger d'une valeur de plusieurs millions de dollars. Souvent, au moment de la soumission de son offre de service puis de l'obtention d'un contrat, SNC-Lavalin doit fournir des cautions afin d'assurer le client étranger de ses compétences (au moment de la soumission de l'offre de service) et de sa capacité à mener à bien le projet à la satisfaction du client (caution de bonne fin).

- **Le financement à l'exportation de produits d'équipement** consiste en des services de prêts à l'acheteur étranger afin que celui-ci se procure des produits canadiens[8]; dans ce cas, EDC joue un rôle de banquier. Soulignons que la majorité des pays offrent ce genre de soutien financier indirect à leurs exportateurs mais qu'il demeure assez controversé, particulièrement en raison des règles découlant du libre-échange. À titre d'exemple, pensons au litige commercial qui oppose le Canada au Brésil dans le domaine de l'aéronautique. Ainsi, Bombardier Aéronautique sollicitait les compagnies aériennes de différents pays pour l'achat de ses avions, tandis qu'EDC offrait à ces dernières le financement de ces transactions. Embraer, le concurrent brésilien de Bombardier, sollicitait les mêmes compagnies aériennes en profitant pour sa part du soutien de l'organisme de financement à l'exportation Pro-Ex, du Brésil.

En somme, le rôle d'Exportation et Développement Canada est crucial dans le développement des entreprises exportatrices canadiennes, qui peuvent ainsi se mesurer à des entreprises étrangères beaucoup plus énergiques dans leurs stratégies de commerce international.

---

8. Ces produits doivent être non périssables et sujets à un amortissement.

- L'importance des Incoterms tient au fait qu'ils décrivent les obligations et les responsabilités du vendeur et de l'acheteur dans une transaction internationale. Leur utilisation facilite les échanges internationaux, puisqu'ils donnent une définition précise de l'endroit où s'effectue le transfert de responsabilité de la marchandise pour le vendeur. Ces conditions de vente n'impliquent jamais la responsabilité du transporteur.

- Les Incoterms ne touchent cependant pas le transfert de propriété, qui, lui, s'effectue soit au moment du transfert d'un connaissement maritime ou à l'obtention de la mainlevée à la douane.

- On distingue les Incoterms selon que l'action concerne les locaux du vendeur ou le point d'arrivée. Les principaux Incoterms au départ sont les suivants : EXW, FCA, FAS et FOB, et le transfert de responsabilité s'effectue toujours à un point précis dans le pays du vendeur. Les principaux Incoterms à l'arrivée sont les suivants : CFR ou CIF, DES, DEQ, DDU et DDP, et le transfert de responsabilité se concrétise quelque part dans le pays d'arrivée.

- L'Incoterm FOB ne doit pas être confondu avec le FOB américain.

- Six grands principes régissent le calcul du prix de vente pour l'exportation : les objectifs de l'entreprise, les frais fixes et les frais variables, la concurrence, l'offre et la demande, l'image et la qualité et enfin, l'estimation du résultat des ventes et la rentabilité.

- Une fois ces principes pris en considération, les entreprises exportatrices pourront établir le prix de vente selon une des quatre méthodes suivantes : le prix fixé selon les coûts réels, le prix du marché, le prix concurrentiel ou le prix fixé par le gouvernement.

- Avant de prendre une décision finale à propos du prix de vente, la dernière étape consiste à prendre en considération toutes les composantes liées à l'exportation et à calculer le coût unitaire de chacune : les frais fixes et les frais variables, le marquage du pays d'origine, les frais de vente, de promotion et de publicité, les frais d'emballage et d'étiquetage, les frais de documentation, la rémunération du transitaire, les frais de financement, les frais bancaires, la commission et, enfin, le bénéfice prévu.

- Une entreprise exportatrice qui veut se faire payer rapidement par ses clients étrangers a intérêt à recourir aux

services de son banquier pour s'assurer de choisir la meilleure modalité de paiement.

- L'exportateur a le choix entre de nombreuses modalités de paiement, chacune présentant un certain degré de risque. Ainsi, il peut opter, selon ses préférences, pour l'une ou l'autre des modalités offertes.

- La consignation permet à l'exportateur d'expédier sa marchandise à un distributeur, qui le paiera lorsque la marchandise sera vendue.

- Le compte ouvert est une modalité de paiement très courante sur le marché local ; le degré de risque qui y est associé est cependant assez élevé. La facture est expédiée au client qui, normalement, doit payer dans les 30 jours.

- L'encaissement documentaire est une modalité dans laquelle la facture est acheminée par l'entremise de banques.

- Le crédit documentaire (ou lettre de crédit), très utilisé par les entreprises exportatrices et importatrices, est la modalité de paiement la plus courante dans le domaine des affaires, tout en étant la plus sécuritaire à la fois pour l'exportateur et pour l'importateur. Deux qualités sont toutefois indispensables : la précision et le respect des exigences. Le crédit documentaire constitue un engagement bancaire de paiement qui est pris par la banque de l'acheteur en faveur du vendeur et qui concerne le règlement de transactions commerciales internationales sur la base de documents. Cette modalité de paiement se veut un gage de sécurité en ce qui concerne la certitude du paiement pour le vendeur et la certitude de la réception de la marchandise pour l'acheteur.

- La vente au comptant offre la garantie maximale à l'exportateur.

- En matière de commerce international, une bonne stratégie de service à la clientèle consiste à facturer l'expédition dans une devise avec laquelle le client est familier. L'exportateur doit se protéger contre le risque de fluctuations entre deux devises. Les banques offrent des contrats à terme couvrant ce risque.

- Au Canada, les exportateurs peuvent profiter dans leurs démarches du soutien financier et professionnel d'Exportation et Développement Canada (EDC). Cette société d'État fournit des services d'assurances, de financement et de cautionnement à l'appui des exportations canadiennes.

Comme on le sait, Jusbec est une entreprise familiale qui se spécialise dans la production de jus de fruits et, plus particulièrement, de jus de pomme. En affaires depuis une trentaine d'années, l'entreprise a constamment augmenté ses ventes au fil des ans; au cours des dernières années, cette augmentation était de l'ordre de 5 % à 10 %. Les grandes chaînes d'alimentation, les dépanneurs et, surtout, le secteur des hôtels, des restaurants et des institutions comptent parmi ses clients les plus importants. Il y a cinq ans, Jusbec a débuté sur les marchés internationaux, s'attaquant tout d'abord au marché de la Nouvelle-Angleterre, puis, en 2002, au marché des hôtels, des restaurants et des institutions de Chicago. Un effort de vente en Allemagne a connu du succès et Jusbec a récemment expédié plusieurs conteneurs à Munich, où se situe son distributeur.

Denis Tremblay, le PDG de Jusbec, aime beaucoup voyager et il est toujours à l'affût de nouvelles occasions d'affaires. Dernièrement, lors d'un voyage d'agrément en Australie (il adore la plongée sous-marine), il a décidé de revenir par Tokyo où se tenait la foire alimentaire Foodex 2002, qui est l'une des plus importantes foires alimentaires du monde (comparable à SIAL, à Paris, ou à Anuga, à Cologne). De retour à ses bureaux au Québec, il reçoit la visite des représentants d'une importante maison de commerce japonaise, Kanema-Shijo. Ceux-ci sont enthousiasmés par les produits de Jusbec. Ils s'intéressent plus particulièrement à la nouvelle gamme de jus de fruits exotiques offerts par l'entreprise et, surtout, à l'emballage luxueux de Pom d'Or (le nom de ce nouveau produit).

Les Japonais demandent à Denis de leur faire immédiatement une offre par télécopieur à leurs bureaux de Tokyo pour une expédition de 15 000 boîtes (pesant chacune[9] 1 kilo). Cette offre doit mentionner un prix de vente, les conditions de vente désirées, la modalité de paiement et toute autre information pouvant être requise. Le tout doit être télécopié à Tokyo à l'attention du directeur des achats, M. Hirotama. Le seul détail de la concurrence mentionné par les Japonais concerne le prix : 600 yens le kilo, *sur le quai de Yokohama*.

Les boîtes de jus Pom d'Or sont mises dans des cartons solides conçus expressément pour l'exportation. Chaque carton pèse 12 kilos bruts et contient 10 boîtes de jus. Le coût de revient pour chaque kilo se répartit comme suit :

Matières premières	**1,25 $**
Main-d'œuvre	**1,00 $**
Frais généraux d'administration	**1,50 $**
Promotion (foires, voyages, etc.)	**0,50 $**
Emballage pour l'exportation	**0,25 $**
Bénéfice désiré	**1,50 $**
Coût à l'usine	**6,00 $/kg**

Jusbec a la possibilité d'acheminer ses produits par conteneur de 20 pieds sur la base *domicile à domicile* par une ligne maritime appartenant à la Canada-Japan Conference offrant un appareillage toutes les semaines. Ce transporteur propose un tarif de 2800 $US par conteneur de 20 pieds. Par ailleurs, un transporteur indépendant propose des départs mensuels au coût de 2500 $CAN. La prime d'assurance tous risques offerte par la Société canadienne d'assurance maritime coûte 300 $ par conteneur.

En vous servant des données ci-dessus et en faisant appel à vos connaissances sur le marché japonais et le commerce international, rédigez la télécopie qui sera envoyée à M. Hirotama. Justifiez le prix coté, les conditions de vente proposées et la modalité de paiement demandée.

1 ¥ vaut 0,09892 $CAN	1 $US vaut 1,9888 $CAN
1 $CAN vaut 101,09 ¥	1 $CAN vaut 1,0113 $US

Tarif douanier au Japon :

HS #4578.123	Jus de fruits	15 % *ad valorem*
HS #4578.456	Jus	12 % *ad valorem*
HS #4578.042	Jus de pomme	18 % *ad valorem*
HS #4690.255	Boîtes de conserve	Taxe spécifique de 14 ¥/boîte

---

9. Les taux de change mentionnés sont tirés du *Globe and Mail*, édition du 18 avril 2008.

Chambre de commerce et d'industrie de Paris
[http://www.ccip.fr/international]

dcfc COFACE
[http://www.coface.fr]

Exportation et Développement Canada (EDC)
[http://www.edc.ca]

Export-Import Bank of the United States
[http://www.exim.gov]

Euler Hermes
[http://www.eulerhermes.com]

Les documents requis avec la demande de crédit documentaire

```
= issue of a documentary credit       = = = = = = = = =  S-COPY 0002  =
DESTINATION : BNDCCAMMAINT                 SW19960219FT000000027200
--------------------------------------------------------------------
ORGINATOR :   BANKKRSEXXXX                       PREFERRED TO SWIFT
              BANK BANK
              SEOUL
------------------------------------- NORMAL -----------------------------------
:27 /sequence of total                :1 / 2
:40A/form of documentary credit       :IRREVOCABLE
:20 /documentary credit number        :M26432
:31C/date of issue                    :08/01/30
:31D/date and place of expiry         :08/03/30 CANADA
:50 /applicant                        :BUYERS CO. LTD
                                      SEOUL, KOREA
:59 /beneficiary                      :SELLERS INC.
                                      50, 6TH AVENUE
                                      MONTREAL, QUEBEC
                                      CANADA H0H 0H0
:32B/currency code amount             :USD 10,000.00
:41A/available with/by – swift addr   :BNDCCAMMINT
                                      BANQUE NATIONALE DU CANADA
                                      (INTERNATIONAL DIVISION)
                                      MONTREAL

                                      :BY NEGOTIATION
:42C/drafts at                        :SIGHT
:42A/drawee – BIC                     :BANKUS33
                                      BANK BANK
                                      NEW YORK, NY
:43P/partial shipments                :ALLOWED
:43T/transshipment                    :ALLOWED
:44A/on board/disp/taking charge      :CANADIAN PORT
:44B/for transportatio n to           :PUSAN PORT
:44C/latest date of shipment          :08/03/15
:45A/descr goods and/or services      :PRICE TERMS: CIF PUSAN
     TOOLS ACCORDING TO CONTRACT NO. 90-AB-000-CD-00 DATED JAN-15-08
:71B/charges                          :ALL BANKING COMMISSIONS AND CHARGES
                                      INCLUDING REIMBURSING CHARGES
                                      OUTSIDE KOREA ARE FOR ACCOUNT OF
                                      BENEFICIARY
:48 /period for presentation          :DOCUMENTS MUST BE PRESENTED WITHIN
                                      15 DAYS FROM BILL OF LADING DATE
:49 /confirmation instructions        :WITHOUT
:53A/reimbursement bank – BIC         :BANKUS33
                                      BANK BANK
                                      NEW YORK, NY
:78 /instructions to pay/acc/neg bk   :
          PLS REIMBURSE YOURSELVES FROM DRAWEE BANK BY SENDING
          BENEFICIARY'S DRAFTS AND CERTIFYING THAT ALL TERMS OF THE
          CREDIT HAVE BEEN COMPLIED WITH.
= = = = = = = = = = = = = = = = = CD70/00077798/30 JAN 08/16:20:18 = P 1/2 =
```

```
                = issue of a documentary credit        = = = = = = = = = =  S-COPY 0001  =
                DESTINATION : BNDCCAMMAINT              SW19960219FT000000027200
```

```
ORGINATOR :   BANKKRSEXXXX                              PREFERRED TO SWIFT
              BANK BANK
              SEOUL
```

-- NORMAL --

```
:27 /sequence of total                    :2 / 2
:20 /documentary credit number            :M26432
:46B/documents required                   :
        SIGNED COMMERCIAL INVOICE IN 3 COPIES
        FULL SET OF CLEAN ON BOARD OCEAN BILLS OF LADING MADE
        OUT TO THE ORDER OF BANK BANK MARKED 'FREIGHT PREPAID'
        AND 'NOTIFY APPLICANT'
        PACKING LIST/WEIGHT NOTE IN 3 COPIES
        CERTIFICATE OF ORIGIN DULY CERTIFIED BY CHAMBER OF COMMERCE
        QUALITY CERTIFICATE IN 3 COPIES
        INSURANCE CERTIFICATE/POLICY ISSUED FOR 110 0/0 OF FULL
        INVOICE VALUE COVERING ALL RISKS MARKED CLAIMS PAYABLE
        IN THE CURRENCY OF THE DRAFT AND GIVING NAME OF A SETTLING
        AGENT IN KOREA
:47B/additional conditions             :
        DOCUMENTS NEGOTIATED UNDER THIS CREDIT MUST BE FORWARDED
        IN ONE LOT BY COURIER SERVICE TO:
        BANK BANK APKUJONGDONG BRANCH
        615-2, SHINSADONG, KANGNAM-GU, SEOUL 135-120, KOREA
        TEL: 02 514-2222
        ALL DOCUMENTS MUST BE DISPATCHED DIRECT TO US WITHIN THREE
        WORKING DAYS FROM THE NEGOTIATION DATE.
        .
        ALL DOCUMENTS MUST INDICATE THE NUMBER OF THIS CREDIT.
```

--- SNAPSHOT GENERATED BY JULIE/U1 ON PD70 ON 30 JAN 08 AT 16:18:39 ---

Entry: SPA Date:30/01/08 Time:16:18:39

= = = = = = = = = = = = = = = =CD70/00077798/30 JAN 08/16:20:18=P1/1 =

```
        THIS CREDIT SI SUBJECT TO THE UNIFORM CUSTOMS AND PRACTICE
        FOR DOCUMENTARY CREDITS (1993 REVISION) OF THE INTERNATIO-
        NAL CHAMBER OF COMMERCE (PUBLICATION NO. 500)
```

SELLERS INC.

50, 6th Avenue, Montreal, Quebec, Canada H0H 0H0
TEL : (514) 777-8888 / FAX : (514) 777-9999

Montreal, February 11, 2008.

National Bank of Canada
600 de la Gauchetière West
Suite 500
Montreal, Quebec
Canada H3B 4L3

Re : L/Credit no. M26432 issued by Bank Bank, Seoul
Your reference
L/C 50411-00XXXX-XY

= =

To whom it may concern,

Please find enclosed for negotiation for the following documents in connection with the above letter of credit :

+ 2 DRAFTS FOR USD 10,000.00
+ 4 COMMERCIAL INVOICES
+ 3/3 ORIGINALS BILL OF LADING
+ 3/3 NON-NEGOTIABLE COPIES BILL OF LADING
+ 4 PACKING LISTS / WEIGHT NOTES
+ 4 QUALITY CERTIFICATES
+ 2 CERTIFICATES OF ORIGIN
+ 2/2 INSURANCE CERTIFICATES
+ 1 COPY INSURANCE CERTIFICATE

In reimbursement please credit our account no _____ held with your branch located at _____ under advice to us.

Yours very truly,

_____

SELLERS INC. (Signature)

BILL OF EXCHANGE

Montreal, February 9, 2008.
(place)   (date)

FOR USD 10,000.00

AT SIGHT

PAY TO THE ORDER OF SELLERS INC.

THE SUM OF TEN THOUSAND 00/100 UNITED STATES DOLLARS

VALUE RECEIVED AND ISSUED BY BUYERS CO. LTD

DRAWN UNDER LETTER OF CREDIT REFERENCE M26432

ISSUED BY BANK BANK, SEOUL, KOREA

DATED JANUARY 30, 2008.

DRAWN ON BANK BANK

          NEW YORK CITY

          NY, USA

(signature)

SELLERS INC.

(name of company)

*NB. This draft should be endorsed by «SELLERS INC.» as it is made out payable to their order.

SELLERS INC.

50, 6th Avenue, Montreal, Quebec, Canada H0H 0H0
TEL: (514) 777-8888 / FAX: (514) 777-9999

COMMERCIAL INVOICE

Shipped to: Buyers Co. Ltd
Seoul, Korea

Invoice Date: Feb 09, 2008

Invoice No.: 150

Booking No.: 789B456

Vessel Name: Oiseau Bleu

Sold to: Buyers Co. Ltd
Seoul, Korea

Port of Loading: Montreal Port

Port of Destination: Pusan, Korea

DESCRIPTION OF GOODS	TOTAL BUNDLES	TOTAL VALUE
Tools	20 Bundles	USD 10,000.00 CIF Pusan
Total of 20 bundles containing working tools		
CIF PUSAN According to contract no. 90-AB-000-CD-00 Dated Jan 15, 08		

Irrevocable Letter Of Credit No.: M26432

Terms Of Payment: At Sight

_____

SELLERS INC. (Signature)

SELLERS INC.

50, 6th Avenue, Montreal, Quebec, Canada H0H 0H0
TEL : (514) 777-8888 / FAX : (514) 777-9999

PACKING LIST / WEIGHT NOTE

Shipped to :	Buyers Co. Ltd	**Invoice Date :**	Feb 09, 2008
	Seoul, Korea	**Invoice No. :**	150
		Booking No. :	789B456
		Vessel Name :	Oiseau Bleu
Sold to :	Buyers Co. Ltd	**Port of Loading :**	Montreal Port
	Seoul, Korea	**Port of Destination :**	Pusan, Korea

DESCRIPTION OF GOODS	TOTAL BUNDLES	WEIGHT
Tools	20 Bundles	Gross : 1,000 KGS Net : .898 KGS Volume : 200.5 CBM
Total of 20 bundles containing working tools packed in 1 × 40' Container # EXC28910 Seal # 012		
CIF PUSAN According to contract no. 90-AB-000-CD-00 Dated Jan 15, 08		

Irrevocable Letter Of Credit No.: M26432

Terms Of Payment: At Sight

SELLERS INC. (Signature)

SELLERS INC.

50, 6th Avenue, Montreal, Quebec, Canada H0H 0H0
TEL : (514) 777-8888 / FAX : (514) 777-9999

QUALITY CERTIFICATE

Shipped to : Buyers Co. Ltd	**Invoice Date :**	Feb 09, 2008
Seoul, Korea	**Invoice No. :**	150
	Booking No. :	789B456
	Vessel Name :	Oiseau Bleu
Sold to : Buyers Co. Ltd	**Port of Loading :**	Montreal Port
Seoul, Korea	**Port of Destination :**	Pusan, Korea

DESCRIPTION OF GOODS	TOTAL BUNDLES	
Tools	20 Bundles	
Total of 20 bundles containing working tools		
CIF PUSAN According to contract no.90-AB-000-CD-00 Dated Jan 15, 08		

Irrevocable Letter Of Credit No.: M26432

Terms Of Payment: At Sight

WE, SELLERS INC., HEREBY CERTIFY THAT THE QUALITY OF PRODUCTS SHIPPED HEREIN, COMPLIES WITH CSA APPROVED AND IS CONFORMITY WITH ABOVE CONTRACT.

_____

SELLERS INC. (Signature)

Exporter – Exportateur	Numbers – Numéros
Sellers Inc. 50, 6th avenue Montreal, Quebec Canada H0H 0H0	Invoice No. 150 BKG # 789B456

Consignee – Destinataire	
To the order of: Bank Bank Seoul, Korea	**Certificate Of Origin** **Certificat d'origine**

| Particulars of transport (where required)
Renseignements relatifs au transport (le cas échéant)
Loading   :   Montreal Port
Destination :   Pusan, Korea
Vessel Name :   Oiseau Bleu | |

Marks & Numbers Marques et numéros	Number & Kind of Packages: Description of Goods Nombre et nature des colis: désignation des marchandises	Quantity Quantité	Gross Weight Poids brut
Container No. EXC28910 Seal 012	1 × 40' container STC 20 Bundles of tools (Working Tools) According to Contract No. 90-AB-000-CD-00 Dated Jan. 15, 2008. Letter of Credit M26432	20 Bundles	1,000 Kgs. 200.5 CBM.

Sworn to me this _9th_ day of _February 2008_ Juré devant moi ce _____ jour de _____	It is hereby certified that the above mentioned goods originate in: Le soussigné certifie que les marchandises mentionnées ci-dessous sont originaires de: Canada
Name of Authorised Trade association Nom de l'association commerciale agréée Montreal Chamber of Commerce	
The undersigned has examined the manufacturer's invoice of Shipper's affidavit concerning the origin of the merchandise and according to the beat of his knowledge and belief finds that the products named originated in: Le soussigné a vérifié l'origine des marchandises d'après la facture du fabricant ou la déclaration sous serment de l'expéditeur et à sa connaissance et à son avis pense que les produits énumérés ci-dessus sont originaires de: Canada.	Place & Date / Lieu et date February 9th, 2008
Authorised signature / Fondé de signature _____ (Signature)	**Authorized signature / Fondé de signature** Sellers Inc. _____ (Signature)

CHAPITRE 13

L'aspect juridique de l'exportation

PLAN

- **L'importance du contrat**
- **Les différents contrats d'exportation**
- **Le règlement des litiges commerciaux internationaux**

OBJECTIFS

- Comprendre l'importance d'un contrat d'exportation.
- Décrire les différents contrats utilisés par une entreprise exportatrice.
- Reconnaître les clauses essentielles d'un contrat typique.
- Décrire le processus de règlement des litiges.

La vente de marchandises ou la conclusion d'une entente de distribution impliquent la négociation de nombreux points qui doivent être mentionnés dans un contrat. Le contrat est donc l'élément fondamental sur lequel repose toute stratégie de commerce international gagnante.

Lorsqu'on analyse les différentes étapes d'une exportation, telles que nous les avons vues dans les chapitres précédents, on s'aperçoit que l'exportateur se trouve constamment en situation de négociation de contrat. En fait, chacune de ces étapes se termine par un contrat. Certains contrats peuvent s'avérer plus complexes et nécessiter le soutien d'un conseiller juridique ; c'est tout de même l'exportateur qui, à la fin des discussions, est le signataire du contrat, et cette responsabilité implique la compréhension de l'environnement juridique du commerce international. Ainsi, la première section de ce chapitre mettra l'accent sur l'importance du contrat.

Dans la deuxième section, nous examinerons plusieurs types de contrats. Le contrat de vente ou d'achat international demeure le contrat le plus important et, pour cette raison, nous nous pencherons sur les principales clauses que l'on y trouve et sur les risques de malentendus qui y sont associés. De même, nous examinerons les clauses particulières du contrat de distribution et du contrat d'agence (qui confirment le recours aux services d'un distributeur ou d'un agent manufacturier). Finalement, nous aborderons les contrats utilisés pour les transferts de technologie, lesquels sont couverts par une concession de licence.

Dans ces différents types de contrats, certaines clauses sont essentielles. Il importe de les rédiger clairement afin d'éviter des erreurs susceptibles d'être coûteuses. Nous donnerons plusieurs exemples de ces clauses, de manière à en faciliter la compréhension.

Dans la troisième section, nous ferons un survol des différentes méthodes de règlement des litiges commerciaux internationaux. De plus, nous ferons des recommandations par rapport à leur mention et à leur utilisation dans le contexte d'un contrat international.

L'importance du contrat

L'objectif de toute entreprise engagée dans le commerce international est de vendre des produits ou des services à des clients situés à l'étranger. Conséquemment, le contrat le plus utilisé est le contrat de vente. Cependant, pour fabriquer sa marchandise, l'entreprise doit se procurer des matières premières ou des composantes ; elle se trouve donc dans l'obligation de négocier des contrats d'achat avec ses fournisseurs locaux et internationaux. Sur les marchés extérieurs tout comme sur le marché local, l'entreprise désire atteindre ses clients potentiels et, selon le genre de produits (de consommation ou industriels), elle doit faire appel aux services d'un distributeur ou d'un agent. Dans de tels cas, il lui faudra conclure un contrat de distribution ou un contrat d'agence.

Laurette Ménard est au service de Métallco depuis trois ans. Après ses études à l'Université d'Ottawa, elle a travaillé dans un grand cabinet d'avocats de Montréal spécialisé dans le droit commercial. Elle parle couramment quatre langues, soit l'anglais, l'espagnol, l'allemand, en plus de sa langue maternelle, le français. Ayant vécu en Europe et aux États-Unis avec ses parents (son père était employé par une firme multinationale), elle a acquis une certaine expérience de diverses cultures. Sa formation en droit civil et en *Common Law*[1] à l'Université d'Ottawa lui permet de mieux saisir les nombreux enjeux juridiques nationaux et internationaux. Lorsque Laurette s'est jointe à Métallco, la personne qui était auparavant responsable des contrats lui a légué un vrai désordre. Il semblait qu'aucun suivi n'avait été fait depuis plusieurs années. La remise en ordre de tous ces dossiers a donc exigé de Laurette un énorme travail.

Dans un premier temps, Laurette a classé en trois catégories les différents contrats : les contrats périmés, ceux qui devaient être révisés et, finalement, ceux qui devaient être renégociés. Elle s'est vite aperçue que les contrats de distribution et les contrats de transfert de technologie requéraient une action immédiate. Laurette a donc fait une analyse détaillée de chacun de ces contrats, en prenant soin de vérifier que toutes les commissions aux agents ou aux distributeurs avaient été payées et que Métallco avait bien reçu les redevances qui lui étaient dues. Il a fallu plus de trois mois à Laurette pour mener à terme ce travail.

Actuellement, Laurette constate que, par suite des changements apportés à la distribution des produits de Métallco, plusieurs contrats doivent être renégociés. Elle a aussi décidé, avec l'accord de la direction, d'instaurer l'usage de formulaires détaillés pour tous les types de contrats, à savoir le contrat de vente, le contrat d'achat, le contrat de distribution, le contrat d'agence et le contrat de licence. Les cadres de l'entreprise, qui sont appelés à négocier des contrats dans un contexte étranger, ont dorénavant un modèle précis à suivre au cours de leurs négociations. Chacune des clauses essentielles de ces contrats types est expliquée, ce qui facilite grandement le travail de négociation aux personnes qui doivent le faire au nom de Métallco.

Par ailleurs, si une entreprise veut transférer à une autre entreprise sa technologie, son savoir-faire, ou simplement lui permettre d'utiliser des brevets ou des marques de commerce, un **contrat de licence** sera requis. Enfin, lorsqu'il s'agit de logistique et d'expédition de marchandise, il est nécessaire de négocier des contrats de transport et des contrats d'assurance.

Comme ces contrats peuvent faire intervenir des interlocuteurs résidant dans des pays différents, il est essentiel de prendre certaines précautions au moment de leur préparation. Aussi, une entreprise qui désire faire de l'exportation doit-elle être prête à négocier les clauses d'un contrat dit *international*, en maîtriser les enjeux juridiques et établir au préalable des objectifs précis. On ne peut minimiser l'importance d'un contrat. Une entreprise exportatrice doit, par

Contrat de licence / *License*
Accord selon lequel une entreprise vend le droit d'utilisation de ses produits ou services, mais conserve un certain droit de regard sur eux. Bien qu'il ne soit pas considéré habituellement comme une forme d'association, il peut mener à la formation d'une association.

---

1. Le droit civil est en usage dans la province de Québec, en France et dans plusieurs pays francophones, tandis que la *Common Law* est pratiquée dans la majorité des pays anglophones, notamment les pays membres du Commonwealth britannique (le Canada anglais, l'Angleterre, l'Australie, etc.) ainsi qu'aux États-Unis.

conséquent, se familiariser avec cet aspect juridique et connaître les nombreuses embûches à éviter.

Les différents contrats d'exportation

Chaque type de contrat utilisé dans le domaine de l'exportation vise un but précis et comporte des difficultés particulières que l'utilisateur doit connaître. Nous nous attacherons donc, dans les pages qui suivent, à décrire ces contrats.

Le contrat de vente ou d'achat

Le contrat le plus courant en matière d'exportation est le contrat de vente (pour l'exportateur) ou le contrat d'achat (pour l'importateur). Dans les faits, un contrat écrit ne fait que confirmer l'intention des parties en cause de traiter ensemble et d'échanger des marchandises contre rémunération. Il importe donc que la négociation se fasse *avant* la signature d'un contrat. Le contrat entérine de façon formelle les points traités et qui font l'objet d'un consensus. Comme nous l'avons vu dans le chapitre 8, le déroulement d'une négociation peut être plus ou moins structuré selon le contexte culturel. Mais, quel que soit le contexte, la période de discussion portant sur les points essentiels d'une entente d'achat doit poursuivre des objectifs bien définis.

On note toutefois que, dans bien des cas, aucun contrat de vente écrit n'est transmis par le vendeur à l'acheteur. Le contrat est alors remplacé par un bon de commande expédié par l'acheteur au vendeur. Dans une telle situation, le bon de commande constitue l'équivalent du contrat de vente sur le plan juridique. Si le vendeur accepte le bon de commande et en accuse réception, cela équivaut à une signature au bas d'un contrat. Comme un contrat de vente implique un échange de marchandises contre rémunération, la rémunération peut être remplacée par une entente de contrepartie (ou compensation, comme nous l'avons vu dans le chapitre 10).

Il est également essentiel, dans un contrat de vente, d'indiquer une date d'échéance pour le paiement des produits ou des services. En outre, l'acheteur (ou le vendeur) peut décider d'ajouter des exigences (délai de livraison, modalité de paiement, mode de transport, conditions de vente, etc.) ou des précisions ayant trait au produit acheté. En somme, il est important qu'un contrat de vente (ou d'achat):

- confirme la volonté des parties, soit le vendeur et l'acheteur;
- porte sur un échange de produits ou de services dans lequel il y a une rémunération;
- stipule de façon précise les exigences et les modalités du paiement.

Les deux premiers éléments de cette définition s'appliquent également à tous les autres types de contrats. Par exemple, l'exportateur qui veut conclure un contrat de vente doit savoir que certaines clauses sont d'une importance capitale. Il faut donc qu'il se familiarise avec les clauses qu'il négociera avec son acheteur avant de signer un contrat ou d'accuser réception d'un bon de commande. L'encadré 13.1 décrit les clauses essentielles d'un contrat de vente ou d'un contrat d'achat.

Les clauses essentielles d'un contrat de vente ou d'un contrat d'achat

1. *Le nom, l'adresse et la raison sociale de chacune des parties.* Il faut indiquer l'adresse d'un endroit réel et non une case postale. S'il s'agit de deux entreprises qui traitent ensemble, la raison sociale au complet est requise (par exemple, l'entreprise Métallco inc. vend à sa cliente Mitsui Trading KK).

2. *L'objet du contrat.* Afin d'éliminer les malentendus, on doit indiquer dès le début du contrat écrit son objet précis, en l'occurrence *contrat de vente* ou *contrat d'achat*.

3. *La description détaillée du produit vendu.* Plus le vendeur est précis dans la définition du produit qu'il désire vendre, moins les risques d'erreur sont grands. Si l'acheteur a signalé certaines spécifications du produit qu'il désire se procurer, celles-ci doivent apparaître dans la description du produit. L'acheteur et le vendeur s'assurent ainsi que le produit échangé reflète la volonté des deux parties.

4. *La quantité.* Une entente contractuelle de vente doit automatiquement mentionner la quantité de produits vendus (en unités, en mètres, en kilos, en tonnes, etc.).

5. *Le prix et la devise.* Il faut signaler le prix unitaire en concordance avec la quantité plus la valeur totale de la vente, exprimés en une devise (en dollars canadiens ou en dollars américains ou toute autre devise sur laquelle les deux parties s'entendent).

6. *La modalité de paiement.* La vente est un échange de produits contre rémunération ; aussi, la façon dont ce paiement sera effectué doit être indiquée dans le contrat. La précision est par conséquent de rigueur. Ainsi, une vente peut être payable par crédit documentaire confirmé ou seulement par compte ouvert avec une échéance donnée (par exemple, le contrat stipule la vente de produits payable par compte ouvert net 30 jours).

7. *Les modalités de vente.* Cette clause est des plus importantes puisqu'elle spécifie à quel moment le vendeur cesse d'être responsable des marchandises expédiées. En conséquence, le contrat doit toujours mentionner s'il s'agit d'une vente FOB (port d'embarquement) ou CIF (port de destination) ou toute autre condition de vente. Rappelons qu'aux États-Unis, le terme *FOB* s'emploie, mais l'endroit où ce FOB se trouve doit être clairement indiqué : par exemple, *FOB usine de Montréal* ou *FOB usine de Dallas*).

8. *Le mode de transport et le délai de livraison.* Dans certains cas, le mode de transport peut être précisé (par avion, par train, etc.), mais ce n'est pas une obligation. Cependant, le délai de livraison prévu doit toujours l'être (on entend par *délai de livraison* la date à laquelle l'expédition quitte le fournisseur original. On ne peut pas préciser la date d'arrivée de la marchandise à destination).

9. *Autres clauses.* Il se peut que l'on requière d'autres clauses afin de préciser certains aspects de l'entente conclue entre le vendeur et l'acheteur. Cela dépend du type de produit, du pays d'origine ou du pays de destination des parties ou même des lois et règlements en vigueur dans ces pays. Il est recommandé de s'informer de ces exigences juridiques avant d'entamer une négociation contractuelle.

10. *La loi applicable au contrat.* Cette clause est incontournable, car elle détermine de façon non équivoque quelle serait la loi applicable en cas de litige après la signature du contrat. Aucun contrat ne doit être accepté si cette clause n'y apparaît pas.

Évidemment, tout contrat doit être signé par les deux parties et comporter la date de la signature.

Le contrat de vente ou d'achat porte sur un échange de produits. Selon le mode de distribution adopté, il se peut qu'un exportateur doive négocier avec un agent un contrat de distribution ou un contrat d'agence.

Le contrat de distribution

Plusieurs exportateurs de produits de consommation et de produits industriels recourent aux services d'un distributeur spécialisé dans leur domaine. Quel que soit le produit, un contrat de distribution est requis. Plusieurs clauses énumérant les obligations du distributeur et celles de l'exportateur forment le noyau d'une telle entente. Le concept d'exclusivité ou de non-exclusivité doit être bien défini ainsi que les activités promotionnelles auxquelles l'exportateur s'attend. En somme, on doit déterminer laquelle des deux parties doit assumer chacune des responsabilités d'une entente de distribution.

La négociation d'un contrat de distribution bien pensé et bien rédigé permet à l'exportateur et à son distributeur de mieux connaître les attentes de chacun. Ici aussi, la période de négociation précédant la rédaction du contrat est cruciale. L'exportateur avisé s'y prépare tout en faisant preuve de souplesse afin que les deux parties sortent gagnantes de l'exercice. Toutes les obligations du distributeur et de l'exportateur doivent être décrites en détail. Par exemple, un exportateur s'attend à ce que son distributeur ait suffisamment de produits pour satisfaire la demande. Le distributeur, pour sa part, s'attend à recevoir un soutien financier pour la promotion des produits du fournisseur-exportateur et, surtout, à être tenu au courant des politiques de marketing de celui-ci. L'exportateur peut imposer un quota de ventes, mais il doit tenir compte de l'environnement concurrentiel auquel le distributeur peut faire face.

Il est important de spécifier la durée du contrat et de prévoir des conditions de résiliation précises. Comme l'indique l'encadré 13.2, certaines clauses essentielles d'un contrat de distribution sont analogues à celles d'un contrat de vente. Cependant, celles qui décrivent les obligations de chacune des parties doivent être particulièrement soignées. Une rédaction imprécise de ces clauses ou une mauvaise compréhension de celles-ci est susceptible d'entraîner un litige long et coûteux.

ENCADRÉ 13.2

Les clauses essentielles d'un contrat de distribution

1. *Le nom, l'adresse et la raison sociale de chacune des parties.*
2. *L'objet du contrat.* Il faut préciser qu'il s'agit d'un contrat de distribution.
3. *La description détaillée du produit.* Cette clause limite le droit de distribution à ce produit. Aucune autre forme du produit, quelle qu'elle soit (modification, amélioration, nouvelle ligne de produits, etc.), ne fait partie de ce contrat, à moins qu'une entente additionnelle ne soit conclue.
4. *L'exclusivité.* L'exportateur s'engage à ne pas faire distribuer ses produits par un autre distributeur sur le territoire couvert par le contrat (clause 5), et le distributeur s'engage à ne distribuer sur le territoire que les produits de l'exportateur. Une clause de non-exclusivité est également possible ; dans ce cas, aucune des restrictions mentionnées ci-dessus ne s'applique.

5. *Le territoire couvert.* Les paramètres du territoire confié au distributeur doivent être aussi précis que possible dans le but d'éviter des conflits entre distributeurs du même produit dans des territoires adjacents.

6. *Le prix et la devise.* L'exportateur fixe le prix de vente au distributeur (ainsi que les escomptes, le cas échéant), mais le prix de vente du distributeur au détaillant ou au consommateur ne peut être que suggéré. Évidemment, il est nécessaire de préciser la devise utilisée pour ce prix.

7. *La modalité de paiement.* Dans le cas d'une entente avec un distributeur, la modalité de paiement est sensiblement la même que pour un contrat de vente; mais de façon générale, c'est sur la base du compte ouvert.

8. *Les modalités de vente.* Selon que c'est le distributeur ou l'exportateur qui assume les frais de transport et de dédouanement, le terme utilisé sera *FOB (port d'origine)* ou, dans le cas d'un distributeur situé aux États-Unis, *FOB (usine de l'exportateur)*. Si le paiement des coûts est à la charge du distributeur, on parlera alors d'une vente faite sur la base du terme *CIF (port de destination)* ou du terme *FOB (emplacement du distributeur)* pour le distributeur américain.

9. *La clause de confidentialité.* Cette clause est essentielle, spécialement dans le cas où la marchandise distribuée est un produit de haute technologie et où le distributeur doit être informé des secrets industriels de l'exportateur. Normalement, elle s'applique pendant la durée du contrat, plus six mois après sa résiliation.

10. *La clause de délégation.* Dans l'éventualité où le distributeur désire confier à un sous-traitant la distribution du produit, l'exportateur doit au préalable approuver cette sous-traitance.

11. *Les politiques de marketing.* Habituellement, il revient au distributeur d'instaurer sa propre politique de marketing, mais les plans de promotion et la fixation du prix de vente sont souvent élaborés conjointement.

12. *Le stock minimal à commander.* Le fournisseur-exportateur s'assure par cette clause que le distributeur dispose d'un inventaire suffisant pour répondre à la demande de la clientèle.

13. *Les quotas de ventes.* La spécification de cet objectif est importante pour les deux parties, chacune connaissant de façon précise les obligations de ventes du distributeur. Un tel quota est fixé conjointement par l'exportateur et le distributeur.

14. *Le retour des marchandises.* Il faut spécifier qui peut autoriser un retour des marchandises, à quelles conditions et qui doit en assumer les coûts.

15. *La protection de la marque et/ou du brevet.* Il est important de protéger le propriétaire (exportateur) du brevet ou de la marque de commerce du produit distribué. Rappelons qu'un brevet et une marque de commerce doivent être enregistrés séparément dans chacun des pays où ils sont distribués, à défaut de quoi l'exportateur risque de perdre sa propriété intellectuelle.

16. *La politique d'échantillonnage.* Si des échantillons sont exigés par le distributeur, le contrat doit préciser les conditions de paiement de ceux-ci, les frais de transport, etc.

17. *L'obligation d'envoyer des rapports de ventes ou des données sur la concurrence.* L'exportateur s'attend à recevoir de son distributeur des rapports de ventes ou des données sur la concurrence. Il est préférable d'indiquer clairement ces attentes dans le contrat.

18. *La durée et les conditions de résiliation*. Il faut spécifier la durée de tout contrat. Le contrat peut-il être reconduit tacitement ou autrement ? Quels sont les préavis requis et leurs échéances ?

19. *Le mécanisme de règlement des différends*. Un désaccord étant toujours possible, une procédure spéciale de règlement doit être inscrite au contrat afin que les parties sachent comment procéder le cas échéant. Les diverses formes de règlement des litiges feront l'objet de la dernière section de ce chapitre.

20. *La loi applicable au contrat*. Cette clause, qui est essentielle dans tous les types de contrats, détermine avec précision quelle loi s'appliquerait en cas de litige après la signature du contrat.

La distribution des produits peut aussi être prise en charge par un agent manufacturier. Comme nous le verrons, ses services seront encadrés par un contrat d'agence.

Le contrat d'agence

Comme nous l'avons vu dans le chapitre 9, pour vendre avec succès aux États-Unis, le recours à un agent manufacturier est souvent nécessaire. Une entente doit donc être conclue et entérinée par un contrat. Ce contrat d'agence définit de façon précise le territoire, le taux de commission payable et les autres obligations de l'agent. L'exportateur doit également s'engager à donner le soutien nécessaire à son agent et certaines clauses à cet effet doivent apparaître dans le contrat.

Tout comme le contrat de vente ou le contrat de distribution, le contrat d'agence comporte plusieurs clauses semblables. L'encadré 13.3 indique

ENCADRÉ 13.3

Les clauses essentielles d'un contrat d'agence

1. *Le nom, l'adresse et la raison sociale de chacune des parties.*

2. *L'objet du contrat*. Il faut préciser qu'il s'agit d'un contrat d'agence.

3. *La description détaillée du produit*. Cette clause est semblable à celle des autres contrats.

4. *L'exclusivité*. L'agent s'engage à vendre seulement les produits de l'entreprise exportatrice et à n'offrir aucun produit provenant de fabricants concurrents. Parallèlement, l'entreprise exportatrice s'engage à payer une commission à l'agent pour toutes les ventes faites sur son territoire, que ces ventes soient faites par l'agent ou directement par l'entreprise.

5. *Le territoire*. Il faut déterminer les limites du territoire que l'agent doit couvrir. En général, dans un contrat d'agence, cette clause et la précédente sont parmi les plus importantes.

6. *Les politiques de marketing*. Il faut décrire la stratégie de marketing que l'agent doit adopter dans son offre de produits à ses clients potentiels : le prix de vente, la devise, les modalités de paiement, les conditions de vente, etc.

7. *La commission.* Il faut préciser le taux de commission payable à l'agent, la base adoptée (le prix de vente au client ou le prix à l'usine de l'entreprise ou un autre prix selon l'entente négociée avec l'agent), le moment auquel cette commission est payable, l'avance consentie sur les commissions à gagner ou toute autre entente.

8. *La clause de délégation.* Cette clause est semblable à celle du contrat de distribution.

9. *Les quotas de ventes.* Il faut indiquer les objectifs de vente que l'agent doit réaliser. Il est préférable que ce quota de ventes soit négocié au préalable entre l'agent et l'entreprise.

10. *L'obligation d'envoyer des rapports de ventes ou des données sur la concurrence.* Cette clause est semblable à celle qu'on trouve dans le contrat de distribution, mais elle est essentielle dans ce cas-ci. Une des obligations de l'agent consiste à informer l'entreprise manufacturière qu'il représente de la situation concurrentielle sur son territoire et à faire parvenir des rapports précis sur ses efforts et ses résultats de ventes.

11. *La durée et les conditions de résiliation.* Normalement, un agent obtient une première période de son contrat d'agence d'une durée de six mois à l'essai. En cas de succès, le contrat est prolongé pour une durée de 12 mois. Ce contrat est reconduit tacitement tous les ans à moins d'un préavis formel entre les parties.

12. *Le mécanisme de règlement des différends.* Il est semblable à celui des autres contrats.

13. *La loi applicable au contrat.* Il s'agit d'une clause obligatoire.

uniquement les clauses qui touchent directement les obligations de l'agent et celles de l'exportateur dans un tel contrat.

Dans certains cas, une entreprise peut décider non pas d'exporter, mais de confier à une entreprise étrangère la fabrication de son produit. Ce genre de décision implique la négociation d'un contrat de licence où les obligations de chacune des parties seront clairement définies.

Le contrat de licence

Une entreprise peut décider de ne pas exporter sa marchandise, mais de produire celle-ci à l'étranger en sous-traitance, ou de confier à une entreprise étrangère le soin de fabriquer un produit en utilisant ses connaissances techniques et les méthodes mises en œuvre dans la fabrication de celui-ci. Un contrat de licence est alors nécessaire. Dans un tel type de contrat, l'entreprise accepte de transmettre à une autre partie son procédé de fabrication, son savoir-faire, en somme sa technologie. En contrepartie, l'entreprise spécifie les conditions auxquelles doit se soumettre le sous-traitant ou le licencié et définit dans certains cas le montant des **redevances** qui seront versées au détenteur original de la technologie transmise.

Redevances / *Royalties*
Somme que l'utilisateur d'un brevet étranger verse à l'inventeur et qui est proportionnelle au nombre d'objets fabriqués.

Analogue aux autres formes de contrats, le contrat de licence comprend plusieurs clauses standards décrivant les parties en cause, les obligations de chacune, et plus particulièrement les conditions spéciales qui s'appliquent à ce genre de contrat. L'encadré 13.4 (voir la page 344) spécifie les clauses qui doivent se trouver à l'intérieur d'un contrat de licence.

Les clauses essentielles d'un contrat de licence

1. *Le nom, l'adresse et la raison sociale de chacune des parties.*

2. *L'objet du contrat.* Il faut préciser qu'il s'agit d'un contrat de licence.

3. *La description détaillée du produit.* Il est capital de décrire précisément le produit faisant l'objet de la transaction. L'entreprise qui concède la licence peut désirer conserver ses droits sur des modifications susceptibles d'être apportées au produit ou sur un éventuel nouveau produit. En conséquence, le contrat s'applique uniquement au produit mentionné.

4. *Le territoire.* Des restrictions semblables à celles qu'on trouve dans le contrat de distribution ou dans le contrat d'agence s'appliquent au contrat de licence. On doit définir de façon très précise le territoire où le détenteur de la licence pourra mettre en vente le produit. Cette clause vise à éviter des conflits de compétences sur les territoires, puisque l'entreprise qui octroie la licence peut elle aussi désirer vendre ses produits.

5. *Les redevances.* Il faut indiquer le montant forfaitaire ou le pourcentage devant être versé à l'entreprise d'origine par le licencié, fixer la base du calcul (le prix de vente ou la quantité fabriquée) de même que la période de calcul, etc. Afin de vérifier que le licencié fabrique vraiment des produits utilisant les droits transmis par la licence, on exige habituellement des redevances sur chaque produit fabriqué à l'usine selon un quota de production déterminé au préalable (voir la clause 9 de ce contrat).

6. *La clause de confidentialité.* L'entreprise qui concède une licence doit protéger sa propriété intellectuelle, même si elle est transmise à une tierce partie (voir la clause 9 du contrat de distribution).

7. *La protection du brevet et de la marque de commerce.* L'entreprise doit également s'assurer de la propriété de son brevet et de sa marque de commerce. Désire-t-elle conserver celle-ci ou la transmettre entièrement à son licencié ? Ce point est important, car une clause de protection mal formulée risque fort d'entraîner des malentendus et des litiges commerciaux.

8. *Le contrôle du marketing.* Cette clause doit préciser qui sera responsable de chaque variable de la stratégie de marketing (quel produit vendre, à quel prix, accompagné de quelle promotion et par quel canal de distribution).

9. *Les quotas de production (ou de ventes).* L'entreprise qui accorde une licence devrait spécifier dans le contrat de licence la quantité minimale de produits fabriqués à partir de la licence. Si les redevances sont payables sur le prix de vente, un quota annuel de ventes minimal est alors requis.

10. *La loi applicable au contrat.* Tout comme pour les autres types de contrats, cette clause est obligatoire, surtout dans l'éventualité d'un litige entre les parties.

Comme nous l'avons vu dans le chapitre 11, les compagnies de transport émettent le contrat de transport sous forme de connaissement. Ainsi, un connaissement routier confirme que la marchandise a été mise à bord du camion et qu'elle sera transportée du point d'embarquement à la destination convenue entre l'exportateur et le transporteur.

Un contrat d'assurance, qui protège l'exportateur contre les risques de vol ou de perte, est ordinairement rédigé soit par le courtier d'assurances de l'exportateur, soit par la compagnie d'assurances elle-même.

Malgré toutes les précautions prises au moment de la rédaction des contrats, il peut arriver que des litiges commerciaux surviennent. Nous vous présenterons maintenant quelques méthodes utilisées couramment pour le règlement des litiges.

Le règlement des litiges commerciaux internationaux

Le droit international est aussi complexe que le droit canadien et québécois. Les transactions internationales sont caractérisées par la multiplication des intervenants, des opérations et par la diversité des systèmes juridiques. Malgré tout le soin apporté à la préparation et par à la rédaction d'un contrat, un malentendu peut se produire, et ce, sans qu'aucune des parties en cause n'en soit vraiment responsable. En effet, il existe dans toute relation d'affaires des points sur lesquels une parfaite entente demeure impossible. Chacun a son point de vue ou son interprétation sur certaines clauses qui unissent les parties. Mais les différends commerciaux liés à un bris de confidentialité, à des retours de produits non justifiés, à des conflits d'intérêts ou de territoires sont à l'origine de la majorité des litiges entre, d'une part, l'entreprise exportatrice et, d'autre part, un distributeur, un agent ou un licencié. Tout litige entraîne des pertes de temps, d'énergie et, surtout, d'argent. Il importe donc de trouver des moyens de résoudre ces différends. Plusieurs méthodes de résolution des différends s'offrent aux exportateurs. Certaines sont relativement aisées et peu coûteuses, tandis que, pour certains litiges impliquant des sommes d'argent considérables, le seul recours possible demeure une poursuite judiciaire.

Voici les quatre principales méthodes qui permettent de régler des litiges commerciaux internationaux :

1. Le règlement à l'amiable est probablement la meilleure manière de dissiper un malentendu ou de régler un conflit mineur. Les deux parties fixent une rencontre et règlent le différend qui les sépare sans qu'il y ait intervention d'autres personnes. Dans le contexte du commerce international, la majorité des malentendus peuvent ainsi être réglés sans qu'on ait à engager des frais considérables et tout en conservant les liens commerciaux établis. On peut même aller jusqu'à inscrire dans le contrat une clause prévoyant que, en cas de litige, les parties en cause doivent d'abord essayer de résoudre leur différend entre elles avant de recourir à d'autres moyens. Cela permet d'éviter des conflits plus sérieux qui, la plupart du temps, entraînent des pertes de ventes et de parts de marché, et mettent en danger la situation concurrentielle de l'entreprise exportatrice.

2. La médiation constitue une modalité de règlement des litiges un peu plus formelle que la précédente, car elle implique l'intervention d'une tierce personne qui n'est pas liée aux deux entreprises en cause. De plus, on doit décrire avec précision dans le contrat la façon de choisir un médiateur, afin de ne pas envenimer le conflit. Le médiateur choisi conjointement par les deux parties analyse le conflit et formule des recommandations que les entreprises sont libres d'accepter (ce qui rend ce mode de règlement moins attrayant). Néanmoins, la médiation est peu coûteuse et sollicite peu la participation des entreprises aux prises avec un malentendu. Le médiateur fait son travail de façon objective, communique ses conclusions, après quoi les entreprises prennent leurs décisions.

3. L'arbitrage est recommandé dans le cas de litiges dont les enjeux représentent des sommes d'argent assez considérables. De prime abord, le recours à l'arbitrage peut sembler fort coûteux et prendre beaucoup de temps. En fait, seules les grandes entreprises ayant des sommes énormes en jeu peuvent se permettre de revendiquer des droits devant une cour d'arbitrage.

4. La cour de justice constitue le dernier recours pour le règlement d'un litige. Elle peut aussi se révéler très coûteuse et aboutir à un jugement défavorable pour l'entreprise qui poursuit son distributeur ou son agent devant un tribunal étranger. Il est sage d'éviter ce genre de règlement des différends, et ce, pour plusieurs raisons. Ainsi, il est difficile de bien comprendre les lois d'un autre pays. Par ailleurs, même si le tribunal donne satisfaction à l'entreprise, une fois venu le temps de faire appliquer le jugement, les résultats peuvent être très décevants. La partie en faute peut simplement refuser d'accepter le jugement, aux dépens de l'entreprise étrangère. Il y a alors peu de chances que ce geste soit puni. Les coûts engendrés par ce recours sont parfois plus élevés que la somme que l'entreprise tente de récupérer. Bref, le jeu n'en vaut pas la chandelle.

Tout compte fait, le recours aux tribunaux, peu importe où ils se trouvent (au Québec ou dans le pays de l'autre partie), présente des contraintes réelles. Choisir le droit canadien (*Common Law*) ou québécois (droit civil) pour le règlement des litiges dans un contrat peut être rassurant pour le vendeur, car c'est celui qu'il connaît le mieux. Toutefois, si les jugements de tribunaux canadiens ne peuvent être exécutés dans le pays de l'acheteur, cette mesure n'aura aucun effet. Par contre, si l'entreprise exportatrice choisit le droit du pays de l'acheteur, elle devra le connaître et le maîtriser, car il serait dangereux de s'engager par contrat en étant soumis à une réglementation que l'on ignore. De plus, il est risqué d'opter pour le droit d'un pays où le système politique est différent de celui du Canada. Par exemple, le droit dans certains pays arabes est étroitement lié à la religion islamique, et ses pratiques sont très éloignées de celles du droit canadien. Aussi, cette forme de règlement des conflits n'est-elle pas du tout recommandée.

Bref, les différents mécanismes de règlement des litiges commerciaux peuvent se résumer ainsi :

- Le règlement à l'amiable est recommandé.
- La médiation constitue la meilleure option.
- L'arbitrage est coûteux, mais il offre un jugement final et sans appel.
- La cour de justice est à éviter.

Dans ce chapitre portant sur l'aspect juridique de l'exportation, nous avons montré les possibles embûches de la négociation d'un contrat dans un contexte étranger et les moyens à retenir pour établir différents contrats (de vente ou d'achat, de distribution, d'agence ou de licence) avec un minimum de risques. Il est important de comprendre les défis juridiques que pose l'exportation et ainsi négocier en connaissance de cause.

De toute évidence, les indications qui précèdent ne remplacent pas les judicieux conseils d'avocats ayant une expérience en matière de contrats internationaux. Il est fortement recommandé de consulter un conseiller juridique avant de conclure quelque contrat que ce soit afin de veiller à ce que le contrat négocié soit autant que possible avantageux pour l'entreprise exportatrice. Il est également suggéré de revoir ce conseiller juridique avant la signature du contrat pour vérifier qu'aucune erreur n'a été commise dans la rédaction de la version finale.

RÉSUMÉ

- Le processus d'exportation comporte de nombreuses étapes, chacune se terminant par la signature d'un contrat.
- Le contrat de vente et le contrat d'achat portent sur un échange de produits ou de services.
- Le contrat de distribution et le contrat d'agence scellent une entente avec un agent ou un distributeur à l'étranger.
- Le transfert de technologie est encadré par un contrat de licence.

- L'aspect logistique et l'exportation de marchandises sont couverts par un contrat de transport ou un contrat d'assurance.
- Malgré toutes les précautions prises, il peut arriver qu'un litige commercial survienne. Dans une telle éventualité, il faut tenter de trouver un règlement à l'amiable, procéder à une médiation ou même à un arbitrage, avant de songer à des poursuites judiciaires.

1 Comme nous l'avons vu dans le chapitre 9, au cours de sa deuxième visite au Japon, Louis Demers, le représentant de Métallco, a d'abord rencontré le délégué commercial du Canada en poste à Tokyo. Il a ainsi pu obtenir des conseils sur la manière de choisir un représentant, un distributeur ou un autre intermédiaire. Louis a alors décidé d'engager un interprète, de s'assurer la collaboration de Misugi Nomira (en lui laissant entrevoir la possibilité d'une récompense financière) et a entrepris sa recherche du canal de distribution qui répondrait le mieux à ses besoins et à ses objectifs de vente sur le marché japonais. Pour réussir au Japon, il faut comprendre l'environnement culturel qui influence directement les pratiques commerciales. Par conséquent, le choix logique d'un canal était une *sogo shosha*. Reste à trouver laquelle. Par la suite, tout en tenant compte des conseils de M. Nomira, Louis Demers rencontre dans le hall de son hôtel (hôtel choisi non seulement pour son confort, mais également pour le statut qu'il confère au représentant de Métallco) plusieurs représentants de ces maisons de commerce. Au début, il éprouve certaines difficultés à comprendre le comportement de ces personnes qui lui font des courbettes, lui présentent leurs cartes professionnelles avec les deux mains et semblent impassibles au cours des négociations. Ces négociations sont ardues car, même avec un interprète, Louis a du mal à saisir la réaction affirmative ou négative à ses propositions d'entente.

a) Quel comportement recommanderiez-vous à Louis Demers d'adopter dans une rencontre d'affaires avec des interlocuteurs japonais dans le contexte d'une négociation ?

b) D'après vous, quelles sont les clauses de distribution dont Louis Demers doit tenir compte avant de confier la distribution de ses produits (des anodes de magnésium) à la *sogo shosha* qu'il a finalement choisie pour ses ventes au Japon ?

2 Jusbec veut vendre son jus de pomme sur le marché de Chicago. Le canal de distribution le plus approprié pour vendre avec succès un produit de consommation sur le marché américain est, sans contredit, l'agent manufacturier. Denis Tremblay, le PDG de l'entreprise, a rencontré dans une foire commerciale un agent qui lui semblait fort convenable et qui connaissait très bien le secteur des hôtels, des restaurants et des institutions de Chicago. Il veut conclure immédiatement une entente et obtenir une signature au bas du contrat.

Croyez-vous que cette approche est appropriée ? Quelles sont les clauses du contrat d'agence auxquelles Denis Tremblay doit prêter attention ?

3 Quelques mois plus tard, les ventes de jus de pomme sur le marché de Chicago s'avèrent décevantes. Denis Tremblay prend alors une grave décision : il veut mettre fin au mandat de son agent actuel et le remplacer par son propre vendeur. Il croit qu'il pourra ainsi mieux contrôler son canal de distribution et qu'il obtiendra de meilleurs résultats de ventes. Cette décision pose un problème, car l'agent américain s'oppose à la résiliation de son contrat et adresse, par l'entremise de son avocat américain, une injonction pour stopper le processus de rupture du contrat.

Vous devez essayer de régler ce problème. Quelle approche adopterez-vous pour parvenir à une solution rapide et peu coûteuse ?

CONCLUSION

Du tour d'horizon sur le commerce international que nous terminons, il faut notamment retenir que l'environnement international est en perpétuel mouvement. À cet égard, l'histoire fournit un nombre incalculable d'exemples ou d'événements ayant eu un impact majeur sur les échanges nationaux et internationaux. Qu'il s'agisse des premières visites des Vikings à Terre-Neuve vers l'an 1000, des voyages en Orient de Marco Polo vers 1270, de l'invention de l'imprimerie en 1440 par Gutenberg, de la découverte du Nouveau Monde en 1492 par Christophe Colomb, de la défaite de l'Armada espagnole aux mains des Britanniques en 1588, de la révolution industrielle des XVIIIe et XIXe siècles, de la Déclaration d'indépendance américaine en 1776, des découvertes scientifiques du siècle dernier (télégraphe, électricité, téléphone, automobile, avion, etc.) ou encore d'événements relativement récents tels que les attentats du 11 septembre 2001 ou l'invasion de l'Irak par les États-Unis, tous ces faits historiques marquants ont influencé les stratégies commerciales des États et des entreprises.

Parmi les pays émergents en commerce international, la Chine, l'Inde, le Brésil, la Malaisie et la Corée du Sud font la manchette des journaux économiques. Toutefois, certains pays peuvent également causer des surprises. Nous pensons ici aux pays de l'Est dont on parle peu dans les chroniques économiques.

Que nous réserve l'avenir en matière de commerce international? Pour répondre à la question, nous passerons en revue les principaux facteurs pouvant influencer l'environnement commercial mondial. D'abord, nous examinerons l'évolution de la démographie mondiale qui a des effets sur l'ampleur des marchés et les besoins des consommateurs. Puis, nous discuterons de la question de l'énergie qui est au cœur des préoccupations internationales actuelles. Ensuite, nous aborderons la problématique de la qualité de l'eau et de son accessibilité qui inquiète de plus en plus les observateurs. Enfin, nous terminerons ce tour d'horizon en présentant les opportunités qui s'offrent pour le Québec en matière de commerce international.

Les mouvements de population[1]

La démographie mondiale représente une source d'occasions d'affaires pour le commerce international. Elle constitue aussi un facteur important qui permet de faire des prédictions sur les besoins de consommation des régions et des peuples qui les habitent. Les stratèges des entreprises exportatrices ne peuvent donc pas ignorer un tel facteur. En résumé, la situation démographique mondiale se présente ainsi: l'Asie représente 60 % de la population mondiale et l'Europe figure parmi les territoires les plus densément cultivés, urbanisés et industrialisés. De l'autre côté de l'océan, les Amériques possèdent de vastes régions non peuplées, particulièrement à l'intérieur des terres. La majorité des

1. Division de la population du Département des affaires économiques et sociales, Nations Unies, [en ligne]. [http://www.un.org/esa/population/unpop.htm] (11 mars 2008)

populations se retrouvent sur le bord des cours d'eau et du littoral. L'Afrique, mis à part le Nigeria, montre une très faible densité de population par rapport aux autres continents.

Selon le démographe Thomas Buettner, auteur du rapport des Nations Unies sur les *Projections démographiques mondiales (1950-2050)*, la population mondiale continue de croître mais à un rythme ralenti : actuellement évaluée à 6,5 milliards, elle devrait passer à neuf milliards d'habitants d'ici 2050. La tendance générale est toutefois à un ralentissement de la croissance démographique par rapport aux progressions des vingt à cinquante dernières années, ce qui tend à confirmer une lente stabilisation de la population globale. Il faut cependant être conscient que d'ici à 2050, l'Inde aura dépassé la Chine en tête de la liste des pays les plus peuplés de la planète, et ces deux pays représenteront environ 50 % de la population mondiale (contre 40 % aujourd'hui).

Dans les pays riches industrialisés, à l'exception des États-Unis où les populations immigrées entretiennent une hausse de la démographie, le renouvellement des générations n'est plus assuré. Dans ces conditions, la population de ce groupe de pays, qui se situe aujourd'hui à 1,2 milliard de personnes, ne devrait pas augmenter d'ici à 2050 et la croissance prévue de la population s'effectuera en quasi-totalité dans les régions moins développées. Le groupe des 50 pays les moins avancés connaît une croissance démographique particulièrement rapide. Par ailleurs, la proportion de personnes âgées est en constante croissance, particulièrement dans les pays riches. Le Nord vieillit tandis que le Sud rajeunit.

Au Canada, la régulation des naissances et un taux de mortalité faible ont eu pour effet de diminuer petit à petit le nombre de jeunes aptes à soutenir l'économie et la retraite des plus vieux. Cette tendance est confirmée par le dernier recensement de 2006 qui révèle que la tranche des aînés est en nette progression parmi les groupes de la population canadienne. Selon les projections démographiques, dans une dizaine d'années environ, le Canada pourrait compter plus de personnes en âge de quitter la population active que de personnes en âge d'y entrer.

Des projections semblables s'observent dans d'autres pays industrialisés, par exemple le Japon et l'Italie où les personnes âgées de plus de 65 ans représenteront 25 % de la population en 2025. La Chine, avec sa politique de l'enfant unique de 1979 et l'augmentation de l'espérance de vie (40 ans en 1949 et 70 ans en 2005), risque également d'avoir à faire face à des problèmes identiques[2].

La situation inverse s'observe dans les pays pauvres qui ne sont pas en mesure de fournir une alimentation et un logement suffisants à leurs populations, notamment en Afrique où le contrôle de la natalité est pratiquement inexis-

---

2. H. Zlotnik (2005), *Perspectives démographiques mondiales. La révision de 2004,* New York, Division de la population du Département des affaires économiques et sociales, Nations Unies, [en ligne]. [http://www.unpopulation.org] (11 mars 2008)

tant et où les familles de cinq enfants sont souvent la norme. L'espérance de vie étant basse, la moyenne d'âge de la population s'en trouve diminuée d'autant.

L'évolution du réseau des grands centres urbains constitue un autre phénomène démographique à considérer. En 1950, New York était la seule agglomération dépassant 10 millions d'habitants; en 2000, ce nombre passait à dix-neuf[3]. C'est dans ces grandes mégapoles que se concentrent les pouvoirs économique, financier, politique, informationnel et culturel, offrant de nouveaux espaces d'échanges où l'on retrouve entre autres les principaux axes de communication, les bourses, les sièges sociaux des entreprises, les universités et les centres de recherche d'envergure mondiale.

À court et à moyen terme, la situation démographique mondiale permet d'entrevoir des perspectives d'avenir pour chaque génération, et dans tous les pays. Dans les pays pauvres où la population est jeune, les besoins en éducation et en santé sont en croissance. Ces pays sont également une source de main d'œuvre abondante et bon marché pour les entreprises manufacturières ayant besoin de personnel peu qualifié. Par contre, ces pays font face à des problèmes sociaux et économiques considérables qui alimentent le désespoir des individus. Dans les pays développés, le vieillissement de la population fera augmenter les dépenses en santé et modifiera la demande en immobilier et en services d'accompagnement, surtout pour les personnes en perte d'autonomie.

L'énergie : un enjeu important pour le commerce international du futur

Avec la croissance démographique et le développement économique mondial, l'énergie constitue aujourd'hui un enjeu stratégique majeur pour tous les pays, riches ou pauvres, et joue un rôle crucial dans le commerce international. En effet, depuis les années 1970, la consommation de pétrole mondiale a doublé et le prix de ce carburant ne cesse d'augmenter. Il apparaît important de mentionner le déséquilibre observé dans ce secteur névralgique: près de 60 % de l'énergie produite est en effet consommée par seulement 20 % de la population mondiale.

L'Agence Internationale de l'Énergie (AIE) prévoit que la demande des pays industrialisés de l'Organisation pour la Coopération et le Développement Économique (OCDE) devrait augmenter. À elle seule, la Chine enregistre une croissance de 167 %[4].

On constate actuellement constate que les énergies fossiles dominent la consommation mondiale: le pétrole est la première source d'énergie (35 %),

---

3. Il s'agit des villes suivantes : Bombay, Buenos Aires, Calcutta, Dakha, Delhi, Jakarta, Karachi, Lagos, Le Caire, Los Angeles, Manille, Mexico, New York, Osaka, Beijing, Rio de Janeiro, Sao Paulo, Shangaï, Tokyo.
4. Perspective Monde, Université de Sherbrooke, [en ligne]. [http://perspective.usherbrooke.ca/bilan/tend/CHN/fr/ EG.USE.PCAP.KG.OE.html] (11 mars 2008)

suivi du charbon (28 %) et du gaz naturel (23 %). L'hydro-électricité (8 %) et le nucléaire (6 %) se retrouvent loin derrière. L'observation de ces statistiques nous obligent à admettre qu'une révolution énergétique planétaire est à venir : d'une part, les hydrocarbures fossiles sont non renouvelables et les réserves sont à la baisse par rapport au niveau de consommation qui, lui, est en hausse de façon spectaculaire en raison de la demande indienne et chinoise. D'autre part, même si la ressource était inépuisable, la santé environnementale de la planète est en péril, notamment avec le réchauffement climatique, et exige une diminution de notre consommation d'énergies fossiles polluantes.

Le Québec possède les ressources pour entreprendre la révolution énergétique qui s'annonce. D'abord, il produit autour de 40 000 mégawatts d'électricité hydraulique, et peut en ajouter au moyen de l'énergie éolienne et de la géothermie. Ainsi, le Québec devient une terre d'élection pour une prospérité compatible avec le développement durable. En effet, la probabilité est forte pour que l'électricité produite avec du charbon soit de moins en moins populaire et qu'émerge un courant de sympathie vers les produits fabriqués avec de l'énergie propre.

La géothermie, domaine de recherche en émergence au Québec, constitue aussi une technologie sûre et écologique pouvant offrir des économies intéressantes pour le chauffage résidentiel. Avec les prévisions d'augmentation de la consommation, l'épuisement des réserves d'énergies fossiles et la volonté mondiale de réduire les émissions de gaz à effet de serre, la recherche d'énergie alternative, propre et renouvelable devient de plus en plus nécessaire.

L'eau : crise mondiale en perspective

Près de 1,4 milliard d'individus vivent dans des bassins hydrographiques où la consommation d'eau est supérieure aux taux de recharge[5]. On estime aujourd'hui qu'environ 700 millions de personnes réparties dans 43 pays vivent en dessous du seuil de stress hydrique qui représente la quantité annuelle renouvelable d'eau douce par habitant. D'ici à 2025, ce chiffre atteindra les 3 milliards, le stress hydrique s'intensifiant en Afrique subsaharienne, en Chine et en Inde. En plus de la démographie, le réchauffement de la planète transformera les modèles hydrologiques qui déterminent la disponibilité en eau.

Même les pays riches risquent d'avoir des besoins d'approvisionnement en eau dans l'avenir, tel que le prouve l'impact de l'ouragan Katrina sur la Nouvelle-Orléans, aux États-Unis. Au Canada, l'exploitation des sables bitumeux de l'Alberta menace d'assécher la rivière Athabasca dont une partie de l'eau sert à séparer le bitume des sables pétrolifères[6]. Ainsi, les besoins en eau vont probablement augmenter de manière considérable au cours de la prochaine décennie.

---

5. *Rapport mondial sur le développement humain 2006. Au-delà de la pénurie : pouvoir, pauvreté et crise mondiale de l'eau*. Publié pour le Programme des Nations Unies pour le Développement (PNUD).
6. Ressources naturelles Canada, [en ligne]. [http://www.nrcan.gc.ca/sd-dd//pubs/h2o/3-2_f.html] (11 mars 2008)

L'eau est distribuée de manière inéquitable entre les pays. Le Brésil et le Canada possèdent plus d'eau qu'ils ne pourront jamais en utiliser, alors que certains pays en manquent désespérément. Depuis près d'un siècle, l'utilisation de l'eau augmente pratiquement deux fois plus vite que la population. Le Québec est riche en eau potable. mais cette richesse est malgré tout peu exploitée sur le marché international. L'eau constitue une force renouvelable pour le Québec et les entreprises visionnaires. Elle est non seulement une source permettant la production d'hydroélectricité, mais elle peut également être commercialisée pour répondre au besoin grandissant en eau potable de la population mondiale.

D'ici à 2050, les ressources mondiales en eau devront étancher la soif de 2,7 milliards de personnes supplémentaires et soutenir les systèmes agricoles qui devront les nourrir.

L'eau représente donc une ressource d'avenir pour le commerce international. Le Québec possède une grande proportion des réserves d'eau douce de la planète. Il n'est pas loin le jour où les conditions pour une commercialisation à l'échelle internationale de l'eau québécoise seront réunies. Le jour où il y aura un véritable manque d'eau, le Québec va devenir un eldorado. En ce moment, la France profite davantage du commerce de l'eau et expédie par exemple des bouteilles d'eau Perrier se vendant plus cher qu'un litre de lait.

Dans l'éventualité où des Sommets comme le G8 ou l'OMC décidaient de mettre en place un partenariat mondial pour le développement dédié à la question de l'eau et de l'assainissement, le Québec pourrait jouer un rôle prépondérant sur la scène internationale où les entrepreneurs d'ici profiteraient d'occasions d'affaires très intéressantes.

En dépit des prévisions, des analyses des tendances lourdes et des faits porteurs d'avenir que nous présentons ici, le futur du commerce international peut toujours être marqué par des événements majeurs multiples. Nous ne sommes pas à l'abri de cataclysmes ou des effets négatifs des changements climatiques provoqués par la pollution industrielle. Qui peut affirmer qu'est révolu le temps des grandes épidémies comme la grippe espagnole, qui modifient substantiellement la démographie de certaines régions ou de certains pays, alors que le sida et la grippe aviaire constituent une menace pour la santé ?

En matière d'économie, les crises économiques ou boursières restent des événements imprévisibles qui réduisent les activités et rendent les investisseurs nerveux. Dans le domaine social, les protestataires réussiront-ils à rallier suffisamment de partisans pour ébranler les pratiques commerciales des firmes multinationales ? Au chapitre des technologies, l'évolution des communications aura certainement une incidence sur le commerce international.

L'environnement juridique représente un autre secteur où des changements imprévisibles peuvent survenir. Aucune entreprise n'est à l'abri des effets d'un conflit juridique touchant son secteur. Enfin, le domaine politique constitue un élément incontournable du commerce international. La mesure du risque politique est une activité importante permettant de préciser, de prévoir et d'évaluer les événements ayant une influence sur les décisions d'affaires, d'autant plus que les PME sont particulièrement vulnérables à un environnement politique hostile ou peu familier.

La situation québécoise

Malgré la situation avantageuse occupée par le Québec dans plusieurs secteurs, notamment l'énergie et l'eau, la province pourrait avoir à affronter de nombreux écueils.

Parmi les plus grands dangers qui menacent les PME québécoises dans l'avenir, on reconnaît la diminution de l'enthousiasme par rapport à la formation. Pour demeurer compétitif au plan mondial, particulièrement sur le marché des produits à haute valeur ajoutée, il faut valoriser l'éducation. Le vieillissement de la population se trouve au cœur de cette problématique qui est d'autant plus importante si on veut maintenir le niveau de vie actuel. L'équation est mathématique : une personne active, pour s'occuper de deux personnes inactives, devra produire deux fois plus et générer deux fois plus d'argent et de valeur. Il ne s'agit pas de travailler 90 heures par semaine, mais de produire, dans la même période de temps, le tiers plus que l'Américain, l'Allemand, le Français, etc.

Au chapitre des secteurs prometteurs, en plus de celui des matières premières, le Québec est bien positionné dans l'aéronautique, la pharmacologie, la biotechnologie, les télécommunications, l'industrie culturelle et la création artistique. Le prix des matières premières qui monte en flèche permet d'exiger des entreprises exploitantes qu'elles favorisent le développement de PME de deuxième et troisième transformation avec des emplois à haute valeur ajoutée.

L'agriculture demeurera toujours le secteur le plus complexe de la science économique. Elle se doit d'améliorer sa productivité en respectant l'environnement, ce qui est un double défi. Des problèmes de main-d'œuvre sont toutefois à prévoir parce que les jeunes ne sont pas très tentés par l'agriculture.

L'environnement et le développement durable représentent la nouvelle doctrine du siècle. Fort heureusement, elle commence à être comprise et reconnue partout dans le monde. Mais la prudence s'impose pour éviter toute forme de fanatisme ou d'aveuglement.

Au chapitre des perspectives d'avenir favorables, le Québec jouit d'une zone de libre-échange avec la première puissance du monde. Il n'en tient qu'aux entreprises de profiter au maximum du marché américain.

Une entente permettant au Canada, aux États-Unis et au Mexique de s'allier à l'Union européenne pour éliminer les douanes entre l'Europe et l'Amérique du Nord pourrait s'avérer une solution fort intéressante. L'ALENA, en matière de produit intérieur de la zone, est la plus importante du monde et l'Europe est la seconde. L'association de ces deux zones donnerait un marché équivalant à celui de la Chine.

Pour demeurer compétitive, il faut que la production des PME québécoises soit la meilleure au monde selon leur catégorie, avec les techniques les plus avancées permettant d'obtenir les prix les plus bas relativement à la concurrence. Mais avant toute chose, il est essentiel de réaliser qu'avec une population de 7,5 millions d'habitants, on ne peut pas être prospère sans exporter. Il est également nécessaire d'éviter le protectionnisme et de voir les bons côtés de ces échanges internationaux.

Tout compte fait, la nature du commerce international permet de constater que le présent ouvrage n'aura jamais de fin. Au moment où vous lirez ces lignes, il est possible que l'environnement international ait subi des changements plus ou moins importants. Lorsqu'une entreprise pratique le commerce international, elle doit demeurer constamment à l'affût des informations susceptibles d'influencer ses performances sur les marchés internationaux.

Accord de libre-échange (ALE) / *Free Trade Agreement*

Accord de libre-échange entre le Canada et les États-Unis, entré en vigueur le 1er janvier 1989.

Accord de libre-échange nord-américain (ALENA) / *North American Free Trade Agreement (NAFTA)*

Accord de libre-échange entre le Canada, les États-Unis et le Mexique, signé en 1992 et entré en vigueur le 1er janvier 1994.

Accord général sur les tarifs douaniers et le commerce / *General Agreement on Tariffs and Trade (GATT)*

Traité commercial multilatéral, en vigueur depuis 1947, auquel adhèrent plus de 115 pays, et qui vise à libéraliser les échanges internationaux et à créer un climat favorable au commerce international par la réduction des barrières tarifaires et non tarifaires. Depuis le 1er janvier 1995, cet accord est géré par l'Organisation mondiale du commerce (OMC).

Accord industriel / *Industrial agreement*

Processus de transfert de technologie qui se réalise par la cession d'un brevet, la concession d'une licence, le franchisage et même parfois, la sous-traitance et le transfert de savoir-faire.

Adaptation

Offre de service ou de produit adapté aux goûts, aux préférences et aux besoins spécifiques des consommateurs étrangers visés.

Agent / *Agent*

Représentant à l'étranger qui, moyennant commission, essaie de vendre un produit sur un marché cible, sans toutefois en prendre possession ou en assumer la responsabilité.

Agent manufacturier

Agent de distribution autorisé à représenter une entreprise pour la vente de produits spécifiques (industriels ou de grande consommation) sur le marché américain.

Asia-Europe-Meeting (ASEM)

Un Sommet des chefs d'État et de Gouvernement est tenu tous les deux ans. Le prochain Sommet se tiendra à Pékin les 24 et 25 octobre 2008. Les États membres de l'ASEM sont, pour l'Europe : les 27 États membres de l'Union européenne et la Commission européenne. Et pour l'Asie : 16 États membres (Birmanie, Brunei, Cambodge, Chine, Corée du Sud, Inde, Indonésie, Japon, Laos, Malaisie, Mongolie, Pakistan, Philippines, Singapour, Thaïlande, Vietnam) et le secrétariat de l'ASEAN.

Association des Nations du Sud-Est asiatique (ASEAN)

Organisme créé en 1967 par cinq États de la région : l'Indonésie, la Malaisie, les Philippines, Singapour et la Thaïlande. L'ASEAN regroupe maintenant dix pays de l'Asie du Sud-Est : les États fondateurs (Indonésie, Malaisie, Philippines, Singapour et Thaïlande), le Brunéi (1984), le Vietnam (1995), la Birmanie, le Laos (1997) et le Cambodge (1999). Le Timor oriental est candidat à l'adhésion. La région regroupe une population d'environ 500 millions.

Balance des paiements / *Balance of payments*

Bilan systématique de toutes les transactions économiques entre, d'une part, les résidants, les entreprises et les autres entités d'un pays et, d'autre part, le reste du monde au cours d'une période donnée, généralement un an. Par le biais de la balance des paiements, un gouvernement tient compte de l'argent, des biens et des services qui entrent et sortent du pays. Elle comprend le compte courant, le compte capital et les paiements de transfert nets (à l'étranger ou de l'étranger). Lorsqu'un pays dépense plus qu'il ne reçoit, il y a un déficit de la balance des paiements ; lorsqu'il reçoit plus qu'il ne dépense, il y a un excédent de la balance des paiements.

Barrières non tarifaires (BNT) / *Non-tariff barriers*

Mesures ou politiques gouvernementales, autres que les tarifs douaniers, qui restreignent ou faussent les échanges internationaux : contingents (quotas) d'importation, pratiques discriminatoires, normes et standards de santé ou de sécurité, restrictions d'achat des marchés publics, etc. Elles sont généralement appliquées pour protéger les industries locales de la concurrence créée par les importations.

Brevet / *Patent*

Titre émis par un État qui confère à son titulaire un monopole d'exploitation lui permettant d'interdire la fabrication, la vente et même l'usage d'une invention par des tiers, pour une durée limitée.

Canal de distribution / *Distribution channel*

Voie d'acheminement de biens de même nature entre le producteur et le consommateur, et qui comprend éventuellement l'intervention de commerçants intermédiaires.

Certificat d'assurance / *Insurance certificate*

Document préparé par l'exportateur ou le transitaire pour attester que les biens d'exportation sont assurés en cas de perte ou d'avarie.

Certificat d'origine / *Certificate of origin*

Document certifié par l'exportateur qui atteste le lieu d'origine ou de fabrication des marchandises exportées. Il doit parfois être authentifié par le consul du pays auquel les marchandises sont destinées ou par un organisme commercial du pays d'exportation, telle une chambre de commerce. Ce document permet parfois d'obtenir un tarif douanier plus favorable.

CFR (*Cost and FReight* ou coût et fret)

Incoterm (suivi du port d'embarquement) indiquant que le vendeur choisit la compagnie maritime, réserve l'espace, fixe une date de départ, assume les frais de transport maritime jusqu'au port de destination et s'occupe des formalités douanières. L'acheteur doit obtenir une assurance pour la cargaison dont il est responsable dès son départ au port d'embarquement.

CIF (*Cost, Insurance and Freight* ou coût, assurance et fret)

Incoterm (suivi du port de destination convenu) indiquant que le vendeur a les mêmes obligations qu'avec l'Incoterm CFR, mais qu'il doit en outre fournir à l'acheteur une assurance maritime contre le risque de perte ou d'avarie que pourrait subir la marchandise au cours du transport. Le vendeur contracte l'assurance et paie la prime.

Circuit de distribution / *Distribution channel*

Ensemble des canaux de distribution par lesquels s'écoule un bien ou un service entre le producteur et le consommateur.

Commerce de contrepartie ou commerce de compensation / *Countertrade*

Opération de troc, c'est-à-dire échange de marchandises excluant l'emploi de monnaie. Méthode habituellement utilisée par des pays qui éprouvent des difficultés de balance de paiements ou qui contrôlent les changes.

Compensation / *Countertrade*

Transaction internationale qui implique que l'achat d'un produit ou d'un service par une entreprise ou un pays est lié à un achat en contrepartie de troc, de compensation ou de substitution.

Compte ouvert / *Open account*

Mode de paiement dans lequel les marchandises sont expédiées à l'acheteur étranger avant que l'exportateur ne touche le paiement.

Connaissement / *Bill of lading* (B/L)

Reconnaissance écrite, émise par un transporteur et attestant qu'il a reçu des marchandises qu'il s'engage à livrer à un endroit déterminé, à une personne désignée ou à l'ordre de celle-ci. Le connaissement peut être négociable ou non négociable.

Consignation / *Consignment sale*

Vente de marchandises qui sont livrées à un acheteur ou à un distributeur qui ne les paie à l'exportateur qu'après les avoir vendues. L'exportateur demeure propriétaire des marchandises jusqu'à ce qu'elles soient vendues, mais il doit assumer tous les frais et risques.

Consortium

Association ou partenariat de plusieurs organisations (entreprises ou institutions) ayant une identité formelle et un objectif international commun comme prospecter un marché défini, monter des projets clés en main ou autres, pour une durée de temps limitée.

Contingent (ou contingentement) / *Quota*

Limite imposée à la quantité ou au volume de marchandises qui peuvent être importées par un pays ou vendues à un pays. Les contingents à l'importation sont appliqués par le pays importateur et les contingents à l'exportation, par le pays exportateur. Le contingent permet aussi de limiter la production ou la consommation de certaines marchandises.

Contrat de licence / *License*

Accord selon lequel une entreprise vend le droit d'utilisation de ses produits ou services tout en conservant un certain droit de regard sur eux. Bien qu'il ne soit pas considéré habituellement comme une forme d'association, il peut mener à la formation d'une association.

Convergence

Stratégie propre aux entreprises de télécommunications qui désirent non seulement contrôler les médias de distribution, mais également le contenu des émissions présentées. Par exemple, le réseau CTV pourrait diffuser des nouvelles provenant du *Globe and Mail*.

Convertibilité d'une devise

Qualité d'une devise qui peut facilement être échangée contre une autre devise. Le dollar canadien est convertible parce que quiconque possède cette monnaie peut facilement l'échanger contre toute autre devise. En revanche, le lek albanais peut difficilement s'échanger hors de l'Albanie, de même que le dirham marocain.

Coopération économique de la zone Asie-Pacifique (APEC)

Forum intergouvernemental voué à la promotion du libre-échange et de l'investissement, de la croissance économique et du développement ainsi que de la coopération dans la zone Asie-Pacifique. Elle fonctionne selon les principes des engagements non contraignants et de la liberté de dialogue.

Courtier en douane / *Customs broker*

Entreprise privée qui gère l'expédition des biens importés moyennant le versement d'honoraires.

Crédit documentaire ou lettre de crédit / *Documentary letter of credit*

Lettre de crédit émise par une banque (banque émettrice) au nom de son client et indiquant qu'elle honorera les traites tirées sur elle-même, jusqu'à une certaine limite et selon les conditions précisées. La lettre de crédit peut être révocable ou non et doit être confirmée par la banque du vendeur. Le bénéficiaire de la lettre de crédit reçoit immédiatement son paiement en échange de ses factures et de ses documents d'expédition.

DDP (*Delivered Duty Paid* ou rendu droits acquittés)

Incoterm (suivi du lieu de destination convenu) indiquant que le vendeur a rempli son obligation de livraison quand la marchandise a été mise à la disposition de l'acheteur au lieu convenu dans le pays d'importation. Le vendeur doit supporter tous les risques et frais, y compris les droits, taxes et autres charges, liés à la livraison de la marchandise, dédouanée à l'importation, au lieu dit. DDP représente l'obligation maximale pour le vendeur, alors que EXW représente l'obligation minimale. DDP ne doit pas être utilisé si le vendeur ne peut obtenir directement ou indirectement la licence d'importation. Il peut être utilisé quel que soit le mode de transport.

DDU (*Delivered Duty Unpaid* ou rendu droits non acquittés)

Incoterm (suivi du lieu de destination convenu) indiquant que le vendeur a rempli son obligation au lieu convenu dans le pays d'importation. Le vendeur doit supporter tous les frais et risques inhérents à l'acheminement de la marchandise jusqu'à cet endroit (à l'exclusion des droits, taxes et autres charges officielles exigibles sur la marchandise importée), ainsi que ceux liés aux formalités douanières. L'acheteur doit payer les frais supplémentaires et supporter les risques résultant du fait qu'il n'a pas dédouané à temps la marchandise à l'importation. DDU peut être utilisé quel que soit le mode de transport.

Délégué commercial virtuel / *Virtual trade commissioner*

Site Web du ministère des Affaires étrangères et Commerce international du Canada (MAECI), sur lequel toute entreprise intéressée à exporter doit s'inscrire pour obtenir notamment des informations sur les marchés et les secteurs, la livraison de services en ligne, des conseils ou une aide financière des conseillers commerciaux du MAECI en poste au Canada et à l'étranger. Voir le site Web du MAECI, [en ligne]. [http://www.infoexport.gc.ca] (24 janvier 2008)

DEQ (*Delivered Ex Quay* ou rendu à quai)

Incoterm (suivi du port de destination convenu) indiquant que le vendeur a rempli son obligation de livraison quand il met la marchandise, dédouanée à l'importation, à la disposition de l'acheteur sur le quai (débarcadère) au port convenu. Le vendeur doit supporter tous les frais et risques inhérents à l'acheminement de la marchandise jusqu'à cet endroit. DEQ ne doit pas être utilisé si le vendeur ne peut pas obtenir directement ou indirectement la licence d'importation.

DES (*Delivered Ex Ship* ou rendu au débarquement)

Incoterm (suivi du port de destination convenu) indiquant que le vendeur a rempli son obligation de livraison quand la marchandise, non dédouanée à l'importation, est mise à la disposition de l'acheteur à bord du navire au port convenu. Le vendeur doit supporter tous les frais et risques inhérents à l'acheminement de la marchandise jusqu'à cet endroit et dédouaner la marchandise à l'exportation. DES ne peut être utilisé que pour le transport par mer et par voies navigables intérieures.

Devise / *Foreign currency*

Ensemble des moyens de paiements libellés en monnaies étrangères comprenant les billets de banque, les chèques de voyage, les dépôts bancaires, etc. Ils permettent de régler les dettes relatives aux transactions internationales.

Distributeur / *Distributor*

Société étrangère qui accepte d'acheter un ou plusieurs produits d'un exportateur, et se charge ensuite de les entreposer, de les mettre en marché et de les vendre.

Droit antidumping / *Antidumping duty*

Droit additionnel (taxe d'importation, droit compensateur) imposé par le pays importateur lorsque les importations sont vendues à un prix inférieur au prix normalement pratiqué sur le marché du pays exportateur. Équivaut à la différence entre le prix à l'exportation d'un bien et sa valeur normale dans le pays exportateur. L'article VI de l'accord du GATT et le code antidumping permettent de frapper de droits antidumping des marchandises faisant l'objet d'un dumping.

Droit compensateur (ou compensatoire ou de compensation) / *Countervailing duty*

Droit additionnel imposé par le pays importateur pour compenser les subventions accordées par le gouvernement du pays exportateur et lorsque les importations ainsi subventionnées causent ou menacent de causer un préjudice important à une industrie nationale du pays importateur.

Droit de douane / *Duty tax*

Taxe prélevée sur les marchandises importées. Cette taxe hausse le prix des produits importés, les rendant ainsi moins concurrentiels sur le marché du pays importateur.

Embargo

Interdiction imposée par un gouvernement d'importer ou d'exporter certaines marchandises, notamment pour des motifs d'hygiène, de sécurité nationale ou de politique intérieure ou extérieure. Il est souvent considéré comme une barrière non tarifaire.

Équipe Canada

Groupe mis sur pied par le gouvernement du Canada pour fournir des renseignements aux entreprises, leur offrir des services et leur permettre de profiter de débouchés sur les marchés internationaux. Ce groupe est constitué de 20 ministères (dont le ministère des Affaires étrangères et Commerce international, et le ministère de l'Agriculture) et organismes fédéraux (dont Exportation et développement Canada).

Éthique protestante

Éthique selon laquelle le travail bien fait, la réussite et un esprit frugal sont des moyens de rendre grâce à Dieu et dont les vertus sont l'épargne, l'efficacité et le réinvestissement des profits pour une meilleure productivité à venir. Elle est à la base de l'économie capitaliste. La majorité des grandes banques canadiennes ont été fondées par des immigrants écossais qui ont mis en pratique ces préceptes, encore en vigueur aujourd'hui. La plupart des banques et des entreprises québécoises ont suivi ce modèle de capitalisme.

Ethnocentrisme / *Ethnocentrism*

Conviction d'un individu ou d'un groupe selon laquelle son groupe culturel ou ethnique est supérieur aux autres.

EXW (*EX Works* ou à l'usine)

Incoterm (suivi du lieu convenu) indiquant que le vendeur a rempli son obligation de livraison quand la marchandise est mise à la disposition de l'acheteur dans les locaux du vendeur (usine, entrepôt, etc.). Le vendeur n'est pas responsable du chargement de la marchandise dans le véhicule fourni par l'acheteur ou de son dédouanement à l'exportation, sauf indication contraire. L'acheteur supporte tous les risques et frais inhérents à l'acheminement de la marchandise des locaux du vendeur à sa destination.

Facture commerciale / *Commercial invoice*

Document émanant de l'exportateur ou du transitaire et qui est requis par l'acheteur pour prouver son droit de propriété et régler les sommes qu'il doit à l'exportateur.

Facture consulaire / *Consular invoice*

Document délivré par le consul étranger en poste dans le pays exportateur qui décrit les marchandises achetées. Certains gouvernements étrangers exigent que les exportateurs obtiennent d'abord une facture consulaire de leur consulat au Canada. Des frais sont généralement perçus.

FAS (*Free Alongside Ship* ou franco le long du navire)

Incoterm (suivi du port d'embarquement convenu) indiquant que le vendeur a rempli son obligation de livraison quand la marchandise a été placée le long du navire sur le quai ou dans les allèges. L'acheteur doit donc, à partir de ce point, supporter tous les frais et risques de perte ou d'avarie et doit aussi dédouaner la marchandise à l'exportation. FAS ne doit pas être utilisé quand l'acheteur ne peut pas accomplir directement ou indirectement les formalités nécessaires à l'exportation. Il ne peut être utilisé que pour le transport par mer ou par voies navigables intérieures.

FCA (*Free CArrier* ou franco transporteur)

Incoterm (suivi du lieu convenu) indiquant que le vendeur a rempli son obligation de livraison quand il a remis la marchandise dédouanée à l'exportation au transporteur désigné par l'acheteur à l'endroit désigné. Si aucun endroit n'est mentionné par l'acheteur, le vendeur peut choisir le lieu où le transporteur prendra la marchandise. Lorsque la pratique commerciale exige le concours du vendeur pour conclure le contrat avec le transporteur, le vendeur agit aux frais et risques de l'acheteur.

Filiale / *Subsidiary*

Unité de production décentralisée, juridiquement indépendante, dotée d'une complète autonomie de gestion, mais placée sous la direction de la société mère qui possède la majorité de ses actions.

Firme multinationale / *Multinational company*

Entreprise qui contrôle des unités de production situées dans plusieurs pays.

FOB (*Free On Board* ou franco à bord)

Incoterm (suivi du port d'embarquement convenu) indiquant que le vendeur a rempli son obligation de livraison quand la marchandise passe le bastingage du navire au port d'embarquement désigné. L'acheteur doit donc supporter tous les frais et risques de perte ou d'avarie que peut courir la marchandise à partir de ce point. Le vendeur doit dédouaner la marchandise à l'exportation. FOB ne peut être utilisée que pour le transport par mer ou par voies navigables intérieures.

Fonds monétaire international (FMI)

Organisation regroupant 185 pays qui a pour mission de promouvoir la coopération monétaire internationale, de garantir la stabilité financière, de faciliter les échanges internationaux, de contribuer à un niveau élevé d'emploi et à la stabilité économique et de faire reculer la pauvreté. Voir le site Web du FMI, [en ligne]. [http://www.imf.org/external/french/index.htm] (5 mars 2008)

Franchisage / *Franchising*

Concession de techniques ou de méthodes de commercialisation (ou de gestion), relatives à un produit ou service particulier et qui permet d'en faire l'exploitation (de façon exclusive ou non) dans un territoire donné.

Groupe de la Banque mondiale

L'appellation Groupe de la Banque mondiale désigne aujourd'hui cinq institutions : la Banque internationale pour la reconstruction et le développement (BIRD) ; l'Association internationale de développement (IDA), fondée en 1960, ses prêts sont réservés aux pays les moins développés ; la Société financière internationale (SFI), fondée en 1956, pour financer les entreprises privées ; le Centre international de règlement des différends relatifs aux investissements fondé en 1966 ; et l'Agence multilatérale de garantie des investissements fondés en 1986.

Holding

Entreprise mère dont dépendent plusieurs entreprises autonomes sous une direction générale commune, mais qui ne gère pas ces entreprises au quotidien.

Incoterms (*INternational COmmercial TERMS*) / Conditions internationales de vente

Ensemble de sigles servant à déterminer les obligations du vendeur et de l'acheteur dans les contrats de commerce international. Régis par la Chambre de commerce internationale (CCI) située à Paris, les Incoterms définissent avec exactitude les responsabilités des partenaires commerciaux. Voir le site Web de *Incoterms*, [en ligne]. [http://www.iccwbo.org/incoterms] (19 mars 2008)

Industrie culturelle

L'Organisation des Nations Unies pour l'éducation, la science et la culture (UNESCO) qualifie d'*industries culturelles* les domaines de l'édition imprimée et du multimédia, de la production cinématographique, de l'audiovisuel et du phonographique, de l'artisanat et du design. Le terme peut également inclure, pour certains pays, l'architecture, les arts plastiques, les arts du spectacle, les sports, la création d'instruments de musique, la publicité ou encore le tourisme culturel.

Investissement direct à l'étranger (IDE) / *Foreign direct investment*

Achat par des non-résidants d'entreprises commerciales, d'exploitations minières ou de droits miniers, de permis de coupe de bois ou de pêche, de bâtiments, de terrains, d'actions, d'obligations, de contrats à terme, de certificats de dépôt, de valeurs monétaires, de dépôts bancaires ou d'autres actifs dans le double but d'obtenir un rendement intéressant et de conserver une certaine

mainmise sur l'actif. Ce type d'investissement est fait à long terme (plus d'un an). L'investissement dans un autre pays permet d'obtenir un revenu et un profit. Par exemple, l'entreprise qui construit une usine dans un autre pays pour y produire et y vendre un bien dépense de l'argent dans l'intention de faire un profit.

Juste-à-temps / *Just-in-time* (JIT)

Mode de gestion qui s'appuie sur une planification précise de la production. Dans la production juste-à-temps, la livraison doit se faire à une heure précise afin que le produit puisse être immédiatement utilisé sur la chaîne de production. Cela permet à l'entreprise d'éliminer le stockage de pièces et les frais d'inventaire. Habituellement, une entreprise manufacturière qui adopte une telle politique signe des ententes avec ses fournisseurs pour s'assurer que les livraisons seront faites selon un échéancier précis. Les grandes entreprises de l'industrie automobile ont été les premières à mettre en pratique ce mode de gestion.

Keiretsu

Important groupe industriel japonais, dont les nombreuses entreprises gravitent généralement autour d'une société commerciale et d'une banque nationale.

Libéralisation du commerce

Ensemble des mesures visant à favoriser les échanges commerciaux entre les nations, comme par exemple la réduction ou l'abolition des barrières tarifaires, la libre circulation des personnes et l'élargissement ou la suppression du contingent.

Licence d'exportation / *Export Licence*

Document émis par un gouvernement et autorisant un exportateur à exporter certains produits et marchandises considérés comme stratégiques (par exemple, des armes) vers certaines destinations.

Liste de colisage / *Packing list*

Document préparé par l'exportateur et faisant ressortir la quantité et les types de colis constituant une expédition.

Maison de commerce / *Trading house*

Société œuvrant dans un pays tiers et spécialisée dans l'exportation, l'importation et le commerce de biens et de services fournis par d'autres parties. La société offre des services liés à ces activités.

Marque de commerce / *Trademark*

Noms, sigles, slogans, dessins, chiffres et parfois même ensemble de couleurs à caractère distinctif qui permettent d'identifier un produit (ou un service) et servent à distinguer celui-ci d'autres produits (ou services) semblables.

Mercantilisme

Politique commerciale qui préconise l'exportation des produits nationaux et limite les importations de produits étrangers dans le but d'accumuler des réserves en or.

Mercosur

Communauté économique des pays de l'Amérique du Sud, qui signifie littéralement *Marché Commun du Sud* (*Mercado Común del Sur* en espagnol / *Mercado Comum do Sul* pour sa traduction en portugais, car ce sont les deux langues officielles du Mercosur (l'espagnol pour l'Argentine, le Paraguay, l'Uruguay, le Venezuela et les pays associés, et le portugais pour le Brésil)).

Mondialisation / *Globalization*

Du latin *mundus*, univers, la mondialisation est le processus d'ouverture des économies nationales vers un marché planétaire. La mondialisation est favorisée entre autres par la libéralisation des échanges commerciaux et culturels.

Monopsone / *Monopsony*

Marché composé d'un seul acheteur et d'une multitude de vendeurs.

Norme

Formule qui définit un type d'objet, un produit, un procédé technique. Par exemple, la norme pour les appareils électriques au Québec est de 110 volts ; on utilise le système métrique comme norme de mesure et de poids.

Obtention de la mainlevée des marchandises importées

Attestation que les produits importés sont libérés par l'Agence des services frontaliers du Canada, que le processus de dédouanement a été effectué et que les tous les droits exigés ont été payés.

Organisation des Nations unies (ONU) / United Nations Organization (UNO)

Organisation internationale fondée en 1945 qui réunit plus de 150 pays et dont le siège est à New York. Son but est de maintenir la paix et la sécurité internationales et de promouvoir la coopération internationale dans les domaines économique, social, culturel et humanitaire. Ses principaux organismes sont l'Assemblée générale, le Conseil de sécurité, le Conseil économique et social et la Cour internationale de justice. Elle comprend des commissions économiques régionales, 14 agences spécialisées et divers organismes.

Organisation mondiale du commerce (OMC) / World Trade Organization (WTO)

Institution à caractère international, née des accords du GATT en janvier 1995. Alors que le GATT se voulait un code de conduite librement consenti par les pays signataires, l'OMC officialise un rapport de droit avec des instances et des règles qui lui sont propres.

Pacte de l'automobile / *Auto pact*

Pacte signé en 1964 stipulant que, pour chaque automobile vendue au Canada (sous une des marques de General Motors, de Ford, de Daimler Chrysler et de Volvo), une automobile doit être fabriquée au Canada. En outre, ces quatre compagnies peuvent importer en franchise de droits des voitures fabriquées à l'étranger par leurs filiales. Tous les autres fabricants de voitures, incluant ceux qui disposent d'usines de fabrication au Canada (Honda et Toyota, par exemple), ne peuvent se prévaloir de cette franchise de droits à l'importation sur les voitures en provenance de leurs maisons mères à l'étranger. En revanche, ces fabricants qui ne sont pas couverts par le Pacte de l'automobile peuvent exporter leurs voitures fabriquées au Canada vers les États-Unis sans payer de taxes douanières. Ce pacte s'applique aux échanges entre firmes et non aux particuliers.

Produit / *Product*

« Élément central sur lequel repose l'entreprise ; le consommateur identifie la firme à cet élément qu'il consomme. Ici […] dans son sens le plus large […] un objet tangible, un service, une idée ou une cause. » (Colbert et Filion, 1995)

Projet clés en main / *Turnkey project*

Projet dans lequel le contrat stipule que l'entreprise s'engage à exécuter entièrement les travaux et à remettre littéralement les clés au client contractant.

Protectionnisme / *Protectionism*

Politique commerciale et mesures adoptées par un gouvernement pour protéger la production nationale contre la concurrence internationale en interdisant ou en restreignant les importations de biens et de services. Ces mesures comprennent les taxes à l'importation, les quotas ainsi que les subventions accordées aux producteurs nationaux.

Rachat de production / *Buy-back*

Produits de contrepartie fabriqués au moyen de l'équipement exporté.

Redevance / *Royalties*

Somme que l'utilisateur d'un brevet étranger verse à l'inventeur et qui est proportionnelle au nombre d'objets fabriqués.

Risque de change / *Foreign exchange risk*

Risque consécutif à une variation financière due à des mouvements monétaires entre la devise locale et la devise prévue au contrat.

Savoir-faire / *Know-how*

Ensemble de connaissances techniques se rapportant à un procédé de fabrication ou à un produit (breveté ou non) ayant un caractère secret ou de nouveauté.

Segmentation / *Segmentation*

Résultat de l'analyse systématique des différents besoins qu'on trouve sur un marché. Par exemple, les personnes ayant des revenus élevés ou de faibles revenus, les architectes ou les plombiers représentent chacun un segment de marché dont les besoins sont différents. Le produit qu'on veut vendre doit répondre aux besoins du segment de marché ciblé.

Sogo shosha

Société commerciale japonaise, de taille importante et d'intérêts diversifiés.

Système généralisé de préférences / *Generalized system of preferences*

Système qui accorde un traitement tarifaire spécial à des pays en voie de développement. Au Canada, ce tarif est nommé *tarif de préférence spécial*.

Traite tirée sur le client / *Draft drawn on the drawee*

Document semblable à un chèque qui est rédigé par le vendeur demandant au client de payer le montant exigé.

Transfert de technologie / *Technology transfer*

Transmission des connaissances scientifiques ou techniques, du savoir-faire, des technologies et des méthodes de production ou de distribution nécessaires à la fabrication d'un produit, à l'application d'un procédé ou à la prestation d'un service entre entreprises, organismes ou pays.

Transitaire / *Forwarding agent ou freight forwarder*

Personne qui surveille et facilite les opérations lors du passage d'un mode de transport à un autre dans les ports ou les aéroports.

Transparency International (TI)

Transparency International est une ONG, dont le siège est à Berlin. Elle a pour objet de combattre et de prévenir la corruption dans les transactions internationales d'État à État, d'État à personnes physiques et morales publiques ou privées, et entre ces personnes.

Transport intermodal

Utilisation de deux modes de transport simultanément, par exemple camion sur rail (on met le camion entier ou mieux sa remorque sur un wagon plat).

Transport multimodal

Utilisation de plusieurs modes de transport l'un à la suite de l'autre, par exemple camion, rail, navire, rail (le conteneur est transporté par camion, par train, par bateau et par train jusqu'à destination).

Transporteur / *For-hire carrier*

Personne ou entreprise qui fait passer des marchandises à la frontière internationale, selon l'ASFC. Le transporteur peut acheminer les marchandises par voie aérienne, routière, ferroviaire ou maritime, ou tout simplement par la poste.

Troc / *Barter transaction*

Échange direct et simultané de marchandises ne donnant pas lieu à un paiement monétaire entre acheteur et vendeur.

Union européenne (UE)

Famille de pays européens démocratiques décidés à œuvrer ensemble pour la paix et la prospérité. Ce n'est pas un État destiné à se substituer aux États existants, mais ce n'est pas non plus uniquement une organisation de coopération internationale. Les États qui la composent ont mis en place des institutions communes auxquelles ils délèguent une partie de leur souveraineté afin que les décisions sur des questions spécifiques d'intérêt commun puissent être prises démocratiquement au niveau européen.

Valeur ajoutée

Différence entre le coût des intrants d'un produit et son prix de vente. Un produit à haute valeur ajoutée exige une transformation des matériaux de base qui entrent dans sa composition. Cette transformation peut provenir d'un travail manuel ou mécanique, de l'ajout de composantes ou d'interventions nécessitant un raffinement technologique élevé. Par exemple, le papier a une valeur ajoutée moindre qu'une motoneige, qui requiert un long processus de fabrication.

Zone de libre-échange des Amériques (ZLEA)

Processus de collaboration entre 34 gouvernements démocratiques des Amériques, comprenant le Canada, en vue de veiller à la prospérité, à la démocratie et à la libéralisation des marchés pour les produits et les services dans l'hémisphère.